Der Rechtsstaat als Geflecht von Erwartungen

Kaushik Basu

Der Rechtsstaat als Geflecht von Erwartungen

Eine neue Sicht auf Wirtschaft und Recht für eine gerechtere Zukunft

Kaushik Basu
Department of Economics
Cornell University
Ithaca, USA

ISBN 978-3-658-39693-0   ISBN 978-3-658-39694-7 (eBook)
https://doi.org/10.1007/978-3-658-39694-7

Die Deutsche Nationalbibliothek verzeichnet diese Publikation in der Deutschen Nationalbibliografie; detaillierte bibliografische Daten sind im Internet über http://dnb.d-nb.de abrufbar.

Springer
© Der/die Herausgeber bzw. der/die Autor(en), exklusiv lizenziert an Springer Fachmedien Wiesbaden GmbH, ein Teil von Springer Nature 2023
Das Werk einschließlich aller seiner Teile ist urheberrechtlich geschützt. Jede Verwertung, die nicht ausdrücklich vom Urheberrechtsgesetz zugelassen ist, bedarf der vorherigen Zustimmung des Verlags. Das gilt insbesondere für Vervielfältigungen, Bearbeitungen, Mikroverfilmungen und die Einspeicherung und Verarbeitung in elektronischen Systemen.
Die Wiedergabe von allgemein beschreibenden Bezeichnungen, Marken, Unternehmensnamen etc. in diesem Werk bedeutet nicht, dass diese frei durch jedermann benutzt werden dürfen. Die Berechtigung zur Benutzung unterliegt, auch ohne gesonderten Hinweis hierzu, den Regeln des Markenrechts. Die Rechte des jeweiligen Zeicheninhabers sind zu beachten.
Der Verlag, die Autoren und die Herausgeber gehen davon aus, dass die Angaben und Informationen in diesem Werk zum Zeitpunkt der Veröffentlichung vollständig und korrekt sind. Weder der Verlag, noch die Autoren oder die Herausgeber übernehmen, ausdrücklich oder implizit, Gewähr für den Inhalt des Werkes, etwaige Fehler oder Äußerungen. Der Verlag bleibt im Hinblick auf geografische Zuordnungen und Gebietsbezeichnungen in veröffentlichten Karten und Institutionsadressen neutral.

Lektorat/Planung: Carina Reibold
Springer ist ein Imprint der eingetragenen Gesellschaft Springer Fachmedien Wiesbaden GmbH und ist ein Teil von Springer Nature.
Die Anschrift der Gesellschaft ist: Abraham-Lincoln-Str. 46, 65189 Wiesbaden, Germany

Ich möchte dieses Buch Kenneth Arrow und Anthony Atkinson widmen, die ich in ihren letzten Lebensjahren kennenlernen durfte, für ihre herausragenden Beiträge zur Volkswirtschaftslehre und für ihren Humanismus.

Vorwort des Autors

Auf eine merkwürdige Weise bedeutete dieses Buch für mich eine Rückkehr zur Rechtswissenschaft. Soweit meine Erinnerung zurückreicht, wollte ich immer Jurist werden. Dafür gab es zwei Gründe. Mein Vater wuchs am nördlichen Stadtrand von Kalkutta auf, in einem unscheinbaren, überfüllten Haus. Der frühe Tod seines Vaters stürzte die Familie in Armut. Um für die Familie zu sorgen, gab mein Vater Nachhilfe, und abends nahm er selbst Unterricht, um den Abschluss zu erlangen, der damals am einfachsten zu bekommen war – Jura. Obwohl er niemanden in der Juristerei oder der Geschäftswelt kannte, war er bereit, einer jener vielen Anwälte zu werden, die ihre Dienste aus nicht viel mehr als einer Abstellkammer heraus anboten und kaum jemals einen Klienten zu sehen bekamen. Vor diesem Hintergrund war es doch ein bemerkenswerter Erfolg, dass er es viele Jahre später zu einem der angesehensten Rechtsanwälte in Kalkutta gebracht hatte und seine eigene Kanzlei führte. Für meine Familie war es selbstverständlich, dass auch ich Jura studieren und dann seine Kanzlei übernehmen würde. Der zweite Grund für meinen Berufswunsch als Jurist war meine kindliche Begeisterung für logische Rätsel – nach meinem Verständnis war die Rechtswissenschaft das reinste Schwelgen in den Freuden logischer Schlussfolgerungen.

Die London School of Economics hat all das geändert. Amartya Sens Vorlesungen zu Social Choice und zur Investitionsplanung, in derart überfüllten Hörsälen, dass auch die Fensterbänke als Sitzplätze herhalten mussten, waren faszinierend. Morris Perlman, ein Chicago-Schüler, zeigte uns mit wenigen Diagrammen und makelloser Klarheit, wie man mit reiner Verstandesarbeit zu tiefen Einblicken über die Gesellschaft und die Wirtschaft gelangen kann. Er hat mich nachhaltig beeinflusst, ebenso wie Kotaro Suzumura mit seinem kalligrafisch-mathematischen Gekritzel auf der Tafel, aber auch Max Steuer und viele andere. Als dann mein Masterabschluss in Economics näher rückte, entschied ich, dass ich das Ziel des juristischen Staatsexamens aufgeben würde, wenn Amartya Sen mich als seinen Doktoranden annähme. Mit großer Beklommenheit überbrachte ich meinen Eltern die Nachricht meines neuen Karriereplans. Ich sagte ihnen, dass die Entscheidung schon gefallen sei, um ihnen die Qual der Abwägung zu ersparen.

Die ersten paar Jahre als Dozent in Delhi waren vielleicht die unglücklichsten meines Lebens. Ich fragte mich, ob es nicht ein Fehler gewesen war, meine gesamte Lebensplanung aus einer Laune heraus über den Haufen zu werfen. Und ich bedauerte es sehr, als mein Vater seine Kanzlei schließen musste. Aber es war ausgerechnet mein Vater, der meine Niedergeschlagenheit spürte und mir half, sie zu überwinden, indem er sagte, dass meine Entscheidung wohl richtig gewesen sei: Als Rechtsanwalt würde ich wahrscheinlich wesentlich mehr verdienen, aber mein Leben würde sich um 10 oder 20 reiche Klienten drehen. Als Ökonom und Forscher hingegen wäre ich frei, und die ganze Welt würde mir offenstehen. Obwohl mir sein Zuspruch guttat, glaubte ich nicht alles, was er sagte. Im Laufe der Jahre stellte sich aber heraus, dass er recht hatte, und heute bin ich froh, dass ich mein Leben nicht damit verbracht habe, eine Kanzlei zu führen.

Um meine Dankbarkeit gegenüber meinem Vater zu zeigen, möchte ich eine Geschichte aus meiner Kindheit erzählen, die seine bemerkenswerte Intelligenz und seinen gesunden Menschenverstand zeigt. 1963 reiste er nach Ottawa, um die indische Regierung bei einer Konferenz zu vertreten. Damals waren internationale Flugreisen noch etwas Besonderes, und die Aufregung war entsprechend groß in der Familie und unter seinen Klienten. In jenen Tagen wurden die nordamerikanischen Nachrichten von der Kandidatur des kontroversen Barry Goldwater für das Amt des US-Präsidenten dominiert. Am Rande der Konferenz gab mein Vater einer Lokalzeitschrift ein Interview, in dem er auch zu seinen Ansichten über Goldwater gefragt wurde. Für seine lange Antwort, bei der er sich recht bedeckt hielt, wurde er von seinen Mitreisenden gelobt und von der Lokalpresse als guter Diplomat gefeiert. Später, zuhause, sagte er uns dann, dass er keine Idee gehabt habe, wer oder was Goldwater sei, deshalb musste er eine Antwort finden, die sowohl auf eine kontroverse Person als auch auf eine neue wissenschaftliche Entdeckung passte.

Erwähnenswert ist auch ein Scheitern am Anfang meiner Karriere, das sich später als glücklicher Umstand erwies. Gegen Ende meiner Promotion bewarb ich mich für das „Young Professionals Program" der Weltbank. Ich überstand die erste Auswahlrunde und wurde nach Paris zum abschließenden Interview eingeladen. Mit großer Aufregung flog ich also nach Paris – und bekam eine Absage. Rückblickend kann ich sagen, dass mir zu dem Zeitpunkt kaum etwas Besseres passieren konnte. Die Weltbank bietet großartige Aufgaben, aber für mich persönlich wäre das ein Verlust gewesen, denn ich wäre nie in den Genuss abstrakter analytischer Forschung gekommen.

Dieses Buch hat lange gebraucht und ist dennoch kurz geworden. Sein zentrales Anliegen betrifft einige grundlegende Fragen zur Wirksamkeit des Rechts, die ich mir erstmals gestellt habe, als ich 1989 bis 1991 Vorlesungen zur Industrieökonomik in Princeton hielt und in dem Zuge viel über das amerikanische Kartellrecht las. Die ökonomische Analyse des Rechts (Law and Economics) wurde eines meiner Interessensgebiete, und so habe ich über die Jahre zu zahlreichen praktischen Themen wie Arbeitsrecht, Kinderarbeit, Preisdiskriminierung und Mietendeckeln veröffentlicht – wobei ich sorgsam die unter der Oberfläche der Disziplin liegenden Verwerfungslinien übersah.

In meinen sieben Jahren in der Welt der Politikgestaltung ab 2009 habe ich mich mit vielen angewandten Problemen der ökonomischen Analyse des Rechts beschäftigt, darunter Korruptionsbekämpfung und das Recht auf Nahrung und staatliche Fürsorge, hatte aber nie die Zeit oder Gelegenheit, mich methodologischen Fragen zu widmen. Dies ist eines der unumgänglichen Probleme der Politikgestaltung: Man muss sich Werkzeugen und Methoden bedienen, von denen man weiß, dass sie unzulänglich sind, aber es ist immer noch besser, diese stumpfen Instrumente zu nutzen, als gar nichts zu tun.

Die Gelegenheit, mich den grundlegenden Fragen zuzuwenden, die mich schon lange beschäftigt hatten und die das Fundament dieses Buches bilden, kam dann gegen Ende meiner Amtszeit als Chefökonom der Weltbank in der Form dreier Einladungen zu Festvorträgen. Die erste war die Amartya Sen Lecture an der London School of Economics (3. März 2015), dann kam die D. Gale Johnson Lecture an der University of Chicago (13. April 2015). Am 14. Juni 2016, als meine anfänglich noch etwas vagen Gedanken inzwischen konkretere Form angenommen hatten, bot sich schließlich die Gelegenheit, zu Ehren von Louis-André Gérard-Varet vor einem großen Publikum in Aix-en-Provence vorzutragen. Für ihr Feedback möchte ich auch den Teilnehmerinnen und Teilnehmern von Seminaren danken, die ich zu diesem Thema am Institute for Advanced Study (Princeton) und am Indian Statistical Institute (Kalkutta) gegeben habe. Diese Vorträge haben es mir erlaubt, einige recht abstrakte Ideen zu Law and Economics zu entwickeln. Großen Dank schulde ich Olivier Bargain, Tim Besley, Craig Calhoun, John List, Roger Myerson, Debraj Ray, Phil Reny, Dani Rodrik und Nick Stern für die Einladungen sowie für hilfreiche Kommentare und Kritik.

Schon bald nach dem Sen-Vortrag in London wusste ich, dass ich über diese Gedanken ein Buch schreiben wollte. Allerdings fehlte mir dazu die

Zeit, solange ich noch bei der Weltbank war. Das eigentliche Schreiben geschah dann wie im Rausch. Ich begann am 1. Oktober 2016, einen Tag nachdem ich mein Amt bei der Weltbank abgegeben hatte. Der Druck war groß, denn ich wusste, dass ich wenig Zeit zum Schreiben haben würde, sobald ich ab dem Wintersemester 2017 an der Cornell University unterrichten würde. Ich habe überwiegend in New York City gearbeitet, wo die Industrial and Labor Relations School von Cornell an der East 34th Street den perfekten Rückzugsraum bot, und gelegentlich in Ithaca. Ich habe mich in dieser Zeit vollkommen dem Buch gewidmet, unter Vernachlässigung aller anderen Aufgaben, so wie Emails zu beantworten, Bücher zu rezensieren oder Artikel zu lesen. Allerdings sind wir in dieser Zeit auch umgezogen, von Washington nach Ithaca bzw. New York City, was viel Energie gekostet hat – allerdings weniger meine eigene. Mir ist sehr bewusst, dass ich meine Frau Alaka nicht genug beim Umzug unterstützt habe. Gerettet hat mich nur mein weitgehendes Unvermögen, ein schlechtes Gewissen zu empfinden. Dafür – wo ich ja bereits meinem Vater gedankt habe – gebührt der Dank nun meiner Mutter, von der ich diese Eigenschaft geerbt haben muss. Vor etwa 20 Jahren besuchte sie uns in Ithaca. Alaka, die sich bis auf Naturkatastrophen für alles verantwortlich fühlt, erzählte meiner Mutter von ihrem permanenten schlechten Gewissen und fragte sie, ob es ihr auch so gehe. Meine Mutter versicherte Alaka, dass das bei ihr im Prinzip ganz genau so sei. Allerdings, setzte sie hinzu, habe sie zum Glück noch nie ein schlechtes Gewissen haben müssen, denn sie habe noch nie etwas Falsches getan. Sie war 83.

Ein Vorwort ist ein guter Ort für ein paar Tipps, wie das Buch zu lesen ist und wo ein ungeduldiger Leser auch mal eine Ecke abschneiden kann. Das Buch ist um eine zentrale These herum aufgebaut. Die ersten vier Kapitel sind linear; sie stellen das Standardmodell der ökonomischen Analyse des Rechts dar, beschreiben dessen Probleme und Unstimmigkeiten, führen kurz in die Spieltheorie ein und entwickeln dann eben jene zentrale These: die Bedeutung des Fokalen Punktes. Kap. 5 präsentiert einige Anwendungen der neuen Herangehensweise und analysiert die Schnittstelle zwischen dem Recht und sozialen Normen. Um also zu der Kernidee des vorliegenden Werkes zu gelangen, können die ersten fünf Kapitel als ein eigenständiges – obgleich sehr dünnes – Buch betrachtet werden.

Die letzten drei Kapitel sind zugegebenermaßen spekulativerer Natur und können selektiv gelesen werden. Sie zeigen, wie die Methode des Fokalen Punktes auf verschiedenste Probleme des echten Lebens angewendet werden kann, darunter die Ausbreitung von Korruption, die Ursachen und Risiken von Totalitarismus, sowie die Herausforderungen der globalen Ordnung. Während offensichtlich keine finalen Antworteten gegeben werden können, hoffe ich doch, den Grundstein für ein besseres Verständnis solcher Phänomene zu liefern. In dem Bestreben, keine Leser abzuhängen, habe ich diese Kapitel kurz gehalten. Diese Vorliebe für kurze Darstellungen ist meiner Neigung zu ökonomischer Theorie und ihrer wunderbaren Sparsamkeit geschuldet. Diese Vorliebe hat allerdings auch noch einen zweiten Hintergrund: Die Notwendigkeit der Sparsamkeit mit Worten ist mir sehr bewusst, seit ich einmal ein Interview des englischen Dichters Philip Larkin las. Darin sagte er, es sei besser, Poesie selbst zu lesen als sie sich vorlesen zu lassen. Denn nur wenn man selbst liest, weiß man, „wie weit es noch bis zum Ende ist".[1]

Angesichts der langen Vorgeschichte dieses Buches möchte ich neben den bereits genannten Personen einer Reihe von weiteren Menschen danken. Am Anfang meines Berufslebens, als ich in Delhi lebte, bekam ich einige Einladungen an weltweit führende Forschungszentren. Die Aufenthalte dort haben es mir erlaubt, meine frühen Interessen auf diesem Gebiet zu entwickeln, insbesondere bezüglich politischer Macht und der Erwartungen der einfachen Leute. Ich kann Jacques Drèze, Nick Stern und Albert Hirschman gar nicht genug dafür danken, dass sie mich als damals namenlosen Ökonomen an das CORE in Louvain-la-Neuve, an die Warwick University in Coventry bzw. an das Institute for Advanced Study in Princeton eingeladen haben. Einige meiner rechtsökonomischen Forschungsarbeiten in Warwick und Princeton haben sich als direkte Vorbereitungen der in diesem Buch präsentierten Forschung erwiesen.

Die auf den folgenden Seiten dargelegte rechtsökonomische Grundidee ist einerseits abstrakt, aber andererseits nicht mathematisch genug für die traditionelle Wirtschaftstheorie. Einige Kommentare dazu von Kalle Moene und John Roemer möchte ich besonders dankend erwähnen, da sie mir den anfänglich dringend nötigen Ansporn gaben. Über die Jahre habe ich diese Ideen mit vielen Ökonomen im persönlichen Gespräch, per Email oder in Seminaren erörtert. Herzlicher Dank für die Bereitschaft dazu geht an U. K. Anandavardhanan, Karna Basu, Kalyan Chatterjee, Tito Cordella, Shanta Devarajan, Martin Dufwenberg, Devajyoti Ghose, Indermit Gill, Bob Hockett, Karla Hoff, Luis-Felipe Lopez-Calva, Steven Lukes, Anandi Mani, Ajit Mishra, Stephen Morris, Derek Neal, Martin Osborne, Jean-Philippe Platteau, David Rosenblatt, Valentin Seidler, Claudia Sepulveda, Amartya Sen, Michael Singer, Ram Singh, Gianca Spagnolo, Subbu Subramanian und Jörgen Weibull. Michael und Subbu haben kurz vor der Fertigstellung das Manuskript gelesen. Ihre umfangreichen Kommentare waren enorm wertvoll für meine abschließenden Überarbeitungen.

---
[1] The Paris Review, Sommer 1982, 24(84), S. 50.

Zu besonderem Dank bin ich der Cornell University verpflichtet, die jene multidisziplinäre Atmosphäre geboten hat, die für diese Art von Arbeit so unerlässlich ist. Über Cornell bekam ich Zugang zu einigen der weltweit führenden Theoretiker auf den Gebieten des menschlichen Verhaltens, der Kognitionswissenschaften und der Strategiebildung – meine Kolleginnen und Kollegen im Economics Department. Was aber Cornell so außergewöhnlich macht, war darüber hinaus die Bandbreite an Forschenden in Nachbardisziplinen, die meine intellektuellen Komplizen wurden. Es entstand eine Atmosphäre, die gleichzeitig wissenschaftlich ambitioniert und voller Wärme und Freundschaft war. Von einer langen Liste solcher Weggefährten möchte ich nur Mary Katzenstein, Peter Katzenstein, Isaac Kramnick, Hunter Rawlings und Elizabeth Rawlings nennen. Während geistige Durchbrüche an vielen Orten und zu vielen Zeiten geschehen sind, bin ich nach wie vor überzeugt, dass die Wiege der modernen intellektuellen Welt im antiken Griechenland liegt. Meine Begeisterung für diese Epoche und einige ihrer herausragenden Persönlichkeiten steht in keinem Verhältnis zu meinem tatsächlichen Wissen darüber. Die diesbezügliche Belesenheit von Hunter Rawlings hat mich dann dazu angespornt, durch selektives Lesen wenigstens ein bisschen aufzuholen.

Doch Danksagungen allein reichen nicht aus. Angebracht ist auch eine Entschuldigung, und zwar an die rechtswissenschaftlichen Theoretiker und Forscher. Als ich dieses Buch schrieb, war ich mir meiner mangelnden Kenntnisse der rechtswissenschaftlichen Literatur schmerzlich bewusst. Während ich mich mit der Schnittstelle von Recht und Ökonomik beschäftigte, wünschte ich, ich würde die rechtliche Seite der Geschichte ebenso gut kennen wie die wirtschaftliche. Als ich einmal beschlossen hatte, dieses Buch zu schreiben, begann ich tatsächlich, mir die juristische Literatur zu Gemüte zu führen, aber mir wurde bald klar, dass Juristen in ihrer Argumentation weiter ausholen als Ökonomen. Dieser Literatur Herr zu werden, erscheint mir noch immer wie eine Sisyphos-Arbeit, und ich bin mir der diesbezüglichen Unzulänglichkeiten des Buches bewusst.

Drei Orte, die ich kurz besuchen konnte, sollen ebenfalls gesondert erwähnt werden. Gelegenheiten, Vorträge vor unterschiedlichen Gruppen zu halten und mich mit Forschenden verschiedenster Hintergründe auszutauschen, waren für mich immer besonders wertvoll. Ende 2016 konnte ich eine wundervolle Woche an der Monash University (Melbourne) und zwei ebenso schöne Wochen am Indian Institute of Technology (Mumbai) verbringen. Lange Spaziergänge entlang des Yarra River bzw. am Powai-See boten die perfekte Gelegenheit zum Nachdenken (ungeachtet der Warnschilder, dass am Poway-See regelmäßig Leoparden gesichtet werden). Im Mai 2017 hatte ich dann das Glück, am neu gegründeten Albert Hirschman Institute on Democracy in Genf einen Vortrag halten und eine Woche lang meine Ideen diskutieren zu können.

Obwohl ich noch nicht ernsthaft an dem Buch schrieb, als ich noch bei der Weltbank war, hat mein voller Kalender doch hier und da ein paar Vorarbeiten erlaubt. In dieser Zeit war es wirklich ein Segen, von Menschen umgeben gewesen zu sein, die mich instinktiv unterstützt und dabei auch noch einen Humor bewiesen haben, der die Arbeit nicht nur produktiv, sondern zugleich auch noch unterhaltsam gemacht hat. Besonderer Dank gebührt Indermit Gill, Vivian Hon, Laverne Cook, Bintao Wang und Grace Sorensen. Als ich nach New York gezogen war und mit dem Schreiben begann, hat Grace Lee mich tatkräftig bei der Forschung unterstützt.

Die Zusammenarbeit mit Princeton University Press war eine ausgezeichnete Erfahrung. Als ich erstmals mit dem Verlag in Kontakt trat, stellte ich mit einiger Genugtuung fest, dass er von Peter Dougherty geleitet wurde, der – ob er sich erinnert oder nicht – mein Herausgeber war, als ich in den 80ern eines meiner ersten Bücher schrieb. Für das vorliegende Buch habe ich eng mit Sarah Caro zusammengearbeitet. Ihr großes Interesse an dem Projekt, ihr vorbehaltloser Rat in jeder Phase und ihre menschliche Wärme machen sie zu einer großartigen Herausgeberin. Dankbar bin ich auch zwei anonymen Gutachtern bei Princeton University Press und Jenny Wolkowicki, deren viele Kommentare und Hinweise mir sehr geholfen und mir Mut gemacht haben.

Alle Familienmitglieder wurden von mir genötigt, verschiedene Teile des Manuskripts zu lesen und zu kommentieren. Für ihre Bereitschaft dazu bin ich Karna Basu, Diksha Basu, Shabnam Faruki und Mike McCleary sehr dankbar. Meine Frau Alaka hat das gesamte Manuskript gelesen, und aufgrund meiner ständigen Überarbeitungen viele Teile davon nicht nur einmal. Ich übertreibe nicht, wenn ich sage, dass ich mit einem der intelligentesten Menschen verheiratet bin, die ich je getroffen habe. Ich würde lügen, wenn ich behauptete, dass das nicht auch Nachteile hätte, wenn man ein Buch schreibt und Kommentare bekommt. Aber alles in allem ist es doch ein unschlagbarer Vorteil.

New York, USA Kaushik Basu
1. August 2017

Vorwort zur deutschen Ausgabe

Dieses Buch eines Wirtschaftswissenschaftlers enthält eine Theorie über die Grundlagen des Rechts. Es vermittelt unter Zuhilfenahme der Spieltheorie wesentliche neue Erkenntnisse, weist aber auch viele Parallelen zu den Fragestellungen, Hypothesen und Forschungsergebnissen deutschsprachiger Staats- und Rechtstheoretiker wie Ernst-Wolfgang Böckenförde, Carl Schmitt, Hans Kelsen und anderen auf, die Basu nicht kennt oder verarbeitet, sein Buch aber für eine deutschsprachige Leserschaft besonders interessant und bereichernd macht. Diese Einleitung dient dazu, insbesondere eine juristische Leserschaft im deutschsprachigen Raum für dieses Buch zu interessieren, indem sie aufzeigt, wo Parallelen und Unterschiede zwischen ihm und der heimischen Diskussion liegen. Das Buch ist auch eine lohnende Lektüre für Ökonomen und Sozialwissenschaftler, die sich für die Voraussetzungen einer stabilen Rechtsordnung oder deren Scheitern interessieren.

Der Autor Kaushik Basu ist Professor für Volkswirtschaftslehre an der Cornell Universität. Zuvor war er bereits an der Delhi School of Economics in seinem Heimatland Indien tätig und hat Gastprofessuren an vielen Universitäten weltweit wahrgenommen. Seine Forschung bezieht sich ganz überwiegend auf die Ökonomien von Entwicklungsländern und auf die Spieltheorie. In beiden Fächern hat Basu wesentliche und viel beachtete Forschungsergebnisse vorgelegt wie etwa eine neue Erklärung der Ursachen von Kinderarbeit, die im scharfen Gegensatz zu gängigen Vorstellungen steht. Sein viel diskutierter Beitrag zur Spieltheorie -The Travellers' Dilemma- zeigt, dass vollrationale Spieler, die keinerlei Antipathien gegeneinander hegen, um einen sehr kleinen Gewinn zu erzielen, sich im Modell gegenseitig in einem Maße schädigen, wie dies in der realen Welt praktisch nie vorkommt. Basu ist nicht nur ein hoch angesehener Theoretiker, dem sechs Universitäten die

Ehrendoktorwürde verliehen und der von 1017–2021 Präsident der „International Economic Association" war. Er diente auch in Spitzenpositionen als Wirtschaftsberater und in Führungspositionen, so von 2008 bis 2012 als wirtschaftspolitischer Chefberater der indischen Regierung und von 2012–2016 als Chefökonom und Senior Vice President der Weltbank. Bis vor kurzem hat er sich nicht mit Rechtsfragen befasst, sieht man einmal davon ab, dass sein Vater Rechtsanwalt in Kalkutta (heute Kolkata) war, und dass die wirtschaftswissenschaftliche Forschung in den letzten Jahrzehnten generell stärkeres Gewicht auf die ökonomische Bedeutung von Normen und Regeln legt. Insbesondere gibt es von ihm keine Veröffentlichungen, die man dem Forschungsbereich „Recht und Ökonomik" oder „Ökonomische Analyse des Rechts" zuordnen kann. Es war daher gänzlich unerwartet, dass Basu im Jahr 2018 ein Buch mit dem Titel „The Republic of Beliefs, A new approach to law and economics" zu den Grundlagen des Rechts vorlegte. Basu wurde im Jahr 2022 der Alexander von Humboldt Forschungspreis verliehen, der ihn zu mehreren ausgedehnten Forschungsaufenthalten an die Bucerius Law School in Hamburg im Rahmen des dortigen Programms zur Förderung interdisziplinärer rechtswissenschaftlicher Forschung führte.

Kritik an der Inkonsistenz der ökonomischen Analyse des Rechts

Basu beginnt mit einer Kritik am Modell der ökonomischen Analyse des Rechts, wie es insbesondere von Gary Becker in den sechziger Jahren des letzten Jahrhunderts formuliert wurde und gelangt in der Ausführung zu neuen Einsichten über die Funktionsbedingungen des Rechtsstaats. Um Parallelen zu deutschsprachigen Rechtstheoretikern aufzuzeigen ist es hilfreich, zunächst auf seine Kritik an der ökonomischen Analyse des Rechts einzugehen.

Gary Becker hat das Forschungsprogramm der ökonomischen Analyse des Rechts in seiner konzisesten und reduziertesten Form dargestellt. An der vorherrschenden neoklassischen Ökonomie kritisierte er wie nach ihm die gesamte Institutionenökonomik, dass ihre Modelle den homo oeconomicus und den gewinnmaximierenden Unternehmer als generelle Verhaltensannahme voraussetzen, aber zugleich annehmen, alle wirtschaftlichen Akteure seien gesetzestreu und würden stets alle Rechtsnormen vollständig beachten. Es können somit in neoklassischen Modellen keine Gewinne aus gesetzwidrigem oder kriminellem Verhalten resultieren. Das ist inkonsistent, denn es setzt entweder implizit ein Rechtssystem voraus, das perfekt funktioniert oder Akteure, die den Profit nur dann im Auge haben, wenn sie Geschäfte machen und darüber hinaus stets dem Gesetz gehorchen wie programmierte Automaten. Becker sieht dagegen im Bruch von Regeln oder in Kriminalität einen weiteren Faktor, der Gewinne und Vorteile ermöglicht, wenn es keine ausreichenden Sanktionen gibt und schlägt vor, diese illegalen Verhaltensweisen mit den gleichen Methoden zu untersuchen wie den legalen Wirtschaftssektor. Auf den einfachsten Nenner gebracht verzichtet bei Becker ein Akteur dann und nur dann auf einen illegalen Gewinn, wenn die erwartete Strafe bzw. zivilrechtliche oder soziale Sanktion auf das Verhalten, das den Gewinn ermöglicht, höher ist als der regelwidrige Gewinn. Wenn somit illegales Verhalten zuverlässig unterbunden werden soll, muss entweder die Strafe erhöht oder das Vollzugsdefizit vermindert werden oder beides. Hier setzt die Kritik von Basu an. Er wirft dem Beckerschen Forschungsprogramm die gleiche Inkonsistenz vor, die dieser gegen die neoklassische Ökonomie erhoben hatte.

Eine neue und härtere rechtliche Sanktion kann laut Basu das Kalkül des Akteurs für sich genommen nicht verändern. Ein neues Gesetz ist nichts als Tinte auf Papier, wenn nicht alle staatlichen Akteure, die damit befasst sind, es umsetzen. Dies ist aber nicht gewährleistet. Der Becker Ansatz der ökonomischen Analyse des Rechts erweitert zwar die ökonomische Analyse auf rechtswidriges und kriminelles Verhalten, anders als in der neoklassischen Ökonomie. Er nimmt aber bezüglich derjenigen, die mit der Interpretation der Norm und der Vollstreckung eines Urteils befasst sind wiederum an, dass diese sich wie auf Gesetzestreue programmierte Roboter verhalten. Die Analyse, so Basu muss folglich erweitert werden um das Verhalten jener, die mit der Generierung, Interpretation und dem Vollzug von Normen sowie der Personalausstattung des Vollzugsapparats befasst sind.

Dieser Befund steht im Einklang mit rechtssoziologischer, ökonomischer und rechtswissenschaftlicher Literatur über Vollzugsdefizite, die Trägheit und Korruption der öffentlichen Verwaltung, ihre Unterwanderung durch Interessengruppen oder einem von der Verfassung nicht gedeckten Aktivismus von Richtern. Neu an Basus Rechtstheorie ist nicht der empirische Befund einer Abweichung von Sollen und Sein des Rechts, sondern die Ursachenanalyse. Diese bedient sich der Spieltheorie, die Konflikt und Kooperation in strategischen Interaktionen zwischen Individuen analysiert und die Bedingungen beschreiben kann, unter denen eine Gesellschaft das Rechtssystem entwickelt. Dazu wird ein besonderes Modell verwendet, welches Basu unter

Rückgriff auf einen Artikel von Binmore[1] das „Spiel des Lebens" nennt, in dem die Spieler nicht nur die Rechtsunterworfenen, sondern auch die Normgeber, Richter, Anwälte und Vollzugsbeamten sind.

Die Möglichkeit, mit wissenschaftlichen Methoden normative Aussagen zu machen und soziale Zustände zu hierarchisieren

Basus Rechtstheorie setzt wie die gesamte normative Ökonomik die Möglichkeit voraus, mit vernünftigen Argumenten die Vorzugswürdigkeit eines sozialen Zustands über einen anderen zu bestimmen. Dies ist Teil eines Forschungsprogramms, welches sich bereits in den Schriften von Hobbes, Hume, Rousseau und Kant zum Sozialvertrag findet und das in der modernen Sozialvertragstheorie zum Beispiel von Rawls oder den Schriften von Sen zu Kollektiventscheidungen sowie in der Wohlfahrtsökonomie weitergeführt wurde. Es unterscheidet sich von der Auffassung Kelsens. Für Hans Kelsen, der in dieser Frage von der von Max Weber propagierten Wertfreiheit der Wissenschaft beeinflusst war, sind sozialethische Postulate oder Konzeptionen des Gemeinwohls Ausdruck verschiedener weltanschaulicher oder religiöser Überzeugungen. Keine von ihnen kann einen wissenschaftlich begründeten Anspruch auf Vorrang beanspruchen. Selbstverständlich kann man aus Beobachtungstatsachen wie der Existenz von Kinderarbeit oder aus wissenschaftlich bestätigten Hypothesen wie dem Zusammenhang von Geldvermehrung und Inflation keine Sollensaussagen ableiten. Problematisch ist es aber, daraus zu schließen, eine vernünftige, nicht von persönlichen Interessen beeinflusster Diskussion, welche Einstimmigkeit über Rechtsprinzipien hervorbringen kann, sei unmöglich. Die Sozialvertragstheorien beruhen gerade auf der Überzeugung, grundlegende normative Prinzipien des Rechts und des Gemeinwohls könnten konsensual aus einer nicht interessengeleiteten Diskussion unter vernünftigen Menschen entstehen. Die normative wissenschaftliche Sozialtheorie lebt davon, dass jemand ein normatives Prinzip vorschlägt. Die Zurückweisung erfolgt durch eine Begründung, dass es keine einstimmige Zustimmung für sich beanspruchen kann. Wenn ein solches Postulat eine lange kritische Diskussion überlebt hat, wird es dadurch nicht zur Rechtsnorm, erlaubt aber oft, wissenschaftlich zwischen gutem und schlechtem Recht zu unterscheiden. Basu scheut nicht vor drastischen Bei-

---

[1] Binmore K (1995), 'The Game of Life: Comment,' Journal of Institutional and Theoretical Economics, vol. 151.

spielen zurück, um eine unhaltbare Position zu kritisieren. Man kann darüber streiten, ob die Straßenverkehrsordnung den Rechts- oder den Linksverkehr vorschreibt, nicht aber darüber, ob sie beides zugleich zulassen sollte. In seinen vielen Beispielen verwendet Basu nur ein Postulat, das aus diesem normativen Wissenschaftsprogramm hervorging, das sogenannte schwache Pareto Kriterium. Danach erhöht sich das Gemeinwohl, wenn ein gesellschaftlicher Zustand sich derartig verändert, dass im neuen sozialen Zustand das Wohl jedes Gesellschaftsmitglieds, so wie dieses es selbst einschätzt. höher ist als im alten.

Selbstverständlich steht Basus Theorie des Rechts ebenso in Gegensatz zu Carl Schmitts politischer Theologie, welche die pluralistische Demokratie als Existenzkampf zwischen antagonistischen Ideologien betrachtet. Schmitt behauptet, dass Gott tot ist in dem Sinne dass -wie Dyzenhaus bemerkte-verschiedene Götter, einschließlich atheistischer Ideologien wie Liberalismus Faschismus, Marxismus jetzt um unsere Aufmerksamkeit konkurrieren.[2] Folgerichtig ist die Unterscheidung zwischen Freund und Feind das Wesen des Politischen.[3] Die Schaffung einer demokratischen Verfassung darf nach Carl Schmitt nicht im Sinne eines Gesellschaftsvertrags gedacht werden, da sie die vorherige Existenz eines Volkes als politische Einheit voraussetzt, in der andere Ideologien bereits ausgeschaltet wurden und Homogenität erreicht ist.[4] Allen auf der Konsensvermutung beruhenden normativen Hypothesen und Postulaten ist dagegen die Eigenschaft gemeinsam, die Sphäre des Politischen, wie Carl Schmitt sie beschrieb, einzuschränken. Dies schließt unterschiedliche Auffassungen nicht aus, kann ihnen aber den feindseligen bis zur Todfeindschaft reichenden Charakter wie bei Schmitt nehmen.

Die erfolgreiche wissenschaftliche Diskussion über Prinzipien des Rechts und des Gemeinwohls, die eine Konsensvermutung in sich tragen ist ein Prozess der Zivilisation. Dieser kann dem politischen Wettbewerb die aus der Unbedingtheit unterschiedlicher religiöser und ideologischer Überzeugungen resultierende Schärfe nehmen. Dieses in der Idee des Sozialvertrags mündende Forschungsprogramm leitet nicht wie bei Schmitt das Gemeinwohl als Wille einer bereits homogenisierten und als Staat verfassten Volksgemeinschaft ab, sondern ist der Staatsbildung begrifflich und zumeist auch zeitlich vorausgesetzt. In Basus Theorie können viele soziale Zustände ohne politische Entscheidungen mit Siegern und Unterlegenen normativ gerankt werden, an-

---

[2] Dyzenhaus D (1994), Now the Machine runs itself, Carl Schmitt on Hobbes and Kelsen, Cardozo Law Review, 16,1 pp.1–16.
[3] Schmitt C (1922) Politische Theologie II, Berlin 1996.
[4] Schmitt C (1922) Politische Theologie II, Berlin 1996, S. 79.

dere nicht. Die Auswahl zwischen den Letzteren verbleibt in der Sphäre des Politischen. Nach diesem Programm können vernunftgeleitete und nicht ihre eigenen Interessen vertretende Menschen unterschiedliche sozialethische Auffassungen über vieles nicht aber über alles vertreten. Ein „Anything goes", wie es manche Spielarten des Rechtspositivismus beinhalten, ist mit einer an der Konsensvermutung ausgerichteten Sozialethik unvereinbar. Basus Theorie gelangt somit zu einer freundlichen Einschätzung der parlamentarischen Demokratie deren Prozeduren in Form von Mehrheitsabstimmungen keinen vergifteten Charakter mehr haben. Dies verbindet Basu wiederum mit Auffassungen von Kelsen, der im Gegensatz zu Karl Schmitt den Wert der parlamentarischen Demokratie stets hoch schätzte und verteidigte.[5]

Die Auswahl unter gesellschaftlichen Gleichgewichten mit gleichgerichteten Erwartungen

In Basus Theorie existieren viele mögliche soziale Zustände. Nur die Nash Gleichgewichte unter ihnen können dauerhaft realisiert werden. Natürlich soll ein sozial präferierter Zustand verwirklicht werden. Wie dies geschehen kann und welche Probleme auftreten hat in Vorwegnahme einiger Erkenntnisse der Spieltheorie bereits Jean Jaques Rousseau mit seinem Beispiel der Hirschjagd gezeigt,[6] das in der spieltheoretischen Literatur auch als „Assurance Game" bekannt ist und analysiert wird. Vor ihm hatte schon David Hume ähnliche Beispiele mit der gleichen Struktur vorgestellt. Rousseau verglich den wohlgeordneten Rechtszustand prototypisch mit einer Hirschjagd, die nur erfolgreich ist, wenn alle beteiligten Jäger zusammenarbeiten und den Hirsch in die Enge treiben. Geschieht dies, machen sie eine Beute im Wert von 10. Bei zwei Jägern erhält jeder 5. Wenn beide nicht zusammenarbeiten können sie nur Hasen jagen. Jeder macht dann eine Beute im Wert von 1. Wenn einer der beiden auf Hirschjagd geht, der andere aber auf Hasenjagd, bekommt der erste nichts, während der zweite 2 Hasen schießt und einen Gewinn von 2 erzielt. Wenn jeder Jäger glaubt, der andere würde Hirsche

---

[5] Kelsen H (1920) Vom Wesen und Wert der Demokratie, Mohr.
[6] Rousseau JJ (1755) Abhandlung über den Ursprung und die Grundlagen der Ungleichheit unter den Menschen. S. 77, Reclam, Stuttgart 1998, S. 77. Man kann heute gewiss in Frage stellen, ob die Hetzjagd auf Hirsche ein gutes Beispiel für den erstrebenswerten Zustand einer Gesellschaft ist. Rousseau lebte zu einer Zeit, in der vieles zeitgenössische Wissen über Tiere nicht vorhanden war. Der Respekt vor Rousseau gebietet es jedoch, sein Beispiel nicht durch ein beliebiges anderes abzuändern. Siehe auch Skyrms B (2004) The Stag Hunt and the Evolution of Social Structure, Cambridge University Press.

jagen, werden sie zusammenarbeiten, weil es sich dann für keinen lohnt, Hasen zu schießen. Wenn jeder glaubt, der andere würde Hasen jagen, gehen beide auf Hasenjagd. Denn es lohnt sich bei dieser Erwartung wiederum für keinen, auf Hirschjagd zu gehen. Beide Kombinationen von Verhalten, Hirschjagd beider Jäger und Hasenjagd beider Jäger sind daher stabile Gleichgewichte, sog. Nash-Gleichgewichte. Die Hirschjagd stellt im Vergleich mit der Hasenjagd das sozial vorzugswürdige Gleichgewicht dar, wenn man das normative Prinzip akzeptiert, dass das Gemeinwohl ansteigt, wenn es allen besser geht (sog. schwache Pareto-Verbesserung). Von einem rechtspositivistischen Standpunkt aus betrachtet ist bemerkenswert, dass Rousseau dieses normative Prinzip in seiner Darstellung der Hirschjagt implizit voraussetzt, ohne über dessen Begründung auch nur einen Gedanken zu verschwenden.

Wenn beide Jäger glauben, der andere würde Hasen jagen, sind die Jäger im schlechten Gleichgewicht gefangen, weil dieses stabil und selbstverstärkend ist. Der übliche Vorschlag zur Überwindung dieses Dilemmas besteht darin, eine Strafe für die Hasenjagd zu verhängen, welche diese unprofitabel macht und dadurch die Erwartung zerstört, dass alle anderen Hasen jagen und man deshalb selbst gut daran tut, ebenfalls Hasen zu jagen. Wenn die Strafe konsequent verhängt wird, verbleibt die Hirschjagt als einziges Nash Gleichgewicht. Hier setzt die Kritik Basus an. Das um die Strafe erweiterte Hirschjagd Spiel ist unvollständig beschrieben, wenn man nur die Auszahlungsmatrix der Jäger unter Einbeziehung der Strafen verändert und nicht weitere Spieler, der Gesetzgeber, Richter, Polizeibeamte und Inspektoren hinzukommen. Diese haben ihre eigenen Präferenzen und werden das Gesetz nur verabschieden und durchsetzen, wenn sie sich selbst bei der Hirschjagd ebenfalls besser als bei der Hasenjagd stellen. Keine Rechtsnorm kann für sich allein bewirken, dass die Jäger, die im schlechten Gleichgewicht der Hasenjagd gefangen sind, zur Hirschjagd übergehen. Bei diesem „Spiel des Lebens" kommt es zur Hirschjagd dann und nur dann, wenn die Akteure des Staats ebenfalls glauben, davon einen Vorteil haben. Diese Erwägung führt unmittelbar zu den beiden zentralen Hypothesen von Basus Rechtstheorie. Die Einführung einer Rechtsnorm ist weder eine hinreichende noch eine notwendige Bedingung für die Erreichung des damit verfolgten Zwecks. Sie ist nicht hinreichend, weil sie das Spiel des Lebens nicht verändern kann. Wenn zum Beispiel alle Beteiligten im Staatsapparat glauben, Vorteile davon haben, über Sexualdelikte von Geistlichen oder die Nichteinhaltung von Umweltstandards bei der Produktion von Autos hinwegzusehen, und weil sie annehmen, dass auch alle anderen Beteiligten wegsehen werden und Nachteile erwarten, wenn sie dies nicht tun, kann eine gesetzliche Strafandrohung nichts ausrichten.

Die gesetzliche Vorschrift ist aber auch nicht notwendig. Denn wenn alle Beteiligten im Staatsapparat Vorteile von der Bestrafung und Nachteile von der Nichtbestrafung erwarten werden sie sie im Modell eine wirksame Sanktion durchsetzen, auch wenn dafür keinerlei rechtliche Norm existiert. Es ist im Modell sogar möglich, dass ein nicht staatlicher Akteur dies durchsetzt, etwa ein Gangstersyndikat, dessen Mitglieder alle glauben davon Vorteile zu haben und von dem alle anderen erwarten, dass dessen Mitglieder die Drohung mit Bestrafung durchsetzen werden. Im Rousseau'schen Beispiel kommt es dann stets zur Hirschjagd, weil alle Spieler im Spiel des Lebens glauben, dass alle anderen Spieler zur Hirschjagd gehen, weil die Hasenjagd wirkungsvoll sanktioniert wird. Ein funktionsfähiger Rechtsstaat ist dazu nicht notwendig führt aber ebenfalls zu diesem Ergebnis.

Wenn somit ein liberaler Rechtsstaat faktisch existiert und der gesamte Verwaltungsapparat mit hohem Einsatz die Einhaltung von Rechtsnormen überwacht und Verstöße sanktioniert, so hängt dies von Voraussetzungen ab, die er selbst nicht schaffen kann. Die Angehörigen von Staat und Verwaltung müssen persönliche motiviert sein, das sozial vorzugswürdige Gleichgewicht zu generieren und die Stabilität des schlechten Gleichgewichts durch Sanktionen zu zerstören. Es muss ein Zustand entstehen, in dem alle erwarten, dass alle anderen die kooperative Strategie wählen und man nur Nachteile davon hat, wenn man als Einzelner sich anders verhält. Basus Rechtstheorie weist somit Parallelen zum Diktum des Staatstheoretikers und früheren Richters am Bundesverfassungsgericht Böckenförde auf: „Der freiheitliche, säkularisierte Staat lebt von Voraussetzungen, die er selbst nicht garantieren kann."[7] Für Basu gilt dieses Diktum allerdings auch für alle anderen stabilen Zustände, auch für eine totalitäres Herrschaft oder ein korruptes oder kleptokratisches System, die stabil bleiben weil alle glauben, dass alle anderen sich systemkonform verhalten und nur mit Nachteilen rechnen müssen, wenn sie sich selbst anders entscheiden. Weder der Rechtsstaat noch andere staatliche Systeme können durch abweichendes -und damit selbstschädigendes- Verhalten Einzelner aus den Angeln gehoben werden. Ökonomen sprechen von lokal stabilen Nash-Gleichgewichten.

---

[7] Böckenförde EW (2006), Die Entstehung des Staates als Vorgang der Säkularisation" In: Recht, Staat, Freiheit. 2006, S. 112.

Gesellschaftliche Homogenität bei Basu, Böckenförde und Schmitt

Basus Theorie des liberalen Rechtsstaats als einer „republic of beliefs" setzt homogene Erwartungen jedes Bürgers hinsichtlich der Erwartungen aller anderen Bürger einschließlich der Staatsbediensteten voraus, diesen zu unterstützen. Sie hat vordergründig betrachtet Ähnlichkeiten mit der Staatstheorie von Carl Schmitt, für den ein hohes Maß innerer Homogenität des Staatsvolks, in seiner Version durch eine gemeinsame nationalistische Identität, Voraussetzung der Wirksamkeit des Rechts[8] sowie der Stabilität, Nachhaltigkeit und Existenzfähigkeit des Staates ist. Bekanntlich sprach Schmitt dem pluralistischen demokratischen Rechtsstaat diese Eigenschaft ab, insbesondere weil dessen Protagonisten das Wesen des Politischen nicht verstünden und somit wehrlos gegen entschlossene innere und äußere Feinde seien. Ernst-Wolfgang Böckenförde, einer der wichtigsten Staatsrechtslehrer der Bundesrepublik Deutschland nach dem 2. Weltkrieg, hat aus seinem Schüler-Lehrer Verhältnis zu Schmitt nie ein Geheimnis gemacht und stimmt ihm hinsichtlich des Homogenitätserfordernisses zu. So heißt es in seinem bereits oben zitierten Diktum „(Der freihetlich säkularisierte Staat) kann einerseits nur bestehen, wenn sich die Freiheit, die er seinen Bürgern gewährt, von innen her, aus der moralischen Substanz des einzelnen und der Homogenität der Gesellschaft, reguliert."[9] Böckenfördes Hinweis auf die Homogenität ist ein direkter Bezug zu Carl Schmitt. An diesem Punkt endet die Parallele mit Basus auf der Spieltheorie beruhendem Homogenitätsbegriff. In Basus „Spiel des Lebens", in dem die Spieler alle Bürger einschließlich aller Staatsbeamten sind, entsteht die Homogenität durch ein Geflecht von Erwartungen über die Erwartungen aller anderen. Es bringt dann keine Vorteile oder nur Nachteile, allein oder mit einer kleinen Gruppe abzuweichen, wenn man erwartet, dass alle anderen sich systemkonform verhalten.

Dies schließt homogene, intrinsische Überzeugungen nicht aus ist aber nicht mit diesen gleichzusetzen. Basu lässt an einigen Stellen seines Buches durchblicken, dass er Freiheitsbewusstsein, Bürgersinn, Gemeinschaftsdenken, Altruismus und Moral für wichtig hält. Sie sind aber nicht Bestand-

---

[8] Auch bei Schmitt setzt die Wirksamkeit einer Rechtsnorm bereits eine homogene Ordnung voraus. Sie kann nicht selbst Ordnung schaffen, sondern hat „nur auf dem Boden ... einer gegebenen Ordnung" regulierende Funktion. Schmitt C (1934), Über die drei Arten des rechtswissenschaftlichen Denkens, S. 13), zitiert bei Utz AF (1999), Die politische Theologie von Carl Schmitt, Archiv für Rechts- und Sozialphilosophie Vol. 85, No. 3, S. 398–415, insbes. S. 399.
[9] Böckenförde EW (2006), a. a. O. S. 112. Derselbe (1997) The Concept of the Political: A Key to Understanding Carl Schmitt's Constitutional Theory, 10 CAN. J. L. & Jurisprudence, 10(1),, 5–20.

teil seines Modells eines stabilen demokratischen Rechtsstaats. Denn der gleiche Mechanismus, welcher bei Basu den Rechtsstaat gleichsam im Selbstlauf am Leben erhält, stabilisiert auch einen korrupten kleptokratischen Staat oder eine totalitäre Diktatur. Im Modell benötigen die Bürger in Rechtsstaaten für deren Stabilität und für die Effektivität des Rechts weder eine innere moralische Substanz wie bei Böckenförde noch wie bei Schmitt eine gleichgeschaltete nationalistische Identität. Auch benötigen autoritäre und totalitäre Staaten -um Böckenförde zu paraphrasieren- keine unmoralische Substanz ihrer Staatsbürger und Beamten. Es genügt, wenn jeder glaubt, dass alle anderen sich systemkonform verhalten und abweichendes Verhalten zum Nachteil gereicht. Der Zustand ist dann ein lokal stabiles Nash Gleichgewicht, das aber auseinanderbricht, sobald das Geflecht der Erwartungen erodiert. Auch das Beispiel der Hirschjagd versus Hasenjagd von Rousseau setzt keine homogenen ethischen Überzeugungen der Jäger voraus. Wenn sich die Spieler auf Hirschjagd oder auf Hasenjagd eingependelt haben, bleiben sie dabei. Beides sind stabile und selbstverstärkende Gleichgewichte. Sie können durch außergewöhnliche Umstände zerstört werden, was für die Hasenjagd erstrebenswert und für die Hirschjagd zu befürchten ist. Homogene verinnerlichte Werte, Bürgerbewusstsein, Zivilgesellschaft, sind zusätzliche Elemente, den fehlentwickelten Staat (die Hasenjagd) zu überwinden oder den liberalen Rechtsstaat (die Hirschjagd) zu stabilisieren. In dem reduktionistischen Modell „Spiel des Lebens", das sowohl den „failed state" als auch den hoch entwickelten liberalen Rechtsstaat enthalten kann, ist es jedoch zunächst nur das Geflecht der Erwartungen, welches die Zustände stabilisiert. Eine gemeinsame Identität setzt das Spiel des Lebens nicht voraus, weder im Sinne von Schmitt noch von Böckenförde. Die gleichen Individuen verhalten sich in unterschiedlichen Gleichgewichten unterschiedlich. Es sei hier daran erinnert, dass nach der Katastrophe des Nationalsozialismus die Wiederaufrichtung eines hoch entwickelten Rechtsstaats in Westdeutschland unter großer Beteiligung und aktiver Mitwirkung vieler alter Nazis unter Richtern, Verwaltungsbeamten und in Parteien stattfand. Dieser Vorgang ist kaum mit Böckenfördes Erfordernis einer Homogenität und besonderen moralischen Substanz in Einklang zu bringen, wohl aber mit den Mechanismen im Spiel des Lebens, das sich und die Erwartungen aller Beteiligten nach der bedingungslosen Kapitulation Nazideutschlands änderte. Spiegelbildlich gilt das gleiche für die Sowjetische Besatzungszone, wo die alten Nazis aus Justiz und Verwaltung weitestgehend entfernt wurden und gleichwohl innerhalb weniger Jahre die Unabhängigkeit der Gerichte zugunsten von Telefonjustiz verschwand.

Politische Macht und Macht des Rechts

Das „Spiel des Lebens" führt zu einer gänzlich anderen Theorie politischer Macht als jener von Thomas Hobbes, auf den Carl Schmitt sich oft zustimmend und bewundernd bezieht.[10] Im Spiel des Lebens entsteht Macht durch gleich gerichtete Erwartungen über die Entscheidungen anderer. Und obwohl die Staatsgewalt sich Waffen, Handschellen und Gefängnissen bedient und den Eindruck umfassender Befehlsgewalt entstehen lässt, ist die Macht nie die eines Befehlshabers, weder im Rechtsstaat noch im totalitären Staat. Hobbes hat im 26. Kapitel des Leviathans über die staatlichen Gesetze eine gegenteilige Auffassung entwickelt.[11] Dort begreift er das Recht als eine Sammlung von Befehlen, denen die Menschen gehorchen müssen. Dabei folgen sie einem Machthaber, der selbst nicht Teil der Gesellschaft ist, sondern außerhalb steht. Dies ist eine fehlerhafte empiristische Spekulation. Hobbes ist hier einem Irrtum erlegen, den Carl Schmitt nicht nur nicht erkannte, sondern trotz scharfsinniger Kritik etwa von Hume bewundernd weitertrug und den von Hobbes imaginierten, außerhalb des Systems stehenden Souverän sogar zu einem Faszinosum hochstilisierte.[12] In seinen Schriften zur Weimarer Verfassung propagiert er einen Reichspräsidenten, der als Diktator gestützt auf Art. 48 der Reichsverfassung mit seiner Entscheidungsmacht über den Ausnahmezustand der eigentliche Souverän ist.[13] Außerdem lässt Hobbes, so Basu, im Unklaren, warum unter solchen Bedingungen überhaupt Rechtsnormen existieren, wenn alles durch Befehlsgewalt erreichbar ist, statt durch Institutionen, die das Recht erkennen und durchsetzen. Der methodische und sogar logische Fehler liegt hier darin, ein System der Gesellschaft und des Staates zu beschreiben und für die Stabilisierung des Systems auf eine Person mit diktatorischer Machtfülle zu setzen, die ganz außerhalb des Systems steht und seine Macht unabhängig vom Geflecht der Erwartungen ausüben kann, eine moderne Form des Wunderglaubens.

---

[10] Schmitt, C (1936/37), Der Staat als Mechanismus bei Hobbes und Descartes. In: Archiv für Rechts- und Sozialphilosophie, 30, S. 622–632; Derselbe (1938), Der Leviathan in der Staatslehre des Thomas Hobbes. Sinn und Fehlschlag eines politischen Symbols. Hrsg. v. Günter Maschke, Köln-Lövenich 1982.

[11] Kap. 26, „Von staatlichen Gesetzen", in Leviathan (Hobbes T 1668 [1994]).

[12] So Rüthers B (1996), Altes und Neues von und über Carl Schmitt, NJW 1996, 896ff. insbes. S. 904.

[13] Schmitt C (1931) Die staatsrechtliche Bedeutung der Notverordnung, insbesondere ihre Rechtsgültigkeit

(1931), in: Carl Schmitt, Verfassungsrechtliche Aufsätze aus den Jahren 1924–1954, Berlin1997, S. 235–263; und Schmitt C (1928), Die Diktatur des Reichspräsidenten, Duncker und Humblot, 1928 – 259S.

Kein Geringerer als David Hume -und nach ihm viele Andere- hat, wie Basu hervorhebt, derartige Auffassungen über politische Macht schon im 18. Jahrhundert mit großer Klarheit und mit Argumenten zurückgewiesen, die jenen aus der Spieltheorie bereits nahekamen und diesen den Weg bereiteten. „Niemand hätte einen Grund, den Tyrannen zu fürchten, wenn jener außer dieser Furcht über niemanden Macht hätte. Denn der Tyrann ist nur ein Mann, und seine körperliche Kraft reicht nicht weit; all seine weitere Macht muss daher auf unserer Meinung beruhen oder auf der Meinung, die wir anderen unterstellen."[14] Basu führt Franz Kafkas Roman „Der Prozess" für seine auf Hume gestützte Theorie der Macht an. Darin wird Joseph K verhaftet, angeklagt und „ohne dass er etwas Böses getan hätte" nach einem langwierigen Prozess, in dem er keinen Richter und kein Urteil zu sehen bekommt, von zwei Offiziellen ermordet. Weder Joseph K noch die Leser erfahren, ob die mächtige Person, die dies betreibt, überhaupt existiert. Wenn die Theorie von Hobbes über Machthaber fehlerhaft ist, so gilt dies auch für sein viel zitiertes Diktum über das Wesen des Rechts: „Auctoritas non veritas facit legem". Die Macht des Rechts entsteht nicht durch Befehle eines externen Machthabers, der außerhalb des Systems steht, und den es nicht gibt.

Sie entsteht durch die Erwartung, dass Rechtsnormen gültig sind und durchgesetzt werden und es deshalb im Spiel des Lebens nur Nachteile bringt, das Recht nicht zu beachten. Zwei Beispiele, die aus dem Buch von Cooter und Schäfer „Solomon's Knot" entnommen sind, mögen dies abschließend verdeutlichen. Während der Finanzkrise im Jahr 1998 meldeten viele indonesische Firmen Insolvenz an. Die indonesische Insolvenzordnung war nur ein Stück Papier. Sie stammte noch aus der holländischen Kolonialzeit und war nicht einmal in die offizielle Landessprache übersetzt worden. 10 Jahre später existierten die Firmen immer noch unter dem gleichen Management, hatten weiter Zugang zu Bankkrediten, bedienten ihre Gläubiger nicht, die zudem im Insolvenzverfahren faktisch und entgegen dem Gesetz nichts zu sagen hatten. Das Recht ließ das Spiel des Lebens unverändert.[15] Ganz anders entwickelte sich Singapur, das in internationalen Rankings zu den am wenigsten korrupten Staaten mit einem auf dem common law basierenden Rechtsstaat gezählt wird. Die Macht des Rechts dort entstand nicht durch Befehle, obwohl das Land autoritär regiert wurde, wie viele der korruptesten und ärmsten Länder, sondern unter anderem durch eine Reform der Staatsverwaltung, die für alle Staatsbeamten riesige Vorteile in Form exorbitant hoher Beamten-

---

[14] Deutsche Übersetzung aus Hume D (1742 [1987]), 'Of the First Principles of Government,' in Essays: Moral, Political and Literary, Indianapolis: Liberty Fund, 4, section 6.

[15] Cooter RD und Schäfer HB (2012) Solomon's Knot, How Law Can End the Poverty of Nations, pp. 167, 276.

gehälter mit sich brachte. Ein Beispiel sprang bei Abfassung des Buchs besonders ins Auge. Das Gehalt des Präsidenten des Obersten Gerichts in diesem 6 Millionen Einwohner zählenden Staat war damals höher als das der entsprechenden Gerichtspräsidenten der USA, Kanadas und Australiens zusammengenommen. Dieser Zahlung von Traumgehältern für Beamte lag nicht etwa die fehlerhafte Vorstellung zugrunde, reiche Beamte seien weniger korrupt als arme Beamte. Vielmehr wurde gleichzeitig als quid pro quo durchgesetzt, auch kleine Verstöße gegen Recht und Gesetz mit der Entlassung aus dem Dienst zu bestrafen. Die Verluste an Einkommen wurden dadurch so groß, dass kaum ein wegen eines Dienstvergehens entlassener Beamter damit rechnen kann, später in der Privatwirtschaft auch nur annähernd so viel zu verdienen, wie er an Gehalt oder Pension verliert. Dies änderte viel, unter anderem das Geflecht der Erwartungen im Beamtenapparat und in der Zivilgesellschaft. Es trug dazu bei, dass Gesetze befolgt wurden und die Korruption verschwand.[16] Singapur wand sich aus seiner Rückständigkeit heraus und ist heute eines der Länder der Welt mit dem größten Nationalreichtum und der längsten Lebenserwartung seiner Bürger. Die Herrschaft des Rechts entstand durch den Übergang von einem sozial schlechten zu einem sozial guten (Pareto-dominierenden) Nash-Gleichgewicht, das stabil ist und selbstverstärkend wirkt. Dies geschah nicht durch eine vorhergehende Änderung der moralischen Substanz der Beamten. Es geschah in einem Land, in dem Korruption von Staatsdienern wie in vielen armen Ländern traditionell ein Kavaliersdelikt oder sogar ein anderer Ausdruck für Familiensinn war. Das spiegelbildlich Entsprechende gilt für die Nichtbeachtung der Insolvenzordnung in Indonesien. In beiden Fällen wird das Gleichgewicht erreicht und stabilisiert, nicht weil die Staatsdiener ihren ethischen oder verwerflichen Ansichten folgen, sondern weil das Geflecht der Erwartungen unterschiedlich ist. Im Modell sind es die gleichen Typen von Menschen, die gewissenhaft den Vollzug der Gesetze durchsetzen oder vernachlässigen und diese beachten oder missachten. Basu betont an verschiedenen Stellen seines Buchs, wie wichtig auch ethisches Verhalten und zivilgesellschaftliches Engagement für Recht und Freiheit sind. Der analytisch relevante Stabilitätsanker sind diese in seiner Theorie des Rechts zwar nicht. Sie werden aber wichtig, wenn das Geflecht der Erwartungen zerreißt. Diese Theorie führt zur Forderung an die Politik, ein überlegenes Pareto-dominierendes Gleichgewicht im Spiel des Le-

---

[16] Im Rule of Law Index belegte Singapur im Jahr 2021 Platz 17 von 137 Staaten https://worldjusticeproject.org/sites/default/files/documents/WJP-INSIGHTS-21.pdf.
    Im Corruption Perception Index belegte Singapur im Jahr 2021 Platz 4 von 181 Ländern. https://www.transparency.org/en/cpi/2021.

bens zu entdecken und politische Reformprozesse zu begünstigen, welche die Erwartungen der Spieler über die Handlungen aller übrigen Spieler im Spiel des Lebens so zu ändern, dass das sozial überlegene Gleichgewicht erreicht werden kann.

Emeritierter Professor für Volkswirtschaftslehre an der Universität Hamburg und Affiliierter Professor für Recht und Ökonomik an der Bucerius Law School
Hamburg, Deutschland
August 2022

Hans-Bernd Schäfer

Anmerkung des Übersetzers

In der Hoffnung, die Absicht des Autors auf diese Weise besser wiederzugeben als durch eine wörtliche Übersetzung, weicht der vorliegende Text in einigen kleineren Punkten vom englischsprachigen Original ab. Im Zweifelsfall liegt daher die Verantwortung für inhaltliche Schwächen oder Fehler, sowie natürlich für jegliche sprachliche Defizite, beim Übersetzer, eher denn beim Autor.

Ich möchte drei Personen für ihre Unterstützung bei der Anfertigung der Übersetzung besonders danken: meinem Vater, Ingo Häseler, dafür, dass er das Manuskript sorgfältig durchgesehen hat; dem Autor, Kaushik Basu, dafür, dass er in seiner offenen, freundlichen und herzlichen Art geduldig zahlreiche Kommentare zur Übersetzung mit mir besprochen hat; und meiner Frau, Anette Meirowski, dafür, dass sie meine Frau ist.

Hamburg, Deutschland   Sönke Häseler
August 2022

Inhaltsverzeichnis

Vorwort des Autors   VII

Vorwort zur deutschen Ausgabe   XV

Anmerkung des Übersetzers   XXIX

1 Einleitung   1
- 1.1 Die Praxis und die wissenschaftliche Disziplin   1
- 1.2 Die Entstehung von ‚Law and Economics'   6
- 1.3 Institutionen und Gesetzeshüter   7
- 1.4 Agenda   9

2 Eine kurze Geschichte von Law and Economics   15
- 2.1 Das Recht und seine Umsetzung: einige Beispiele   15
- 2.2 Traditionelles Law and Economics: eine ganz kurze Einführung   20
- 2.3 Spieltheorie: noch eine ganz kurze Einführung   26
- 2.4 Die Tinte-auf-Papier-Kritik und der neoklassische Denkfehler   33

3 Die Methode des Fokalen Punktes   37
- 3.1 Die besondere Bedeutung von Erwartungen   37
- 3.2 Eine kurze Einführung zu fokalen Punkten und Gleichgewichten   40
- 3.3 Das Recht als fokaler Punkt   45

3.4	Die Umsetzung des Rechts	53
3.5	Fokale curb-Mengen	61

4 Sequenzielle Spiele und First-Mover Advantage — 67
- 4.1 Das Recht in Extensivform — 67
- 4.2 Teilspielperfektion: ein technischer Exkurs — 69
- 4.3 Das Recht als billiges Gerede und Geldverbrennen — 71
- 4.4 Das Leben und die Auferstehung — 77

5 Soziale Normen und das Recht — 83
- 5.1 Normen, Gesetze und Überzeugungen — 83
- 5.2 Soziale Normen und multiple Gleichgewichte: Pünktlichkeit — 86
- 5.3 Diskriminierung als fokaler Punkt — 90
- 5.4 Kinderarbeit und das Recht — 99
- 5.5 Bürger, Funktionäre und das Regierungsspiel — 105

6 Recht, Politik, Korruption — 113
- 6.1 Recht, Staatsführung und wirtschaftliche Entwicklung — 113
- 6.2 Macht und Unterdrückung: Diktaturen, McCarthyismus, Hexenjagden — 115
- 6.3 Redefreiheit – mit und ohne Recht — 123
- 6.4 Die Geißel der Korruption — 128

7 Rationalität, Recht, Legitimität — 137
- 7.1 Jenseits von Rationalität — 137
- 7.2 Das Urlauberdilemma und die Bedeutung von Rationalität — 142
- 7.3 Verhaltensökonomische Erweiterungen — 147
- 7.4 Eigeninteresse, Missgunst, Legitimität — 156

8 Lose Enden — 167
- 8.1 Was noch zu tun ist — 167
- 8.2 Statistische Informationen und Ethik — 171
- 8.3 Die Arche-Noah-Kritik — 177
- 8.4 Vorwort zu einer Weltverfassung — 182
- 8.5 Schluss — 195

Literatur — 199

Stichwortverzeichnis — 221

1

Einleitung

1.1 Die Praxis und die wissenschaftliche Disziplin

Ökonomen und Juristen sind schon lange an der Frage interessiert, warum so viele Gesetze ein wirkungsloses Dasein fristen. Noch interessanter und in philosophischer Sicht beunruhigend ist aber die umgekehrte Frage: Warum sind so viele Gesetze so effektiv, insofern als dass sie sowohl von den Funktionsträgern des Staates durchgesetzt als auch von den Bürgerinnen und Bürgern geachtet werden? Schließlich ist ein Gesetz nichts als eine Ansammlung von Wörtern auf Papier. Wenn man einmal innehält und darüber nachdenkt, ist es in der Tat verwunderlich, warum das reine Beschreiben von Papier das Verhalten von Menschen ändern sollte, warum die in einem Buch festgehaltene neue Geschwindigkeitsbegrenzung Fahrzeuge verlangsamen und die Verkehrspolizei dazu bewegen sollte, diejenigen Fahrzeuge anzuhalten, die sich nicht an die Regel halten, und ihnen eine Strafe aufzuerlegen.

Die althergebrachte ökonomische Analyse des Rechts ist mit diesen Fragen umgegangen, indem sie ihnen ausgewichen ist. Dieses Buch hingegen stellt sich dem Rätsel der aktionsauslösenden Worte auf Papier. In den folgenden Kapiteln werde ich das Rätsel im Detail darstellen und erklären, und schließlich eine Lösung anbieten. Dazu müssen wir die tradierte Herangehensweise erst hinterfragen und schließlich zurückweisen, indem wir sie mit einer reichhaltigeren und überzeugenderen Ausprägung von Law & Economics ersetzen. Diese neue Herangehensweise, die ihre Wurzeln in spieltheoretischen Methoden hat, verspricht zahlreiche neue Einblicke in die Fragen, warum so viele

Gesetze Wirkung zeigen und warum so viele andere Gesetze nicht richtig umgesetzt werden, sondern nur verstauben. Angesichts der Bedeutung von Law &Economics für so viele Anwendungsgebiete – von Wettbewerb und Kollusion zu Handel, Arbeitsrecht, Regulierung, Klimawandel und Konfliktmanagement – kann die richtige Herangehensweise eine enorme Rendite bringen. Dieses Buch soll einen Beitrag leisten in diesem kritischen Bereich, der die Volkswirtschaftslehre und die Rechtswissenschaft überspannt, und wichtige Impulse liefern für unser Verständnis von Phänomenen wie wirtschaftliche Entwicklung, Frieden, Chancengleichheit, Armut und Krieg.

Das Hinterland zwischen den verschiedenen Disziplinen der Sozialwissenschaft gleicht oftmals einer Ödnis. Trotz vieler gegenteiliger Versprechungen bleibt multidisziplinäre Forschung eher die Ausnahme, und ihr Erfolg wird behindert durch Differenzen bezüglich der Methodologie und der Ideologie – und nicht selten durch einen Hauch Verbohrtheit. In dieser Halbwüste der Forschungslandschaft sticht die Vereinigung von Volkswirtschaftslehre und Rechtswissenschaft heraus. Seit ihrem Entstehen in den 1960ern wächst die Bedeutung von Law & Economics, was dem glücklichen und keineswegs selbstverständlichen Umstand geschuldet ist, dass die Beteiligten aus beiden Disziplinen nicht nur die Existenz, sondern auch die Bedürfnisse der jeweils anderen Seite anerkennen. Die Nachfrage nach diesem neuen Forschungsfeld war so offensichtlich und dringlich, dass die üblichen Hindernisse interdisziplinärer Forschung schnell überwunden wurden. Gesetze werden jeden Tag verabschiedet und umgesetzt. Man muss kein Ökonom oder keine Juristin sein, um zu erkennen, dass ein schlecht gestaltetes Gesetz das Wirtschaftsleben zum Erliegen bringen kann, während ein gut durchdachtes Gesetz einen kleinen Wirtschaftsboom auslösen kann. Deshalb war die ökonomische Analyse des Rechts auch schon Schauplatz reger Debatten, bevor das Forschungsfeld einen Namen bekam. Beispielsweise reicht in den Vereinigten Staaten die Sorge über Kollusion unter Wirtschaftsunternehmen bis ins späte neunzehnte Jahrhundert zurück. Die Verabschiedung des Sherman Acts (1890) und später des Clayton Acts (1914) und des Robinson-Patman Acts (1936) waren bahnbrechende Anwendungen des Rechts, um den Wettbewerb zu schützen und Kollusion zu unterbinden.

Wie so oft war die Praxis der Theorie voraus. Während es die Disziplin „Law and Economics" als solche noch nicht gab, wurden doch schon kleinere Prinzipien entdeckt und bildeten die Handlungsgrundlage für Politiker und Praktiker. Beispielsweise fanden die amerikanischen Gesetzgeber und die politische Führung bald heraus, dass, während die Verhinderung von Kollusion gut für die amerikanischen Konsumenten war, sie die heimischen Firmen im globalen Wettbewerb behinderte. Will ein Land gegenüber anderen Ländern wirtschaftlich bestehen und gute Geschäfte mit deren Bevölkerung machen, kann es hilfreich sein, den heimischen Unternehmen genau das zu ermöglichen, was man in Hinblick auf den eigenen nationalen Markt gern unterbinden möchte. Aus dieser Überlegung heraus entstand der Webb-Pomerene Act (1918), der solche Firmen vom Kollusionsverbot ausnahm, die zeigen konnten, dass der Großteil ihres Absatzes ins Ausland geht. Japan hat später von diesem Vorbild gelernt und Exportkartelle vom Kollusionsverbot ausgenommen. Das Bewusstsein über die Macht des Rechts zur Beeinflussung von Märkten zeigte sich auch, als die Alliierten kurz nach der Niederlage Japans im Zweiten Weltkrieg dem Land schnell ein sorgfältig entworfenes Kartellrecht aufdrückten – das sogenannte Antimonopolgesetz von 1947. Japan hat das Gesetz später modifiziert, um seine Konzerne wiederzubeleben.

Die *Praxis* der ökonomischen Analyse des Rechts geht jedoch viel weiter in der Geschichte zurück, mit wichtigen Auswirkungen auf das tägliche Leben, obgleich nicht ganz so direkt wie in den genannten amerikanischen Entwicklungen. Ziemlich bald, nachdem die Menschheit das Schreiben gelernt hatte, begann sie auch, Gesetze zu schreiben. Die wohl bekannteste frühe schriftliche Niederlegung von Regeln ist der Codex Hammurabi, der in Akkadisch verfasst ist, der Sprache Babylons. Die Regeln wurden entwickelt und in Stein geritzt während der Herrschaft Hammurabis, des sechsten Königs der ersten Dynastie von Babylon, der 1750 v. Chr. starb. Einige der im Codex enthaltenen Ideen finden sich noch in heutigen Gesetzesordnungen, wie beispielsweise die Bedeutung von Beweisen und die Rechte des Angeklagten. Auch liefert der Codex heute noch gern genutzte Rechtfertigungen für Rache. Die bekannteste davon ist „Auge um Auge, Zahn um Zahn". Bei aller Beliebtheit dieser Regel gibt es doch auch Widerspruch. So soll Mahatma Gandhi fast viertausend Jahre später gesagt haben: „Auge um Auge – und die ganze Welt wird blind sein."

Es kann aber auch argumentiert werden, dass das Konzept des Rechts älter ist als die Entwicklung der Schrift. Denn schon vorher wurden Konventionen mündlich weitergegeben. Einige argumentieren sogar, dass das Recht im weitesten Sinne älter ist als die Menschheit (s. die Diskussion bei Hadfield 2016). In Laborexperimenten haben Kapuzineraffen Anzeichen eines Sinnes für Fairness gezeigt, sowie die Neigung, unfaires Verhalten zu bestrafen. Im vorliegenden Buch werde ich allerdings einen so weitumfassenden Begriff des Rechts vermeiden.

Die Ursprünge des Rechts und die Fragen, was das Recht ist und warum Menschen sich daran halten, werden schon sehr lange diskutiert. Diese Diskussionen gehen maßgeblich auf die enorm einflussreichen Debatten für und wider den „Rechtspositivismus" zurück (siehe Kelsen 1945; Hart 1961; Raz

1980), der seinerseits eine Antwort auf John Austin (1832) darstellt. Für Austin war, „die Aufstellung eines Gesetzes ... innerhalb einer bestimmten Gesellschaft richtig, wenn das Gesetz die ... Befehle einer Person oder einer Gruppe richtig widergibt, die die Position des Souveräns innerhalb jener Gesellschaft innehat." Der Souverän sei zu verstehen als „eine Person oder Gruppe, *deren Befehle regelmäßig befolgt werden und die ihrerseits gewöhnlich niemandes Befehle befolgt.*"[1] Warum aber solche Befehle befolgt werden und wie der Souverän es sich leisten kann, niemandes Befehle zu befolgen, das haben weder Austin noch nachfolgende Rechtswissenschaftler und Philosophen besonders gut erklärt.

Obwohl H. L. A. Hart wie Austin ein Rechtspositivist war, distanzierte er sich von Austins Verständnis von Gesetzen als „Befehle" und betrachtete sie vielmehr als „Regeln", womit er nahelegte, dass Gesetze auch ohne Durchsetzung durch einen Souverän oder eine höhere Instanz wirken können. Laut Hart beinhaltet das Recht ein natürliches Element der Verpflichtung, womit diesem Rechtsbegriff ein inhärentes Gefühl von Gerechtigkeit und Fairness unterliegt.

Dieses Buch kommt ohne eine formale Definition des Rechts aus – die es eh nicht gibt. Oftmals ist es möglich, über eine Disziplin zu sprechen und sie weiterzuentwickeln, ohne eine förmliche Definition von ihr zu haben. Das trifft auch hier zu. Es genügt festzuhalten, dass das Recht aus Regeln bezüglich des legitimen Verhaltens in einer Gesellschaft besteht, und dass eine gesetzestreue oder rechtsstaatliche Gesellschaft eine solche ist, deren Mitglieder sich an die Gesetze halten. Ich gehe nicht davon aus, dass das Recht grundsätzlich gerecht oder fair sei. In der nachfolgenden Diskussion ist ein unfaires und repressives Gesetz genauso gut möglich wie ein edles und gerechtes Gesetz. In der Tat hoffe ich, mit diesem Buch zeigen zu können, dass einige der frühen Debatten und Auseinandersetzungen gänzlich unnötig waren. Sobald wir die neue, auf Spieltheorie basierende Sicht des Rechts entwickelt haben, werden wir sehen, dass einige jener Debatten möglicherweise unberechtigt waren, auf methodischen Fehlern fußten und durch ein begrenztes Vokabular eingeengt wurden. Die moderne Spieltheorie hingegen ermöglicht es uns, Konzepte und Begriffe zu entwickeln, die die Debatte fördern können und einige der Kontroversen beseitigen, deren Aufblühen auch sprachlichen Unzulänglichkeiten geschuldet war. Zu oft wird nicht verstanden, dass ein großer Teil des wissenschaftlichen Fortschrittes von der Granularität von Grammatik und verwendetem Wortschatz abhängt.

---

[1] Nach einem Zitat in Dworkin (1986, S. 33), Kursivschreibung hinzugefügt.

Die neue Herangehensweise kann erklären, wie eine Gesellschaft zu einer gesetzestreuen Gesellschaft wird. Der frühere britische Premierminister Gordon Brown soll einmal gesagt haben: „Auf dem Weg zur Rechtsstaatlichkeit sind die ersten fünf Jahrhunderte die schwierigsten." (World Bank 2017, S. 95) Diese Bemerkung wird oft als Witz verstanden, ist es aber nicht. Sie macht klar, dass, damit das Recht Wurzeln entwickeln und Rechtsstaatlichkeit herrschen kann, die Menschen an das Recht glauben müssen, und sie müssen glauben, dass auch die anderen Menschen an das Recht glauben. Es kann sehr lange dauern, bis solche Überzeugungen[2] und Meta-Überzeugungen wirklich tief in einer Gesellschaft verwurzelt sind. Dieser Umstand wird für die zentrale These dieses Buches sehr wichtig sein.

Abschweifend möchte ich anmerken, dass nicht sicher belegt ist, dass Gordon Brown dies tatsächlich gesagt hat. Man nimmt nur deshalb an, dass er es gesagt hat, weil er nie abgestritten hat, es gesagt zu haben. Doch warum sollte sich jemand auch wehren, wenn ihm ein so schlaues Zitat zugeschrieben wird?

Aber kommen wir zurück zur Frage des Ursprungs des Rechts. Gesetze in der Form, wie wir sie heute kennen, tauchten erstmals in der griechischen Antike auf. Der Athener Solon und der Spartaner Lykurg werden oft als die „Begründer der westlichen juristischen und politischen Lehre" angesehen (Hockett 2009, S. 14). Solon, geboren 638 v. Chr. in Athen, wurde Stadtoberster (Archon) in einer Zeit, als in Athen das Chaos herrschte. Während er auch zur Schaffung eines Gerichtes für alle Bürger beitrug, ist aus der Perspektive dieses Buches wichtiger, dass er Gesetze schuf, die das Wirtschaftsleben stark förderten. Er regte Spezialisierung und Tausch an und bezog explizit Stellung zum Handel, indem er ihn für einige Güter erlaubte und für andere unterband – was zeigt, dass nicht nur der internationale Handel, sondern auch der Protektionismus eine lange Geschichte hat.

Solons Pendent in Sparta war Lykurg, der vielen als der Begründer der spartanischen Verfassung, der *Rhetra*, gilt. Ihm werden Ideen und Regeln zu sozialer Gerechtigkeit und gleicher Verteilung des Wohlstandes zugeschrieben. Als er an die Macht kam, herrschte in Sparta eine extreme Vermögensungleichheit. Daraufhin soll Lykurg Regeln entworfen haben, um den Grundbesitz gleichmäßiger zu verteilen. Zwischen diese wichtigen wirtschaftlichen Regeln schmuggelte er auch einige eher eigenwillige, wie zum Beispiel jene, dass Männer in der Öffentlichkeit in großen Gruppen essen müssen. Erschwert wird die Besprechung seiner Gesetzgebung dadurch, dass Lykurg der Ansicht war, Gesetze seien nicht niederzuschreiben, sondern als Verhaltenskodex im

---

[2] Engl.: *beliefs*. Dem entspricht auf Deutsch meistens „Erwartungen" am besten, mitunter aber auch „Überzeugungen".

Gedächtnis aufzubewahren. Als unausweichliche Folge davon haben viele die Existenz von Lykurgs Gesetzen infrage gestellt.[3] Die Angelegenheit wird dadurch weiter verkompliziert, dass einige sogar die Existenz von Lykurg selbst infrage stellen.

1.2 Die Entstehung von ‚Law and Economics'

Zum Glück wirft die Entstehung der ökonomischen Analyse des Rechts keine solch existenzialistischen Fragen auf. Man ist sich einigermaßen einig, dass die Geburt dieser Disziplin in die 1960er-Jahre fällt, markiert durch das Erscheinen einiger inzwischen legendärer Artikel, darunter insbesondere jene von Ronald Coase (1960), Guido Calabresi (1961) und Gary Becker (1968), obgleich sich die Wurzeln der Zunft noch viel weiter in die Vergangenheit erstrecken.[4] Innerhalb weniger Jahre wurde klar, dass sich hier eine enorm einflussreiche Disziplin entwickelte. So schrieb Cass Sunstein (2016, S. 53): „Law and Economics hat unser Denken über das Recht revolutioniert. Es kann durchaus als die einflussreichste intellektuelle Entwicklung im Bereich der Rechtswissenschaft in den letzten hundert Jahren gelten. Zudem hat diese Disziplin sehr großen Einfluss darauf gehabt, wie Regierungen in den Vereinigten Staaten, Europa und andernorts mit Themen wie Wettbewerb, Umweltschutz, Straßenverkehrssicherheit, Gesundheitsversorgung, Atomenergie und Arbeitnehmerrechten umgehen." Ich könnte diese Liste leicht verlängern um weitere zentrale Politikbereiche, in denen die ökonomische Analyse des Rechts ihren Einfluss entfaltet hat, von der Banken- und Finanzmarktregulierung bis zur Fiskalpolitik. Dieses Forschungsfeld verdient ganz offenbar unsere Aufmerksamkeit.

Dennoch sind bei der Anwendung der Lektionen der ökonomischen Analyse des Rechts Probleme aufgetreten, die uns hätten warnen sollen, dass nicht alles in Ordnung ist. Eine der größten Herausforderungen besteht in der Um-

---

[3] Dies steht im klaren Gegensatz zu der heutigen Überzeugung, dass das Recht nicht nur allen bekannt sein muss; es muss vielmehr auch bekannt sein, dass es bekannt ist; es muss darüber hinaus bekannt sein, dass bekannt ist, dass es bekannt ist; usw. Spieltheoretiker nennen das allgemeines Wissen. Hadfield (2016, S. 26) zeigt dies sehr deutlich. Allgemeines Wissen wird eine wichtige Rolle in der in diesem Buch entwickelten Herangehensweise an Law and Economics spielen.

[4] Man kann argumentieren, dass die erste identifizierbare Law and Economics-Bewegung auf das späte neunzehnte Jahrhundert zurückgeht, als sich US-amerikanische Ökonomen mit der bundesstaatsübergreifenden Verwaltung der Eisenbahngesellschaften beschäftigten und dabei den Wettbewerb zu fördern und ein Kartellrecht zu entwerfen versuchten (Hovenkamp 1990; Mercuro und Medema 1997; Medema 1998). Interessanterweise befasste sich diese frühe Law and Economics-Bewegung – anders die genannten Werke aus den 1960ern – viel mehr mit wirtschaftlicher Ungleichheit und distanzierte sich vom marktwirtschaftlichen Mainstream.

setzung des Rechts, an der es beständig mangelt, insbesondere in weniger entwickelten Ländern. Indien hat beispielsweise ein recht ausgeklügeltes Rechtssystem, dank einigen intellektuellen Eifers nach Erlangen der Unabhängigkeit von Großbritannien, aber eben auch dank seiner Kolonialgeschichte und sogar noch weiter zurückliegenden Erfahrungen (s. Roy und Swamy 2016). Ebenso gebetsmühlenartig wie zutreffend wird aber bemängelt, dass das Recht im Gesetzbuch zwar makellos ist, in der Praxis aber oftmals schlecht umgesetzt wird. Man könnte fast sagen, das Recht würde kollektiv ignoriert.

Die zweite, damit verbundene Herausforderung ist Korruption. Ihre Allgegenwärtigkeit in vielen Entwicklungsländern, aber auch einigen Industrienationen, beeinträchtigt nicht nur das bürgerliche Leben, sondern hat auch widernatürliche und schädliche Auswirkungen auf die Wirtschaft. Doch was ist überhaupt Korruption? Während sie viele Formen annehmen kann, geht es doch immer um einen Rechtsbruch, entweder durch eine Einzelperson oder in gemeinsamer Sache mit Staatsdienern und Gesetzeshütern, wie z. B. im Fall von Bestechung. Wie kommt es, dass einige Gesetze funktionieren, während andere gebrochen, ignoriert und missbraucht werden? Die althergebrachte Auslegung der ökonomischen Analyse des Rechts kann hierauf keine befriedigenden Antworten geben.

Korruption nicht erklären und infolgedessen auch nicht wirkungsvoll bekämpfen zu können, stellt das vielleicht größte Scheitern von Law and Economics dar. Die Risse im Standardmodell wurden anhand der Beobachtung sichtbar, dass die Gesetzeshüter oftmals nachlässig agieren und anfällig für Bestechung sind, was zu der philosophisch schwierigen Frage führte: „Wer kontrolliert eigentlich die Polizei?" Daraus folgen unmittelbar verwirrende Fragen bezüglich der Rolle immer höherer Hierarchieebenen innerhalb des Staates. Ganz unabhängig von der ökonomischen Analyse des Rechts ist Korruption inzwischen auch ein wichtiges Thema innerhalb der Volkswirtschaftslehre geworden. Dieses Buch wird dazu einiges zu sagen haben, sobald wir den Grundstein für eine neue rechtsökonomische Herangehensweise gelegt haben.

1.3 Institutionen und Gesetzeshüter

Ein wichtiges Gegenstück des modernen Rechts ist die Maschinerie der Rechtsdurchsetzung – die Polizei, Richter und Gerichte. Das Vorhandensein oder Fehlen dieser Institutionen und Akteure der Rechtsdurchsetzung wird oftmals sogar zur Unterscheidung zwischen dem Recht auf der einen Seite und sozialen Normen auf der anderen Seite herangezogen. Soziale Normen, so die gängige Meinung, werden ohne formelle Maschinerie durchgesetzt, wohingegen der Rechtsbegriff nicht ohne den modernen Staat auskommt. Der Staat verleiht dem Recht seine Autorität.

Einige Leserinnen und Leser mögen hinter meiner Einschränkung „die gängige Meinung" eine gewisse Skepsis vermuten. Sie hätten recht. Es sind genau die Abweichungen von dieser gängigen Meinung, die einigen Platz in diesem Buch einnehmen werden. Derartige Zweifel kamen mir nicht zuletzt durch die Arbeiten einiger Anthropologen, die gezeigt haben, wie komplex solche sozialen Normen sein können und wie formell ihre Durchsetzung in einigen sogenannten ‚primitiven Gesellschaften' wie zum Beispiel den Lozi in Sambia ist (Gluckman 1955; s. auch die Diskussion bei Hadfield 2016).

Innerhalb der Grenzen des traditionellen Denkrahmens stellt das Vorhandensein bzw. Fehlen einer Rechtsdurchsetzungsmaschinerie einen zentralen Punkt in den Diskussionen zum Völkerrecht dar. In gewisser Weise stimmt es, dass es im Bereich der zwischenstaatlichen Beziehungen, des internationalen Handels und Währungskriegen nicht dieselbe Art von Rechtsdurchsetzung gibt wie bei Konflikten innerhalb eines Staates. Zwar gibt es den Internationalen Gerichtshof in Den Haag, aber seine Macht zur Durchsetzung von Recht und Gesetz ist fraglich. Die verschiedenen Versuche, das System nationaler Gerichte und Justizsysteme auf der globalen Ebene durch die Schaffung diverser Institutionen zu replizieren, waren bislang nur von begrenzter Wirkung. Deshalb haben einzelne Staaten immer wieder auf eigene Faust Institutionen geschaffen, die Verletzungen globaler Normen sanktionieren sollten. Der US-amerikanische Helms-Burton Act von 1996 ist dafür ein gutes Beispiel. Die USA wollten Kuba isolieren und somit seine Wirtschaft schwächen, also schafften sie ein Gesetz, um nicht nur Kuba auszugrenzen, sondern sogar solche Länder zu bestrafen, die mit Kuba Handel trieben und dort investierten. Das Recht in die eigene Hand nehmend, versuchten die USA auf diese Weise, eine globale Gerichtsgewalt zu schaffen, die es ansonsten nicht gibt.

Viele internationale Organisationen wie die Internationale Arbeitsorganisation, die Welthandelsorganisation oder die Institutionen von Bretton Woods wurden gegründet, um Themen wie internationalen Arbeits- und Handelsbedingungen und sogar globaler Geld- und Fiskalpolitik ein Mindestmaß an einheitlichem Recht angedeihen zu lassen. Während der Erfolg solcher Initiativen nach wie vor diskutiert wird, ist doch allen klar, dass die rapide voranschreitende Globalisierung nicht hinreichend durch global durchsetzbares Recht flankiert wird. Dieser Mangel wurde schon sehr früh sichtbar – bald nach dem Aufkommen von langen Seereisen ab dem Ende des fünfzehnten Jahrhunderts, insbesondere befeuert durch die Landungen von Christoph Kolumbus in dem, was er zeitlebens für Indien hielt (1492), und von Vasco da Gama in dem, was wir noch heute für Indien halten (1498). Auseinandersetzungen auf hoher See waren zunehmend an der Tagesordnung. Besonders bekannt wurde die Beschlagnahmung eines portugiesischen Schiffes, der Santa Catarina, durch die Niederländer in der Straße von Singapur in den frühen Morgenstunden des 25. Februar 1603. Um die Aktion der Niederländer zu rechtfertigen, wurde der Jurist Huig de Groot zur Hilfe gerufen, der heute besser bekannt ist als Hugo Grotius. Dies führte ab 1604 zu Grotius' Arbeiten an der Formalisierung des Völkerrechts und seinen diesbezüglichen Veröffentlichungen, die als Grundstein der späteren intellektuellen Beschäftigung damit gelten können.

Die Bedeutung des internationalen Rechts und die Dringlichkeit seiner Durchsetzung wachsen mit der Globalisierung und jeder neuen multinationalen Initiative.[5] Die wichtigsten solcher Initiativen sind wohl die EU und die Eurozone, inklusive der jeweiligen Zersetzungstendenzen. Da sich dieses Buch vornehmlich eher methodischen Fragen widmen soll, werden solche Angelegenheiten nicht direkt behandelt, allerdings komme ich im letzten Kapitel kurz auf sie zurück.

1.4 Agenda

Mein Interesse an der ökonomischen Analyse des Rechts entstand, als ich zu Industrieökonomik und Mietdeckeln forschte und versuchte, die Reichweite und Wirksamkeit des Kartellrechts und anderer Gesetze zu ergründen.[6] Ein paar Fragen haben mich besonders umgetrieben: Warum ist das Recht wirkungsvoll, sofern es das denn ist? Die Bürger mögen zwar die Gesetze befolgen aus Sorge, dass die Polizei sie erwischt, wenn sie es nicht tun, und dass der Richter sie dann bestraft, aber warum tun die Polizei und der Richter das, was man von ihnen erwartet? Wie schon eingangs bemerkt, ist das Gesetz schließlich nichts als „Tinte auf Papier" – Regeln, die ein Parlament auf Papier niedergeschrieben hat, oder Zeichen, die auf Weisung eines Königs in Stein gemeißelt wurden, oder – in der heutigen Welt – irgendeine digitale Notiz.

---

[5] Durch meine Arbeit bei der Weltbank, deren Politik maßgeblich von multinationalen Vereinbarungen abhängt, bin ich in einige dieser Debatten hineingezogen worden. Siehe z. B. Basu (2016) und Basu/Stiglitz (2015).
[6] Dies habe ich kurz in Basu (1993) diskutiert und einige dieser Ideen später weiterentwickelt (Basu 2000). Die Arbeit zu Mietdeckeln ist erschienen als Basu/Emerson (2000).

Später wurde mein Interesse an Law and Economics dann auf eine ungewöhnliche Weise neu belebt, und zwar durch meine Tätigkeit in der Politikgestaltung. 2010 war ich Chefwirtschaftsberater der indischen Regierung, und ein Problem, das immer wieder auf meinem Schreibtisch landete, war die Korruption. Ein Skandal jagte den nächsten, aber noch viel wichtiger waren die vielen kleinen Fälle, die es nicht auf die Titelseiten schaffen, aber in Summe dennoch großen Schaden verursachen. In Indien gibt es ein umfangreiches System zur Unterstützung von einkommensschwachen Haushalten mit subventionierten Nahrungsmitteln. Das „Recht auf Nahrung" ist inzwischen gesetzlich verankert. Dennoch gab es im ganzen Land Hinweise darauf, dass den Armen dieses Recht regelmäßig verwehrt wurde, indem sie entweder einfach abgewiesen wurden oder von ihnen ein Schmiergeld verlangt wurde, damit sie bekämen, was ihnen zusteht. Untersuchungen legen nahe, dass über 40 Prozent des Getreides, welches der Staat zur Unterstützung der Armen vorhält, aus dem System heraussickert. Oftmals verkaufen es die Lagerhausbetreiber, die das Getreide an die Armen verteilen sollten, schlicht und einfach an den Höchstbietenden.[7]

Auch in vielen anderen Bereichen war und ist es üblich, dass Menschen Schmiergeld zahlen müssen, um das zu bekommen, was ihnen zusteht. Die Führerscheinprüfung ist bestanden, schön und gut, aber bevor die Fahrerlaubnis ausgehändigt wird, öffnet sich zuerst die Hand des zuständigen Offiziellen. Den Steuerbescheid auszuhändigen, ist der zuständige Beamte gern bereit – gegen ein kleines Entgelt, das in keiner Tabelle steht. Die Liste ließe sich beliebig fortsetzen.

Als ich mir das Problem genauer ansah, erfuhr ich, dass sich nach indischem Recht – dem Prevention of Corruption Act von 1988 – der Bestecher und der Bestochene gleichermaßen schuldig machen. Daraus ergab sich für mich unmittelbar einer der Gründe, warum Korruption in Indien so allgegenwärtig ist: Sobald das Schmiergeld geflossen ist, haben der Bestecher und der Bestochene vollkommen gleich gerichtete Interessen. Von der Bestechung darf niemand erfahren, sonst werden beide zu Geld- oder sogar Gefängnisstrafen verurteilt. Es erstaunt also nicht, dass in Indien nach dem Bestechungsakt die beiden Parteien zur Kollusion neigen – ein Schweigekartell. Nur im Vertrauen auf dieses Schweigen kann es der Staatsdiener wagen, ein Schmiergeld zu verlangen.

Für mich lag auf der Hand, was zu tun wäre: Zumindest in Fällen, in denen von jemandem Schmiergeld verlangt wird für die Gewährung einer Leistung, die dieser Person zusteht – ich spreche dann von Nötigungsgeld („harassment

---

[7] Siehe Khera (2011) sowie Jha/Ramaswami (2010).

bribes") –, muss zwischen der Schuld des Bestechers und jener des Bestochenen unterschieden werden. Entsprechend schlug ich vor, in das Gesetz von 1988 eine Asymmetrie einzubauen: Ein Akt der *Bestechung* solle nicht mehr strafbar sein.

Dies passierte wenige Monate nach meiner Einstellung bei der Regierung, und mit der Naivität eines Neulings schrieb ich meinen Vorschlag auf und veröffentlichte den kurzen Artikel auf der Webseite des Finanzministeriums (Basu 2011a). In Folge entstand großer Aufruhr. Im Parlament wurde die Unsittlichkeit meines Vorschlages angeprangert. Abgeordnete schrieben Briefe an den Premierminister und den Finanzminister, in denen sie eine Erklärung für meine Irrung forderten. Aber ich hatte Glück: Derjenige, der die Antworten auf diese Briefe entwerfen sollte, war ich selbst. So gelang es mir, die unmittelbare Krise einigermaßen einzudämmen, doch die Angriffe gingen in den Nachrichten und im Fernsehen weiter. Ich habe über diese Erfahrung in Basu (2015) geschrieben und will hier nicht weiter ins Detail gehen. Jedenfalls war ich plötzlich wieder einmal bei Law and Economics gelandet, nur war ich diesmal auf einem ganz anderen Weg dorthin gekommen.

Ich war Teil dieser Debatte zum indischen Korruptionsbekämpfungsgesetz geworden, ohne genug über die Hintergründe zu wissen. Ich beschloss also, da ich ja nun schon zu dem Thema veröffentlicht hatte, mit dem Lesen anzufangen. Und so stieg ich schließlich ernsthaft in die Materie ein. Schnell wurde mir klar, wie offenkundig die Gesetzesbrüche waren. Nicht nur Bestechung führte zu koordinierter Gesetzesuntreue; vielmehr verstand ich, dass eine Fülle von Gesetzen ihr Dasein ausschließlich auf geduldigem Papier fristen und von den Menschen kollektiv ignoriert werden.[8] Aus dieser Erkenntnis folgte unausweichlich die Frage, warum einige Gesetze befolgt, andere aber missachtet werden. Offensichtlich gab es keine Antwort, und es gab noch nicht einmal die Mittel, um eine Antwort herzuleiten. Die Disziplin der ökonomischen Analyse des Rechts hat große Beiträge zu unserem Verständnis des modernen Wirtschaftslebens geleistet, aber ganz offenbar hat sie auch ihre Defizite.

In diesem Buch geht es um eine große Verwerfungslinie, die meiner Meinung nach das ganze Spektrum der traditionellen oder neoklassischen ökonomischen Analyse des Rechts durchläuft. Ich nenne es das Problem der „Tinte auf Papier" (Basu 1993). Die Absicht dieses Buches ist es, die Verwerfungslinie aufzuzeigen, zu erklären und dann einen vorsichtigen Wieder-

---

[8] Debroy (2000) schätzt, dass Indien auf föderaler und auf Bundesstaatsebene insgesamt über 30.000 Gesetze hat, von denen ein unverhältnismäßig hoher Anteil in erster Linie Staub ansetzt und nur gelegentlich zur Schikane oder zu anderem strategischen Missbrauch genutzt wird.

aufbau vorzunehmen. Das wird zwar eine größere Operation, aber ich möchte betonen, dass nicht behauptet werden soll, alles bisher Erreichte sei fehlerhaft. Es ist ein bisschen wie in der Mathematik. Immer mal wieder stoßen wir auf einen Fehler in ihren Grundlagen. Das passiert meistens, wenn wir plötzlich ein Paradoxon entdecken und, während wir es zu ergründen versuchen, feststellen müssen, dass es nicht auf Unachtsamkeit zurückzuführen ist, sondern vielmehr ein tiefgreifendes Problem in den Fundamenten der Disziplin widerspiegelt. Interessanterweise bedeutet das nicht, dass wir alles vergessen müssten, was wir gelernt haben. Es bedeutet, dass wir auch in Zukunft das eine oder andere intellektuelle Schlagloch treffen werden, dass wir akzeptieren müssen, dass nicht alles, was wir für gesichertes Wissen hielten, tatsächlich wahr ist, und dass einige unserer Überzeugungen über Bord zu werfen und andere anzupassen sein werden.

Bei Law and Economics ist es ähnlich. Wenn wir die Verwerfungslinie korrigiert haben, wird die Disziplin hoffentlich ein wenig robuster sein. Teile des traditionellen Wissens werden ihre Gültigkeit verlieren, aber die Disziplin wird an Wert gewinnen. Neue Einblicke werden es uns erlauben, Widersprüche und Paradoxien zu vermeiden, mit denen wir vorher nicht richtig umgehen konnten.

Das Buch ist so angelegt, dass es auch dem „Laien" ohne Vorwissen in Jura, Ökonomik oder Spieltheorie zugänglich ist. Deshalb werde ich gelegentlich vom Kurs abweichen, um einige der konzeptionellen Argumente von den Grundlagen her aufzubauen. Für den versierten Juristen oder Spieltheoretiker werden diese Ausflüge überflüssig sein oder im besten Fall dem Zeitvertreib dienen. Meine Hoffnung ist aber, dass das Buch dank dieser Masche einen viel größeren Kreis von Leserinnen und Lesern ansprechen wird, vom Anfänger zum Experten. Letzterer mag zusehen wollen, wie einige vertraute Strukturen abgerissen und dann neu aufgebaut werden.

Zum Zwecke dieser Vollständigkeit beginnt das nächste Kapitel mit einer kurzen Beschreibung des Standard- oder neoklassischen Modells der ökonomischen Analyse des Rechts. Dann zeige ich einige der Widersprüche, auf denen dieses Model fußt. Anschließend beginnt der Wiederaufbau: Wir nehmen das Beste aus der traditionellen ökonomischen Analyse des Rechts und bauen darauf auf. Wiederaufbau fällt nie leicht, und mir ist klar, dass diese Aufgabe in diesem oder irgendeinem anderen Buch kaum umfassend bearbeitet werden kann. Das Ziel ist aber, zumindest ziemlich genau zu beschreiben, wie das traditionelle Modell berichtigt werden sollte.

Ich werde spieltheoretisch argumentieren. Dabei beginne ich mit der Normalform, in der die Spieler zeitgleich entscheiden, bevor wir zu strategischer Interaktion und sukzessiven Spielzügen übergehen (Extensivform). All dies wird durch Kommentare zu relevanten Forschungsarbeiten begleitet. Es gibt bekannte Autorinnen und Autoren, sowohl auf der juristischen wie auch auf der wirtschaftswissenschaftlichen Seite, die Einsichten bezüglich derselben Verwerfungslinie beigetragen haben, die den Kern dieses Buches darstellt. Ich werde die Ähnlichkeiten und Unterschiede zu ihren Arbeiten herausstellen, denn die einträglichsten intellektuellen Unternehmungen geschehen immer im Team.

Sobald wir uns die Grundlagen erarbeitet haben – und manchmal auch schon vorher, im Zuge diverser Abschweifungen –, werde ich zentrale Unterthemen der ökonomischen Analyse des Rechts behandeln, z. B. die Unterschiede zwischen der Chicago-Schule und der Yale-Schule,[9] die Rollen von individueller Rationalität und Moral, optimale Korruptionsbekämpfung, die Verbesserung der Rechtsdurchsetzung, und so weiter.

Trotz des Versuches einer umfassenden Behandlung des Themas habe ich mich damit abgefunden, dass wir immer wieder auf Fragen stoßen werden, die wir nicht abschließend klären können. Das liegt wohl in der Natur der Aufstellung eines neuen Modells. Ich will versuchen, auf diese losen Enden so transparent wie möglich hinzuweisen, wann immer wir ihnen über den Weg laufen, aber einige von ihnen werden bis zu den letzten paar Kapiteln warten müssen. Dort will ich solche ungeklärten Fragen nochmals aufzählen, in der Hoffnung, dass andere die Herausforderung annehmen und dieses Projekt zu Ende bringen mögen – sofern das überhaupt möglich ist.

---

[9] Sunstein (2016) gibt einen kurzen und lesenswerten Überblick über diese Debatte.

2

Eine kurze Geschichte von Law and Economics

2.1 Das Recht und seine Umsetzung: einige Beispiele

Dieses Buch hat eine ambitionierte Agenda. Es soll gezeigt werden, dass durch große Teile der ökonomischen Analyse des Rechts eine Verwerfungslinie läuft, die dafür verantwortlich ist, dass diese Disziplin trotz einiger großer Erfolge vor fundamentalen Herausforderungen steht. Ihre Defizite sind nirgends so sichtbar wie in den Entwicklungsländern, wo oftmals moniert wird, dass das Recht auf dem Papier zwar nicht zu beanstanden sei, in der Praxis aber schlicht nicht umgesetzt werde. Fragt man, warum das so sei, bekommt man typischerweise eine von vagem Handwedeln begleitete Erklärung, die irgendetwas mit Korruption, schlechter Staatsführung und mangelndem Willen der politischen Führung zu tun hat. Das Hauptziel dieses Buches ist es, die Aufmerksamkeit auf einen konzeptionellen Fehler zu lenken, der einen Großteil der zeitgenössischen ökonomischen Analyse des Rechts durchzieht, um schließlich zu einem tieferen Verständnis darüber zu gelangen, wie und warum das Recht menschliches Verhalten steuert – und auch, warum es das so oft nicht schafft.

Die große Herausforderung liegt dabei nicht darin, das Problem aufzuzeigen – einmal benannt, ist es recht einfach zu verstehen. Die schwierige Aufgabe ist vielmehr der anschließende Wiederaufbau der Disziplin. Wir werden dazu auf mehrere Felder zurückgreifen müssen – Jura, Spieltheorie, Volkswirtschaftslehre, Philosophie. Auch werden einige knifflige logische Rätsel zu lösen sein. Wenn wir das aber schaffen, wird unser neuer konzeptioneller Rahmen für die ökonomische Analyse des Rechts reiche Früchte tragen. Er wird uns in die

Lage versetzen, Gesetze zu formulieren, die bessere wirtschaftliche Resultate erzielen und effektiver umgesetzt werden können. Dieses Buch wird eine grundlegende Struktur entwickeln, um nach der Korrektur der Verwerfungslinie eine akkuratere ökonomische Analyse des Rechts betreiben zu können. Dadurch entstehen zahlreiche neue Möglichkeiten, die zum Teil innerhalb des Buches erkundet werden. Da aber die Agenda so groß und von offener Natur ist, wird notwendigerweise viel Raum für zukünftige Forschungsarbeit verbleiben.

Wie schon im vorangegangenen Kapitel erwähnt, reichen die Wurzeln des neoklassischen Modells der ökonomischen Analyse des Rechts weit in die Geschichte zurück, doch die Grundsteine des heute noch gültigen formalen Rahmens wurden in den 1960ern gelegt, unter anderem von Ronald Coase (1960), Guido Calabresi (1961) und Gary Becker (1968). Auf gewisse Weise hat sich die Forschung von Becker, der ein umfassendes Modell von Verbrechen und Strafe aufstellte, als grundlegend herausgestellt, sowohl für die nachfolgende, darauf aufbauende Forschung, als auch für die an dieses Modell anknüpfende Kritik, wozu auch unser Vorhaben in diesem Buch gezählt werden kann.[1] Becker hatte gar nicht die Absicht, einen umfassenden Analyserahmen für Law and Economics zu entwerfen; er wollte lediglich einige Ideen aus der neoklassischen Mainstream-Volkswirtschaftslehre auf die Untersuchung von Verbrechensbekämpfung inklusive Korruption anwenden. Aber da es sich um ein mathematisches Modell handelte, musste Becker eine formale Struktur definieren – die dann in Folge zur Vorlage für Untersuchungen in vielen anderen Bereichen der ökonomischen Analyse des Rechts wurde.

Wenn ich sage, dass es in diesem Buch um die Disziplin Law and Economics geht, dann ist die Verbindung mit Economics, der Volkswirtschaftslehre, besonders wichtig. Juristen und Rechtsphilosophen, insbesondere H. L. A. Hart (1961), hatten schon lange versucht, zu begreifen, wie das Recht tut, was es tut, was die Grundlage von Legitimität ist und warum überhaupt jemand das Recht befolgt. Während ich mich auch auf diese Werke stütze und sie kommentiere, beschäftige ich mich doch hauptsächlich mit Law and *Economics*, also mit Becker, Calabresi und Coase, eher denn mit Hart. Deshalb werde ich im nächsten Unterabschnitt den Grundgedanken hinter dem ökonomischen Modell zu Verbrechen und Strafe in einiger Ausführlichkeit darlegen. Vorher allerdings wollen wir uns einem praktischen Problem widmen – der Implementierung eines konkreten Gesetzes.

---

[1] Siehe auch Becker/Stigler (1974), Cooter/Ulen (1988), Baird/Gertner/Picker (1995), Mercuro/Medema (1997), Schäfer/Ott (2005), Persson/Siven (2006) und Paternoster (2010). Für eine exzellente Diskussion des breiteren Hintergrundes von Verbrechen und Strafe, die über Law and Economics hinaus auch Rechtsphilosophie und Ethik einbezieht, siehe Murphy/Coleman (1997, Kap. 3).

Die meisten meiner Beispiele stehen im Zusammenhang mit meiner früheren Tätigkeit als Wirtschaftsberater der indischen Regierung. Indien hat ein umfangreiches, inzwischen gesetzlich verankertes[2] Hilfsprogramm, dass darauf zielt, allen Bürgerinnen und Bürgern eine gewisse Mindestmenge an Nahrung bereitzustellen. Das Programm funktioniert wie folgt. Die staatliche Food Corporation of India (FCI), die in Folge des Food Corporations Act von 1964 entstand, hat die Aufgabe, zwei Regierungsprogramme umzusetzen, eines zur Stabilisierung von Lebensmittelpreisen und eines zur Ausgabe von Lebensmitteln an die Armen. Die Regierung legt jedes Jahr einen Preis fest, den Minimum Support Price (MSP), zu dem die Bauern das Recht haben, ihre Nahrungsmittelerzeugnisse an die FCI zu verkaufen. Der MPI ist gewöhnlich so hoch, dass die Bauern diese Option auch wahrnehmen wollen. In einigen Bundesstaaten läuft die Abnahme der Lebensmittel dank einer ausreichenden Dichte von Abnahmestellen effizient und die FCI kauft große Mengen an Reis und Weizen auf. In anderen Bundesstaaten besteht die Garantie an die Bauern hingegen nur auf dem Papier, denn es gibt keine Abnahmestellen, an die die Bauern das Getreide liefern könnten.[3]

Ein Teil des eingesammelten Getreides wird als Reserve für zukünftige Nahrungsmittelengpässe eingelagert. Der größte Teil soll jedoch an Haushalte unter der Armutsgrenze verkauft werden. Für die Verteilung gibt es im ganzen Land ungefähr eine halbe Million spezielle Läden. Die FCI verkauft das Getreide an die Läden, die es ihrerseits zu einem stark subventionierten Preis an bedürftige Haushalte weiterverkaufen sollen, und zwar mit einer bestimmten Höchstabgabemenge je Haushalt. Dieses System, in dessen Design und Umsetzung viel Mühe geflossen ist, soll das Recht auf Lebensmittel in Indien garantieren.

Leider wird jedoch gegen das entsprechende Gesetz allenthalben verstoßen. Mehrere ausgezeichnete Studien haben gezeigt, dass im letzten Jahrzehnt zwischen 43 % und 54 % des von der FCI zur Verteilung ausgegebenen Getreides einfach versickert sind (Jha und Ramaswami 2010; Khera 2011). In diesem Verschwinden gibt es einige interessante Muster. Beispielsweise ist Weizen wesentlich stärker betroffen als Reis. 2004/05 erreichte der Getreide-

---

[2] Der National Food Security Act von 2013, auch bekannt als das Gesetz für das Recht auf Nahrung, ist Teil des Bemühens, die Armen vor den extremen Launen des Marktes zu schützen – ein Anliegen, das Ökonomen schon sehr lange beschäftigt (s. Johnson 1976).

[3] Da der MSP ziemlich hoch angesetzt ist, würde sich ein Überangebot an Nahrungsmitteln an die FCI ergeben, welches die Regierung aufkaufen müsste. Die Regierung begrenzt diese Menge aber dadurch, dass sie in weiten Teilen Indiens einfach keine Abnahmestellen einrichtet (obwohl niemand in der Regierung diese Strategie zugeben wird). Dadurch entsteht eine kritikwürdige Wettbewerbsverzerrung auf dem indischen Agrarmarkt, aber dieses Fass will ich hier nicht weiter aufmachen. (Dabei habe ich, nur um es erwähnt zu haben, in meiner Regierungsarbeit für mehr Abnahmestellen gekämpft – ohne Erfolg.)

verlust seinen Höhepunkt: Mehr als die Hälfte des für arme Haushalte bestimmten Getreides kam nie dort an. Seitdem hat sich die Lage minimal verbessert. Während man hier noch viel weiter in die Tiefe gehen könnte, möchte ich nur zeigen, dass dieses wohlgemeinte Gesetz, das der indischen Gesellschaft viel Gutes hätte tun können, schamlos verletzt wird.[4]

Das Problem ist nicht die Absicht des Gesetzes, sondern seine Ausgestaltung. Aufgrund der massiven Verluste bekommen die Armen nicht, was ihnen zusteht, und der Staatshaushalt wird unnötig belastet. Die unmittelbare Ursache dieser mangelhaften Ausgestaltung ist nicht schwer zu erkennen. Das Gesetz und die vorherigen Regeln bezüglich der Lebensmittelverteilung wurden unter der Annahme geschrieben, dass die Staatsdiener und Funktionäre, einschließlich der für die Verteilung zuständigen Ladenbesitzer, gewissenhaft und mechanisch wie Roboter die ihnen übertragenen Aufgaben erledigen, also die subventionierten Lebensmittel von der FCI an die Armen weitergeben würden.[5] Doch leider kam die individuelle Rationalität dazwischen. Viele Ladenbesitzer verkauften das von der FCI erhaltene Getreide auf dem freien Markt zu einem guten Preis und sagten dann den Armen, die ihre subventionierten Rationen abholen wollten, die Vorräte seien erschöpft oder man habe das Getreide von der FCI nie erhalten. In einigen Fällen wurde den Armen auch verdorbenes Getreide verkauft.

In meiner Rolle als Wirtschaftsberater der Regierung hatte ich argumentiert, dass das Problem zumindest teilweise behoben werden könnte, wenn man zu einer realistischeren Einschätzung bezüglich der Ladenbesitzer käme und ihnen die subventionierten Lebensmittel gar nicht aushändigte. Stattdessen sollte man die Subvention direkt den Armen zukommen lassen, und zwar in der Form von Gutscheinen, Lebensmittelmarken oder direkt als Bargeld, also als ein kleines Grundeinkommen. Dann wären sie in der Lage, sich die gewünschten Lebensmittel von einem Erzeuger oder Händler ihrer Wahl zu besorgen. Diese direkte Form der Lebensmittelsubvention wäre viel weniger anfällig für Veruntreuung. Auf jeden Fall könnte es sich kein Händler leisten, verschimmeltes Getreide zu verkaufen, wenn die bedürftigen Familien frei wählen könnten, wo sie einkaufen. Während natürlich nicht gesichert ist, dass die Hilfen ausschließlich für Lebensmittel verwenden würden, so käme das Geld doch zumindest bei den Armen an, anstatt bei den Ladenbetreibern.

---

[4] In Basu (2015) habe ich diese Lebensmittelverteilung im Detail beschrieben und kritisiert.
[5] Die Verbindung zwischen Korruption, Verwaltungsstrukturen und politischen Institutionen ist umfassend untersucht worden (s. z. B. Mishra 2006; Rose-Ackerman und Palifka 2015). Die Realität in Indien zu beobachten, war für mich besonders lehrreich, weil sich dort genau das abspielte, wovon ich in der Literatur gelesen hatte.

Aber ich schweife schon wieder ab. Der zentrale Punkt ist, dass gerade in Entwicklungsländern das Recht oftmals seinen gesellschaftlichen Zweck verfehlt – nicht, weil es in schlechter Absicht verfasst wurde (obwohl das natürlich durchaus auch vorkommt, in armen wie in reichen Ländern), sondern weil die Staatsorgane das Recht nicht hinreichend umsetzen, und der Grad dieser Nichtumsetzung hängt maßgeblich von der Gestaltung des einzelnen Gesetzes ab.

Eine hiermit verwandte Debatte, in die ich in Indien verwickelt wurde und die ich schon im vorherigen Abschnitt angesprochen habe, betrifft Indiens Prevention of Corruption Act von 1988. Das Gesetz ahndet Bestechung zur Umgehung von Gesetzen. Somit ist es eine Art Meta-Gesetz – ein Gesetz zur besseren Durchsetzung anderer Gesetze. Wie im Fall der Lebensmittelversorgung habe ich auch hier argumentiert, dass das Recht ineffektiv erscheint, wenn man eine realistischere Sicht auf die beteiligten Akteure annimmt – nicht nur die Bürgerinnen und Bürger, sondern auch die Staatsdiener: Polizisten, Richterinnen und andere Verwaltungsangehörige. Das Problem entsteht daraus, dass gemäß Paragraf 12 des Gesetzes der Bestecher und der Bestochene als gleichermaßen schuldig und also strafwürdig erachtet werden.[6] Würde das Gesetz insoweit geändert, dass diese Symmetrie gebrochen wird, indem nur eine Seite zur Rechenschaft gezogen wird, nämlich der bestechliche Staatsdiener, dann müsste dieser eher damit rechnen, dass der Bestecher den Vorfall meldet. Und in dieser Erwartung wäre der Staatsdiener weniger geneigt, die Zuwendung überhaupt erst anzunehmen.[7] Dieses Gesetz ist hier von besonderem Interesse, weil es gut die Probleme aufzeigt, die entstehen können, wenn das Agieren der Staatsorgane nicht richtig modelliert wird.[8]

---

[6] Es sei jedoch darauf hingewiesen, dass Paragraf 24 des Gesetzes einige für den Bestecher strafbefreiende Umstände definiert. Allerdings wurden diese Ausnahmen im Laufe der Jahre nur auf Personen angewendet (hauptsächlich Journalisten), die im Zuge verdeckter Ermittlungen einen Bestechungsversuch in der alleinigen Absicht ausgeführt haben, die betreffende Person der Bestechlichkeit zu überführen (Basu 2011a).

[7] Zu Bestechung und Bestechlichkeit der Staatsorgane gibt es eine umfangreiche Literatur, die teilweise in Basu/Bhattacharya/Mishra (1992) und in Basu/Basu/Cordella (2016) diskutiert wird. Für aktuelle Analysen dieses Problems, siehe Pethe/Tandel/Gandhi (2012), Abbink/Dasgupta/Gangadharan/Jain (2014), Spengler (2014), Suthankar/Vaishnav (2014), Dufwenberg/Spagnolo (2015), Oak (2015), Dharmapala/Garoupa/McAdams (2015) und Pani (2016).

[8] Ich möchte hier und später, wenn wir auf diesen Punkt zurückkommen, nicht auf die Debatte darüber eingehen, ob Bestechung und andere Formen der Korruption möglicherweise sogar die wirtschaftliche Effizienz erhöhen. Einige Ökonomen vertreten diese Meinung und mögen damit in einem unmittelbaren Sinn auch recht haben. Ich denke jedoch, dass Bestechung und Korruption einen solchen Schaden am moralischen Zusammenhalt einer Gesellschaft anrichten und Vertrauen zerstören können, dass sie der Qualität des wirtschaftlichen, sozialen und politischen Lebens zutiefst abträglich sind. Wir müssen diese Kontroverse allerdings nicht auflösen, wenn wir untersuchen wollen, wie Bestechung und andere Formen der Korruption am besten zu bekämpfen sind.

Sorgfältiges Abwägen jedes Rechtsakts kann zu besseren Ergebnissen führen, wie oben anhand der Beispiele der indischen Gesetze zur Lebensmittelversorgung und zur Korruptionsbekämpfung illustriert. Wichtiger für uns ist aber die Einsicht, dass diese Ineffizienzen auf grundlegende Fehler in der Konzeptualisierung der Rolle des Rechts in der neoklassischen ökonomischen Analyse des Rechts zurückgehen. Die Politikberatung hat diese Fehler übernommen. Bevor ich jedoch diesen Fehler näher beschreibe und meinen Korrekturversuch beginne, will ich kurz jenes Standardmodell von Law and Economics umreißen.

2.2 Traditionelles Law and Economics: eine ganz kurze Einführung

Stellen wir uns eine Person vor, die vor der Entscheidung steht, eine neue Unternehmung in Angriff zu nehmen, z. B. im Boden nach einem wertvollen Material zu graben, um es mit Profit zu verkaufen. Anfangs nehmen wir an, dass solcher Bergbau legal ist. Die Person muss also lediglich entscheiden, ob sich das Vorhaben wirtschaftlich lohnt. Das ökonomische Standardmodell lehrt uns, dass die Person versuchen wird, die Wahrscheinlichkeit abzuschätzen, mit der sie wertvolles Material findet, sowie den gegebenenfalls zu erzielenden Ertrag aus dem Verkauf des Materials. Das Produkt der beiden Größen ist dann der erwartete Ertrag. Weiterhin sind alle erwartbaren Kosten zu summieren. Überwiegt der erwartete Ertrag die Kosten, ist also ein positiver Gewinn G zu erwarten, dann lohnt sich das Graben, sonst nicht.

Diese Standardsicht auf rationales Entscheiden hat ihre Schwächen und ist zurecht kritisiert worden. Die Kritikpunkte betreffen unter anderem die im Modell implizierte Annahme des puren Egoismus, die Annahme unbegrenzter kognitiver Fähigkeiten des Entscheiders, mögliche weitere Motivationsfaktoren neben dem Gewinn, so wie Neid oder Geltungssucht, und so weiter. Während dies wichtige Aspekte sind, die in der Literatur[9] umfassend behandelt wurden, sind dies nicht die Kritikpunkte, um die es mir hier geht. Bis auf ein paar Kommentare zur Egoismus-Annahme werde ich das Modell des rationalen Entscheiders vorerst als zutreffend akzeptieren. Auf einige dieser weiteren verhaltensbezogenen Aspekte werde ich in späteren Abschnitten zurückkommen.

---

[9] Die breite Literatur hierzu erstreckt sich, ohne Anspruch auf Vollständigkeit, von Veblen (1899) bis Sen (1973, 1997), Tversky/Kahneman (1986), Basu (2000), Bowles (2004), Thaler/Sunstein (2008), Gintis (2009), Kahneman (2011), Benabou/Tirole (2006), Ellingsen/Johannesson (2008) und World Bank (2015).

Doch kommen wir zurück zu unserem Unternehmer. Denn nun verbietet die Regierung den Bergbau. Wer dennoch beim Graben erwischt wird, zahlt eine Strafe S. Wir nehmen an, dass angesichts der vorherrschenden Qualität der Rechtsdurchsetzung eine Wahrscheinlichkeit w besteht, überführt und bestraft zu werden. Durch dieses neue Gesetz hat sich das Kalkül des Unternehmers geändert. Er wird nun nur genau dann Bergbau betreiben, wenn

$$G > wS,$$

also wenn der erwartete Nettogewinn des Bergbaus größer ist als der Erwartungswert der Strafzahlung für diese „Straftat". Für den Staat wiederum bedeutet dies, dass er, wenn er den Bergbau effektiv unterbinden will, die Kombination von w und S so festlegen muss, dass[10]

$$G \leq wS.$$

Dies ist die wohl kürzeste mögliche Skizzierung des Standardmodells der ökonomischen Analyse des Rechts. Dieses Modell hat uns in vielerlei Hinsicht hervorragende Dienste geleistet. Es hat neue Einsichten hervorgebracht und uns eine bessere Alternative aufgezeigt zu den mitunter recht nebulösen Erklärungen für Gesetzestreue, mit denen sich Rechtswissenschaftler früher herumschlagen mussten. Das Modell sagt uns zum Beispiel, dass der Staat zur Verbrechensbekämpfung an zwei Stellschrauben drehen kann, w und S. In den meisten Situationen wird wohl eine Steigerung von w teurer sein als eine Erhöhung von S. Eine Erhöhung der Entdeckungs- und Bestrafungswahrscheinlichkeit w erfordert mehr Polizeipersonal, bessere Ausrüstung, mehr Richter und so weiter, während die Steigerung von S nicht mehr als eine einmalige Entscheidung bedeutet.

Eine interessante Lehre des neoklassischen Modells ist somit, dass effiziente Verbrechensbekämpfung nahelegt, die Strafe sehr hoch anzusetzen, sich aber dafür mit einer mäßigen Entdeckungswahrscheinlichkeit zu begnügen. Diese Strategie hat allerdings auch ihre Grenzen. Zum Beispiel haben viele Länder, darunter alle Industrienationen, Regeln zu beschränkter Haftung. Zumindest Unternehmen kann der Staat also nicht beliebig bestrafen.[11] In armen Ländern ohne beschränkte Haftung haben die Schuldigen oftmals so wenig Geld,

---

[10] Der Vollständigkeit halber sollte ich anmerken, dass ich hier die willkürliche Annahme treffe, dass ein zwischen illegalem und legalem Verhalten indifferentes Individuum letzteres wählt. Hoffen wir, dass das auch stimmt.

[11] Ohne beschränkte Haftung ergäben sich Probleme, auf die Stern (1978) hingewiesen hat.

dass eine Erhöhung der Strafe sie nicht trifft, da sie schon die geringere Strafe nicht zahlen konnten. Die Diskussion ließe sich an dieser Stelle ausweiten, wenn wir S nicht als Geldstrafe auffassen, sondern z. B. als Freiheitsstrafe oder körperliche Züchtigung bis hin zu Folter, womit S gegen unendlich gehen könnte. In den meisten Gesellschaften wäre das aber ethisch nicht vertretbar, also bleiben wir dabei, dass S nach oben begrenzt ist. Ist diese Grenze erreicht, muss der Staat w anheben, um sicherzustellen, dass wS mindestens so hoch ist wie G. Zusammenfassend lässt sich sagen, dass dieses simple Modell eine umfangreiche Forschungs- und Politikagenda eröffnet hat. Eine riesige Literatur baut auf dem Modell auf, sei es zum Zwecke der Politikgestaltung oder um das Modell zu kritisieren.[12]

Die Kritik an dem Modell, die sehr zu seiner Verbesserung beigetragen hat, beinhaltet implizit auch einen Punkt, der die Grundlage meines Hauptanliegens bildet, auf das ich beizeiten noch zu sprechen komme. Es ist zum Beispiel angemerkt worden, dass jede Strafandrohung unmittelbar die Möglichkeit der Bestechung eröffnet. Insofern ist die Maßgabe für die optimale Verbrechensbekämpfung wohl doch nicht so trivial, wie die obige Gleichung suggeriert. Ein überführter Verbrecher kann versuchen, mit der Polizei ein Schmiergeld auszuhandeln, damit sie ihn laufen lässt. Wir brauchen also zusätzlich eine Theorie der Bestechung. Und wenn Bestechung ein Delikt ist, dann werden sicherlich auch Bestechungsgelder gezahlt, um der Strafe für Bestechung zu entgehen. Es taucht also ein Problem zweiter Ordnung auf, und nach der gleichen Logik auch eines der dritten Ordnung, der vierten, und so weiter.[13]

Es gibt also viel zu tun – aber das soll uns nicht abschrecken. Mein Anliegen ist es zunächst nur, einige der konzeptionellen Grundlagen von Beckers Modell hervorzuheben, die oft im Impliziten verbleiben und unhinterfragt hingenommen werden. Dieses Modell basiert auf dem neoklassischen ökonomischen Mainstream, dessen Menschenbild von wohldefinierten Präferenzen oder Nutzenfunktionen ausgeht, sowie vom reinen Egoismus, was dadurch ausgedrückt wird, dass jeder möglichst viel von allem für sich selbst haben will. Zudem wird abnehmender Grenznutzen angenommen, oder genauer: konvexe Präferenzen.

---

[12] Siehe z. B. Rose-Ackerman (1975), Klitgaard (1988), Bardhan (1997), Mishra (2006), Borooah (2016) und Burguet/Ganuza/Montalvo (2016).

[13] Diese und verwandte Argumentationen finden sich in Cadot (1987) und Basu/Bhattacharya/Mishra (1992). Siehe auch Mookherjee/Png (1995), Hindriks/Keen/Muthoo (1999), Rahman (2012), Chernushkin/Ougolnitsky/Usov (2013), sowie Spengler (2014).

In dieser Welt spielen Moralvorstellungen keine Rolle. Eine Strafe wirkt wie ein Preis:[14] Wenn man mir sagt, dass ich nicht schneller als 100 km/h fahren darf und ich ansonsten eine Strafe von € 100 zahlen muss, dann verstehe ich das als Becker-Mensch so, dass ich gern schneller fahren darf, nur eben dann den Preis zahlen muss. Becker hat gezeigt, dass uns diese Annahme viele neue Einblicke in das menschliche Verhalten eröffnet.[15] In einem Vergleich der juristischen mit der ökonomischen Herangehensweise merkt Cooter (2000, S. 1577 f.) dazu an: „Fast alle Ökonomen sind skeptisch gegenüber Moralvorstellungen ... Der Erfolg der ökonomischen Analyse des Rechts zeigt die Macht skeptischer Modelle." Hierin besteht auch ein Teil des Unterschiedes zwischen den Herangehensweisen der sogenannten „Yale-Schule" und der „Chicago-Schule" (s. Calabresi 2016; Sunstein 2016). Man kann allerdings die Meinung vertreten, dass Calabresi, der zeitlebens an der Yale University war, beim Schreiben seines berühmten Artikels zum Deliktsrecht (1961) den Chicago-Hut aufhatte.[16]

Obwohl die Ursprünge von Law and Economics meistens mit den Arbeiten von Gary Becker und einigen anderen in den 1960ern in Verbindung gebracht werden, gehen einzelne Wurzeln weiter zurück, nämlich zum Beispiel auf die Forschung des Rechtsphilosophen Hans Kelsen (1945). Kelsen betonte, dass sich das Recht nicht nur an die Bürgerinnen und Bürger richtet, sondern vor allem an die Akteure der Rechtsdurchsetzung, die das Recht anweist, bestimmte Handlungen (Bestrafung) auszuführen, wenn sich die Bevölkerung nicht an das Recht hält. Es ist die Angst vor Bestrafung, die die Menschen dazu anhält, die Gesetze zu achten. Insofern betrifft die Kritik der neoklassischen ökonomischen Analyse des Rechts, die ich im letzten Abschnitt dieses Kapitels entwickeln werde und die dann einen Großteil dieses Buches durchzieht, Kelsens Pionierarbeit ebenso wie die oben zitierten Artikel aus den 1960ern.

Die Spieltheorie stellt in gewisser Weise geringere Anforderungen als die neoklassische Ökonomik, da sie nicht annimmt, der Mensch habe den endlosen Drang, immer mehr zu konsumieren. Sie nimmt jedoch an, jeder

---

[14] Nussbaum (1997) liefert eine Kritik der Nutzung solcher Modelle von rationalen Akteuren in Law and Economics aus der Perspektive der Moralphilosophie. Zur ähnlichen Wirkungsweise von Strafe und Preise, siehe auch Gneezy/Rustichini (2000).

[15] Beckers Modell ist also Ausdruck der Imperativentheorie des Rechts, der zufolge das Recht nur aufgrund seiner Sanktionsdrohung wirkt. Für eine bekannte Besprechung, siehe Raz (1980).

[16] Pigou (1920) zitierend, nennt Calabresi (1961, S. 502) dies die „Rechtfertigung der Ressourcenallokation" und bemerkt: „Ihr liegen gewisse fundamentale ethische Postulate zugrunde. Eines davon, vielleicht das wichtigste, ist, dass die Menschen im Großen und Ganzen wissen, was für sie das Beste ist." Wäre Guido Calabresi ein neoklassischer Ökonom, hätte er die Einschränkung „im Großen und Ganzen" nicht gemacht.

Mensch habe eine exogen gegebene Präferenz- oder Nutzenfunktion, die er mittels seiner Handlungen zu maximieren sucht. Die Grundannahmen, die beiden Perspektiven gemein sind, werden von verschiedenen Warten kritisiert. Betrachten wir z. B. die Unterstellung des reinen Egoismus. Würde sie uneingeschränkt zutreffen, dann wäre die Ansage im Flugzeug, dass sich Eltern im Falle eines Druckverlustes zuerst um ihre eigenen Masken kümmern sollen, bevor sie ihren Kindern helfen, überflüssig. Zum Glück ist die Ansage *nicht* überflüssig, da die meisten Eltern eben nicht vollkommen egoistisch sind. Andere Aspekte der Lehrbuchvorstellung menschlicher Rationalität, wie Konsistenz und Widerspruchsfreiheit, sind ebenfalls in Frage gestellt worden, beispielsweise in den frühen Arbeiten von Sen (1977, s. a. 1993) und später durch die Verhaltensökonomik (*behavioural economics*, s. World Bank 2015). Rechtswissenschaftler sind sich dessen wohl bewusst. Sie haben z. B. darauf hingewiesen, dass die beobachtete Steuermoral nicht mit dem Modell einer reinen Kosten-Nutzen-Abwägung vereinbar ist (Posner 2000). McAdams (2000, S. 1579) merkt hierzu an: „während die ökonomischen Modelle egoistischen Verhaltens eine schlechte Steuermoral vorhersagen, ist die Bereitschaft zur Zahlung der geforderten Steuern in einigen Ländern wie den USA und der Schweiz ungewöhnlich hoch." Ich möchte hier zur Aufmunterung neoklassischer Ökonomen angesichts solcher Befunde hinzufügen, dass die Menschen in vielen Entwicklungs- und Schwellenländern – und sogar in einigen Industrienationen, die an dieser Stelle nicht genannt werden sollen – in der Tat insofern hochgradig rational handeln, als dass ihre Steuermoral genauso schlecht ist wie von der neoklassischen Ökonomik vorhergesehen.

Auf die Kritik der Rationalitätsannahme, die maßgeblich von Rechtswissenschaftlern[17] geäußert wurde, komme ich in den späteren Kapiteln noch zurück. Nach meiner eigenen Überzeugung ist die neoklassische Annahme, obgleich nicht immer zutreffend, nach wie vor sehr nützlich. Die Hauptverwerfungslinie im Mainstream von Law and Economics, mit der ich beginnen möchte, hat aber nichts mit dieser Annahme *per se* zu tun, sondern mit Unstimmigkeiten des Modells. Ich werde zeigen, dass Teile der Analyse im Widerspruch zu Annahmen in anderen Teilen derselben Analyse stehen. Ich will also auf eine gröbere Kritik hinaus, indem ich nicht die Annahmen an sich hinterfrage, sondern zeige, dass die Annahmen zueinander widersprüchlich sind. In anderen Worten: Welcher Ideologie man auch immer folgt, welche normative Haltung man auch immer zu Verbrechen und Strafe einnimmt,

---

[17] Calabresis (2016) nachdenklicher Aufsatz ist ein gutes Beispiel dafür. Posner (2000, Kap. 3) erörtert zahlreiche Handlungsmotivationen jenseits des Egoismus. Darüber hinaus sind Abweichungen vom Standard-Entscheidungsmodell natürlich das Hauptthema der Verhaltensökonomik.

dem neoklassischen Modell der ökonomischen Analyse des Rechts sollte man nicht blindlings folgen, denn es ist *in sich* fehlerhaft.

Deshalb werde ich bis auf Weiteres die Annahme von menschlicher Rationalität aus der neoklassischen Mainstream-Ökonomik beibehalten. Wie ich argumentieren werde, gibt es selbst dann, wenn man diese Annahme nicht hinterfragt, hinreichende Gründe, fundamentale Aspekte der neoklassischen ökonomischen Analyse des Rechts abzulehnen. Vor dem Hintergrund dieses methodischen Kommentars möchte ich die Arbeitsweise der neoklassischen oder Chicago-Methode veranschaulichen, indem ich sie auf das Problem von Verbrechen und Strafe anwende.[18]

Wie beeinflusst ein Gesetz das Verhalten der Menschen? Gemäß der gerade beschriebenen neoklassischen Methode scheint es, dass das Recht dies erreicht, indem es die Auszahlungen verändert, die die Menschen mit unterschiedlichen Verhaltensweisen erzielen können. Davon gehen Law and Economics-Praktiker in der Tat aus (s. Baird et al. 1995). Ich zitiere McAdams (2000, S. 1650): „Indem er den Menschen Haftung oder Strafen auferlegt, ändert der Staat die Auszahlungen, sodass Kooperation eher denn Regelbruch zur dominanten Strategie wird."[19] Und weiter, auf der gleichen Seite: „Der erste Schritt in der Kausalkette, über die das Recht das Verhalten des Einzelnen beeinflusst, ist, dass die vom Recht auferlegten Sanktionen die Kosten des Verhaltens erhöhen oder reduzieren." In der Sprache der Spieltheorie: Das Recht ändert die Spielregeln, und da ein Spiel über seine Regeln definiert wird, können wir sagen, dass das Recht das Spiel selbst verändert.[20]

Dies entspricht ganz der Sicht vieler Rechtswissenschaftler, insbesondere jener, die sich vom Naturrecht losgesagt haben und somit im weitesten Sinne als Rechtspositivisten bezeichnet werden können. Für sie besteht das Recht aus Verhaltensregeln, die von einem Herrscher oder dem Staat ausgehen und Verletzungen mit Sanktionen belegen. Rechtsphilosophen wie Kelsen (1945) und Hart (1961) haben die diesbezüglichen Ideen von Jeremy Bentham und John Austin weiterentwickelt. So führte Hart zum Beispiel die Unterscheidung zwischen primären und sekundären Rechtsnormen ein. Allerdings distanzierte er sich auch von seinen Vordenkern, insbesondere von Austins Befehls-

---

[18] Ich verwende im ganzen Buch den Begriff „traditionelle ökonomische Analyse des Rechts" als synonym für die „neoklassische Herangehensweise" oder die „Chicago-Methode".

[19] Eine Strategie ist dann dominant, wenn sie für einen Spieler die beste Alternative darstellt, unabhängig davon, welche Strategie alle anderen Spieler wählen. Entsprechend ist eine Strategie ‚dominiert', wenn sie unter allen Umständen die schlechteste Alternative darstellt.

[20] Robson (2012, S. 1) drückt dies in seinem sehr klaren Buch über die zentralen Aspekte der modernen ökonomischen Analyse des Rechts so aus: „Rechtsregeln beeinflussen Marktergebnisse, indem sie die Anreize ändern, denen die an den Marktprozessen beteiligten Menschen unterliegen."

theorie und von Kelsens sanktionsbasierter Theorie des Rechts.[21] Wie mehrere Kritiker bemerkt haben, lässt Harts Werk ein Stück weit offen, ob es einen Unterschied gibt zwischen Verhaltensweisen, die durch das Recht induziert werden, und solchen, die sozialen Normen geschuldet sind. Hierauf werden wir später zurückkommen.

Die Sicht des Rechts als Sammlung von Spielregeln kann ebenfalls früheren Denkschulen zugeschrieben werden, insofern als dass einige ernstzunehmende Forschende der scharfen Trennung zwischen dem Rechtspositivismus und früheren Theorien wie dem Naturrecht nicht gefolgt sind (s. z. B. Starr 1984). Doch bevor ich in diese Richtung fortfahre, scheint es angebracht, kurz auf einige Grundideen von Spielen und ihren Gleichgewichten einzugehen, denn auf diese Begriffe werde ich im Laufe des Buches immer wieder zurückkommen, daher sollten wir frühzeitig potenzielle Unklarheiten weitestgehend aus dem Weg räumen.

2.3 Spieltheorie: noch eine ganz kurze Einführung

Spieltheorie ist eine ökonomische-mathematische Methode zur Analyse interaktiver Rationalität. Wenn wir eine rationale Entscheidung treffen und unser Gegenüber die Natur oder eine Maschine ist, die nicht die Fähigkeit oder den Willen hat, uns auszutricksen, dann befinden wir uns offensichtlich in einer ganz anderen Situation, als wenn die andere Partei ebenso rational ist wie wir und unsere Entscheidung zu antizipieren versucht. Wenn wir auf die Wettervorhersage schauen, um zu entscheiden, ob wir einen Regenschirm mitnehmen müssen, dann brauchen wir uns – entgegen dem weitverbreiteten Aberglauben – keine Gedanken darüber zu machen, dass die Natur ihre Entscheidung bezüglich des Regens ändern könnte, sobald sie sieht, ob wir einen Regenschirm dabeihaben. Ganz anders sah es hingegen aus, als John F. Kennedy 1962 eine Strategie formulieren musste, wie auf die kürzlich auf Kuba stationierten sowjetischen Atomraketen zu reagieren sei. Er musste berücksichtigen, was Nikita Chruschtschow wohl dachte, und er wird sicherlich auch überlegt haben, was Chruschtschow wohl dachte, was Kennedy selbst

---

[21] Laceys (2004) exzellente Biografie über H. L. A. Hart zeigt interessanterweise anhand seiner unveröffentlichten Aufzeichnungen, dass Hart vielmehr auf Grundlage von Prinzipien denn in Weiterentwicklung früherer Werke gearbeitet hat – entgegen dem Eindruck, den sein berühmtes Buch von 1961 vermittelt.

dächte, und so weiter. Dies ist ein typisches Problem der Spieltheorie,[22] wobei Robert Aumann (1987, S. 2) schrieb: „interaktive Entscheidungstheorie' wäre vielleicht ein treffenderer Begriff für die Disziplin, die wir üblicherweise Spieltheorie nennen."

Der größte Fehler, den man in einem spieltheoretischen Kontext machen kann, ist, die Rationalität des anderen Spielers nicht zu berücksichtigen. Vor einigen Jahren, als ich die Grundideen der Spieltheorie einem Kreis von Leserinnen und Lesern nahebringen wollte, die davon vielleicht noch nie gehört hatten, erzählte ich die folgende alte Geschichte aus Indien (Basu 2007): Ein Hutverkäufer ging von Dorf zu Dorf. Unterwegs wurde er müde. Also legte er sich in den Schatten eines Baumes, seine Hutkollektion neben sich abgestellt, und schlief ein. Als er erwachte, sah er mit Bestürzung, dass einige Affen alle Hüte genommen hatten und sie nun stolz in den höchsten Ästen des Baumes auf ihren Köpfen trugen. Vor Wut und Verzweiflung warf der Mann seinen eigenen Hut zu Boden. Nun ist allgemein bekannt, dass Affen gern den Menschen imitieren. Und so kam es, dass die Affen alsbald ebenfalls ihre Hüte zu Boden warfen – dem Hutverkäufer direkt vor die Füße. Jener sammelte erleichtert seine Hüte auf und ging seiner Wege.

Sein Enkel wurde ebenfalls Hutverkäufer und, wie es der Zufall so will, befand er sich viele Jahre später mit seinen Hüten auf demselben Weg, wurde ebenfalls müde, und legte sich unter denselben Baum schlafen, seine Hutkollektion neben sich abgestellt. Als er aufwachte, sah auch er bestürzt, dass die Affen die Hüte stibitz hatten und sie nun in den höchsten Ästen des Baumes auf ihren Köpfen trugen. Was sollte er tun? Plötzlich fiel ihm die Geschichte seines Großvaters ein. Erleichtert nahm er seinen Hut vom Kopf und warf ihn auf den Boden. Daraufhin kam ein Affe vom Baum heruntergeklettert, nahm auch diesen Hut an sich, verschwand damit wieder auf dem Baum und rief spöttisch von oben: „Du glaubst wohl, Du bist der Einzige, der einen Großvater hat"!

Die Moral der Geschichte ist die Essenz der spieltheoretischen Denkweise. Wenn wir unsere eigene Strategie festlegen, müssen wir uns der Rationalität anderer bewusst sein. Wie wir zu Anfang dieses Kapitels gesehen haben, verfehlen viele staatliche Hilfsprogramme die gut gemeinte Wirkung, weil ihr Design nicht berücksichtigt, dass jene Akteure, die das Programm ausführen

---

[22] Ich sollte klarstellen, dass trivialerweise selbst die Entscheidung bezüglich der persönlichen Schutzausrüstung angesichts der Wettervorhersage als spieltheoretisches Problem aufgefasst werden kann. Es handelt sich um ein Spiel mit nur einem Spieler, und in diesem Sinne kann jegliches individuelles Entscheidungsverhalten als ein Spezialfall der Spieltheorie verstanden werden.

und durchsetzen sollen, ihre eigenen Ziele verfolgen, so wie die Ladenbesitzer im Falle der indischen Nahrungsmittelverteilung.

Um ein Spiel formal zu beschreiben, müssen drei wesentliche Bestandteile spezifiziert werden.[23] Erstens muss der Kreis der Spieler abgesteckt werden. Dann muss es für jeden Spieler eine Menge an möglichen Strategien oder Handlungen geben, aus denen der Spieler eine wählt. Und schließlich bekommt jeder Spieler eine Auszahlung oder einen Gewinn, wenn alle Spieler ihre Wahl getroffen und ihre Handlungen ausgeführt haben. Die Höhe der Auszahlung eines Spielers in Abhängigkeit von den Handlungen aller Spieler ist durch seine Auszahlungsfunktion gegeben. Es wird angenommen, dass alle Spieler die Auszahlungsfunktionen aller anderen Spieler kennen. Jeder Spieler versucht, durch die Wahl seiner Strategie seine Auszahlung zu maximieren. Diese Maximierung der eigenen Auszahlung nennen wir rationales Verhalten. Meistens wird angenommen, dass alle Spieler rational sind und alle Spieler dies auch übereinander wissen, dass also alle Spieler wissen, dass alle Spieler rational sind. Es wird weiterhin angenommen, dass alle Spieler wissen, dass alle Spieler wissen, dass alle Spieler rational sind, sowie dass alle Spieler wissen, dass alle Spieler wissen, dass alle Spieler wissen, dass alle Spieler rational sind, und darüber hinaus, dass alle Spieler … Kann ich aufhören? Jedenfalls müssen auch alle solchen Annahmen höherer Ordnung erfüllt sein.[24]

Welches Gleichgewichtsergebnis wird sich in einem Spiel einstellen? Es gibt viele Weisen, dies zu beantworten, und einigen dieser Varianten werden wir im Laufe des Buches begegnen. Beginnen wir jedoch mit dem wohl bekanntesten Lösungskonzept – dem ‚Nash-Gleichgewicht' (Nash 1950). Eine Menge an Strategien oder Handlungen – eine für jeden Spieler – ist dann ein Nash-Gleichgewicht, wenn keiner der Spieler seine Auszahlung dadurch verbessern kann, dass er allein durch Wahl einer anderen Strategie von der Gleichgewichtslösung abweicht.

Ich will dieses Konzept anhand des wohl bekanntesten aller Spiele erläutern: das Gefangenendilemma. Ohne auf die namensgebende Geschichte des Spiels

---

[23] Was ich hier beschreibe, ist die Normalform oder strategische Form eines Spiels. Spiele in Extensivform werden uns kurz in Kap. 4 beschäftigen. Eine umfassendere, ausgezeichnete Behandlung der Schnittstelle zwischen Spieltheorie und Recht, die Spiele in Extensivform, unvollständige Informationen und auch die Theorie der Verhandlungslösungen umfasst, findet sich in Baird/Gertner/Picker (1995). Eine interessante Frage ist, warum die kooperative Spieltheorie weniger oft angewendet wird als die in diesem Abschnitt beschriebene nichtkooperative Spieltheorie. Maskin (2016) bespricht einige der Hindernisse, die überwunden werden müssten, damit sich dies ändert.

[24] Mitunter kann das Vorliegen oder Fehlen solchen allgemeinen Wissens über Rationalität einen wichtigen Unterschied machen (Aumann 1976; Basu 1977). Rubinstein (1989), Morris/Shin (1998) und Gintis (2010) zeigen auf überzeugende Weise, was solches Wissen höherer Ordnung auf unterschiedlichen Gebieten bewirken kann.

einzugehen, sei lediglich gesagt, dass es hier um zwei Spieler (1 und 2) geht, die jeweils zwischen zwei Handlungen (A und B) wählen können. Wie sich später zeigen wird, ist es eine nützliche Gedächtnisstütze, sich B als das ‚böse' Verhalten vorzustellen. Die aus diesen Handlungen resultierenden Auszahlungen werden in der unten stehenden Tabelle oder Auszahlungsmatrix gezeigt. In jeder Zelle steht die erste Zahl für die Auszahlung von Spieler 1, die zweite für die von Spieler 2. Wir können uns eine beliebige Einheit für diese Zahlen vorstellen; ich werde von Euro sprechen, aber es könnten genauso gut Quäntchen von Glückseligkeit sein, jedenfalls ist eine höhere Zahl immer vorzuziehen. Spieler 1 wählt in der Tabelle eine Zeile, Spieler 2 wählt eine Spalte.

Es ist leicht zu sehen, dass sich im Gefangenendilemma mit rationalen Spielern das Ergebnis (B ; B) einstellt, denn jeder Spieler fährt mit Strategie B besser, unabhängig von der Wahl des anderen Spielers. Und dennoch ist das Ergebnis für beide katastrophal. Jeder bekommt eine Auszahlung von 2, obwohl jeder 7 hätte haben können. Diese Geschichte ist nur allzu bekannt; wir begegnen ihr in vielen Bereichen des Lebens. Das Gefangenendilemma ist zum Beispiel auch die Grundlage der Tragik der Allmende (*tragedy of the commons*): Wenn jeder die Natur zur Befriedigung seiner privaten Bedürfnisse plündert, verlieren alle, wie beispielsweise im Fall von Überfischung. Die gleiche Idee taucht auch in der Interpretation von Rousseaus *Volonté générale* durch Runciman/Sen (1965) auf.

(B ; B) ist darüber hinaus offensichtlich auch ein Nash-Gleichgewicht. Wenn Spieler 1 einseitig auf Strategie A umschwenkt, sinkt seine Auszahlung von 2 auf 1. Entsprechendes gilt für Spieler 2. Ein Hauptproblem des Gefangenendilemmas ist, dass das Nash-Gleichgewicht so einleuchtend ist, dass kaum jemand es in Frage stellen würde. Da jeder unabhängig von der Entscheidung des anderen B wählen würde, ist der spieltheoretische Charakter des Problems oder die Interaktivität der Entscheidung recht uninteressant. Um das zu illustrieren, möchte ich ein weiteres, verwandtes Spiel vorstellen, das Urlauberdilemma (*traveller's dilemma*) (Basu 1994). Auch dieses Spiel wird uns im weiteren Verlauf des Buches gute Dienste erweisen.

Das Urlauberdilemma spielt sich zwischen zwei Urlaubsrückkehrern ab. Beide hatten auf einer entlegenen Insel das gleiche exotische Mitbringsel gekauft, und auf dem Rückflug wurden beide Gegenstände vom Personal beschädigt. Also verlangen die beiden Urlauber von der Fluglinie Entschädigung. Die Managerin macht ihnen folgendes Angebot: Da sie den Wert der merkwürdigen Mitbringsel nicht einschätzen kann, soll jeder der beiden Herren verdeckt eine ganze Zahl zwischen einschließlich 2 und 100 aufschreiben. Wenn sich herausstellt, dass sie die gleiche Zahl gewählt haben, soll dies der

Wert des Gegenstandes und also die Höhe der Entschädigung in Euro sein. Unterscheiden sich aber die beiden Zahlen, so wird die Managerin die niedrigere Zahl als wahren Wert annehmen und den entsprechenden Betrag auszahlen, allerdings versehen mit einer Belohnung und einer Bestrafung: Derjenige, der die niedrigere Zahl aufgeschrieben hat, bekommt diese Zahl plus zwei Euro für seine Ehrlichkeit. Der Autor der höheren Zahl bekommt ebenfalls nur die niedrigere Zahl, aber reduziert um zwei Euro. Wenn also beide 97 aufschreiben, bekommen sie jeweils 97 Euro. Notiert Urlauber A 97 und B 50, bekommt A 48 Euro, B aber 52 Euro.

Das Nash-Gleichgewicht des Urlauberdilemmas ist (2 ; 2): Es ist immer optimal, eine Zahl knapp unterhalb der Zahl des anderen zu wählen. Es kann sich also erst dann niemand mehr verbessern, wenn beide die Zahl 2 aufschreiben. Das Spiel wurde so konzipiert, dass so ziemlich alle rationalen Spieler, die die gleiche Rationalität auch dem anderen Spieler zugestehen, auf (2 ; 2) kommen. Fangen wir beispielsweise bei 100 an. Wählen beide 100, bekommen sie jeweils 100 Euro. Das ist ein schönes Ergebnis (vor allem, wenn man bedenkt, dass die Mitbringsel in Wahrheit ziemlich billig waren). Doch früher oder später wird einem der beiden Spieler klar: Wenn ich auf 99 runtergehe – und der andere bei 100 bleibt –, bekomme ich 101 Euro. Dummerweise aber dürfte der andere dieselbe Einsicht haben, also ändern beide ihre Zahl auf 99. Nun gilt freilich bei 99 die gleiche unerbittliche Logik wie bei 100, und per Rückwärtsinduktion wird klar, dass wir schließlich, wie vorhergesagt, bei (2 ; 2) landen.

Alternativ kann man aber auch wie folgt argumentieren. Offensichtlich ist es nie eine gute Idee, 100 zu wählen. Denn wählt man stattdessen 99, wird man unabhängig von der Wahl des anderen immer mindestens so gut fahren wie mit 100. Da beide Spielerrational sind, werden sie also 100 als mögliche Strategie eliminieren. Doch sobald sie das getan haben, wird 99 von 98 dominiert (oder: 99 ist das neue 100 und erleidet das gleiche Schicksal). Jedenfalls wird auch 99 eliminiert. Und so weiter. Wiederum landen wir letztlich beim einzig möglichen Ergebnis, (2 ; 2). Dies ist die Logik des „iterativen Eliminierens dominierter Strategien", und in diesem Fall entspricht sie der Logik eines „rationalisierbaren" Ergebnisses (Bernheim 1984; Pearce 1984).

Dies ist alles nicht verwunderlich, da das Urlauberdilemma so entwickelt wurde, dass alle formalen Denkansätze zur gleichen Vorhersage führen. Insbesondere wollte ich durch die Ausgestaltung des Spiels einen Konflikt zwischen dem rationalen und dem intuitiven Ergebnis provozieren (Basu 1994, 2007).[25]

---

[25] Die philosophischen Konsequenzen werden in einem ähnlichen Spiel, dem „Gingerbread Game" (mit den Protagonisten Hänsel und Gretel) des Philosophen Martin Hollis (1994) noch deutlicher.

Eine umfangreiche theoretische sowie experimentelle Literatur zeigt, dass die formale, spieltheoretische Vorhersage nicht richtig ist.[26] Die Argumentation der Rückwärtsinduktion beruht beispielsweise auf der Annahme, dass die Rationalität beider Spieler allgemein bekannt ist, dass also A weiß, dass B rational ist, B weiß, dass A rational ist, A weiß, dass B weiß, dass A rational ist, B weiß, dass A weiß, dass B rational ist, und so weiter, bis ans Ende aller Zeiten. Man ist versucht, die Plausibilität dieser Annahme in Frage zu stellen. Ich komme später auf diese Frage zurück.

Von unmittelbarem Interesse ist hier, dass uns beide Spiele die Notwendigkeit des Rechts vor Augen führen. Die „unsichtbare Hand" des Marktes, die angeblich egoistische Individuen zum wohlfahrtsoptimalen[27] Ergebnis führt, versagt hier ganz offenbar. Stattdessen wollen wir die Hand des Gesetzes in Stellung bringen. Doch wie kann das geschehen, zumindest gemäß der oben skizzierten neoklassischen ökonomischen Analyse des Rechts? Die Idee ist, das Gesetz zu nutzen, um die Gesellschaft in Richtung eines besseren Ergebnisses zu lenken. Wie bereits oben zitiert, bemerkt McAdams (2000, S. 1650) dazu: „Indem er den Menschen Haftung oder Strafen auferlegt, ändert der Staat die Auszahlungen, sodass Kooperation eher denn Defektion die dominante Strategie ist."[28]

Es ist leicht zu sehen, wie das Recht im Falle des Gefangenendilemmas intervenieren könnte.[29] Nehmen wir an, Handlung B wird per Gesetz verboten. Wer dennoch B wählt, zahlt eine Strafe von zwei Einheiten. Dadurch wird das oben gezeigte Spiel in die unten stehende Auszahlungsmatrix geändert. Der einzige Unterschied zwischen den beiden Spielen besteht im Abzug von zwei Einheiten, sobald jemand B wählt.

In diesem neuen Spiel ist nun A die dominante Strategie, und damit ändert sich das Ergebnis. Die Spieler landen beim wohlfahrtsmaximierenden Ergebnis (A ; A), welches auch das Nash-Gleichgewicht ist. Dies ist eines der wich-

---

[26] Siehe z. B. Goeree/Holt (2001), Pace (2009), Gintis (2009), Arad/Rubinstein (2012), Manapath et al. (2012), Capraro (2013) und Morone/Morone/Germani (2014).

[27] In der Volkswirtschaftslehre ist das Konzept des Wohlfahrtsoptimums genau definiert. Nach Vilfredo Pareto ist eine Güterverteilung dann ‚Pareto optimal', wenn es nicht möglich ist, durch eine Änderung der Verteilung ein Mitglied der Gesellschaft besserzustellen, ohne ein anderes schlechter zu stellen.

[28] Ähnliche Ideen liegen den Arbeiten von Coase (1960), Calabresi (1961), Posner (1977) und Schauer (2015) zugrunde.

[29] Man kann es sogar als die zentrale Aufgabe des Gefangenendilemmas erachten, aufzuzeigen, wie politische Institutionen den Menschen helfen können, nach ihren wahren Interessen zu handeln. Wie Swedberg (2005, S. 83) bemerkt, kann das Gefangenendilemma als „ein Beispiel einer Situation [gelten], in der die bestehende Institution geändert werden muss, damit die Akteure bestmöglich ihren individuellen Interessen nachgehen können." Dabei ist er sich offenbar der besonderen Rolle des Rechts bewusst, denn er fährt fort: „In diesem Fall handelt es sich bei der bestehenden Institution um das US-Justizsystem ..."

	Spieler 2 A	Spieler 2 B
Spieler 1 A	7 ; 7	1 ; 8
Spieler 1 B	8 ; 1	2 ; 2

Abb. 2.1 Gefangenendilemma

	Spieler 2 A	Spieler 2 B
Spieler 1 A	7 ; 7	1 ; 6
Spieler 1 B	6 ; 1	0 ; 0

Abb. 2.2 Gefangenendilemma mit Strafe

tigsten Ziele des Rechts: eine Gesellschaft, die ohne solche Hilfe in einer schlechten Situation gefangen wäre, zu einem besseren Ergebnis zu leiten.[30]

Für das Urlauberdilemma sind ähnliche rechtliche Interventionen denkbar. Angenommen, ein neues Gesetz sagt, wer eine Zahl n wählt, muss eine Strafe in Höhe von *100-n* zahlen. Für die Wahl von *n = 100* ist die Strafe also 0, bei kleineren Zahlen wächst sie aber linear an. Wenn wir die Auszahlungen der Urlauber um diese Strafe korrigieren, bekommt das Spiel das diametral entgegengesetzte Nash-Gleichgewicht, (100 ; 100).

Diese Beispiele illustrieren die traditionelle Sicht auf Law and Economics. Das Recht ändert das Spiel, das die Mitglieder der Gesellschaft mit- bzw. gegeneinander spielen. Im Falle des Gefangenendilemmas verwandelt das Recht Abb. 2.1 in Abb. 2.2. Dadurch kann die Gesellschaft eine Pareto-Verbesserung erzielen, oder in anderen Fällen eine gerechtere Güterverteilung – wonach sie auch immer streben mag. Dies ist, in denkbar knapper Darstellung, die traditionelle, neoklassische oder Becker-Herangehensweise. Dank seiner Klarheit und Transparenz erlebte dieses Modell einen kometenhaften Aufstieg, und es wurde schnell zum allgemeinen Maßstab für die öko-

---

[30] Natürlich hat das Recht daneben noch weitere Ziele, darunter Gerechtigkeit, Chancengleichheit und individuelle Freiheit, die mitunter mit dem oben genannten Ziel der Wohlfahrtsmaximierung in Konflikt stehen. Eines der berühmtesten Beispiele eines solchen Zielkonflikts ist das Paradoxon des Liberalismus (Sen 1969). Siehe auch Basu (1986) und Gaertner/Pattanaik/Suzumura (1992).

nomische Analyse des Rechts und infolgedessen auch für die Politikgestaltung. Ohne dieses Modell hätte die Disziplin Law and Economics nicht ihre heutige Bedeutung.

2.4 Die Tinte-auf-Papier-Kritik und der neoklassische Denkfehler

Ungeachtet ihrer geschilderten Vorzüge ist die neoklassische Herangehensweise dennoch fehlerhaft. Um das nachzuvollziehen, stellen wir uns vor, das Parlament – oder wer auch immer in dem Land die Legislative stellt – verabschiedet gerade ein neues Gesetz. Dieses Gesetz ist natürlich zunächst einmal nichts mehr als eine Ansammlung von Wörtern auf Papier, bzw. in der heutigen Welt eine digitale Notiz. Darin steht typischerweise so etwas wie: Du sollst das und das nicht tun, ansonsten bekommst Du eine Geld- oder Freiheitsstrafe, und so weiter.

Die unausweichliche Frage ist nun: Warum sollten diese bloßen Wörter auf Papier beeinflussen, was die Menschen tun können und welche Auszahlungen sie mit diesen Handlungen erzielen? Wenn sich alle entschieden, die Tinte auf Papier zu ignorieren und weiterhin das zu tun, was sie auch vorher taten, dann würden sie gewiss die gleichen Auszahlungen bekommen wie früher. Dann hätte das Gesetz keinerlei Auswirkung auf das Spiel gehabt, das die Menschen spielen, also auf ihre möglichen Strategien und deren Auszahlungen. Genau hierin liegt das „Tinte-auf-Papier"-Problem, wie ich es schon früher genannt habe (Basu 1993).[31] Mit diesem Problem muss sich das traditionelle Law and Economics-Modell auseinandersetzen.

Um das Problem noch besser zu verstehen, kehren wir zu Beckers Modell zu Verbrechen und Strafe zurück. Warum dachten wir überhaupt, dass das neue Gesetz das Spiel ändern würde? Vermutlich lag es an der vom Gesetzgeber eingeführten Strafe, durch die der Bergbau, der früher die Auszahlung G einbrachte, in der Illegalität jetzt nur noch $G-wS$ abwirft. Auf den ersten Blick scheint sich die Auszahlungsfunktion des Unternehmers also tatsächlich geändert zu haben. So muss Gary Becker es sich vorgestellt haben, als er sein berühmtes Modell aufstellte. Offensichtlich ändert sich die Auszahlung aber nur dann, wenn die Polizei versucht, den illegal bergbauenden Unternehmer

---

[31] Natürlich werden Gesetze mitunter weder auf Papier geschrieben noch digital gespeichert. Im zwölften Jahrhundert beispielsweise hat Ranulf de Glanville folgende bemerkenswerte Beobachtung notiert: „Obwohl die Gesetze Englands nicht niedergeschrieben sind, erscheint es doch nicht absurd, sie Gesetze zu nennen ... Auch dies ist ein Gesetz: ‚Was dem Herrscher gefällt, hat Gesetzeskraft.'" (Hall 2002, S. 2)

zu ermitteln, wenn ihr das auch gelingt, und wenn dann die Strafe *S* verhängt und vollstreckt wird. Allerdings hätte die zuständige Polizistin auch ohne das Gesetz so handeln können. Wenn sich *alle* nach Einführung des Gesetzes genau so verhalten wie vorher, ändern sich die Auszahlungen nicht. Dann kann das Gesetz oder die Tatsache, dass etwas Tinte auf Papier verschmiert oder ein neuer Text auf einer Webseite hochgeladen wurde, nichts an dem Spiel ändern. Wenn alle Spieler die gleichen Strategien wählen, bekommen alle die gleichen Auszahlungen. Das Gesetz oder die verschmierte Tinte ändern daran nichts.

Genau so verhält es sich mit einer Geschwindigkeitsbegrenzung. Angenommen, das Fahren mit über 100 km/h ist neuerdings verboten und mit einer Strafe belegt. Vordergründig scheint sich dadurch das Spiel des Straßenverkehrs zu ändern. Vor dem Gesetz bestand die Überlegung, ob die Zeitersparnis dank hoher Geschwindigkeit den erhöhten Kraftstoffverbrauch, das gestiegene Unfallrisiko usw. rechtfertigt. Jetzt kommt zu den Kosten anscheinend die erwartete Strafe hinzu – aber nur dann, wenn man die Verkehrspolizei als Schar von Robotern begreift, die rigoros Strafen verhängen, weil es das Gesetz so verlangt.

Der inhärente Fehler der neoklassischen ökonomischen Analyse des Rechts besteht in der unbewussten Annahme, dass die Vollzugsorgane des Rechts keine Rolle spielen, bzw. dass sie willenlosen Robotern gleichen, die automatisch genau das tun, was das Gesetz von ihnen verlangt.[32] Wenn dieses Spiel alle relevanten Akteure – den Autofahrer, die Verkehrspolizei, die Richterin, die Politiker – umfasst, was es auch sollte, dann ist klar, dass das Gesetz das Spiel nicht verändern kann. Wenn sich alle so verhielten, wie sie es vor dem Gesetz taten, würden alle trotz des Gesetzes die gleichen Auszahlungen erhalten, da die reine Niederschrift des Gesetzes die Auszahlung nicht ändern kann. Dies ist der Fehler der traditionellen ökonomischen Analyse des Rechts, und diese konzeptionelle Lücke in ihren Grundlagen hat – weitgehend unbemerkt – viele Untersuchungen beeinträchtigt und viele politische Initiativen fehlgeleitet.

Halten wir kurz inne, um zu überlegen, wie sich das Gefangenendilemma aufgrund des Rechts geändert hat.[33] Die Veränderung war auf die Strafe zurückzuführen, die nun auf die Wahl von Strategie B stand. Aber *wer* kassiert

---

[32] Im Zuge der Digitalisierung kann man sich immer leichter eine Zeit vorstellen, in der im Moment der Verabschiedung eines Gesetzes Heere von Rechtsdurchsetzungsrobotern oder Algorithmenscharen plötzlich ihre Verhaltensweise ändern (World Bank 2015). Aber in dieser Zeit leben wir (noch) nicht. Und da der menschliche Erfindungsgeist in Bezug auf neue Methoden der Rechtsumgehung wohl unbegrenzt ist, wird wohl auch die Rechtsdurchsetzung nie ganz ohne menschliche Intervention auskommen können.
[33] Ähnliche Überlegungen würden auch auf das Urlauberdilemma zutreffen.

die Strafe? Irgendjemand muss es in den meisten Fällen tun – sei es eine Polizistin, ein Gerichtsvollzieher oder ein Vollzugsbeamter. Aber warum war diese Person oder Institution dann nicht Teil der ursprünglichen Beschreibung des Spiels? Die Darstellung des Gefangenendilemmas als Zweipersonenspiel hat somit das relevante gesellschaftliche Geschehen nicht vollständig beschrieben. Es gibt mindestens eine weitere Partei in diesem Spiel, nämlich jene, die bereitsteht, um Strafen zu verhängen, wenn gegen das Recht verstoßen wird. Wenn diese Person oder Institution die Auszahlungen beeinflussen kann, sollte sie in der Spielbeschreibung berücksichtigt werden.

Wenn wir das volle Spiel mit allen beteiligten Akteuren aufschreiben, also einschließlich der Vollzugsinstitution, ist nicht klar, ob das Recht das Spiel verändern könnte, denn jener dritte Akteur könnte auch ohne das Gesetz eine Strafe erheben. Nach Verabschiedung des Gesetzes können also alle drei Spieler noch genau das Gleiche tun wie zuvor auch. Jedes Mal, wenn sie einen Dreiklang an Handlungen auswählen, bekommen sie die gleiche Auszahlung wie vor der Verabschiedung des Gesetzes. Wir sind also wieder bei der Tinte-auf-Papier-Kritik der Standardperspektive der ökonomischen Analyse des Rechts angekommen. Wenn das gesellschaftliche Spiel von Anfang an vollständig beschrieben wird, kann das Recht dieses Spiel nicht ändern.

Das Modell von Becker war in seiner Beschreibung des Spiels entweder unvollständig, oder es nimmt an, dass die Polizei, die Justizbeamten und die Richter immer genau das tun, was das Gesetz von ihnen verlangt. Aber genau diese Annahme passt eben nicht zum Rest des Models. Während die Bürgerinnen und Bürger als uneingeschränkt rationale Maximierer des eigenen Nutzens modelliert werden, gelten die staatlichen Akteure als mechanische Befehlsausführer – gerade so, als wären diese Akteure keine Menschen oder von Menschen gelenkte Institutionen.

Da das neoklassische Modell so nachdrücklich die Eigenschaft aller Akteure als individuelle Nutzenmaximierer betont, können wir uns sicher sein, dass diese auffällige Ungleichbehandlung der Bürgerinnen und Bürger auf der einen Seite und der staatlichen Organe auf der anderen Seite keine Absicht war. Es handelt sich eher um eine Unstimmigkeit, die sich in den 1960er-Jahren unbewusst in das Law and Economics-Modell einschlich und seitdem hartnäckig und folgenschwer gehalten hat. Doch trotz aller Kritik möchte ich noch einmal die Bedeutung jenes Modells hervorheben, das uns ein robustes und wertvolles Instrumentarium liefert. Wie ich in den nächsten Kapiteln zeigen werde, bietet uns das Modell trotz der angesprochenen Verwerfungslinie noch immer eine gute Ausgangsbasis. Sobald die Verwerfung korrigiert wurde, können wir ein viel stimmigeres und ergiebigeres Modell aufstellen. In Kap. 7 werden wir sehen, wie ein solches Modell auch Ideen aus Nachbardisziplinen aufnehmen kann, darunter Psychologie und Soziologie, um so ein realistischeres Bild der menschlichen Motivation abzugeben. Auf diese Weise können wir dann einen robusten Rahmen für die von Rechtswissenschaftlern von H. L. A. Hart bis zur Gegenwart entwickelten Ideen aufstellen.

Wenn dieses Vorhaben auf der rechtswissenschaftlichen und rechtsphilosophischen Literatur aufbauen soll, könnte man das Ziel dieses Buches auch dem zuordnen, was oftmals als Wirkungsanalyse bezeichnet wird. In den Worten von Friedman (2016, S. 2): „Welche Wirkung oder welchen Einfluss haben solche Rechtsakte? Mit der *Wirkung* meine ich dabei eine Verhaltensänderung, die in irgendeiner Weise kausal auf ein bestimmtes Gesetz, eine Regel, eine Doktrin oder eine Institution zurückzuführen ist."[34] Ich möchte jedoch einen Schritt über den üblichen Anspruch einer Wirkungsanalyse hinausgehen. Um wieder Friedman (ibid.) zu zitieren, sind typische Fragen einer Wirkungsanalyse: „Wenn das Recht Scheidungen vereinfacht, brechen dann Familien eher auseinander? Ändern Haftungsregeln und Schadensersatzklagen nach Behandlungsfehlern das Verhalten von Ärztinnen und Ärzten?"

Während sich dieses Buch auch solchen Fragen nach Verhaltensänderungen aufgrund neuer Gesetze widmet, adressiert es darüber hinaus auch Fragen wie: Wenn das Recht Scheidungen vereinfacht, stimmen dann die Richter einer Scheidung auch bereitwillig zu, und wenn ja, warum? Warum veranlasst eine neue Geschwindigkeitsbegrenzung die Verkehrspolizistin, Raser anzuhalten und zu bestrafen? Warum sieht sie bei Verstößen nicht weg oder bestraft sogar jene Fahrer, die langsamer unterwegs sind als erlaubt? Solche Fragen werfen eine ganze Reihe philosophischer Dilemmata auf. Die große Schwierigkeit besteht nicht darin, empirische Verhaltensmuster zu identifizieren, sondern sie zu erklären. Warum setzt die Verkehrspolizistin das Recht durch? Warum bestraft der Polizeipräsident sie, wenn sie das Recht nicht durchsetzt? Diese Fragen liegen offensichtlich innerhalb des Zuständigkeitsbereiches von Wirkungsanalysen, aber sie werden selten gestellt. Wenn doch, übergeht man sie am liebsten schnell, weil man irgendwie unterschwellig spürt, dass sie auf dünnes Eis führen. Mithilfe einiger Grundüberlegungen moderner Spieltheorie werden wir jedoch klare Antworten auf diese Fragen finden und im Zuge dessen eine neue Herangehensweise der ökonomischen Analyse des Rechts entwickeln. Darum soll es in den nächsten beiden Kapiteln gehen.

---

[34] Diese Betrachtungsweise ist natürlich von großer praktischer Bedeutung, wenn es darum geht, die Wirksamkeit des Rechts zu erhöhen (s. Bull und Ellig 2017).

3

Die Methode des Fokalen Punktes

3.1 Die besondere Bedeutung von Erwartungen

Der grundlegende Denkfehler der traditionellen Herangehensweise der ökonomischen Analyse des Rechts liegt auf der Hand. Sie beruht vor allem auf zwei Annahmen, die – wie gerade gezeigt – einander widersprechen: einerseits, dass die Menschen exogen gegebene Präferenzen, Nutzen- oder Auszahlungsfunktionen haben, die sie zu maximieren suchen, und andererseits, dass ein neues Gesetz das Ergebnis des Spiels beeinflusst, indem es die Auszahlungen verändert, die die Spieler von ihren Handlungen erwarten können, also indem es die Spielregeln und somit das Spiel selbst verändert. Sobald eine vollständige Beschreibung des Spiels des Lebens vorliegt, die nicht nur die Bürgerinnen und Bürger, sondern auch alle relevanten staatlichen Akteure umfasst, sehen wir, dass das Recht an sich keinen Einfluss hat auf die Aktionen, die den Akteuren zur Verfügung stehen, oder auf die daraus erwachsenden Auszahlungen. Kurz gesagt: Das – vollständig beschriebene – Spiel, das die Mitglieder einer Gesellschaft spielen, ändert sich nicht durch die Novellierung eines Gesetzes oder die Verabschiedung eines neuen.

Hieraus entsteht allerdings eine beunruhigende Frage: Wie kann das Recht dann überhaupt Verhalten beeinflussen? Auf den ersten Blick scheint meine Kritik, das Recht könne das Spiel nicht verändern, weil es nichts als Tinte auf Papier sei, die Schlussfolgerung nahezulegen, dass Gesetze keinerlei Verhaltenswirkung haben könnten. Aber natürlich haben sie das. Jeder von uns kann sofort zahlreiche Gesetze nennen, die zweifelsfrei wirksam sind, das Verhalten der Menschen beeinflussen und Zustände in der Gesellschaft erzeugen, die es ohne das Gesetz nicht gäbe. Zwar stimmt es, wie bereits diskutiert, dass viele Gesetze kollektiv ignoriert werden, in den Gesetzbüchern der Vergessenheit anheimfallen, ewig auf ihre Umsetzung warten und derweil bloß Staub ansetzen. Beispiele dafür sehen wir insbesondere, aber nicht ausschließlich, in vielen Entwicklungsländern. Dennoch haben die meisten Gesetze eine ganz klare Verhaltenswirkung. Das kann jeder nachvollziehen, der schon einmal für zu schnelles Fahren oder ordnungswidriges Parken eine Geldbuße zahlen musste. (Denn wie oft würden wir die Regeln brechen, wenn es zwar die Vorschriften, aber keine Strafe gäbe?) Angesichts der im vorangegangenen Kapitel entwickelten Tinte-auf-Papier-Kritik stellen wir uns nun der Herausforderung, zu erklären und zu verstehen, warum und wie das Recht Verhalten steuert. Wie zuvor angemerkt, ist dies eine Form von Wirkungsanalyse (Friedman 2016), nur auf einer viel grundlegenderen Ebene als üblich.

Wenn die althergebrachte Antwort, die auf die Veränderung der Auszahlungsfunktion bzw. des Spiels insgesamt abzielt, nicht zutrifft, scheint es nur einen möglichen Erklärungsansatz dafür zu geben, wie das Recht Verhalten beeinflusst: nämlich dadurch, dass das Recht die *Erwartungen* der Menschen darüber ändert, was andere Menschen tun und was sie nicht tun dürfen. Wenn das Recht weder die Spielregeln noch die Auszahlungen verändern kann, besteht seine einzige Möglichkeit mein Verhalten zu ändern darin, in mir eine Erwartung zu erzeugen, dass die Verkündung eines neuen Gesetzes das Verhalten der anderen Menschen ändern wird, sodass sich auch meine optimale Reaktion auf deren Verhalten ändert. Natürlich müssen wir dann eine Erklärung dafür finden, warum das Gesetz das Verhalten der anderen Menschen beeinflussen sollte. Scharfsinnige Leserinnen und Leser ahnen vielleicht schon, dass sich das Verhalten der anderen aus dem spiegelbildlichen Grund ändert: Jeder andere erwartet ebenfalls, dass die anderen – einschließlich meiner selbst – ihr Verhalten ändern.

Wenn ein neues Gesetz die Geschwindigkeit auf 100 km/h begrenzt, erwarte ich bei Überschreitung, dass die Polizei mich anhält und eine Strafe verhängt. Es ist diese Erwartung, die mich das Gesetz einhalten lässt. Doch warum sollte die zuständige Polizistin Geschwindigkeitsüberschreitungen überhaupt ahnden? Der wahrscheinlichstes Grund ist, dass sie bei Unterlassung erhebliche Karrierenachteile erwarten müsste. Womit wir dann wiederum das Verhalten ihrer Vorgesetzten zu erklären hätten. Damit sich Verhalten ändert, braucht es ein in sich stimmiges Gerüst an Erwartungen, wobei jede Erwartung andere stützt. Nur dann kann sich das gesellschaftliche Verhaltensmuster ändern.

Obwohl sie sich auch auf Handschellen, Waffen und Gefängnisse verlassen kann, wurzelt die Macht des Rechts doch letztlich in nichts anderem als einer Konstellation von Erwartungen in den Köpfen der Gesellschaftsmitglieder, von den Bürgerinnen und Bürgern über die Polizei und die Gerichte bis hin zur

Politik. Diese Erwartungen sind miteinander verwoben; einige verstärken sich gegenseitig, während andere sich eher im Wege stehen; aus ihnen entstehen gewaltige Machtgebilde, die mitunter so stark werden, dass sie über jedem Einzelnen zu stehen scheinen, und so entsteht der Eindruck eines mysteriösen, von oben auferlegten Diktats. In Wahrheit aber bestehen die wichtigsten Zutaten eines Staates mit all seiner Macht in nichts weiter als den Erwartungen und Überzeugungen in den Köpfen der Menschen, die ihrem ganz normalen Alltag nachgehen. Und in genau diesem Sinne sind wir alle Bürgerinnen und Bürger eines Rechtsstaates, der von einem Geflecht von Erwartungen getragen wird, oder in anderen Worten: des erwartungsbasierten Staates.[1]

In embryonaler Form reichen die Ursprünge dieser Idee weit in die Geschichte zurück, mindestens bis in die Mitte des achtzehnten Jahrhunderts, insbesondere zu David Hume. In seinem Aufsatz über die Regierung schrieb Hume (1742 [1987], Aufsatz 4, Abs. 6): „Niemand hätte einen Grund, den Tyrannen zu *fürchten*, wenn jener außer dieser Furcht über niemanden Macht hätte. Denn der Tyrann ist nur ein Mann, und seine körperliche Kraft reicht nicht weit; all seine weitere Macht muss daher auf unserer Meinung beruhen oder auf der Meinung, die wir anderen unterstellen." Hume legt damit nahe, dass es auf meine Erwartungen ankommt, und auf meine Erwartungen bezüglich der Erwartungen anderer, sowie auf die Erwartungen der anderen bezüglich meiner eigenen Erwartungen.

Franz Kafka war ein weiterer bemerkenswerter Autor, der es verstand, die Gesichtslosigkeit politischer Macht und ihre Wurzeln im täglichen Leben sowie in den Erwartungen und Handlungen der normalen Leute greifbar zu machen. Sehr deutlich wird dies in seinem virtuosen Roman *Der Process*, in dem selbst die Existenz einer höheren Autorität im Unklaren verbleibt.

Was Hume und Kafka mit ihrem außergewöhnlichen Scharfsinn erkannten, ist genau richtig, nur fehlten ihnen die Mittel, um dieser Einsicht eine formale Struktur zu verleihen. Nun mag es so wirken, als distanzierte ich mich mit dieser Betonung der Erkenntnis durch Hume von jenem Philosophen, der zu Themen wie Recht und Herrschaft viel mehr geschrieben hat und als Autorität auf diesem Gebiet gilt – Thomas Hobbes. Dieser Eindruck ist zutreffend.

Es ist unbestritten, dass Hobbes' Beiträge wegweisend waren. Der angesehene Rechtsphilosoph Norberto Bobbio erachtete ihn als einen der bedeutendsten Theoretiker des Naturrechts aller Zeiten.[2] Nichtsdestotrotz

---

[1] Vgl. den Titel der englischen Originalausgabe: „The Republic of Beliefs".
[2] Allerdings bemerkte Bobbio (1989, S. 197) angesichts der zahlreichen Konferenzen, die anlässlich von Hobbes' 400. Geburtstag im Jahr 1988 stattfanden: „Konferenzen dienen zunehmend der Tourismusförderung …"

scheint mir, dass Hobbes im frühen siebzehnten Jahrhundert unwissentlich in dieselbe Falle tappte, die zweieinhalb Jahrhunderte später auch den neoklassischen Rechtsökonomen zum Verhängnis wurde, nämlich, den Herrscher als außerhalb der Gesellschaft stehend (exogen) zu betrachten.[3]

Zur Weiterentwicklung von Humes Erkenntnissen benötigt man Ideen und Konzepte, die der Spieltheorie entstammen und somit im achtzehnten Jahrhundert noch nicht bekannt waren. Heute aber können wir Humes grundlegender Einsicht eine formale Struktur geben, um zu einer modernen Theorie der ökonomischen Analyse des Rechts zu gelangen.[4] Diesem Ziel werden wir uns gleich widmen. Zuvor benötigen wir jedoch eine kurze Einführung in die Konzepte des fokalen Punktes und des Gleichgewichts. Dies sind meine wichtigsten Instrumente für die Erklärung, wie menschliche Erwartungen einander stützen können.

3.2 Eine kurze Einführung zu fokalen Punkten und Gleichgewichten

Ein Großteil dieses Abschnittes wird für viele Ökonomen bekanntes Terrain sein. Um aber alle Leserinnen und Leser auf dem Weg zu einer neuen Theorie der ökonomischen Analyse des Rechts und einer neuen Erklärung der mangelhaften Umsetzung vieler Gesetze mitzunehmen, möchte ich die grundlegende Idee des fokalen Punkts etwas näher beleuchten. Der fokale Punkt ist ein

---

[3] Dies wird klar anhand von Kap. 26, „Von staatlichen Gesetzen", in *Leviathan* (Hobbes 1668 [1994]). Jedoch enthält Hobbes' Werk einige störende Unklarheiten. In seiner Analyse von Hobbes' Rechtsbild weist Goldsmith (1996) darauf hin, dass Hobbes in *Leviathan* das Recht als eine Sammlung von Befehlen begreift, die sich an Menschen richten, die „gehorchen müssen" (S. 274). Doch wenn das so ist, wozu brauchen wir dann Institutionen, die das Recht durchsetzen? Zur Klarstellung sei außerdem gesagt, dass in Hobbes' Darstellung der gesetzgebende Herrscher oder die gesetzgebende Versammlung vom Volk gewählt wird. Nach der Wahl erlangt diese Regierung aber irgendwie eine Autonomie, die sie der Kontrolle durch das Volk entzieht. Ihre Befehlsgewalt ist dann also exogen gegeben. Hobbes fiel in seiner Zeit als großer Bewunderer mathematischer Methoden auf. Seine Analyse von Recht und Macht zeigt aber, dass ein Bewunderer der Mathematik nicht automatisch auch ein guter Logiker ist. Cooter (1982) nähert sich Hobbes aus einer anderen Richtung. Er spricht in diesem Zusammenhang von „Hobbes' Theorem", welches er für unhaltbar, jedoch für einen „aufschlussreichen Irrtum" hält (S. 18).

[4] Im neunzehnten und zwanzigsten Jahrhundert haben verschiedene Autoren einzelne Aspekte dieser Idee von Hume behandelt, aber niemals umfassend. In den letzten Jahrzehnten hat das Forschungsinteresse daran zugenommen. Lukes (1974) und Havel (1986) führen politische Macht bis hin zum Totalitarismus auf die Erwartungen der Menschen untereinander zurück. Daraus entstand Havels Argumentation, die Unterdrückten seien Mitverschworene jener, die üblicherweise als die Unterdrücker angesehen werden (Basu 1986). Mit meinem spieltheoretischen Vorgehen verwandte Ideen finden sich auch bei Lewis (1969), Cooter (1998), Sunstein (1996, 1996a), Posner (2000), Mailath/Morris/Postlewaite (2007, 2017), und McAdams (2015). Einige dieser Ideen habe ich in anderer Form schon früher behandelt (Basu 1993, 2000). Später komme ich auf einige dieser Arbeiten und ihr Verhältnis zum vorliegenden Buch zurück.

leicht mysteriöses Konzept, das aus der modernen Spieltheorie erwachsen ist. Obgleich intuitiv zugänglich, ist es schwierig zu definieren. Doch obwohl eine harte Definition fehlt, können wir das Wirken dieses Konzeptes überall beobachten und seinen analytischen Wert zur Klärung vieler praktischer Probleme einsetzen.

Dem Konzept des Gleichgewichts in einem Spiel sind wir bereits begegnet. Wenn ich von einem Gleichgewicht spreche, meine ich damit meistens ein Nash-Gleichgewicht. Wie schon im vorherigen Kapitel definiert, handelt es sich dabei um eine Menge an Handlungen oder Strategien, bei der kein Spieler angesichts der Entscheidungen der anderen Spieler einen Anreiz hat, seine Wahl einseitig zu ändern.

Ein wichtiges Problem bei der Anwendung des Gleichgewichtskonzepts besteht darin, dass das Leben viele Situationen mit mehreren Gleichgewichten bereithält. Nehmen wir an, zwei Personen mit schnellen Autos finden sich auf einer unbewohnten, aber mit hervorragenden Straßen ausgestatteten Insel wieder. (In der Spieltheorie gehört es zum guten Ton, nicht zu hinterfragen, wie es zu den sonderbaren Situationen kommen konnte, mit deren Hilfe wir abstrakte Konstellationen illustrieren.) Jetzt muss jede der Personen entscheiden, auf welcher Straßenseite sie fährt, „links" oder „rechts". Weiterhin nehmen wir an, dass ein frontaler Zusammenprall tunlichst zu vermeiden ist. Ich nenne dies das „Inselspiel".

Wenn sich die andere Person für „links" entscheidet, sollte ich ganz offensichtlich auch links fahren. Entsprechendes gilt für „rechts". Also hat das Inselspiel zwei Gleichgewichte: (links ; links) und (rechts ; rechts). Die Situation, in der eine der beiden Personen einseitig von einem dieser Gleichgewichte abweicht, wollen wir uns nicht bildlich vorstellen. Ich sollte hinzufügen, dass es in solchen Spielen noch weitere Gleichgewichte geben kann, wenn wir „gemischte Strategien" zulassen. Eine gemischte Strategie im Inselspiel sähe so aus: „Mit einer (zufällig realisierten) Wahrscheinlichkeit w fahre ich auf der linken Seiten, und mit der Gegenwahrscheinlichkeit $1-w$ fahre ich rechts." Tatsächlich ist im Inselspiel $w = 0,5$ ein Gleichgewicht in gemischten Strategien – ein chaotisches Gleichgewicht mit vielen Unfällen. So unattraktiv es aber auch sein mag – es ist ein Gleichgewicht, denn keine Partei kann mit einer einseitigen Änderung ihrer Strategie ihre Auszahlung verbessern.

Realistische Spiele mit multiplen Gleichgewichten lassen sich leicht konstruieren – selbst wenn wir keine gemischten Strategien zulassen. Das Problem in allen solchen Fällen ist, dass selbst dann, wenn alle Spieler die Gleichgewichte korrekt identifizieren, es keine Garantie gibt, dass sich alle beim gleichen Gleichgewicht treffen. Im Inselspiel beispielsweise kann mein Gegenüber ebenso gut davon ausgehen, dass ich das (links ; links) Gleichgewicht anstrebe, wie dass ich nach rechts tendiere. Inkompatible Erwartungen führen hier zu katastrophalen Ergebnissen. Allgemein gesprochen kann sich eine Gesellschaft in einem unguten Gleichgewicht oder auch im Chaos wiederfinden, wenn man sich nicht auf eines der multiplen Gleichgewichte verständigen kann.

An dieser Stelle kann die Idee des fokalen Punktes eine wichtige Rolle spielen (Schelling 1960). Wir alle sind mehr oder weniger in der Lage, zu erraten, welche aus einer Auswahl von zur Verfügung stehenden Lösungen andere Menschen wählen werden, vor allem, wenn diese Menschen einen ähnlichen kulturellen Hintergrund haben wie wir. Dieses in irgendeinem Sinne naheliegendste Gleichgewicht ist der fokale Punkt. Obgleich diese Definition zugegebenermaßen wenig stringent ist, hat sich der fokale Punkt in vielen Situationen als sehr nützliches Konzept erwiesen. Es wurde sogar argumentiert, dass seine Wurzeln in der Evolution liegen mögen.[5]

Wenn im Inselspiel die beiden Personen aus Deutschland kommen, wird wohl jede von ihnen räsonieren, dass die andere Person gemäß ihrer bisherigen Sozialisierung im Straßenverkehr rechts fahren wird, also wird die erste Person ebenfalls rechts fahren. In diesem Fall geht die Logik auf. Der fokale Punkt ist im Grunde genommen ein Nash-Gleichgewicht, das ins Auge springt und den Spielenden so hilft, ihr Handeln zu koordinieren. Leider lässt sich oft nicht zweifelsfrei ermitteln, welches Gleichgewicht den fokalen Punkt darstellt. Wenn beispielsweise einer der beiden Neubürger auf der Insel aus Deutschland kommt, der andere aber aus Großbritannien, dürfte es schwierig werden, einen fokalen Punkt zu finden.

Trotz dieser Unsicherheit dient das Konzept des fokalen Punktes nicht nur unserem Verständnis menschlichen Verhaltens; es hat darüber hinaus auch großen praktischen Nutzen. Oftmals kann der fokale Punkt nämlich bewusst geschaffen werden. Ein gutes Beispiel sind Verabredungen an einem Flughafen. Nehmen wir an, zwei Personen wollen sich am Flughafen zu einer bestimmten Zeit treffen, haben es aber versäumt, einen genauen Ort zu verabreden. Die beiden sind also in einem Spiel gefangen, in dem jeder nur auf gut Glück einen Ort wählen und dort warten kann. Wählen sie den gleichen Ort, ist alles gut – wenn nicht, dann nicht.

Dieses Spiel hat offensichtlich eine Vielzahl von Nash-Gleichgewichten. Jeder Ort am Flughafen, den beide wählen, wird zu einem Gleichgewicht. Und darin liegt das Problem: Je mehr Gleichgewichte es gibt, desto geringer wird die Wahrscheinlichkeit, dass eine Koordinierung hin zu einem bestimmten Gleichgewicht gelingen kann. Doch zum Glück haben die meisten Flughäfen dieses Problem gelöst, indem sie bewusst einen fokalen Punkt *ge-*

---

[5] Binmore/Samuelson (2006). Siehe auch Sugden (1989), Young (1993) und Janssen (2001).

schaffen haben. Dazu braucht es nicht mehr als ein Schild an einem gut einsehbaren Ort, auf dem steht: „Treffpunkt".

Das funktioniert nicht zwangsläufig, aber meistens doch ziemlich gut. Für die Reisenden wird der Anbringungsort des Schildes zum fokalen Gleichgewicht. Wenn ich also meine Bekannte am Flughafen treffen will, wir aber keinen genauen Ort verabredet haben, warte ich unter dem Treffpunkt-Schild, weil ich dasselbe von ihr erwarte, und sie wird tatsächlich auch dort warten, weil sie dasselbe von mir erwartet. Warum das so gut funktioniert, wird oft nicht gut verstanden. Wichtig ist aber vor allem, *dass* es funktioniert.

Wenn wir erst einmal für die Wirkung des fokalen Punktes sensibilisiert sind, müssen wir uns nur umschauen, um zu sehen, an wie vielen Stellen unseres täglichen Lebens er zum Tragen kommt. So zum Beispiel in unserer Sprache: Nehmen wir an, eine Gruppe von Freunden plant, sich nächsten Sonntag im Café zu treffen. Da alle am Sonntag den ganzen Tag lang Zeit haben, sagt einer von ihnen: „Gut, dann treffen wir uns um vier." Daraufhin verabschieden sie sich. An jenem Sonntag treffen sie sich dann um vier im Café und genießen den Nachmittag zusammen.

Wie ist das passiert? Letztlich haben die Freunde am Sonntag ein Spiel gespielt. Jeder von ihnen musste sich entscheiden, wann er im Café erscheinen will. Wenn alle den gleichen Zeitpunkt wählen, liegt ein Nash-Gleichgewicht vor. Wie haben sie es geschafft, das Koordinierungsproblem zu lösen und alle zur gleichen Zeit anzukommen? Indem der letzte am Tag der Verabredung geäußerte Satz einen fokalen Punkt schuf. Alle wussten, dass alle um vier erscheinen würden, und so kam es dann auch. (Würde sich das Szenario in Brasilien oder in Indien abspielen, kämen alle erst um halb fünf, aber die Logik bleibt die gleiche.) Unsere Sprache steuert oftmals unser Verhalten, indem sie fokale Punkte erzeugt. Dennoch hat das Lösungskonzept des fokalen Punktes auch seine Grenzen. Wären an dem geschilderten Treffen Freunde sowohl aus der Schweiz als auch aus Indien beteiligt, bestünde einige Unklarheit, ob man sich tatsächlich um vier oder erst um halb fünf trifft.

Da ich auf den fokalen Punkt immer wieder zurückkommen werde, möchte ich das Konzept anhand eines weiteren Beispiels noch besser verdeutlichen. Zwei Spieler sitzen an einem Spielbrett, auf dem lediglich vier mal vier quadratische Felder zu sehen sind, wie unten dargestellt (Abb. 3.1). Jeder Spieler soll verdeckt ein Quadrat auswählen. Wählen sie das gleiche Quadrat, bekommt jeder von ihnen € 1000, ansonsten gehen sie leer aus. Ich nenne dieses Spiel das Quadratspiel.

Das Spiel hat offensichtlich 16 Nash-Gleichgewichte. Die Chancen, sich – ohne Absprache – auf eines darauf zu verständigen, stehen ziemlich schlecht. Wählen beide rein zufällig, dann ist der Erwartungswert der Auszahlung je-

Abb. 3.1 Quadratspiel

weils € 62,50, nämlich € 1000 multipliziert mit einem Sechzehntel. Bei so einer Art von Spiel kann ein fokaler Punkt wirklich nützlich sein.

Eine Möglichkeit zur Schaffung eines fokalen Gleichgewichtes ist, eine Markierung auf eines der Quadrate zu setzen, z. B. ein Steinchen. Es ist sehr wahrscheinlich, dass die Spieler das Steinchen als fokalen Punkt dankbar annehmen und so jeweils € 1000 einstreichen werden. Da sich die Quadrate bis auf ihre Lage nicht voneinander unterscheiden, erfüllt das Steinchen seinen Zweck, indem es dieses eine Quadrat hervorhebt, auf das sich der menschliche Verstand dann konzentrieren kann. Da das für beide Spieler gleichermaßen gilt und jeder diese Fokussierung auch vom anderen Spieler erwartet, lässt sich das Koordinierungsproblem auf diese Weise lösen.[6]

Einige werden ihre Schwierigkeiten damit haben, dass das Konzept des fokalen Punktes so weitläufig angewendet wird, nicht zuletzt in diesem Buch, obgleich keine verbindliche Definition davon vorliegt. Als Antwort möchte ich das Beispiel der Angehörigen eines indigenen Stammes anbringen, die Pferde fangen möchten. Den Stammesmitgliedern liegt keine förmliche Definition eines Pferdes vor; sie können ein bestimmtes Tier nicht zweifelsfrei als Pferd identifizieren, obwohl ‚Pferd' eine wichtige Kategorie für sie ist. Den-

---

[6] Myerson (2004, S. 93) hat dasselbe Problem hervorgehoben und mit der folgenden Beobachtung eine subtile Frage der Fairness aufgeworfen: „Jedes Mitglied einer Gruppe von Spielern […] muss unabhängig von den anderen den Namen eines anderen Spielers auf einen Zettel schreiben. Wenn alle den gleichen Namen aufschreiben, bekommt jeder $100, nur der Genannte bekommt $200. Andernfalls bekommt jeder gar nichts. Die Spieler sind sich vorher nie begegnet. Gerade als alle den Stift in die Hand nehmen wollen, um einen Namen aufzuschreiben, kommt jemand in den Raum, setzt eine große, glänzende Krone auf den Kopf eines Spielers und geht wieder raus." Dadurch wird wohl ein fokaler Punkt geschaffen, nämlich die gekrönte Person. Das interessante Gerechtigkeitsproblem besteht darin, dass die gekrönte Person nicht zufällig ausgesucht sein muss (siehe auch die Diskussion in McAdams 2015, Kap. 3). Ethisch noch problematischer wird es, wenn einem der Spieler die Idee kommt, sich selbst zu krönen (eine Strategie, die in der Geschichte durchaus erfolgreich angewendet worden ist). Für jeden der anderen ist es nun naheliegend, den Namen des Usurpators aufzuschreiben, obgleich ihnen sein verschlagenes Vorgehen vielleicht zuwider ist.

noch sind sie sich meistens einig, was sie fangen wollen, da sie in ihren Köpfen eine hinreichend ähnliche Vorstellung davon haben, um was für ein Tier es geht, auch ohne es genau definieren zu können. Natürlich passieren so mitunter aber auch Fehler. Wenn ein Teil des Stammes einem Pferd nachläuft und der andere Teil einem Esel, wird keines der beiden Tiere gefangen. Diesem Problem werden wir tatsächlich noch beggnen, wenn uns nämlich Unstimmigkeiten darüber, was ein fokaler Punkt ist, helfen, instabiles kollektives Handeln zu verstehen. Wie wir sehen werden, können Unklarheiten bezüglich des fokalen Punktes wichtige Einblicke in widersprüchliches Verhalten und gesetzlose Zustände liefern.

3.3 Das Recht als fokaler Punkt

Kommen wir nun dorthin zurück, wo wir am Ende von Abschn. 3.1 aufgehört haben. Die zentrale Idee, die ich hier vorstellen möchte, ist diese: Der erste Schritt hin zu einer fundierteren ökonomischen Analyse des Rechts besteht darin, zu erkennen, dass das Recht in erster Linie dadurch wirkt, dass es die Erwartungen der Menschen formt. Dieser Einfluss des Rechts kann entweder direkt bei den Erwartungen der Menschen ansetzen oder bei den Erwartungen der Menschen bezüglich der Erwartungen anderer Menschen, und so weiter. Sobald dies aber verstanden ist, wird klar, dass der Kanal zur Formalisierung dieser Herangehensweise im Konzept des fokalen Punktes besteht. Ein Gesetz hat dann Erfolg, wenn es menschliches Verhalten ändert, indem es einen neuen fokalen Punkt setzt in dem Spiel, das wir alle im täglichen Leben spielen müssen und das deshalb auch oft das ‚Spiel des Lebens' genannt wird (Binmore 1994).

Das Spiel des Lebens soll verstanden werden als eine vollständige Beschreibung *aller* Handlungen und Strategien,[7] die *allen* Spielerinnen und Spielern zur Verfügung stehen – nicht bloß den Bürgerinnen und Bürgern, sondern ebenso der Polizei, den Behörden, den Gerichten und der Politik. Jeder Spieler hat eine Auszahlungsfunktion, die jeder seiner möglichen Handlungen eine Auszahlung zuordnet. Solche Terminologie ist an dieser Stelle hilfreich, da Law and Economics verstanden werden kann als Untersuchung der Auswirkungen des Rechts auf die Verhaltensweisen und Resultate im Spiel des Lebens.

---

[7] Mailath/Morris/Postlewaite (2017) sprechen von allen Handlungen, die die „Gesetze der Physik" erlauben.

Wie schon in Abschn. 3.1 argumentiert, kann das Recht im Spiel des Lebens weder die Handlungen und Strategien ändern, die den Spielern zur Verfügung stehen, noch die Auszahlungsfunktionen. Seine einzige Einflussmöglichkeit besteht bezüglich der Erwartungen der Spieler hinsichtlich dessen, was die anderen tun werden. Diese veränderten Erwartungen können wiederum die Spieler selbst zu einem anderen Verhalten verleiten. In Folge kann die Gesellschaft zu einem neuen Gleichgewicht gelangen, in dem andere Verhaltensweisen auch neue Resultate mit sich bringen. Mit anderen Worten, das Recht kann die Gesellschaft bestenfalls von einem Gleichgewicht zu einem anderen Gleichgewicht innerhalb desselben Spiels umleiten. Die Rolle des Rechts besteht somit ganz einfach darin, bestimmte Verhaltensweisen und Gleichgewichte hervorzuheben – also neue fokale Punkte zu schaffen. Wir fassen dieses Ergebnis als eine der zentralen Thesen der Methode des fokalen Punktes innerhalb der ökonomischen Analyse des Rechts zusammen:

Das Recht wirkt – soweit es das denn tut –, indem es neue fokale Punkte im Spiel des Lebens schafft; nur so kann das Recht das Verhalten Einzelner und das Ergebnis für alle beeinflussen.

Ich möchte betonen, dass dies nicht bloß *oft*, sondern *immer* die Wirkungsweise des Rechts ist. Dies ist ein wichtiger Punkt, weil zahlreiche bedeutende Rechtswissenschaftler und Theoretiker wichtige Beiträge zur ökonomischen Analyse des Rechts geliefert haben, indem sie die Idee des fokalen Punktes nutzten, um zu verstehen, wie *einzelne* Gesetze wirken (siehe z. B. Cooter 1998, 2000; McAdams 2000, 2015).[8] In diesem Buch stelle ich mit der Wirkungsweise *aller Gesetze* jedoch eine umfassendere These auf, weil ich ein anderes Verständnis des fokalen Punktes verwende als jene Rechtstheoretiker. Ich komme später auf diesen Punkt zurück.

Meine These ist, dass die Verabschiedung eines Gesetzes dem Platzieren des Steinchens im Quadratspiel gleicht. Sie verändert das Spiel nicht – die verfügbaren Strategien sind die gleichen, die Regeln sind die gleichen, die zu erwartenden Auszahlungen sind die gleichen. Dennoch kann das Gesetz – genauso wie das Steinchen – die Spielweise und das Ergebnis beeinflussen. Das tut es, indem es meine Erwartungen bezüglich der Handlungen der anderen Spieler und deren Erwartungen bezüglich meiner Handlungen ändert. Wahrscheinlich beeinflusst es auch Erwartungen höherer Ordnung, also Erwartungen bezüglich Erwartungen. Und ich betone nochmals: Ich sage nicht, dass das Recht mitunter so wirken kann. Ich sage, dass das Recht so wirkt.

---

[8] In die gleiche Richtung argumentiert Posner (2000, S. 3) mit seiner rhetorischen Frage: „Können wir verschiedene Arten der rechtlichen Intervention anhand der Wahrscheinlichkeit beurteilen, dass sie erwünschte Formen der außergesetzlichen Kooperation fördern und unerwünschte behindern?" Siehe ebenso Geisinger (2002).

Zu dieser These gibt es einen interessanten Umkehrschluss: Da das durch das Recht erzielte Ergebnis ohnehin ein Gleichgewicht ist, hätte dieses Ergebnis auch ohne das Recht zustande kommen können. Auf den Punkt gebracht: *Jedes Ergebnis, das durch die Verabschiedung eines Gesetzes möglich wird, hätte sich auch ohne das Gesetz einstellen können.*[9]

Wenn ein Gesetz zur Einschränkung der Meinungsfreiheit die Menschen davon abhalten kann, sich frei zu äußern, dann wäre diese Einschränkung auch ohne das Gesetz möglich. Aus diesem Grund habe ich schon früher argumentiert (Basu 2000), dass es zur Beurteilung der Meinungsfreiheit in einem Land nicht ausreicht, dessen Gesetze zu studieren. Schließlich kann Meinungs*un*freiheit auch durch informelle soziale Strafen wie die Furcht vor Ausgrenzung entstehen. Das indische Kastensystem beispielsweise hat keinerlei gesetzliche Grundlage, und dennoch lenkt es das menschliche Verhalten in vielen ländlichen Regionen Indiens ebenso sehr wie das Recht (Akerlof 1976).[10]

Stellen wir uns ein Gesetz zur sicheren Versorgung der Bevölkerung mit Nahrungsmitteln vor, wie im vorherigen Kapitel im Zusammenhang mit Indien besprochen. Das Gesetz sehe die Ausgabe von Essensgutscheinen an die Armen vor. Die Gutscheine können bei Lebensmittelgeschäften eingelöst werden, welche die Gutscheine dann wiederum bei Banken zu Geld machen können. Wenn das Recht so funktioniert, wie ich glaube, dann bedeutet das – obwohl sich das merkwürdig anhören mag –, dass das ganze System auch ohne das Gesetz funktionieren kann. In solch einem Gleichgewicht würde jemand die Gutscheine drucken und sie an die Armen verteilen, welche sie dann in den Geschäften gegen Lebensmittel eintauschen. Die Geschäftsinhaber wiederum tauschen die Gutscheine bei Banken gegen Geld ein.

Kurz gesagt: Wenn alle Beteiligten – die Bürgerinnen und Bürger, die Polizei, die Justiz – genau das täten, was sie auch in einer Gesellschaft mit dem Gesetz täten, dann würden ihre Handlungen ein Nash-Gleichgewicht darstellen. Also hätte sich dann das Ergebnis auch ohne das Gesetz einstellen können. Wenn diese Argumentation fremd wirkt, dann nur deshalb, weil die Standardperspektive auf das Recht leider unser Denken weitgehend durchdrungen und unsere Sicht eingeengt hat.

---

[9] Es überrascht nicht, dass es Gruppen von Bürgerinnen und Bürgern, Unternehmen oder Verbänden auch ohne Rückgriff auf staatliche Institutionen oftmals gelingt, Regeln durchzusetzen, die das Verhalten der Mitglieder kontrollieren (Bernstein 1992; Greif 1993; Greif et al. 1994; Myerson 2004; Dixit 2004, 2014). Das erklärt auch die Möglichkeit spontaner Ordnung, zu der es eine umfangreiche Literatur gibt (siehe z. B. Elster 1989; Sugden 1989; Ellickson 1991; Hadfield und Weingast 2013).

[10] In Kap. 5 werde ich auf einige dieser Ideen näher eingehen. Auf den ersten Blick mag sich diese These ein wenig mystisch anhören und an Frank Hahns (1980, S. 289) nicht ganz ernst gemeinte Beschreibung Keynesianischer Politik erinnern: „Einige Ökonomen haben eine ziemlich merkwürdige, um nicht zu sagen paradoxe Haltung gegenüber makroökonomischer Politik eingenommen. Die Merkwürdigkeit besteht darin, dass solche Politik im Rahmen eines Modells diskutiert wird, in dem eben diese Politik unnötig ist."

Um dies besser zu verstehen, kommen wir auf das Gefangenendilemma zurück. Wie kann das Recht die beteiligten Personen vor dem unerwünschten Ergebnis bewahren? Hierin besteht eines der zentralen Motive der ökonomischen Analyse des Rechts. Wenn das Spiel richtig beschrieben wurde und also einen vollständig beschriebenen Ausschnitt des Spiel des Lebens widerspiegelt, dann ist die Antwort einfach: Den Beteiligten ist nicht zu helfen.

Allerdings wird viel darüber gesprochen, durch Einführung einer Strafe für schlechtes Verhalten die Spieler in Richtung eines besseren Ergebnisses zu lenken, und dieser Umstand zeigt bereits, dass das als Gefangenendilemma beschriebene Spiel anscheinend nicht mit dem wirklich gespielten Spiel des Lebens übereinstimmt. Schließlich brauchen wir, um eine Strafe aufzuerlegen, mindestens eine weitere Person im Spiel – z. B. die Polizei, die die Strafe verhängt. Und wenn es solch eine Person gibt, hätte sie von Anfang an als Teil des Spiels modelliert werden müssen.

Das wollen wir nun nachholen. Dazu werde ich ein Spiel aufstellen, das zwar etwas konstruiert ist, aber das macht nichts, denn es soll hier kein tatsächliches Problem gelöst, sondern die neue Methode erklärt werden. Nehmen wir also an, es gibt einen dritten Spieler, die Polizei. Die ersten beiden Personen spielen wie bisher das Gefangenendilemma. Aber auch die Polizei hat eine Wahl. Wenn sie ‚links' spielt (L), dann bekommen Spieler 1 und Spieler 2 jeweils die gleichen Auszahlungen wie im Standard-Gefangenendilemma (Abb. 2.1). Wählt sie hingegen ‚rechts' (R), dann gelten die Auszahlungen des Gefangenendilemmas mit Strafe (Abb. 2.2), die Spieler werden also für schlechtes Verhalten bestraft. Es liegt also in der Hand der Polizei, ob schlechtes Verhalten bestraft wird. Man kann sich die beiden Strategien der Polizei auch gut als *r*igide bzw. *l*axe Haltung merken.

Um die Beschreibung des Spiels abzuschließen, müssen wir noch die Auszahlungen der Polizei spezifizieren. Da es hier nur darum geht, das Prinzip zu illustrieren, nehmen wir ohne jedwede Plausibilisierung einfach an, dass die Polizei bei der Wahl von R eine Auszahlung von einer Einheit erhält, unabhängig von den Entscheidungen der Spieler 1 und 2. Wählt sie hingegen L, ergibt sich eine Abhängigkeit von den Aktionen der anderen beiden Spieler. Wählen beide A (das „gute" Verhalten), bekommt die Polizei 0. Im Falle des „bösen" Verhaltens (B) bekommt sie zwei Einheiten. Die unten stehende doppelte Auszahlungsmatrix gibt all dies wieder. Der Einfachheit halber nehme ich an, dass sich alle Spieler gleichzeitig festlegen. Die Matrizen beschreiben zusammen also ein Dreipersonenspiel in Normalform.

Dieses Spiel nenne ich „Gefangenendilemma Spiel des Lebens I", weil es nicht nur die zwei in der Situation gefangenen Spieler umfasst, sondern mit der Polizei auch eine Erweiterung in Richtung des allumfassenden Spiels des

	A	B
A	7 ; 7 ; 0	1 ; 8 ; 2
B	8 ; 1 ; 2	2 ; 2 ; 2

L

	A	B
A	7 ; 7 ; 1	1 ; 6 ; 1
B	6 ; 1 ; 1	0 ; 0 ; 1

R

Abb. 3.2 Gefangenendilemma Spiel des Lebens I

Lebens (Abb. 3.2). Die Nummerierung („I") verweist auf eine weitere Version des Spiels, die später folgt.

Das Spiel hat zwei Nash-Gleichgewichte, (B ; B ; L) und (A ; A ; R), mit den entsprechenden Auszahlungstripeln (2 ; 2 ; 2) und (7 ; 7 ; 1). Nehmen wir an, auf sich allein gestellt gelänge das Spiel zunächst zum Gleichgewicht (B ; B ; L), sodass jeder Spieler zwei Einheiten erhält. Keiner kann sich verbessern, indem er allein seine Strategie ändert. Dennoch ist dies für Spieler 1 und 2 ein schlechtes Ergebnis. An dieser Stelle setzt nun das Recht an. Nehmen wir an, ein Gesetz wird verabschiedet, das eine Strafe von zwei Einheiten vorsieht, sobald jemand das „böse" Verhalten B wählt. Die Polizei wird also angewiesen, R zu spielen und somit die Auszahlungsfunktionen der ersten beiden Spieler zu ändern. Damit legt das Gesetz der Gesellschaft nahe, zum Gleichgewicht (A ; A ; R) zu wechseln.

Gemäß der neuen Methode rührt die Macht des Gesetzes allein daher, dass es (A ; A ; R) zu einem fokalen Punkt machen kann, sodass die Erwartungen aller Beteiligten entsprechend geändert werden und sich dieses Gleichgewicht auch tatsächlich einstellt. Die Verabschiedung des Gesetzes entspricht somit dem Aufhängen des „Treffpunkt"-Schildes oder dem Platzieren des Steinchens auf dem Spielbrett im Quadratspiel. In dieser Darstellung ist das Gesetz nichts weiter als eine Vorhersage. Es wählt ein Gleichgewicht unter allen verfügbaren aus; es sagt, dass sich dieses Gleichgewicht einstellen wird, und hofft, dieses Ergebnis dadurch zum fokalen Punkt zu machen. Das Recht erschafft ein Gefüge aus Erwartungen, und wenn alle Beteiligten diese Erwartungen teilen, gehen sie auch in Erfüllung.

Es ist wichtig zu verstehen, dass an diesem Spiel nichts Ungewöhnliches ist. Was das Recht hier tut, ist alles, was es tun kann. Die Konsequenz ist auch, dass wenn sich alle entschließen, das Recht zu ignorieren, es wirkungslos bleibt. Wenn es dem Recht hingegen gelingt, die Erwartungen zu verändern, kann es große Macht entfalten und wie eine eiserne Faust erscheinen, die die Gesellschaft von oben kontrolliert. Das ist eine Illusion, der einige der größten Philosophen erlegen sind, und es ist der Ausbruch aus dieser Illusion, der

David Hume herausragen lässt. Die exogene Macht des Gesetzes ist immer ein bloßer Anschein. Das Gesetz kann nicht mehr erreichen, als die Erwartungen der Menschen zu verändern. Wir sind alle – wohl oder übel – Bürgerinnen und Bürger eines erwartungsbasierten Staates.

Obgleich sich das Recht der Befehlssprache bedient, ist es doch nichts weiter als eine Verhaltensvorhersage. Wenn sich jemand falsch verhält, wird er von der Polizei bestraft werden. Wenn die Polizei falsches Verhalten nicht bestraft, wird sie selbst von der zuständigen Behörde bestraft werden. Indem das Recht in Richtung eines Ergebnisses zeigt, versucht es, die Menschen dazu zu überreden, für dieses Ergebnis zu sorgen. Wenn dieses Ergebnis ein Gleichgewicht ist und sobald die Menschen glauben, dass auch die anderen Menschen daran glauben, sind sie in diesem Ergebnis gefangen.

Daraus ergibt sich der folgende fundamentale Unterschied zu dem, was im traditionellen Modell der ökonomischen Analyse des Rechts passiert: Wenn das Spiel des Lebens nur ein Gleichgewicht hat oder, genauer gesagt, nur ein Ergebnis, das sich beim Spielen der Gleichgewichtsstrategien einstellen kann, dann kann das Recht nichts erreichen. Wenn zum Beispiel im obigen Spiel die Auszahlungen für (A ; A ; R) nicht (7 ; 7 ; 1) betrügen, sondern (7 ; 7 ; - 1), wobei alle anderen Auszahlungen gleich blieben, dann wäre (B ; B ; L) das einzige Nash-Gleichgewicht und würde sich also einstellen, egal was das Gesetz sagt. Da das Gesetz das Spiel nicht ändern kann, ist klar, wo die Reise für die Bürgerinnen und Bürger hingeht, wenn das Spiel nur ein Gleichgewicht hat. Anders als in der traditionellen ökonomischen Analyse des Rechts angenommen wird, kann das Recht keine neuen Gleichgewichte schaffen.[11] Wir können zwar verschiedene Funktionsträger des Staates einsetzen – Polizei, Gerichte, Minister –, aber am Ende hängt die Wirksamkeit des Rechts von uns ab, von unseren Überzeugungen und Erwartungen bezüglich dessen, was die jeweils anderen tun werden.[12]

---

[11] Zumindest kann es das nicht in der direkten Art und Weise, wie traditionell angenommen wird. Wie wir später sehen werden, gibt es einige Wege für die Schaffung neuer Gleichgewichte, aber ihre Entstehung unterscheidet sich grundlegend von er traditionellen Perspektive.

[12] W. H. Auden hat dies in seinem Gedicht „Law Like Love", welches sich unmöglich übersetzen lässt, ungleich lyrischer ausgedrückt:

> Others say, Law is our Fate;
> Others say, Law is our State;
> Others say, others say
> Law is no more.
> Law has gone away.
> And always the loud angry crowd,
> Very angry and very loud,
> Law is We,
> And always the soft idiot softly Me.

L

R

3 Die Methode des Fokalen Punktes 51

Dass das Recht oftmals das Verhalten der Menschen und das von der Gesellschaft erzielte Ergebnis beeinflusst, zeigt, dass das Spiel des Lebens im Allgemeinen mehrere Lösungen besitzt. Entgegen der Überzeugung vieler Ökonomen ist das wirtschaftliche Leben höchstwahrscheinlich sogar geradezu übersät mit Gleichgewichten.[13] Gerade das macht die Politikgestaltung zu so einer spannenden Herausforderung. Wenn das Spiel des Lebens allerdings nur ein Gleichgewicht hat, ist das Recht ohne Belang, weil es nur einen Punkt gibt, auf den die Wirtschaft zusteuern kann. Myerson (2006, S. 12) bringt dies ganz klar zum Ausdruck: „Ein adäquates mathematisches Modell der Institutionen sollte eine solche Vielzahl an Lösungen zulassen, denn echte Institution werden offenkundig durch kulturelle Normen und traditionelle Legitimitätsvorstellungen geprägt. Sie könnten keinerlei Wirkung entfalten, wenn die ökonomische Struktur des Spiels ... nur eine dominante Lösung zuließe."[14]

Ich möchte wiederholen, und das ist in gewisser Weise nur meine persönliche Überzeugung, dass eine Volkswirtschaft wie von Ökonomen beschrieben üblicherweise mehrere Gleichgewichte aufweist, sogar eine ganze Menge davon.[15] Am Ende stellt sich natürlich nur ein Ergebnis ein. Die

---

[13] Hoff/Stiglitz (2001) haben in einem ausgezeichneten Aufsatz die Plausibilität von multiplen Gleichgewichten im echten Leben untersucht, insbesondere im Kontext von Entwicklungsländern. Zahlreiche Arbeiten auf diesem Gebiet widmen sich der Erklärung von Armutsfallen und der Persistenz von Armut (siehe Bowles et al. 2006). Eine ungewöhnlichere, obwohl ebenfalls auf multiplen Gleichgewichten basieren Idee ist die einer „Ungleichheitsfalle". Dabei ist eine Gesellschaft in einem Gleichgewicht gefangen, das sowohl ungleiche Einkommensverteilung als auch wirtschaftliche Ineffizienz aufweist (siehe Bourguignon et al. 2007). So lässt sich auch ein Zustand erklären, in dem nur Kinder aus reichen Familien eine gute Ausbildung erfahren und sich die Ungleichheit somit verstetigt (Roemer 1998). Das Interessante an solchen Gleichgewichten, wie wir auch an anderen Stellen im Buch diskutieren werden, ist, dass ihr Zustandekommen nicht nur von ökonomischen, sondern auch von sozialen und politischen Faktoren abhängt.

[14] Genau wie wir nutzt auch Myerson (2006) die Idee eines „Effekts des fokalen Punktes", um Institutionen zu erklären, aber interessanterweise erweitert er den Begriff des fokalen ‚Punktes' auf mengenbasierte Lösungskonzepte von solcher Art wie der schon von Basu/Weibull (1991) verwendeten ‚curb'-Menge (‚closed under rational behaviour'). Würden wir diese Strategie für die Ziele dieses Buches anwenden, wofür sie durchaus geeignet wäre, dann müssten wir nach der fokalen curb-Menge suchen, also einer curb-Menge, die auf irgendeine Weise hervorsticht, sodass alle Spieler wissen, dass dies die Menge an Lösungen ist, innerhalb der das Spiel enden wird. Dann würde ein neues Gesetz die Gesellschaft nicht zu einem wohldefinierten Ergebnis führen, sondern zu einer Menge an möglichen Ergebnissen. Ich werde hierauf im letzten Abschnitt dieses Kapitels noch tiefer eingehen. Das Konzept ist wichtig, denn das wirkliche Spiel des Lebens ist derart komplex, dass es so gut wie unmöglich ist, die prognostizierten Verhaltensweisen präzise zu beschreiben. Das Recht spezifiziert das gewünschte Verhalten typischerweise nur für einige wenige Situationen, und wir müssen es dann per Analogie und Interpretation auf immer mehr Anwendungsfälle ausdehnen. Bei der Formalisierung dieser auf Levi (1949, siehe auch Swedberg 2014, Kap. 4) zurückgehenden These helfen mengenbasierte Gleichgewichtskonzepte, weil sie Bewegungs- und Interpretationsraum zulassen. Einen Hinweis auf die gleiche Idee liefert bereits Hardins (1989) Darstellung der Rolle von Verfassungen. Für ihn ist eine Verfassung weniger ein Vertrag als eine Koordinierungshilfe, die in einer Gesellschaft sich wechselseitig verstärkende Verhaltenserwartungen entstehen lässt.

[15] Beschreibungen multipler Gleichgewichte in realistischen Situationen liefern z. B. Basu/Van (1998), Platteau (2000), Hoff/Stiglitz (2001), Morris/Shin (2001) und Basu/Weibull (2003).

Behauptung, dass es multiple Gleichgewichte gibt, ist letztlich nur ein Ausdruck der Bescheidenheit. Das tatsächlich beobachtete Ergebnis ist nur ein Element der Menge an möglichen Ergebnissen, die wir als Ökonomen identifizieren können. Gäbe es eine Allwissenschaft, die nicht nur die Ökonomik, sondern auch die Psychologie, Politikwissenschaft und Soziologie, aber auch die Ozeanografie, Meteorologie und viele weitere Disziplinen umfasste, wäre sie vielleicht in der Lage, das sich letztlich einstellende Ergebnis vorherzusagen. Aber die Ökonomik allein überschätzt sich selbst, wenn sie behauptet, es gebe nur ein Gleichgewicht. In anderen Worten: Wenn wir uns der analytischen Werkzeuge der Ökonomik bedienen, und selbst wenn wir uns auf die zusätzliche Hilfe benachbarter Disziplinen wie der Rechts- und der Politikwissenschaft stützen, müssen wir uns in den meisten Situationen des Lebens damit abfinden, dass es multiple Gleichgewichte geben kann und dass wir mit unserem Wissen von der Menschheit und der Welt lediglich sagen können, dass das Ergebnis irgendwo innerhalb dieser Menge an Gleichgewichten liegen wird.

Die Methode des fokalen Punktes beruht auf der expressiven Funktion oder der Suggestivkraft des Rechts, und nicht etwa auf menschlicher Irrationalität. Der fokale Punkt bedient sich lediglich der Suggestion, um Koordination zu erleichtern. Über die Macht der Suggestion ist viel geschrieben worden, nicht nur in der Forschung, sondern auch von Beobachtern unseres täglichen Lebens. Im Roman „A House for Mr Biswas" von V. S. Naipaul (1961, S. 61) erfährt der Protagonist, als er im lukrativen Spirituosengeschäft eines Verwandten angestellt ist, wie sich mit Suggestion auch gutes Geld verdienen lässt: Der Laden verkaufte allerlei verschiedene Rumflaschen, alle mit verschiedenen Preisen, Etiketten und klangvollen Namen. Nur der Inhalt war stets derselbe. Mit seinem bemerkenswerten Blick für die menschliche Fehlbarkeit bemerkt Naipaul, zu jeder Marke gehörte eine Kundengruppe, die schwor, dieser Rum sei der beste. In der echten Welt gibt es Situationen, in denen das Recht Verhalten beeinflussen kann, indem es einfach einer erwünschten bzw. unerwünschten Handlung ein positives bzw. negatives Label verpasst. Hierauf fokussiert die Diskussion über die expressive Funktion des Rechts (Sunstein 1996).

Es ist Zeit für eine kleine Zusammenfassung: In der ökonomischen Analyse des Rechts wird seit Langem darüber gerätselt, warum einige Gesetze – oder die Gesetze in einigen Ländern – befolgt werden und andere nicht. Diese Frage geht auf eine sehr alte philosophische Debatte zurück. „warum wir die Naturgesetze befolgen sollten – oder warum wir überhaupt irgendwelche Normen befolgen sollten –, ist eines der hartnäckigsten Probleme der Philosophie."[16] Indem ich eine Idee wieder aufnehme, die auch schon mindestens seit der Zeit von David Hume herumgeistert, und mich Konzepten der Spieltheorie bediene, argumentiere ich: Sobald wir den sozialen Druck erkennen, den wir einander durch nichts anderes als die Erwartungen in unseren Köpfen auferlegen, können wir verstehen, warum wir oftmals tun, was das Gesetz von uns verlangt, obwohl diese Handlungen an sich mitunter gar nicht in unserem Interesse sind. Dies ist der selbstverstärkende gesellschaftliche Mechanismus, der dem Recht die enorme Macht gibt, die es oftmals hat. Das gleiche gilt für soziale Normen, und somit haben Verhaltensweisen, die durch das Recht bzw. durch soziale Normen durchgesetzt werden, die gleiche Basis. Mittels des Gesetzes erzielte Ordnung und gesetzlose Ordnung (Ellickson 1991, „Order without law") liegen also vielleicht gar nicht so weit auseinander, wie es auf den ersten Blick erscheinen mag.

3.4 Die Umsetzung des Rechts

Die neue Herangehensweise an die ökonomische Analyse des Rechts gewährt uns wichtige Einsichten und ein tieferes und richtigeres Verständnis davon, wie das Recht wirtschaftliche Resultate beeinflusst. Der Wechsel vom traditionellen Law and Economics zur Methode des fokalen Punktes ähnelt in gewisser Weise dem Übergang von einer partiellen Gleichgewichtsanalyse einer Volkswirtschaft zu einem allgemeinen Gleichgewichtsmodell. Bei ersterer nimmt man üblicherweise an, dass die Umstände außerhalb des untersuchten Marktes gleich bleiben, selbst wenn sich das Verhalten innerhalb des Marktes ändert. Ein solches Modell ist ebenso handlich wie fehlerhaft, denn wir wissen, dass Veränderungen in einem Markt sehr wohl einen Einfluss auf andere Märkte haben, und die Auswirkungen dort fallen oft auf den untersuchten Markt zurück. Tatsächlich können partielle Gleichgewichtsanalysen widersprüchliche Ergebnisse innerhalb einer Volkswirtschaft ergeben. Im ökonomischen Mainstream vollzog sich der genannte Übergang im späten neunzehnten Jahrhundert. Dazu haben viele Ökonomen beitragen, darunter insbesondere Léon Walras. Die Details des allgemeinen Gleichgewichtsmodells wurden aber erst Mitte des zwanzigsten Jahrhunderts durch Kenneth Arrow, Gérard Debreu und andere erarbeitet (Arrow und Debreu 1954). Obwohl dieses Projekt – wie alle Forschung – noch nicht abgeschlossen ist, hat die Erweiterung der partiellen Gleichgewichtsanalyse hin zum allgemeinen

---

[16] Eintrag zu „Hugo Grotius" der Stanford Encyclopedia of Philosophy, https://plato.stanford.edu/entries/grotius.

Gleichgewicht die Erklärungskraft der ökonomischen Disziplin in Bezug auf wirtschaftliche und soziale Phänomene von Wachstum und Wohlstand bis zu Hunger und Rezessionen enorm gesteigert.

Bei der ökonomischen Analyse des Rechts besteht ähnliches Potenzial. Traditionelles Law and Economics betrachtet nur ein *Segment* des gesamten Spiels des Lebens, es ignoriert einige zentrale Spieler beziehungsweise nimmt implizit an, dass sie sich wie roboterhafte Hüter des Gesetzes verhalten. Die Methode des fokalen Punktes hingegen adressiert das ganze Spiel des Lebens, inklusive der Polizei und der Gerichte, und versucht dann zu erklären, warum und wie das Recht funktioniert. Wie wir gesehen haben, bedingt dieser Perspektivenwechsel ein neues analytisches Paradigma. Wir betrachten das Recht nicht mehr als Instrument, um die Auszahlungsfunktionen und die Spielregeln zu ändern, sondern als ein Instrument, das dies zwar nicht erreichen kann, aber dennoch als Katalysator dienen kann, um die Erwartungen und dadurch das Verhalten der Spieler zu ändern. Ein wichtiger Beitrag der Methode des fokalen Punktes besteht darin, dass wir dank ihr besser verstehen können, unter welchen Umständen und warum so viele Gesetze nicht umgesetzt werden und ihr Dasein nur auf dem Papier fristen, und warum das in einigen Gesellschaften gehäuft passiert, insbesondere in Entwicklungs- und Schwellenländern.

Der erste und wichtigste Grund für die Nichtumsetzung des Rechts ist, dass viele Gesetze versuchen, die Gesellschaft zu einem Ergebnis zu bewegen, das kein Gleichgewicht ist. Wenn ein neues Gesetz gewisse Verhaltensweisen vorschreibt, aber gleichzeitig bewirkt, dass wenn alle anderen Menschen sich daran halten, es im Interesse mindestens einer Person ist, von diesem Verhalten abzuweichen (wenn also die Verhaltensweisen kein Gleichgewicht darstellen), dann wird das Gesetz offensichtlich in der Praxis nicht umgesetzt, oder zumindest nicht gemäß der Intention des Gesetzgebers. Kurzum, die Umsetzung des Gesetzes muss im Interesse aller betroffenen Menschen liegen – Bürgerinnen und Bürger ebenso wie staatliche Akteure –, und alle diese Spieler sind als gleichermaßen rational anzusehen. Letzteres ist natürlich die zentrale Annahme eines Großteils der Mainstream-Ökonomik. Interessanterweise hat die traditionelle ökonomische Analyse des Rechts diese Annahme penibel auf die Bürgerinnen und Bürger angewendet, sie bezüglich der staatlichen Akteure hingegen penibel ignoriert.

Wenn ein Gesetz versucht, die gesamte Gesellschaft hin zu einem Ergebnis zu bewegen, das kein Gleichgewicht ist und daher auch kein fokaler Punkt sein kann, stehen die Chancen für die erfolgreiche Umsetzung schlecht. Das lässt sich zum Bespiel beobachten, wenn wir das obige „Gefangenendilemma Spiel des Lebens I" leicht verändern. Und zwar betrage die Auszahlung für

Spieler 3 nun zwei Einheiten in allen Zellen der linken Matrix. Nehmen wir an, ein neues Gesetz verlangt nun anständiges Verhalten (A) von Spielern 1 und 2, sowie eine laxe Haltung (L) vom Gesetzeshüter. Ein solches Gesetz würde nie umgesetzt, denn wenn Spieler 1 erwartet, dass Spieler 2 sich an das Gesetz hält, dann liegt es im Interesse von Spieler 1, das Gesetz zu brechen – und umgekehrt. Das Gesetz ist zum Scheitern verurteilt, weil es auf ein Ergebnis abzielt, das kein Gleichgewicht des Spiels ist. Und anders als die traditionelle Sicht auf Law and Economics sagt die neue, dass ein Gesetz niemals ein Gleichgewicht *erschaffen* kann. Es kann bestenfalls der Gesellschaft den Weg zu einem anderen bestehenden Gleichgewicht zeigen. Die mögliche Wirkung des Rechts zu überschätzen, ist ein ebenso weitverbreiteter wie schwerer Fehler. Die Folge nämlich sind überambitionierte Gesetze, deren gewünschtes Ergebnis kein Gleichgewicht ist und die deshalb scheitern müssen.[17]

Zweitens – und dies wird in der Mainstream-Literatur auch durchaus anerkannt – verfassen viele Staaten ihre Gesetze auf missverständliche oder gar widersprüchliche Weise. Im schlimmsten Fall verlangen verschiedene Gesetze unvereinbare Verhaltensweisen, sodass es unmöglich ist, mindestens eines der Gesetze *nicht* zu brechen.[18] Die Methode des fokalen Punktes lässt dieses Problem noch deutlicher zutage treten, da es keine sichere Art und Weise gibt, fokale Punkte zu schaffen. Doch widersprüchliche Signale können nicht nur durch offen miteinander im Konflikt stehende Gesetze entstehen, sondern auch auf subtilere Weise. Das Recht weckt in seiner expressiven Funktion oftmals Vorstellungen durch Zeichen und Botschaften. Sunstein (1996, S. 2021) bemerkt dazu: „Handlungen sind expressiv; sie vermitteln eine Bedeutung. … Ein Anwalt, der vor Gericht eine auffällige Krawatte trägt, sendet den Anwesenden ein Signal bezüglich seines Selbstbildes und seiner Einstellung." Solche Signale können dem gesprochenen Wort widersprechen und somit Verwirrung stiften. Auch Regierungen senden solche unklaren Signale, mitunter aus einer machiavellistischen Motivation heraus, und stiften damit Verwirrung unter den Rechtssubjekten bezüglich dessen, was von ihnen erwartet wird. Oft ist die Verwirrung aber auch dem riesigen und teils widersprüchlichen Bestand an alten Gesetzen geschuldet. Die Parlamente sind sich dieses Problems bewusst und fügen neuen Gesetzen oftmals Formulierungen

---

[17] Ich will diese Argumentation nicht weiter vertiefen, weil sie schon in der Literatur zum Mechanism Design umfassend behandelt wurde; siehe z. B. Myerson (1983), Maskin/Sjostrom (2002) und Arunava Sen (2007).

[18] Hadfield (2016, S. 289) bemerkt dazu: „Es ist nicht so, dass es in armen und Entwicklungsländern keine formalen Rechtsregeln und -systeme gebe. Vielmehr gibt es oftmals so viele Regeln und Systeme, dass man unmöglich allen gerecht werden kann."

wie „unbeschadet anders lautender Bestimmungen" hinzu.[19] Es hilft allerdings wenig, wenn zwei sich widersprechende Gesetze beide diese Art von „Klärung" enthalten.

Der dritte Grund für die mangelnde Rechtsumsetzung ist mit dem zweiten Grund verwandt und betrifft den wenig greifbaren und etwas beliebigen Charakter fokaler Punkte – nämlich, dass für verschiedene Personenkreise unterschiedliche Gleichgewichte als fokaler Punkt erscheinen können. Während eine Gruppe ein Signal des Rechts als Hinweis auf einen fokalen Punkt wertet, ignoriert eine andere Gruppe das Signal einfach. Wir wissen zum Beispiel, dass Spieler, die sich der gleichen Gruppe zugehörig fühlen, eher zu einem gemeinsamen fokalen Punkt tendieren (Habyarimana et al. 2007; siehe auch Boettke et al. 2008). Das bedeutet wiederum: Wenn sich eine Gruppe von Menschen an einen fokalen Punkt gewöhnt hat, kann die Einführung eines neuen fokalen Punktes die bestehende Koordinierung wieder zunichtemachen.

Nehmen wir beispielsweise an, dass sich eine Gesellschaft daran gewöhnt hat, im Quadratspiel meistens das Feld oben links zu wählen. Wenn zwei Personen das Spiel spielen, werden sie also wahrscheinlich beide jenes Quadrat wählen. Dies ist die soziale Norm, dank der diese Menschen regelmäßig 1000 € kassieren. Nun aber will jemand der Gesellschaft helfen und legt deshalb vor der nächsten Spielrunde ein kleines Steinchen auf ein anderes Quadrat. Ob er den Spielern damit tatsächlich einen Dienst erwiesen hat, ist völlig offen. Einige werden das markierte Quadrat für den fokalen Punkt halten, während andere weiterhin an die soziale Norm glauben und entsprechend das nordwestliche Quadrat als fokal erachten.

Dieses Gedankenexperiment ist gar nicht so abstrakt, wie es auf den ersten Blick erscheinen mag. In einem wichtigen Artikel haben Kranton/Swarmy (1999) den indischen Markt für Agrarkredite während der Kolonialzeit untersucht. Es war ein informeller und von Normen geprägter Markt,[20] der nur mäßig gut funktionierte: Die Bauern konnten ihre Kredite oft nicht bedienen, und Darlehen waren entsprechend schwer zu bekommen. Als Abhilfe schuf die britische Kolonialmacht in der Region Bombay Deccan Zivil-

---

[19] Ein Praxisbeispiel aus dem indischen Recht (India's Banking Regulation Act, 1949): „Unbeschadet anders lautender Bestimmungen eines in Kraft befindlichen Gesetzes sind der Bundesregierung keinerlei Gebühren aus dem Vermögen der Bank zu zahlen." Es wäre interessant zu sehen, ob eine Bank damit Erfolg hat, wenn sie unter Berufung auf diese Bestimmung versucht, eine von einem anderen Gesetz verlangte Zahlung an die indische Bundesregierung zu verweigern.

[20] In ähnlichem Sinne zeigen Acemoglu/Johnson/Robinson (2005), wie eine gemeinsame Kultur Gesellschaften dabei hilft, sich auf bestimmte Gleichgewichte zu koordinieren. Insofern kann Kultur das gleiche wie das Recht erreichen, und genau aus dem gleichen Grund kann Kultur auch das Recht behindern.

gerichte – woraufhin die Märkte noch schlechter funktionierten und die Effizienz weiter fiel.[21] Historische Aufzeichnungen zeigen, dass auch die Bauern unter dieser Entwicklung litten. Diese negativen Auswirkungen des politischen Eingriffs mögen zahlreiche Gründe gehabt haben, einschließlich der zögerlichen Umsetzung der Reform, wie die Autoren nahelegen. Wahrscheinlicher ist aber der folgende Hintergrund: Wenn man Gewohnheiten, Bräuche und Normen durch Ge-setze und Gerichte ersetzt, entsteht ein zweiter fokaler Punkt. Dadurch wird die Koordination nicht leichter, sondern schwieriger, zumindest so lange, bis sich einer der fokalen Punkte durch seine größere Prominenz als Gewinner herauskristallisiert.[22] Das erklärt auch, warum die – mutmaßliche – Beobachtung von Gordon Brown aus der Einleitung so aufschlussreich ist. Aufgrund des selbstverstärkenden Aspekts eines bestehenden fokalen Punkts kann es sehr lange dauern, bis nicht-rechtliche Instrumente wie Traditionen und soziale Normen aufgegeben werden und das Recht als das hervorstechende Mittel der Verhaltenskoordinierung zu wirken beginnt.

Um noch eine andere Analogie zu bemühen: Wenn am Flughafen Heathrow ein wohlmeinender Angestellter beschlösse, den Reisenden die langen Laufwege zu ersparen, indem er anstatt eines einzelnen zentralen „Treffpunkt"-Schildes mehrere solcher Hinweise an verschiedenen Orten aufstellt, dann dürfte diese Aktion auf wenig Gegenliebe unter den vermeintlichen Nutznießern stoßen.

Sobald uns klar wird, dass die Wirksamkeit des Rechts auf fokalen Punkten beruht, müssen wir noch besser dafür sorgen, dass das Recht ins Auge fällt. Das mag spezielle Bildung und andere Formen der Überzeugungsarbeit erfordern, und selbst dann müssen wir uns darauf einstellen, dass es sehr lange dauern kann, bis das Recht seine volle Wirkung entfaltet. Dauert dieser Prozess jedoch zu lange, besteht das Risiko, dass die Menschen das Recht ausblenden, woraufhin es jede Chance verliert, jemals wirksam zu werden. Wenn einzelne Gesetze ihre Effektivität verlieren, kann unter den Bürgerinnen und Bürgern in der Tat der Eindruck entstehen, die Gesetze bestünden nur um ignoriert zu werden. Einige Entwicklungsländer, in denen kaum je-

---

[21] Dieses Resultat wurde auf der Mikroebene durch Weber/Camerer (2003) bestätigt, die in Laborexperimenten nachweisen konnten, dass ein Zusammenschluss zweier Firmen mit unterschiedlichen Unternehmenskulturen den Unternehmenserfolg beeinträchtigt.

[22] Posner (2000, S. 4) macht eine ähnliche Beobachtung, indem er schreibt: „Ob eine geplante Rechtsnorm Erfolg verspricht, ... hängt nicht nur vom Vorhandensein eines kollektiven Handlungsproblems einerseits und kompetenten Rechtsinstitutionen andererseits ab. Entscheidend ist, inwieweit Mechanismen, die außerhalb des Rechtssystems stehen, dieses Problem bereits adressieren und ob die Rechtsnorm diese Mechanismen behindern würde."

mand das Recht achtet, kommen diesem Zustand ziemlich nahe.[23] Dabei ist solches Verhalten der Rechtssubjekte wohlgemerkt vollkommen rational. Wenn allgemein bekannt ist, dass an Flughäfen niemand auf das „Treffpunkt"-Schild achtet, warum sollte ich dann ausgerechnet dort auf meine Bekannte warten? Der Buchladen oder die Kneipe wären geeignetere Orte zum Warten, je nachdem, ob sich meine Bekannte mehr für Bücher oder für Bier interessiert.

Dies ist ein Problem, das insbesondere Länder betrifft, deren Prozess der Industrialisierung und Modernisierung gerade erst begonnen hat. Das wirtschaftliche Zusammenleben in vielen dieser Länder hat jahrhundertelang auf sozialen Normen, Feudalregeln und kulturellen Praktiken gefußt. Einfache wirtschaftliche Vorgänge wie Handel und Tausch können ohne einige grundlegende Normen und Gepflogenheiten nicht funktionieren – der Trieb des Einzelnen zur Maximierung seines Nutzens und zur Ansammlung von Wohlstand genügt nicht (Basu 2000, Kap. 4). Entweder durch feudale Vorgaben oder, was wahrscheinlicher ist, durch allmähliche Evolutionsprozesse haben diese Gesellschaften also gewisse Normen entwickelt, die ihnen helfen, Gleichgewichte auszuwählen – die nichts anderes sind als die fokalen Punkte, die ein wirtschaftliches Zusammenleben erst ermöglichen. Anders gesagt: Die Gesellschaften, die wir kennen (weil sie Bestand hatten), sind eben jene, die diese grundlegenden Normen entwickelt haben. Von den anderen hören wir wenig.

Der derzeit stattfindende Modernisierungsprozess besteht vielerorts in dem Versuch, die Regeln und Gesetze der Industrieländer in ärmere Länder zu importieren. Oftmals übernehmen dabei sogar ehemalige Kolonien Teile des Rechtssystems ihrer ehemaligen Kolonialmächte. Im Zielland konkurrieren diese neuen Gesetze dann mit den durch Gewohnheit und die lange Geschichte der gesellschaftlichen Evolution vorgegebenen fokalen Punkten. Diese Normen lassen sich nicht so leicht verdrängen. Wenn die neuen Gesetze versuchen, einen fokalen Punkt zu schaffen, der mit dem bestehenden fokalen Punkt nicht übereinstimmt, bleibt der Gesetzesimport – im besten Fall – wirkungslos. Dies ist wahrscheinlich der Hauptgrund, warum in vielen Entwicklungs- und Schwellenländern die Gesetze bevorzugt ignoriert werden.

---

[23] Dennoch beschränkt sich das Problem keineswegs auf Entwicklungsländer. Wie Mailath et al. (2016) anmerken, gibt es selbst in den Vereinigten Staaten des 20. Jahrhunderts viele Beispiele dafür. So wurden während des Zweiten Weltkrieges in den USA Zehntausende Menschen japanischer Abstammung, die meisten davon US-Bürgerinnen und -Bürger, inhaftiert und ihr Besitz konfisziert. Dieser eklatante Verstoß gegen die amerikanische Verfassung wurde von den staatlichen Funktionsträgern einschließlich des Obersten Gerichtshofes kollektiv geduldet. Acemoglu/Jackson (2015) nennen zudem zahlreiche Beispiele von britischen und französischen Gesetzen, die vollkommen ignoriert worden sind.

Die Geschichte hält einige interessante Beispiele von Kolonialherren bereit, die diese Umstände offenbar intuitiv verstanden. Die bekannteste Phase der Einführung des modernen Rechts in Indien fällt auf die Zeit von 1772 bis 1781 und somit in die Amtszeit von Warren Hastings als Generalgouverneur von Britisch-Ostindien. Wie Roy/Swarmy (2016, S. 17 f.) bemerken, war Hastings' Reformeifer „beispiellos und revolutionär". Sein Ziel war es, die „bestehenden religiösen Regeln der einheimischen Bevölkerung zu verstehen, nachzuvollziehen und zu erhalten … Das von Hastings errichtete Rechtssystem wollte weder eine vollkommen neue Ordnung vorgeben noch einfach die traditionelle Ordnung kopieren." Dass er bei der Gestaltung dieses Übergangs auf Rechts- und Religionsgelehrte aus der hinduistischen (Pandits) und der muslimischen (Ulamas) Bevölkerung zurückgriff, zeigt seine strategische Weitsicht und sein Bewusstsein für die Herausforderungen, die entstehen, wenn man Traditionen verändern möchte. Allerdings sollte Hastings' umsichtiges Vorgehen bei der Modernisierung der Rechtsordnung nicht dazu verleiten, ihn für einen durch und durch noblen Menschen zu halten. Als ein hoher Steuerbeamter Hastings vor dem Obersten Gericht der Bestechlichkeit beschuldigte, drehte der Vorsitzende Richter den Spieß um, klagte den Beamten wegen Urkundenfälschung an und ließ ihn am 5. August 1775 hinrichten. Der Richter war ein persönlicher Freund von Warren Hastings.

In der Debatte über fokale Punkte gibt es noch ein weiteres wichtiges konzeptionelles Problem, dessen Verständnis uns helfen kann, eine Umgebung zu schaffen, in der das Recht gewissenhafter befolgt wird. Es geht um die Frage, wie fokale Punkte *gelöscht* werden können. Hierzu liegt bislang sehr wenig Forschung vor. Auch wie fokale Punkte *geschaffen* werden können, ist nicht abschließend geklärt, aber wenigstens ist diese Frage umfassend erörtert worden, sodass wir heute zumindest ein gewisses Grundverständnis davon haben. Wie fokale Punkte gelöscht oder ausgeschaltet werden, ist hingegen völlig unklar. Genau das müssen wir aber verstehen, wenn neue Gesetze besser implementiert werden sollen. Es kann notwendig sein, die bestehende kollektive Erwartung eines bestimmten Ergebnisses zu zerstören, um Platz zu schaffen für eine neue, für die Gesellschaft bessere Verhaltenskoordinierung. Das kann sehr schwierig sein, denn selbst wenn man den Ansatzpunkt für die vorhandene Koordinierung entfernt, kann die Macht der menschlichen Gewohnheit dafür sorgen, dass sich gar nichts ändert. Nehmen wir zum Beispiel an, das „Treffpunkt"-Schild am Flughafen hinge direkt vor einem bekannten Fastfood-Restaurant. Wenn das Schild nun nach vielen Jahren entfernt wird, werden viele Menschen wahrscheinlich weiterhin zur alten Stelle kommen, um sich zu treffen. Es bleibt eine Resterinnerung an die alten Gewohnheiten, die schwierig zu tilgen ist.

Wir wissen allerdings, dass viel von den Meta-Erwartungen der Gesellschaft abhängt. Wenn alle wissen, dass alle ein neues Gesetz befolgen werden, dann ist es eben dieses Wissen oder diese Erwartung, die dem Gesetz Prominenz verleiht. Je mehr die Menschen erwarten, dass Gesetze befolgt werden, desto eher werden die Gesetze befolgt. Wenn diese grundlegende Erwartungshaltung in einer Gesellschaft fehlt, dann haben neue Gesetze wenig Aussicht, das Verhalten der Menschen zu ändern. Bevor ich mich also frage, ob es in meinem Interesse ist, mich an ein neues Gesetz zu halten, muss ich mich fragen, ob sich wohl die anderen daran halten werden.

Ich behaupte hier nicht, dass die Menschen dem Gesetz nur deshalb folgen, weil es die anderen Leute auch tun. Schließlich bewegen wir uns wohlgemerkt noch immer innerhalb des neoklassischen Mainstreams, demzufolge jeder Mensch eine exogen gegebene Präferenz- oder Nutzenfunktion hat, die er durch seine Entscheidungen zu maximieren sucht. Ob man das Gesetz achtet, entscheidet sich also gemäß rein egoistischer Optimierung. Dennoch ist es wichtig, ob man grundsätzlich davon ausgeht, dass Gesetze dazu da sind, befolgt zu werden. Nur wenn diese Überzeugung in der Gesellschaft vorherrscht, hat das Recht eine Chance, einen fokalen Punkt zu setzen. Wenn den Menschen diese grundlegende Erwartung fehlt, dann wird ihnen ein neues Gesetz wohl wenig Kopfzerbrechen bereiten; vielleicht nehmen sie es noch nicht einmal wahr. Wer in einer Gesellschaft lebt, in der nicht bekannt ist, dass eine rote Ampel zum Anhalten auffordert und eine grüne die Fahrt freigibt, wird sich wenig dabei denken, eine rote Ampel zu überfahren, und wird vielleicht auch einem anderen Auto Vorfahrt gewähren, obwohl es rot hat und man selbst grün. In vielen Entwicklungsländern ist das Grundvertrauen in das Recht schwach, was wiederum erklärt, warum die Umsetzung des Rechts dort oft so mangelhaft ist. Ein Signal kann keinen fokalen Punkt erzeugen, wenn die Menschen das Signal gar nicht erst wahrnehmen.

Einige dieser Argumente betreffen auch die in Kap. 2 besprochene glücklose indische Politik zur sicheren Versorgung der Bevölkerung mit Lebensmitteln. Möglicherweise versuchte das entsprechende Gesetz ein Ergebnis zu erreichen, das nie ein Nash-Gleichgewicht war. Die Ladenbesitzer hatten keinerlei Interesse daran, die Lebensmittel unter Marktpreis an arme Haushalte zu verkaufen. Dieses Argument gilt dann, wenn die Polizei das Fehlverhalten der Ladenbesitzer nicht sanktioniert. In anderen Ländern hätte die Politik vielleicht ein besseres Ergebnis erzielt – nicht, weil die dortigen Ladenbesitzer aus Überzeugung das Recht mehr achten würden, sondern weil die Wahrscheinlichkeit höher ist, dass ein Missbrauch des Systems geahndet wird. Und wenn dieses Resultat Teil eines Nash-Gleichgewichts ist, dann müssen wir erklären, warum die Polizei sich die Mühe macht, unehrliche Ladenbesitzer zu überführen und zu bestrafen.

Es ist aber auch denkbar, dass das Lebensmittelgesetz durchaus auf ein Nash-Gleichgewicht zielte – eines, in dem die Ladenbesitzer die Lebensmittel an die Armen weitergeben, weil sie erwarten, dass die Polizei sie sonst bestraft, und in dem die Polizei auch tatsächlich die unehrlichen Ladenbesitzer bestraft, weil sie erwartet, dass sie sonst von der zuständigen Behörde bestraft wird, und so weiter. In Indien sind aber leider Gesetzesbrüche so allgegenwärtig, dass die Menschen nicht mitbekommen, dass das neue Gesetz einen fokalen Punkt schaffen sollte. Wenn ich weiß, dass sich die anderen nicht an dem Gesetz orientieren werden, tue ich es auch nicht, und mit der spiegelbildlichen Überlegung zu meinem Verhalten orientieren sich die anderen tatsächlich nicht an dem Gesetz.

3.5   Fokale curb-Mengen

Die vereinfachte, auf fokalen Punkten basierende Theorie der ökonomischen Analyse des Rechts, die ich bisher präsentiert habe, kann auf verschiedene Weisen verallgemeinert werden. Zunächst ist meine Präferenz für das Nash-Gleichgewicht als Lösungskonzept dem Umstand geschuldet, dass dieses Konstrukt in der Spieltheorie und der Ökonomik eine solch zentrale Rolle einnimmt und dass die meisten anderen bekannten Lösungskonzepte im gewissen Sinne bloß Ableger der grundlegenden Idee des Nash-Gleichgewichts sind, dass sich die optimalen Entscheidungen gegenseitig bestärken. Wenn wir die Herangehensweise des fokalen Punktes auf komplexere Situationen ausweiten, kann es angebracht sein, mengenbasierte Gleichgewichte in Erwägung zu ziehen, also Lösungen, bei denen jeder Spieler nicht auf eine Handlung beschränkt ist, sondern es eine Anzahl an Gleichgewichtsstrategien gibt, aus denen er auswählen kann.

Um die Bedeutung dieser Erweiterung nachzuvollziehen, sehen wir uns das unten dargestellte Abb. 3.3 an.[24] Spieler 1 wählt aus den Strategien ‚oben' (O), ‚Mitte' (M) und ‚unten' (U); Spieler 2 hat ‚links' (L), ‚zentral' (Z) und ‚rechts' (R) zur Auswahl. Die Matrix zeigt die jeweiligen Auszahlungen. Ich nehme durchweg an, dass nur reine Strategien gewählt werden können.[25] Das

---

[24] Das Spiel stammt aus Basu/Weibull (1991).
[25] Gemischte Strategien – so wie „Ich spiele O mit einer Wahrscheinlichkeit von ¾ und U mit einer Wahrscheinlichkeit von ¼." – stehen also nicht zur Verfügung.

		Spieler 2	
	L	Z	R
O	1 ; 1	0 ; 0	0 ; 0
M	0 ; 0	2 ; 3	3 ; 2
U	0 ; 0	3 ; 2	2 ; 3

Abb. 3.3 curb-Spiel

Spiel hat nur ein Gleichgewicht,[26] nämlich (O ; L): Wenn Spieler 2 L wählt, ist O die beste Antwort von Spieler 1 und umgekehrt.

Jetzt nehmen wir an, Spieler 2 sagt: „Ich werde entweder Z oder R wählen." Dann macht es für Spieler 1 Sinn, sich festzulegen, entweder M oder U zu spielen. Und wenn Spieler 1 das tut, liegt es tatsächlich im Interesse von Spieler 2, Z oder R zu wählen. In einem wichtigen Sinn gibt es also ein sich selbst bestärkendes Gleichgewicht, in dem sich die Spieler auf die Strategiemengen {M ; U} bzw. {Z ; R} beschränken. Das ist die grobe Idee hinter dem Konzept der curb-Menge (Basu und Weibull 1991), also einer Menge, die unter der Annahme rationalen Verhaltens abgeschlossen ist („closed under rational behaviour"). Allgemeiner lässt sich für Spiele mit einer finiten Anzahl an möglichen Strategien für alle Spieler sagen, dass eine curb-Menge eine derartige Menge von Untermengen der möglichen Strategien eines jeden Spielers ist, dass wenn alle Spieler erwarten, dass sich alle anderen innerhalb ihrer jeweiligen Untermengen bewegen, kein Spieler einen Anreiz hat, eine Strategie außerhalb seiner Untermenge zu spielen.[27]

In Law and Economics spielen mengenbasierte Lösungskonzepte eine wichtige Rolle.[28] Myerson (2008) hat darauf hingewiesen, dass insbesondere bei der Untersuchung von Institutionen Strategiemengen eher denn einzelne Handlungen berücksichtigt werden sollten. Zur Illustration nehmen wir an, dass die Spieler in dem obigen Spiel im Gleichgewicht (O ; L) gefangen sind.

---

[26] Allerdings gibt es mehrere Gleichgewichte in *gemischten* Strategien.

[27] Nur der Vollständigkeit halber: Wenn die Spieler unendlich viele Strategien zur Verfügung haben, ist die formale Definition von „curb" ein solches kartesisches Produkt einer nicht leeren und kompakten Untermenge von Strategien für jeden Spieler, dass wenn jeder Spieler erwartet, dass alle anderen nur innerhalb dieser jeweiligen Untermenge auswählen, kein Spieler einen Anreiz hat, eine Strategie außerhalb seiner eigenen Untermenge zu wählen.

[28] Es überrascht nicht, dass curb nur ein Beispiel eines mengenbasierten Gleichgewichtes ist. In der Literatur sind zahlreiche verwandte Konzepte untersucht worden, z. B. von Bernheim (1984), Pearce (1984), Voorneveld (2002) und Arad/Rubinstein (2019).

3 Die Methode des Fokalen Punktes

Offensichtlich wäre es wünschenswert, die (Zweipersonen-)Gesellschaft mit Hilfe des Rechts zu einem besseren Ergebnis zu lenken. Das Problem ist aber, dass keines der anderen Ergebnisse stabil ist. Wenn Spieler 2 Z wählt, wird Spieler 1 U spielen. In dem Fall aber wird Spieler 2 auf R wechseln, woraufhin Spieler 1 lieber M nimmt, was Spieler 2 wiederum veranlasst, Z zu wählen. Und so weiter.

Doch selbst wenn wir nicht wissen, bei welchem Ergebnis die Gesellschaft landen wird, und selbst wenn sie nirgends landet, wissen wir, dass die beiden Spieler besser dran sind, wenn sie vom Gleichgewicht (O ; L) abgehalten werden können und sich stattdessen auf M oder U (Spieler 1) bzw. Z oder R (Spieler 2) festlegen. Das Recht müsste in dieser Situation also eingesetzt werden, um die Gesellschaft nicht zu einem fokalen Punkt zu lenken, sondern zu dem, was man einen ‚fokalen curb' nennen könnte: für jeden Spieler eine Untermenge an ihm zur Verfügung stehenden Strategien, sodass die geordnete Menge aus diesen Untermengen unter Annahme rationalen Verhaltens abgeschlossen ist, also niemand einen Anreiz hat, eine Strategie außerhalb seiner Untermenge zu wählen, solange der andere innerhalb seiner Untermenge bleibt. Wir bräuchten also ein Gesetz, das die Strategien O oder L verbietet (oder hinreichend teuer macht). Wenn alle Spieler glauben, dass sich alle an das Gesetz halten werden, ist es im Interesse jedes Spielers, sich an das Gesetz zu halten. In solch einer gesetzestreuen Gesellschaft wissen wir nicht genau, welches Ergebnis sich einstellen wird, aber wir sind uns sicher, dass das Verhalten auf die Strategien M und U bzw. Z und R beschränkt ist.

Interessant ist, wie sich die Idee des fokalen curb auf das Quadratspiel auswirkt. Nehmen wir an, jeder Spieler darf sich eine Untermenge von Strategien aussuchen, die er verfolgen kann, also eine Auswahl aus den insgesamt 16 möglichen Handlungen. Wenn beide Spieler die gleiche Untermenge auswählen, stellt dieses Paar eine curb-Menge dar. Entsprechend kann ein Paar von nicht deckungsgleichen Untermengen nicht die curb-Eigenschaften erfüllen. Im Quadratspiel wimmelt es also von curb-Mengen, und gleichzeitig gibt es auch sehr viele nicht-curb-Mengen.

Was kann das Recht in diesem Spiel leisten? Beginnen wir mit einem gesetzlosen Zustand, indem niemand weiß, was der andere tun wird. Also sind alle Handlungen gleichermaßen wahrscheinlich. Wie bereits gezeigt, kann in diesem Zustand jeder Spieler mit einer durchschnittlichen Auszahlung von € 62,50 rechnen. Jetzt wird aber ein Gesetz verabschiedet, das nur noch die vier Quadrate in der nordwestlichen Ecke des Spielfeldes zulässt. Das Gesetz lenkt die Gesellschaft also nicht zu einem einzelnen Punkt, sondern zu einer Punktmenge. Interessanterweise stellt die Beschränkung der Wahlmöglichkeiten jedes Spielers auf jene vier Quadrate eine curb-Menge dar: Wenn jeder

der Spieler glaubt, dass der andere eines der vier nordwestlichen Quadrate wählt, dann hat keiner von ihnen einen Grund, ein Quadrat außerhalb dieser Ecke zu wählen. Das Gesetz liefert also diesmal keinen fokalen Punkt, sondern einen fokalen curb. Und wenn alle Spieler wechselseitig gesetzestreues Verhalten erwarten, steigt die erwartete Auszahlung eines jeden auf € 250 – die Wahrscheinlichkeit, das gleiche Feld zu wählen wie der andere Spieler und also € 1000 zu gewinnen, hat sich dank des Gesetzes von einem Sechzehntel auf ein Viertel verbessert.

Auch die Mehrdeutigkeit der Sprache des Rechts legt einen Übergang vom fokalen Punkt zum fokalen curb nahe. Dadurch erlangen wir die nötige analytische Flexibilität, um mit der inhärenten Ambiguität des Rechts und juristischer Prozesse umzugehen – einem weiten Feld.[29] Lopucki/Weyrauch (2000, S. 1407/9) bemerken dazu: „Gemäß dem konventionellen Bild juristischer Abläufe stellen die Gerichte die Tatsachen fest und wenden dann das Recht auf diese Tatsachen an, um zu Entscheidungen zu gelangen. … Neben dieser konventionellen Sicht besteht eine zweite, der zu Folge die juristischen Prozesse in hohem Maße durch rechtliche Strategie manipuliert werden können." Ambiguität entsteht nicht nur bei der Interpretation des Rechts, sondern auch bei der Interpretation menschlichen Verhaltens, um zu entscheiden, ob dieses Verhalten rechtskonform ist. In diesem Zusammenhang diskutiert Cole (2017) den interessanten Fall von Donald Trumps Einreisestopp für Menschen aus einigen vornehmlich muslimischen Ländern (Executive Order 13769 vom 27. Januar 2017). Da das amerikanische Recht Trump nicht gestattete, Menschen einer bestimmten Religion von der Einreise auszuschließen, richtete er das Dekret auf dem Papier gegen eine Reihe von Ländern. Dennoch blockierten mehrere Bundesrichter Trumps Vorhaben, da das Dekret „unrechtmäßigerweise auf den muslimischen Glauben abzielte", wie Cole (S. 5) schreibt. Die Richter sahen also über den bloßen Wortlaut des Dekrets hinaus und entschieden auf Grundlage von Trumps tatsächlicher Absicht. Diese entnahmen sie unter anderem seinem oft wiederholten Wahlkampfversprechen, keine Muslime mehr in die USA zu lassen, sowie der Tatsache, dass er bei der Unterzeichnung des Dekrets, der Muslime nicht erwähnte, in die Kameras gesagt hatte: „Wir wissen alle, was das bedeutet." (Cole 2017, S. 6)

---

[29] Kommentare zur inhärenten Ambiguität des Rechts haben eine lange Tradition. Wie Singer (2005, S. 121) bemerkt, hat schon Kant darauf hingewiesen, „dass die Anwendung des Rechts auf die Tatsachen mitnichten eine Routineübung ist. Vielmehr verlangt sie Urteilskraft." Man kann argumentieren, obwohl mich das weit über die Grenzen dieses Buches hinaus führen würde, dass Ambiguität nicht nur Teil des Rechts ist, sondern dass sie dazu dient, das Recht wirkungsvoller und sogar gerechter zu machen.

Während ich in diesem Buch auf diese Zusammenhänge nicht weiter eingehe, möchte ich doch Folgendes festhalten: Wir sollten wohl nicht davon ausgehen, dass das Recht die Gesellschaft eindeutig in die Richtung eines fokalen *Punktes* dirigiert. Stattdessen sollten wir mit mengenbasierten Zielen wie dem fokalen curb arbeiten. Zukünftige Forschung sollte vielleicht noch weiter gehen und das Recht so modellieren, dass es das Verhalten in Richtung von Handlungsfeldern lenkt, die multiple Gleichgewichte enthalten, an sich aber kein Gleichgewicht darstellen müssen. Beispielsweise kann es Situationen geben, in denen die beiden Spieler bei einigen Gleichgewichten nur sehr geringe Auszahlungen bekommen, bei anderen Gleichgewichten aber sehr viel besser dran sind. Dann liegt der Versuch nahe, das Recht einzusetzen, um die Spieler von einem schlechten Gleichgewicht zu der Zone umzuleiten, in denen die besseren Gleichgewichte liegen, obwohl diese Zone selbst kein Gleichgewicht ist.

In solch einem Fall lenkt das Recht die Gesellschaft nicht zu einem bestimmten Gleichgewicht, sondern zu einem von mehreren Gleichgewichten. Das Recht schafft dann also keinen fokalen Punkt, sondern so etwas wie ein ‚negatives fokales Gebiet', also ein Gebiet des Spiels, in dem sich die Gesellschaft *nicht* einfinden sollte. Anstatt ein Gleichgewicht hervorzuheben, teil das Recht die möglichen Ergebnisse des Spiels in zwei Sphären – ein Gebiet, das zu meiden ist, und das verbleibende Gebiet, in dem sich die Gesellschaft einfinden sollte. Dieses Restgebiet muss kein punkt- oder mengenbasiertes Gleichgewicht sein, sondern kann eher den Charakter einer amorphen Zone haben. Angesichts der Tatsache, dass hier das Spiel des Lebens gespielt wird, ist die Hoffnung, dass sich die Gesellschaft letztlich für eines der Gleichgewichte *innerhalb* dieser Zone entscheiden wird. Eine spezielle Anwendung dieser Idee betrifft das Urlauberdilemma, wie wir in Abschn. 7.2 besprechen werden.

Ich möchte hier noch eine weitere, noch nicht ausgereifte Idee zur Ambiguität vorstellen, die in zukünftiger Forschung zu formalisieren und umfänglicher auszuarbeiten wäre. Im Widerspruch zu den Modellen der Ökonomen und Spieltheoretiker herrscht in der Realität oftmals sogar Unsicherheit bezüglich des zu spielenden Spiels. Das Spiel des Lebens lässt den Umstand zu, dass wir in der Zukunft mit einer gewissen Wahrscheinlichkeit Spiel A spielen werden und mit einer gewissen Wahrscheinlichkeit Spiel B. Im echten Leben geht die Unsicherheit aber noch tiefer. Wir kennen möglicherweise noch nicht einmal die Auswahl an Spielen, mit denen wir es in der Zukunft zu tun bekommen könnten. Doch wenn man nicht weiß, welches Spiel die Gesellschaft morgen spielen wird, wie kann man dann einen fokalen Punkt benennen? Da das Recht die Aufgabe hat, die Gesellschaft zu fokalen Punkten zu lenken, kann es unter solchen Umständen unmöglich sein, geeignete Gesetze zu formulieren.

Eine mögliche Antwort auf dieses Problem ist die Idee einer ‚fokalen Person' oder eines ‚fokalen Spielers'. Angenommen, eine Gesellschaft soll morgen ein Spiel spielen, sie weiß aber nicht, welches. Die Menschen kennen nicht einmal die Menge an Spielen, aus der ihres ausgewählt wird. Sie wissen lediglich, dass das Spiel wahrscheinlich multiple Gleichgewichte haben wird. Eine Möglichkeit zu verhindern, dass sie allesamt in die Falle eines suboptimalen Gleichgewichts tappen, ist die vorherige Bestimmung eines Spielers als ‚fokalen Spieler'. Sobald klar wird, welches Spiel ihnen bevorsteht, soll der fokale Spieler ein geeignetes Gleichgewicht auswählen und als fokalen Punkt hervorheben.

Hieraus wird deutlich, warum die Gesellschaft davon profitieren kann, wenn sie über das Recht hinaus eine Führungsperson bestimmt. Eine solche Person ist ganz einfach ein fokaler Spieler, der die Gruppe in Richtung eines bestimmten Ergebnisses lenkt, indem er bestimmte Verhaltensweisen vorgibt, sobald klar wird, welches Spiel zu spielen ist. Deshalb ist auch der Wert einer wohldefinierten Führungsperson in Konflikt- oder sogar Kriegssituationen am größten – nämlich dann, wenn mit plötzlich auftretenden, unvorhersehbaren Szenarien (Spielen) zu rechnen ist.[30] Interessant wäre eine Untersuchung der Wechselwirkungen zwischen der Rolle der Führungsperson einerseits und der Rolle von Recht und Konventionen andererseits. Derartige Weiterentwicklungen der hier vorgestellten Ideen und Konzepte, ebenso wie die dafür nötigen Formalisierungen, würden allerdings den Rahmen dieses Buches sprengen – das sagen Ökonomen immer, wenn sie eigentlich meinen, dass die erforderlichen Arbeiten die Möglichkeiten des Autors übersteigen. Ich kann nur hoffen, dass fähigere Forscherinnen und Forscher, sobald sie auf konkrete Situationen stoßen, die die Anwendung der fokalen Methode in der ökonomischen Analyse des Rechts erfordern, die hier nur angedeuteten Ideen so präzisieren und modifizieren werden, wie es die Aufgabe erfordert.

---

[30] In seiner Diskussion autonomer Dorfgemeinschaften und der militärischen Verteidigung des Dorfes bemerkt Myerson (2017, S. 6): „Es ist klar, dass eine militärische Operation eine Führungsperson erfordert, die gefährliche Einsätze anordnen kann." Myerson diskutiert dies im Zusammenhang mit Henry Maines (1871) Klassiker über die Notwendigkeit, eingeborenen Stammesoberhäuptern Führungsrollen im Staat zu geben. Während das nicht die analytische Richtung ist, die Myerson verfolgt, ergibt sich aus dieser Diskussion doch die Frage, warum eine Gesellschaft eine Führungsperson benötigen kann und warum sie ihr folgt. Die Idee einer Führungsperson als fokalem Spieler weiterzuentwickeln, kann helfen, unser Verständnis von Krisensituation weiter zu verbessern.

4

Sequenzielle Spiele und First-Mover Advantage

4.1 Das Recht in Extensivform

Bislang habe ich die Interaktionen zwischen allen beteiligten Spielern im Spiel des Lebens – Bürgerinnen und Bürger, aber auch staatliche Akteure – immer so behandelt, als passierten sie simultan. In der Spieltheorie spricht man dann von der Normalform oder der strategischen Form eines Spiels. Dabei werden einige Details ausgeblendet, sodass es so aussieht, als passiere das ganze Spiel zu einem einzigen Zeitpunkt. Die im vorangegangenen Kapitel präsentierten Argumente erlauben aber noch weitergehende Einsichten, wenn wir das Spiel so darstellen, wie es tatsächlich im Zeitverlauf (sequenziell) gespielt wird, also – um den Fachbegriff zu verwenden – in seiner extensiven Form.

Der entscheidende Unterschied zwischen Spielen in der Normalform und solchen in der Extensivform ist, dass in letzteren diejenige Partei, die zuerst am Zug ist (,first mover'), oftmals die Interaktion in gewisse, für sie vorteilhafte Bahnen lenken kann (,first-mover advantage'). Doch auch wer nicht die erste Entscheidung trifft, kann gerade deshalb einen Vorteil haben – zum Beispiel dadurch, dass man die Lage kennt, bevor man sich entscheiden muss, oder einfach, weil man das letzte Wort im Spiel hat. Die Extensivform bereichert nicht nur unser Verständnis darüber, wie das Recht Interaktionen unter den Menschen formen kann, sondern sie zwingt uns auch, uns mit einigen philosophischen Paradoxien zu beschäftigen.

Zur Illustration eines Spiels in Extensivform ziehen wir eine Variation des Spiels 3.2 heran, das Gefangenendilemma Spiel des Lebens I. Jetzt erstreckt sich das Spiel wie folgt über zwei Zeiträume. In Phase 1 spielen die beiden

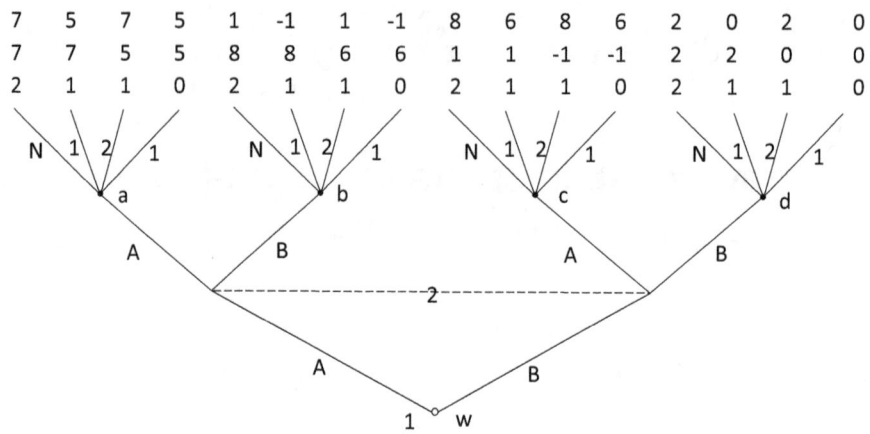

Abb. 4.1 Besenspiel

Bürgerinnen das übliche Gefangenendilemma. In Phase 2 wählt die Polizei dann eine von vier möglichen Aktionen aus: niemanden bestrafen („N"), Bürgerin 1 bestrafen („1"), Bürgerin 2 bestrafen („2"), beide Bürgerinnen bestrafen („12"). Die Strafe besteht jeweils dahin, zwei Einheiten von der Auszahlung der betroffenen Bürgerin abzuziehen. Zur vollständigen Beschreibung des Spiels gehören natürlich auch die Auszahlungen des dritten Spielers, der Polizei. Am einfachsten wäre die Annahme, dass sich die Auszahlung der Polizei nicht verändert, also z. B. immer zwei Einheiten beträgt. Realistischer aber ist es, dass die Bestrafung der Polizei Mühe bereitet. Nehmen wir also an, dass die Polizei von ihrer Grundauszahlung (zwei Einheiten) pro zu bestrafender Person eine Einheit verliert. Somit erhalten wir das unten abgebildete Zweiphasenspiel in Extensivform. Ich nenne es den „Besen", denn genau so sieht es aus (Abb. 4.1).

Gemäß dem Spielbaum trifft Bürgerin 1 am Knoten w ihre Entscheidung zwischen A und B. Bürgerin 2 kennt diese Entscheidung aber nicht, was durch die gestrichelte Linie symbolisiert wird, die die beiden Knoten verbindet, an denen Bürgerin 2 ins Spiel kommt. Diese wählt nun ebenfalls zwischen A und B. Da sie ihre Wahl in Unwissenheit der Entscheidung der anderen Bürgerin trifft, könnten diese ersten beiden Züge auch zeitgleich stattfinden.[1]

---

[1] Es ist eine interessante philosophische Frage, ob ein Unterschied besteht zwischen simultanen Zügen und sukzessiven, aber „blinden" Zügen, wenn also der zweite Spieler den Zug des ersten nicht kennt. Siehe dazu meine Diskussion in Basu (2000, Kap. 2). Im vorliegenden Kontext können wir dieses Komplikation aber getrost ignorieren.

Dieses Spiel hat mehrere (Nash-)Gleichgewichte. In einem von ihnen spielt die Polizei immer N, während die beiden Bürgerinnen jeweils B wählen. Das Ergebnis entspricht dem des Standard-Gefangenendilemmas. Ein weiteres Gleichgewicht ist erreicht, wenn die beiden Bürgerinnen A wählen und die Polizei folgende Entscheidungen trifft: N an Knoten a, 2 an Knoten b, 1 an Knoten c und 12 an Knoten d. Kurz gesagt: Die Polizei bestraft jede Bürgerin, die B spielt. Auch dieses Strategie-Tripel ist ein Nash-Gleichgewicht, da sich keine der drei Parteien verbessern kann, indem sie einseitig davon abweicht.

Nehmen wir nun an, ein neues Gesetz verlangt, dass die Polizei das „böse" Verhalten B bestraft. Wenn beide Bürgerinnen glauben, dass das Gesetz greift, wählen sie A. Und wenn die Polizei dies erwartet, liegt es auch in ihrem Interesse, das Gesetz anzuwenden. Im Ergebnis wählen die Bürgerinnen also A und die Polizei muss keine Strafen verhängen. Das neue Gesetz hebt das bereits beschriebene Gleichgewicht lediglich hervor. Das alte Gleichgewicht, in dem die Bürgerinnen B wählen, die Polizei sie aber nicht bestraft, ist nach wie vor ein Gleichgewicht. Der einzige Grund, warum wir damit rechnen können, dass sich das gesetzeskonforme Gleichgewicht einstellt, ist, dass alle Beteiligten davon ausgehen, dass sich alle an das Gesetz halten werden. Das Gesetz schafft einen neuen fokalen Punkt und beeinflusst dadurch das Verhalten, wie wir gerade gesehen haben.

4.2 Teilspielperfektion: ein technischer Exkurs

Ich sollte vielleicht darauf hinweisen, dass es sich bei dem gerade beschriebenen Nash-Gleichgewicht nicht um das handelt, was man im Kontext von Spielen in Extensivform ein ‚teilspielperfektes' Gleichgewicht nennt. Angesichts meiner Festlegung auf das Nash-Gleichgewicht als Standardlösungskonzept in diesem Buch ist das unerheblich. Doch nur für den Fall, dass einige Leser denken, unsere Ergebnisse kämen nur aufgrund dieser Festlegung zustande, möchte ich diesem Eindruck entgegentreten. Deshalb soll dieser kurze technische Exkurs zeigen, dass wir sehr wohl zu ähnlichen Ergebnissen wie im vorherigen Abschnitt kommen können, wenn wir das Konzept des teilspielperfekten Gleichgewichts anstelle des gröberen Nash-Gleichgewichts verwenden. Intuitiv ist ein teilspielperfektes Gleichgewicht ein Nash-Gleichgewicht, in dem die Strategien, von denen die Spieler sagen, dass sie sie in einem bestimmten Szenario spielen werden, für diese Spieler auch tatsächlich optimal sind, wenn sich dieses Szenario einstellt. Kurz gesagt: Drohungen, deren Ausführung nicht im Interesse des Drohenden liegt, sind nicht glaubwürdig und somit wirkungslos.

Zur Illustration ziehen wir noch einmal das Gefangenendilemma Spiel des Lebens I (Spiel 3.2) heran und wandeln es wieder in eine Extensivform um. Diesmal wählt die Polizei zuerst L oder R, dann spielen die Bürgerinnen gleichzeitig entweder A oder B. In dem Moment, in dem die Bürgerinnen ihre Wahl treffen müssen, wissen sie also, ob die linke oder die rechte Auszahlungsmatrix gilt. Spielt die Polizei links, wählen die Bürgerinnen beide B; spielt die Polizei rechts, wählen beide A. Die Polizei kennt also im Vornherein die beiden möglichen Ergebnisse des Spiels: Wählt sie L, ergibt sich (B ; B ; L) und sie bekommt zwei Einheiten; wählt sie hingegen R, ergibt sich (A ; A ; R) und sie bekommt nur eine. Die Polizei wird also L wählen, womit das Ergebnis feststeht. Somit liegt in diesem Spiel in Extensivform also ein teilspielperfektes Gleichgewicht vor: ein Nash-Gleichgewicht, in dem das für eine bestimmte Situation angekündigte Verhalten der Spieler auch tatsächlich in ihrem Interesse ist, wenn sich diese Situation einstellt. Würden die Bürgerinnen hingegen sagen, dass sie unter allen Umständen A spielen, und würde die Polizei daraufhin R spielen, dann läge keine Teilspielperfektion vor.

Im gerade beschrieben Spiel gibt es nur ein teilspielperfektes Gleichgewicht, nämlich (B ; B ; L). Wäre dies das Spiel des Lebens und Teilspielperfektion wäre das adäquate Gleichgewichtskonzept, dann könnte das Recht nichts an diesem Ergebnis ändern – ein düsteres Szenario für die Bürgerinnen.

Sollten wir uns auf Teilspielperfektion als Gleichgewichtskonzept festlegen, dann ließe sich die Analyse der Verhaltenswirkung des Rechts leicht erweitern. Wir müssten dem Spiel dazu nur eine dritte Phase hinzufügen, die aus einem Spiel in Normalform mit multiplen Gleichgewichten besteht (siehe Basu 2000). Wir könnten uns beispielsweise vorstellen, dass es einen vierten Spieler gibt – die Innenbehörde, die die Polizei beaufsichtigt. Nachdem die beiden Phasen des Besenspiels vorüber sind, entsteht eine Interaktion zwischen der Polizei (Spieler 3) und der Innenbehörde (Spieler 4). Die Innenbehörde entscheidet zwischen Passivität (P) und Bestrafung (B) der Polizei. Diese wiederum kann ebenfalls Passivität (P) an den Tag legen oder eine Verteidigung (V) gegen eine mögliche Bestrafung aufbauen. Daraus ergebe sich das unten in Normalform dargestellte „Polizeiaufsichtsspiel" (Abb. 4.2).

Als letzter Schritt der Annäherung an das Spiels des Lebens wird das zwischen der Polizei und der Innenbehörde gespielte Polizeiaufsichtsspiel als dritte Phase an jeden der 16 Endknoten des Besenspiels angehängt. Insgesamt erhalten wir also ein Spiel mit drei Phasen und vier Parteien.

Das Spiel in Phase 3 hat zwei Gleichgewichte. In dem einen, das von beidseitiger Passivität gekennzeichnet ist, bekommt die Polizei vier Einheiten. In dem anderen – Bestrafung und Verteidigung – bekommt sie nur eine Einheit. Je nach Wahl dieser Ergebnisse können in dem vollen Spiel über alle drei

4 Sequenzielle Spiele und First-Mover Advantage

Spieler 4 (Innenbehörde)

		P	B
Spieler 3 (Polizei)	P	4 ; 4	0 ; 2
	V	1 ; 0	1 ; 2

Abb. 4.2 Polizeiaufsichtsspiel

Phasen diverse teilspielperfekte Gleichgewichte bestehen. Die Verkündung eines neuen Gesetzes, das Strategie B verbietet, kann in der Tat bewirken, dass die Polizei entsprechende Verstöße ahndet. Denn täte sie das nicht, würde allgemein erwartet, dass die Innenbehörde in der letzten Phase eine Strafe anordnet, wogegen sich die Polizei verteidigen müsste. Da die Polizei dann aber nur eine Einheit bekommen würde statt vier, ist es offensichtlich in ihrem Interesse, das Gesetz gegenüber den Bürgerinnen durchzusetzen. Da das Spiel noch weitere teilspielperfekte Gleichgewichte hat, ist zwar nicht garantiert, dass sich das vom Gesetz intendierte Ergebnis einstellen wird. Da das Gesetz aber wie zuvor einen fokalen Punkt setzt, stehen die Chancen der Umsetzung gut – solange eben das beabsichtigte Ergebnis ein Gleichgewicht ist.

Wenn in einer Gesellschaft alle erwarten, dass sich alle an das Recht halten, dann hat es die Chance, Verhalten zu lenken. Wenn aber das Spiel des Lebens nur ein Gleichgewicht hat, kann das Recht keine Wirkung haben, denn was auch immer es vorgibt, die Gesellschaft wird sich immer bei dem einen Ergebnis einfinden, bei dem ein Gleichgewicht herrscht. Das ist der Kern der Methode des fokalen Punktes in der ökonomischen Analyse des Rechts.

4.3 Das Recht als billiges Gerede und Geldverbrennen

Wenn wir das Spiel des Lebens als Interaktion im Zeitverlauf verstehen, eröffnen sich zusätzliche Wege, um mit Hilfe der Methode des fokalen Punktes komplexere und realistischere Modelle der Wirkungsweise des Rechts zu erstellen. In diesem Abschnitt möchte ich zwei dieser Wege gehen. Es handelt sich dabei nicht um gänzlich neue Ansätze, sondern um einfache Anwendungen bestehender Ideen aus der Spieltheorie.

Für den ersten Weg greife ich auf das spieltheoretische Konzept des sogenannten billigen Geredes („cheap talk") zurück. Gemeint ist die Möglichkeit der Spieler, zu Beginn oder inmitten eines Spiels kostenlos Informationen zu senden oder zu empfangen (Crawford und Sobel 1982; Blume und Sobel 1995; Farrell und Rabin 1996; Ellingsen und Ostling 2013). Die Kostenlosigkeit suggeriert auf den ersten Blick, dass solche Aktionen wirkungslos seien. Nach dieser Sichtweise ist die Verabschiedung eines Gesetzes nichts anderes, als wenn ein Spieler während eines Spiels ein öffentliches Statement abgibt oder etwas auf Papier schreibt. Damit wird schon klar, dass billiges Gerede eine natürliche Verbindung zur ökonomischen Analyse des Rechts hat.[2]

Beim zweiten Weg geht es darum, Geld zu verbrennen (‚burning money'). Dem liegt die Erkenntnis zugrunde, dass die Verabschiedung eines Gesetzes vielleicht doch nicht vollkommen kostenlos ist. Wenn das Gesetz dann keinen Einfluss auf das Spiel hat, wie die Methode des fokalen Punktes nahelegt, dann kommt seine Ausarbeitung dem Verbrennen von Geld gleich – ein Aufwand, von dem niemand einen unmittelbaren Nutzen hat. Zum Glück gibt es eine umfangreiche Literatur über die Vorteile des Geldverbrennens (Kohlberg und Mertens 1986; Van Damme 1989; Ben-Porath und Dekel 1992; Rubinstein 1991).

Während ich diese zwei Wege nicht gebührend verfolgen kann, soll zumindest klar werden, dass beide auf eine Weise zur Analyse der gesellschaftlichen Wirkung des Rechts beitragen, die eine natürliche Erweiterung der Methode des fokalen Punktes darstellt.

Widmen wir uns zuerst dem billigen Gerede. An sich ist billiges Gerede kostenlos, und deshalb könnte man denken, dass keinen Unterschied machen kann. Allerdings könnte man es auch als Signal darüber verstehen, was der Absender – in unserem Fall der Gesetzgeber – in der nächsten Phase des Spiels zu tun gedenkt.[3] In anderen Worten: Die Verabschiedung eines Gesetzes ist eine kostenlose Ankündigung dessen, was ein Spieler oder eine Gruppe von Spielern *im weiteren Verlauf* des Spiels vorhaben.

Welche Wirkung billiges Gerede in Form eines Gesetzes hat, hängt vor allem von dem Teilspiel der Phase des Spiels ab, die auf die Verabschiedung des Gesetzes folgt. Wenn jenes Teilspiel nur ein Gleichgewicht hat, kann bil-

---

[2] Beispielsweise beziehen sich Mailath/Morris/Postlewaite (2017) auf leeres Gerede bei ihrer Annäherung an das faszinierende Phänomen der Autorität (siehe auch Zambrano 1999; Akerlof 2017).

[3] Im aktuellen Kontext bleibe ich bei der Mainstream-Annahme, dass Äußerungen während eines Spiels die Auszahlungen nicht beeinflussen, sondern lediglich Handlungsabsichten signalisieren. Es gibt jedoch Literatur, die darauf hinweist, dass solche Äußerungen beim Adressaten Erwartungen erzeugen können, die letztlich reale Handlungsauswirkungen haben (siehe z. B. Charness und Dufwenberg 2006; Ellingsen et al. 2010). Auch kann es sich bei solchen Äußerungen um Versprechen handeln, und Versuche haben gezeigt, dass Menschen ihre Versprechen ungern brechen, selbst wenn es relativ egal ist, ob anderen Menschen ihre Zusagen einhalten (Vanberg 2008). Insofern könnte das Verhalten des Gesetzgebers durchaus durch seine eigenen Gesetze beeinflusst werden. In Kap. 7 bespreche ich, wie einige solcher ‚Verhaltenselemente' in der ökonomischen Analyse des Rechts berücksichtigt werden sollten.

liges Gerede nichts bewirken. Gibt es hingegen mehrere Gleichgewichte, kann das Gesetz etwas ausrichten, indem es die Intentionen des Gesetzgebers signalisiert. Es besteht also eine enge Verbindung mit der Methode des fokalen Punktes. Ähnlich wie zuvor schafft die Verkündung des Gesetzes in dem nachfolgenden Teilspiel einen neuen fokalen Punkt. Allerdings wird jetzt der Gesetzgeber explizit als Spieler behandelt, wodurch der fokale Punkt noch stärker hervorgehoben wird. Es ist, als würde meine Bekannte am Flughafen ein Schild aufstellen, auf dem steht „Ich warte hier auf Dich.", nachdem wir vergessen haben, uns für einen genauen Ort zu verabreden. Dadurch wird wahrscheinlich ein noch wirksamerer fokaler Punkt geschaffen als durch das von der anonymen, unsichtbaren Flughafengesellschaft errichtete „Treffpunkt"-Schild.

Schwierig kann es in Spielen werden, in denen es zwei Ergebnisse gibt, die die beiden Spieler besserstellen würden als der Status quo, aber man ist sich nicht einig, welches der beiden Ergebnisse man anstreben soll. Sagen wir, bei dem ersten Ergebnis bekäme Spieler 1 vier Einheiten mehr als im Status quo und Spieler 2 nur drei, und beim zweiten Ergebnis sind die Auszahlungen umgekehrt. Wenn dann Spieler 1 sagt „Wir nehmen das erste Ergebnis.", dann dürfte das wenig Wirkung haben, denn dieses Gerede wird Spieler 2, der die Auszahlungen kennt, kaum überraschen.

Wenn aber alle Spieler in allen guten Gleichgewichten des Spiels gleichermaßen profitieren, dann kann eine Ankündigung von einem der Spieler – dem Gesetzgeber – einen überzeugenden fokalen Punkt schaffen, weil dieser Spieler kein eigenes Interesse daran hat, dass sich unter den guten Gleichgewichten genau dieses einstellt. Würde jedoch der Gesetzgeber in der nächsten Periode entgegen seiner Ankündigung handeln, wäre seine Glaubwürdigkeit zerstört.[4]

Dies alles deutet auf eine faszinierende Forschungsagenda hin, nämlich die Spezifikation eines Modells, das nicht nur die Wirkung eines fokalen Punktes abbildet, sondern auch sein Zustandekommen. In anderen Worten: Wir möchten vielleicht nicht nur wissen, was am Flughafen passiert, nachdem das „Treffpunkt"-Schild aufgestellt wurde, sondern auch, wer das Schild aufgestellt hat und warum. Auf das Recht übertragen bedeutet das: Der Gesetzgebungs*prozess* kann entscheidend für die Legitimität des Rechts sein.

---

[4] Eng damit verbunden ist die Glaubwürdigkeit eines Autokraten oder generell einer Regierung. Von der Glaubwürdigkeit hängt viel von dem ab, was in einer Gemeinschaft passiert (Myerson 2008; Schauer 2015, Kap. 7). In der Formulierung von Myerson ist eine Ankündigung mehr als ein Hinweis auf ein bereits bestehendes Gleichgewicht im nachfolgenden Teilspiel; vielmehr kann ein Autokrat sie nutzen, um sich selbst auf ein bestimmtes Verhalten in der Zukunft festzulegen, denn davon abzuweichen hieße, die eigene Glaubwürdigkeit zu verlieren.

Das zweite Modell, in dem die Kostspieligkeit des Gesetzgebungsprozesses anerkannt und mit Geldverbrennen verglichen wird, mündet leider in einem philosophischen Rätsel. Aber eines nach dem anderen. Gehen wir zunächst davon aus, dass obwohl die Verabschiedung eines Gesetzes dem Gesetzgeber Kosten verursacht, das Gesetz danach wiederum nicht mehr ist als Tinte auf Papier – es macht keinen Unterschied für das nachfolgende Teilspiel. Wenn die Menschen nach der Verabschiedung des Gesetzes das gleiche tun, was sie auch ohne das Gesetz getan hätten, dann bekommen sie auch die gleichen Auszahlungen. Aber wie kann dann ein der Geldverbrennung ähnelnder Gesetzgebungsakt das Ergebnis des Spiels beeinflussen? Die Antwort kann nur darin bestehen, dass der Gesetzgeber den anderen Spielern ein Signal bezüglich der Zukunft gibt. In der Spieltheorie wird das Vorwärtsinduktion genannt. Die Macht der Vorwärtsinduktion wird üblicherweise anhand des Spiels „Kampf der Geschlechter" (battle of the sexes) illustriert (siehe Osborne und Rubinstein 1994, Kap. 6; Battigalli und Siniscalchi 2002; Govindan und Wilson 2009). Ich will zu diesem Zweck jedoch einmal mehr auf das in Kap. 3 beschriebene Gefangenendilemma Spiel des Lebens I (,GDSL') zurückgreifen.

Nehmen wir an, dass vor Beginn des Spiels die erste Bürgerin – die Gesetzgeberin – die Wahl hat, ob sie ein Gesetz erlassen möchte, das besagt: Die Bürgerinnen sollen Strategie A wählen, und die Polizei (Spieler 3) muss R spielen. Tatsächlich ist es in dieser Herangehensweise sogar egal, was das Gesetz sagt – Hauptsache, es kostet die Gesetzgeberin etwas. Nehmen wir weiterhin an, diese Kosten betragen eine Einheit. Es liegt also ein Zweiphasenspiel vor: In Phase 1 entscheidet die erste Bürgerin, ob sie das Gesetz erlassen (Geld verbrennen) will. Dann spielen die beiden Bürgerinnen und die Polizei das GDSL. Dieses umfassende Spiel, das auch die Gesetzgeberin beinhaltet, will ich das ,Spiel des Lebens mit Gesetzgebung nennen'. Es ist unten als Abb. 4.3 dargestellt.

Das Spiel beginnt am Knoten w, wo die erste Bürgerin entweder ein Gesetz erlässt oder nicht. Der einzige Unterschied zwischen der oberen und der unteren Hälfte des Spiels besteht darin, dass von jeder Auszahlung der ersten Bürgerin eine Einheit abgezogen wird (das verbrannte Geld), wenn sie das Gesetz erlässt.

Wie wird sich das Spiel entwickeln? Wenn die erste Bürgerin das Gesetz erlässt, also Geld verbrennt, dann nur deshalb, weil sie erwartet, dass dadurch das Spiel auf (A ; A ; R) endet anstatt auf (B ; B ; L). Das Opfer hat sich gelohnt, weil es der zweiten Bürgerin die Erwartung der ersten Bürgerin (der Gesetzgeberin) signalisiert, dass das Spiel auf (A ; A ; R) enden wird. So zeigt

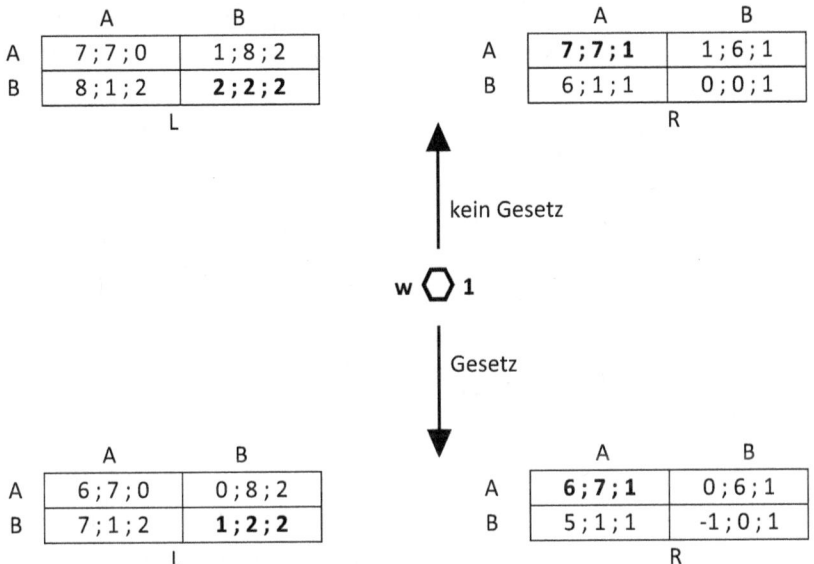

Abb. 4.3 Spiel des Lebens mit Gesetzgebung

das Gesetz der Gesellschaft den Weg zu dem Nash-Gleichgewicht, das gut für die Bürgerinnen ist. In diesem Fall ist das Recht sehr effektiv. Indem es signalisiert, was der Gesetzgeber vorhat und was er von den anderen Spielern erwartet, lenkt es das Verhalten aller Beteiligten.

Dies ist in Kürze die Geschichte der Signalwirkung des Rechts. Praktisch veranlagte Menschen, die wenig Geduld für Theorie haben, würden es dabei belassen. Und das ist genau der Grund, warum praktisch veranlagte Menschen oft nicht besonders interessant sind und nicht besonders gut im Leben dastehen. Die Vorwärtsinduktion wirft viele interessante philosophische Fragen auf. Und selbst wenn wir sie nicht beantworten können, sollten wir uns ihrer doch zumindest bewusst sein, damit wir unsere praktische Arbeit mit einer gebührenden Dosis Skepsis angehen.

Die erste störende Frage, die aus der obigen Argumentation entsteht, ist: Wenn ein Spieler durch Geldverbrennen zum gewünschten Gleichgewicht gelangen kann, warum muss das Geld dann tatsächlich verbrannt werden? Allein die *Möglichkeit*, das Geld zu verbrennen (das Gesetz zu erlassen), sollte doch genügen, um den anderen zu signalisieren, in welche Richtung man gehen möchte, und das Verhalten der anderen entsprechend zu beeinflussen. Die Option der Geldverbrennung (Gesetzgebung) sollte die Gesellschaft automatisch zu dem Gleichgewicht leiten, das dem potenziellen Geldverbrenner (Gesetzgeber) entgegenkommt.

Ein weiterer Punkt betrifft die Rationalität. In einigen Spielen ist es kein Vorteil für die Spieler, dass alle rational sind und alle dies wissen, denn daraus entstehen Überlegungen, die zu einem suboptimalen Ergebnis führen. Das in Kap. 2 beschriebene Urlauberdilemma ist ein Beispiel dafür. Würde hingegen einer der Urlauber vor dem Spiel und vor den Augen des anderen einen Geldschein verbrennen, könnte das tatsächlich beiden Spielern helfen. Denn diese Aktion kann als Zeichen von Irrationalität gewertet werden und so den Spielern zum Ausbruch aus der Logik verhelfen, die sie ansonsten zu dem unschönen Ergebnis (2 ; 2) zwingt. Verbrennt der erste Spieler Geld, so muss der zweite von der Irrationalität des ersten ausgehen und könnte deshalb eine höhere Zahl spielen. Da er dies antizipiert, hätte auch der erste Spieler guten Grund, ebenfalls eine höhere Zahl zu spielen. Dies war schließlich seine Motivation, das Geld zu verbrennen – eine Aktion, durch die letztlich beide bessergestellt sind.[5]

Wenn aber Irrationalität vorteilhaft ist, ist sie rational. Das werden auch die Mitspieler so sehen: Handelt jemand irrational, um sich dadurch einen Vorteil zu verschaffen, ist er mitnichten irrational. Rationale Irrationalität ist der Kern einiger Paradoxien in der Spieltheorie, und man kann argumentieren, dass in gewissen komplexen Situationen die Annahme, dass Rationalität allgemein herrscht und allgemein bekannt ist, bedeutungslos wird (Basu 1990; Dufwenberg und Essen 2018).

Somit endet dieser Abschnitt auf eine eher offene und vielleicht unbefriedigende Weise, aber davor hatte ich ja gewarnt. Vielleicht kann es als Trost dienen, dass, wie schon angesprochen, selbst in der gemeinhin als exakt geltenden Mathematik offene Fragen bezüglich einiger ihrer grundlegenden Annahmen verbleiben, woraus ebenfalls unbequeme Paradoxien entstanden sind. Dennoch wenden wir die Mathematik an und ziehen enormen Nutzen aus ihr. Diese Haltung sollte auch bei unserer Arbeit in der Ökonomik, der Spieltheorie und der Rechtsanalyse gelten. Wir sollten die vorhandenen Forschungsergebnisse bestmöglich anwenden, dabei aber wachsam bleiben bezüglich der sich dahinter versteckenden philosophischen Probleme, an deren Lösung wir parallel arbeiten sollten.

---

[5] In der Theorie der Industrieökonomik gibt es viele Beispiele von ähnlichen Konstellationen, in denen ein Akteur davon profitiert, irrational zu sein (siehe Fershtman und Judd 1987; Basu 1993). Auch im Bereich der internationalen Beziehungen zahlt es sich mitunter für Staatenlenker aus, verrückt und unberechenbar zu erscheinen. Einige von ihnen sind das leider tatsächlich.

4.4 Das Leben und die Auferstehung

Die obige Diskussion liefert einen guten Übergang zu einem weiteren philosophischen Problem, das bei allen praktischen Anwendungen der spieltheoretischen Ökonomik entsteht und somit auch Law and Economics betrifft. Meistens wird mit diesem Problem umgegangen, indem man es ignoriert. Es geht um die Bedeutung des „Spiels des Lebens". Wie wir gesehen haben, umfasst die Idealform dieses Spiels alle Akteure, denen zudem alle Handlungsoptionen offenstehen, die die Natur zulässt oder, in den Worten von Mailath/Morris/Postlewaite (2017, S. 33), „alle Handlungen, die [der Akteur] unter jeglichen erdenkbaren Umständen vornehmen kann."[6] Wie Binmore (1995, S. 134) anmerkt, unterliegt das Spiel des Lebens den „Regeln der Natur, denen wir nur gehorchen können" – im Gegensatz zu den „Regeln der Gesellschaft, denen wir normalerweise gehorchen, die wir aber auch missachten könnten."

Wenn wir das Entstehen von Institution wie sozialen Normen, Gebräuchen, dem Recht oder Verwaltungsstrukturen untersuchen wollen, ist es naheliegend, bei dem Spiel des Lebens anzufangen und dann zu fragen, wie das, was wir sehen, zustande gekommen ist (Binmore 1995). Das ist die Herangehensweise von Mailath/Morris/Postlewaite (2017), und so habe ich es auch oben gehalten.[7] Aber ist das Spiel des Lebens überhaupt ein wohldefiniertes Spiel, oder kann es ein solches sein? Das wäre nämlich die Voraussetzung für die Anwendbarkeit formaler Gleichgewichtskonzepte wie dem Nash-Gleichgewicht. Selbst wenn sichergestellt ist, dass das Spiel insofern vollständig spezifiziert ist, als dass es alle Spieler umfasst, entstehen Schwierigkeiten aus der Vorgabe, dass die Spieler ohne jegliche Einschränkung jede beliebige Handlung unternehmen können. Denn diese Vorgabe ist nicht bloß ambitioniert; sie kann auch zu Paradoxien und Widersprüchen führen.

Bevor wir uns aber diesen schwierigeren Angelegenheiten zuwenden, möchte ich noch auf einen einfacheren Punkt hinweisen bezüglich der Frage, ob es richtig ist, dass die verfügbare Strategiemenge eines Akteurs alle Handlungen umfasst, die physisch möglich sind. Wenn wir einkaufen gehen, vergleichen wir Angebote und Preise, wir überlegen vielleicht, ob das Geld für den geplanten Einkauf reicht, aber – zumindest trifft das auf die allermeisten von uns zu – wir beschäftigen uns nicht mit den Vor- und Nachteilen des Diebstahls der Geldbörse der älteren Dame vor uns in der Kassenschlange.

---

[6] Dieses Zitat fand sich bereits in einem Arbeitspapier der Autoren von 2001.
[7] Auch Ali/Liu (2017) verfahren so ähnlich, indem sie explizit hervorheben, dass letztlich alle Gesetze von anderen Spielern durchgesetzt werden.

Eine solche Handlung wäre zwar physisch möglich, aber wir sind so programmiert, dass wir sie erst gar nicht in Betracht ziehen. Auf den Diebstahl zu verzichten, ist nicht das Ergebnis einer Optimierungsüberlegung, vielmehr kommt uns diese Option gar nicht erst in den Sinn.[8] In gewisser Weise trifft das nicht nur auf Menschen zu, sondern auch auf Tiere. Man soll nicht hinter Pferden stehen, weil sie austreten können, aber bei ihrem Kopf kann man sich aufhalten, weil sie normalerweise nicht beißen. Sie könnten zwar beißen, tun es aber nicht, nicht einmal, wenn sie in Angriffslaune sind. Solche Beispiele von Handlungen, die zwar physisch möglich sind, aber vom jeweiligen Akteur gar nicht in Betracht gezogen werden, stellen ein praktisches Problem bei der Beschreibung der möglichen Handlungsmenge im Spiel des Lebens dar.[9] Denn damit ist die Einteilung in mögliche und unmögliche Handlungen ein Stück weit schwammig und beliebig. Es bleibt dann nichts anderes übrig, als mit grober Gewalt die nötigen Annahmen zu treffen.

Dass den Akteuren im Spiel des Lebens alle denkbaren Handlungen offen sein sollen, bringt aber eben auch noch ein größeres Problem mit sich – eines, das uns direkt in ein Paradoxon führt. Das gleiche Problem bestand anfänglich in der (naiven) Mengenlehre, die auf der Idee einer Universalmenge basierte, also der Menge aller erdenklichen Dinge. Der Umgang mit dieser Annahme führte zu mehreren berühmten Paradoxien, darunter die Russellsche Antinomie. Da die Existenz einer Universalmenge als natürlich gegeben und somit nicht zu hinterfragen betrachtet wurde, brauchten die Logiker eine ganze Weile, bis sie verstanden, dass die Russellsche Antinomie der impliziten Annahme einer Menge aller Mengen (der Universalmenge) geschuldet war.[10]

Diese Problematik wirkt sich auch auf das Spiel des Lebens und unsere Herangehensweise zu Law and Economics aus.[11] Wir können nicht einfach behaupten, dass die Spieler alles tun können – weil es ‚alles' einfach nicht gibt. Wir müssen deshalb explizit die Menge an Handlungen festlegen, die jedem Spieler zur Verfügung stehen – ein abwinkender Verweis, dass die Spieler alles

---

[8] Siehe Basu (2011a) und Myerson (2004) für weitere Diskussionen zu diesem Punkt.

[9] Die Beispiele zeigen auch, dass die Trennlinie zwischen verhaltensökonomischen Modellen und realistisch aufgebauten neoklassischen Modellen vielleicht nicht so klar ist, wie oft angenommen wird. Denn die Menge an Handlungen, die wir als möglich erachten, kann schon durch internalisierte Moralvorstellungen beschränkt worden sein.

[10] Die Russellsche Antinomie ist leicht zu verstehen. Man definiere, ausgehend von der Menge aller Mengen, eine Untermenge X, die alle Mengen enthält, die nicht ein Element von sich selbst sind. Ist nun X ein Element von sich selbst? Wenn ja, dann ist sie kein Element von sich selbst. Wenn nein, dann ist es per Definition ein Element von sich selbst. Es liegt also eine logische Unmöglichkeit vor, die wohl in der Annahme begründet ist, dass es eine Menge aller Mengen gebe. Das Paradoxon zeigt also die Unmöglichkeit einer solchen Menge.

[11] Solche Paradoxe scheinen in der rechtswissenschaftlichen Literatur bislang wenig behandelt worden zu sein. Hocket (1967) und Jain (1995) sind Ausnahmen.

tun können, was physisch möglich ist, genügt nicht. Das bedeutet aber auch, dass es außerhalb der definierten Menge immer Handlungen gibt, die nicht erlaubt sind.

Beim Design spieltheoretischer Modelle für die ökonomische Analyse des Rechts ist mit diesem Problem genauso umzugehen, wie es auch in der modernen Mengenlehre geschieht. Zuerst müssen wir alle Spieler und die ihnen jeweils zur Verfügung stehenden Strategien spezifizieren (und natürlich die Auszahlungsfunktionen). Das sei dann das Spiel des Lebens – womit auch klar wird, dass wir nicht plötzlich mitten im Spiel einen neuen Spieler (wie die Polizei oder die Gerichte) auferstehen lassen können. Ebenso wenig können wir die Spielregeln ändern oder Strategien hinzufügen oder wegnehmen, wie es in der neoklassischen ökonomischen Analyse des Rechts durchaus üblich war.[12] Ich nenne dies die „Auferstehungsregel". Wenn wir ein Spiel des Lebens beschreiben, behaupten wir nicht, dass man sich jenseits der anfangs spezifizierten Mengen der möglichen Handlungen nichts mehr vorstellen könnte. Wir sichern nur zu, dass während des Spiels keine neuen Strategien herbeigewünscht und keine unter den Teppich gekehrt werden; auch sollen keine zusätzlichen Spieler auferstehen.

Im Rahmen der Methode des fokalen Punktes betrifft uns dieses Problem nicht, gerade weil wir anfangs genau das Spiel beschreiben, das tatsächlich gespielt wird, anstatt uns nur irgendwie auf das Spiel des Lebens zu beziehen. Zum Beispiel habe ich in den verschiedenen oben beschriebenen Versionen des Gefangenendilemma Spiel des Lebens immer gleich zu Anfang das vollständige Spiel dargelegt, sodass es keine zwei Meinungen über das Spiel, seine Regeln, die Spieler oder die ihnen zur Verfügung stehenden Handlungsoptionen geben kann. Das *nennen* wir dann das Spiel des Lebens. Sobald das Spiel spezifiziert ist, habe ich mich festgelegt, nachträglich keine neuen Elemente – Spieler oder Strategien – von außen einzuführen, also mich an die Auferstehungsregel zu halten.

Damit ist das Paradoxon zwar nicht gelöst, aber wir können es umschiffen. Zur Einordnung sei gesagt, dass alle Formalisierungen in Law and Economics – und vielleicht in allen Disziplinen – mit ungelösten Fragen bezüglich ihrer Grundlagen leben müssen. Ich glaube sogar, dass das Problem der

---

[12] Binmore (1995, S. 135) argumentiert ähnlich: „Weder unser empirisches Wissen noch unser theoretisches Instrumentarium reicht aus, um das Spiel des Lebens zu formulieren und zu analysieren, sodass wir einzelne Spieler untersuchen könnten. Wenn wir die Funktionsweise von Institutionen verstehen wollen, bleibt uns deshalb kaum etwas anderes übrig, als handhabbare Modelle des Spiels des Lebens zu erfinden, von denen wir genau wissen, dass sie drastische Vereinfachungen der tatsächlichen Situation darstellen." Ein möglicher Unterschied zu meiner Herangehensweise besteht nur darin, dass wir meiner Meinung nach nicht aus Gründen der Praktikabilität so verfahren sollten, sondern weil wir ansonsten auf ein philosophisches Paradoxon stoßen würden.

Universalmenge, das sich auf das Spiel des Lebens auswirkt, nicht nur beim Design spieltheoretischer Modelle unumgänglich ist, sondern im Leben allgemein.

Nehmen wir zum Beispiel an, ich werde bei Freunden zum Abendessen eingeladen, und die Gastgeberin fragt mich vorher, ob es irgendetwas gibt, was ich nicht mag. Ich antworte, dass mir außer Hummer alles schmeckt. An jenem Abend starre ich dann entsetzt auf meinen Teller, auf dem sich nichts als ein schöner Holzscheit befindet, während mir die Gastgeberin einen guten Appetit wünscht. Sobald ich meine Fassung wiedererlangt habe, weise ich höflich darauf hin, dass ich eigentlich keine Holz esse, worauf die Gastgeberin richtigerweise antwortet, dass ich das nicht gesagt hätte. Das Missverständnis ist auf die unspezifizierte Universalmenge im Hintergrund zurückzuführen. Als ich sagte, „alles außer Hummer", hatte ich wohl ein anderes *alles* – eine andere Universalmenge – im Kopf als die Gastgeberin. Unstimmigkeiten solcher Art bedeuten nicht notwendigerweise, dass eine der Parteien nicht nachgedacht oder sich nicht gut ausgedrückt hätte – sie ging nur von anderen Voraussetzungen aus. Ich glaube, dieses Problem ist nicht lösbar, und es ist die Quelle vieler interkulturellen Spannungen. Die einzige Hoffnung ist, dass diese Meta-Erkenntnis – nämlich, dass einige unserer Konflikte auf dieses unvermeidbare philosophische Problem zurückzuführen sind – die Folgen ein wenig mildern kann, indem sie uns zu mehr Toleranz verhilft.

Doch zurück zu Law and Economics: Der oben geschilderte Umgang mit dem Problem bedeutet, dass es niemals ein finales Modell geben kann – wir können immer noch mehr Dimensionen und mehr Komplexität hinzufügen. Da ich schon die Analogie des ökonomischen Modells des allgemeinen Gleichgewichtes benutzt habe, um zu beschreiben, was dieses Buch im Bereich Law and Economics zu erreichen versucht, liegt der Hinweis nahe, dass dasselbe Problem auch beim allgemeinen Gleichgewicht entsteht: Es kann kein absolutes allgemeines Gleichgewicht geben. Wenn wir einmal ein allgemeines Modell für alle Waren und Dienstleistungen aufgestellt haben, könnten wir es ebenso gut erweitern um Institutionen, politische Prozesse, Soziologie, das endogene Entstehen sozialer Normen, und so weiter.

In Kap. 3 haben wir im Rahmen der Methode des fokalen Punktes die Rechtsdurchsetzer, die ich auch staatliche Akteure genannt habe, als Teil des Spiels begriffen. Die Entstehung der Gesetze stand hingegen noch außerhalb des Spiels; es blieb offen, wer die Gesetze formuliert und verkündet. Im nun endenden Kapitel haben wir dann die Perspektive ein wenig ausgedehnt und den Gesetzgeber als einen Spieler modelliert, der signalisiert, was er vorhat. Der logische nächste Schritt wäre, dass auch das Recht endogen, also innerhalb des Modells, bestimmt wird. In der Ökonomik des allgemeinen Gleichgewichts ebenso wie in der fokalen Methode der ökonomischen Analyse des Rechts sind die Erweiterungsmöglichkeiten endlos. Die neue Herangehensweise sollte deshalb nicht als letzte Weisheit verstanden werden, sondern als Ausgangspunkt des Weges zu einem besseren Verständnis von Gesellschaft und Wirtschaft.

5

Soziale Normen und das Recht

5.1 Normen, Gesetze und Überzeugungen

Dieses Kapitel hat zwei Ziele, nachdem uns die Analyse im vorangegangenen Kapitel zu einer wichtigen Frage geführt hat: Wenn sich *jedes* gesellschaftliche Ergebnis, das durch Gesetzgebung erzielt werden kann, auch ohne sie einstellen kann, indem die Akteure das vom Gesetz vorgeschriebene Verhalten imitieren, da sich solches Verhalten selbst verstärkt, sobald alle es angenommen haben – können wir dann überhaupt sinnvoll zwischen Gesetzen und Normen unterscheiden? Das erste Ziel dieses Kapitels ist es, diese Frage bejahend zu beantworten. Ich will zeigen, dass obwohl es aus grundlegender Sicht keinen Unterschied macht, ob das Verhalten durch soziale Normen oder durch das Recht gelenkt wird, wir in gewisser Weise dennoch zwischen diesen beiden Effekten unterscheiden können. Zu dieser Schlussfolgerung gelange ich über einige Beispiele, die dem zweiten Ziel dieses Abschnitts dienen: Während der Großteil meiner Analysen bisher relativ abstrakter Natur war, möchte ich nun zeigen, dass die bereits entwickelten Ideen wie multiple Gleichgewichte, fokale Punkte und selbstverstärkende Verhaltensweisen wichtige Zutaten für ein besseres Verständnis zahlreicher Phänomene des echten Lebens sind. Zur Unterscheidung zwischen sozialen Normen und dem Recht gebe ich in jedem der folgenden drei Unterabschnitte ein Beispiel und kann so beide Ziele dieses Kapitels auf einmal angehen.

Die Diskussion wird sich zumeist auf Koordinationsnormen beziehen. Das sind soziale Normen, die bei der Auswahl eines Gleichgewichtes helfen. Der Begriff impliziert bereits, dass es auch andere Arten sozialer Normen gibt.

Viele von denen setzen voraus, dass wir über das Bild des rationalen Menschen mit exogen gegebenen Präferenzen hinausgehen. Wir würden uns dann also in die Gefilde der Verhaltensökonomik begeben, in der sozialen Stigmata, Moralvorstellungen, Neid und anderen Emotionen eine Rolle zugeschrieben wird – alles Aspekte, die dem traditionellen Homo oeconomicus fehlen. Zunächst beschränken wir uns aber auf Koordinationsnormen, die am besten zum ökonomischen Standardparadigma passen. Später, insbesondere in Kap. 7, werde ich dieses Paradigma dann in Frage stellen.

Koordinierungsnormen sind Bräuche und soziale Normen, die es den Menschen ermöglichen, ihr Verhalten zu koordinieren, also sich in Situationen mit vielen Gleichgewichten – wenn *a priori* nicht klar ist, welches die anderen wählen werden – auf eines dieser Gleichgewichte zu verständigen.[1] Das einfachste Beispiel betrifft die oben schon angesprochene Frage, auf welcher Straßenseite man fahren soll. Stellen wir uns ein Land vor, in dem es dazu kein Gesetz gibt. Einige ländlichen Gebiete Indiens, wo niemand das Verkehrsrecht durchsetzt, können für so ein Land stehen.

In solch einer Situation gibt es zwei Gleichgewichte in reinen Strategien: alle fahren links oder alle fahren rechts. Sobald sich eines dieser Gleichgewichte eingestellt hat, wird tunlichst niemand einseitig davon abweichen. Das hilft aber nicht bei der Entscheidung, welches der beiden Gleichgewichte denn herrschen soll. An dieser Stelle kommen soziale Normen ins Spiel. Eine Norm kann dazu dienen, einen fokalen Punkt zu erzeugen. Sobald die Norm besteht – wo auch immer sie herkommen mag –, weiß jeder, welches Gleichgewicht die Gesellschaft ausgewählt hat, und entsprechend der Definition eines Gleichgewichtes wird dann auch keiner davon abweichen wollen. Im ländlichen Indien, wo es praktisch keine Verkehrsregeln gibt, fahren die Menschen dennoch einheitlich auf der linken Seite (und sei es mit ihrem Ochsenkarren). Das ist der allgemeine Brauch, der wie ein fokaler Punkt funktioniert. Und es ist nicht schwer zu sehen, woher diese Tradition kommt. Das indische Bundesrecht schreibt den Linksverkehr vor. Es wird zwar nur in den Städten durchgesetzt, wirkt in Form einer Norm aber auch auf dem Land. Jene, die ihre erste Reise nach Indien planen, möchte ich allerdings warnen, diese Beschreibung nicht wörtlich zu nehmen, und bitte die Augen offen zu

---

[1] Inzwischen liegt hierzu eine recht umfangreiche Literatur vor. Siehe z. B. Akerlof (1976), Granovetter/Soong (1983), Platteau (1994), Schlicht (1998), Basu (2011), Cooter (2000), Posner (2000), Benabou/Tirole (2006), Fisman/Miguel (2007). Für eine interessante Ausführung zur Ausbreitung von Normen, siehe Funcke (2016). In Basu (1998) habe ich versucht, verschiedene Arten von Normen zu klassifizieren. Posner (1996) bietet eine rechtswissenschaftliche Perspektive darauf, wie Normen dazu führen können, dass Gruppen von Menschen aus ineffizienten Situationen nicht wieder herauskommen. Abbink/Freidin/Gangadharan/Moro (2016) haben gezeigt, wie soziale Normen unter Laborbedingungen *entstehen* und illegales Verhalten (hier: Bestechung) steuern können.

halten für den Fall, dass doch mal ein Fahrzeug auf Kollisionskurs entgegenkommt, obwohl man selbst sich brav an den Linksverkehr hält.

Gemäß der in den vorangegangenen zwei Kapiteln entwickelten rechtsökonomischen Methode des fokalen Punktes beschränkt sich die Rolle des Rechts letztlich darauf, fokale Punkte zu schaffen. Insofern scheint es kaum einen Unterschied zwischen dem Recht und sozialen Normen zu geben. Einige Ökonomen und Rechtswissenschaftler haben die Rolle fokaler Punkte und verwandter Konzepte bei der Durchsetzung des Rechts hervorgehoben,[2] also betrifft dieser Punkt auch deren Herangehensweisen. So merkt McAdams (2015, S. 22) an: „Da das Recht voller Forderungen ist, übersehen wir leicht seine suggestive Wirkung. … Einige der frühesten und informellsten spieltheoretischen Arbeiten zeigen, dass wenn Menschen, die ihre Verhalten *koordinieren* wollen, zu jenem Verhalten neigen, das sie am naheliegendsten finden – dem *fokalen Punkt*. Unter solchen Umständen erleichtert das Recht die Koordinierung, indem es eine bestimmte Verhaltensweise hervorhebt …" Einige dieser Normen könnten von einem „Normierungsentrepreneur" gestaltet werden, der – ähnlich dem Gesetzgeber – die Gesellschaft in Richtung eines bestimmten Ergebnisses lenkt, indem er es hervorhebt. Der Kern dieser Idee geht auf Sunstein (1996) zurück.

In seinem Buch, in dem er die ökonomische Analyse des Rechts ebenfalls aus explizit spieltheoretischer Warte heraus angeht, verdeutlicht Posner (2000, S. 3) die Ähnlichkeit zwischen dem Recht und sozialen Normen: „In einer Welt ohne Recht und Regierung würde dennoch eine Gewisse Art von Ordnung herrschen … Diese Ordnung bestünde im routinemäßigen Befolgen sozialer Normen und in der kollektiven Bestrafung jener, die gegen die Normen verstoßen. Die Bestrafung bestünde nicht zuletzt in der Stigmatisierung der Abweichler und der Ausgrenzung der Unverbesserlichen."

Ich werde jedoch argumentieren, dass es einige wichtige Unterschiede gibt zwischen der rechtswissenschaftlichen Herangehensweise und der von mir vertretenen Methode des fokalen Punktes, obgleich beide insofern in der Spieltheorie wurzeln, als dass sie sich des Konzepts des fokalen Punktes bedienen. Hier eine kleine Vorschau auf das Problem: Der Unterschied besteht in der Einschränkung „Unter solchen Umständen" in dem obigen Zitat von McAdams. Gemäß der in diesem Buch entwickelten Perspektive hat diese Einschränkung keine Berechtigung – das Recht tut nichts anderes, als Koordinierung zu ermöglichen, indem es fokale Punkte schafft. Das gilt uneingeschränkt.

---

[2] Siehe Sugden (1995), McAdams (2000), Myerson (2004), Hadfield/Weingast (2014), Hadfield (2016).

Im Folgenden will ich die bislang vor allem abstrakt dargestellten Ideen zu sozialen Normen, fokalen Punkten und multiplen Gleichgewichten im konkreten Kontext dreier Beispiele weiterentwickeln, nämlich in Bezug auf Pünktlichkeit, Diskriminierung und Kinderarbeit.

5.2 Soziale Normen und multiple Gleichgewichte: Pünktlichkeit

Soziale Normen haben großen Einfluss auf das Verhalten von Gesellschaften, wurden aber von der Ökonomik zumindest bis zum Aufkommen der Spieltheorie weitgehend ignoriert. Zugunsten rationeller und logisch unangreifbarer Analysen beschränkte sich die Disziplin vor allem auf die Betrachtung von Individuen, die ihren Konsum von Äpfeln, Orangen, Butter und Waffen zu maximieren versuchen. Auf diese Weise lässt sich bereits ein erstaunlich großer Anteil unseres wirtschaftlichen Handelns erklären, insofern versprach dieses Vorgehen immensen intellektuellen Fortschritt. Indem sie somit die menschlichen Emotionen an die Seitenlinie verbannte, machten viele Mainstream-Ökonomen aber den Fehler, dass sie vergaßen, dass es diese Emotionen in Wirklichkeit gibt.

Hinweise auf die Macht sozialer Normen tauchten jedoch immer wieder in den Schriften von Anthropologen auf, die erstaunt feststellten, welches Maß an Organisation und Ordnung einige sogenannte primitive Gesellschaften erreichten, obwohl sie über keinerlei formales Recht oder staatliche Strukturen verfügten.[3] Als die Spieltheorie Teil des ökonomischen Instrumentariums wurde, gelang es zum Glück, einige der weiterführenden Fragen zu Normen anzugehen, ohne die Stringenz der Ökonomik aufgeben zu müssen. Vor allem wurde so die Allgegenwärtigkeit multipler Gleichgewichte sichtbar (siehe Hoff und Stiglitz 2001; Samuelson 2016). Somit kam natürlich die Frage auf, wie Gesellschaften mit solchen Situationen umgehen, also musste analytischer Raum für Konventionen und Normen geschaffen werden.

---

[3] Zu den bekanntesten dieser Werke gehört das Buch von Gluckman (1955). Das indische Kastensystem ist ein gutes Beispiel eines Brauches, der das Verhalten ebenso zuverlässig lenkt wie ein penibel durchgesetztes Gesetz (Deshpande 2011). Einen interessanten Beitrag hierzu hat Malinowski (1921) mit einer seiner wenigen Veröffentlichungen in einem Economics-Journal geleistet. Zu dieser Literatur gehört auch Akerlofs (1976) Modell des indischen Kastensystems. Für mich war dieses Modell eine wichtige Motivation für einige eigene Arbeiten im Bereich der politischen Ökonomik (Basu 1986, 2000). Siehe auch Zambrano (1999). Wohlgemerkt können auch scheinbar informelle soziale Phänomene durch staatliches Wirken und das Recht erst ermöglicht werden, wofür Rothsteins (2017) Studie zur Rassentrennung ein beeindruckendes Beispiel liefert.

Am Beispiel von Pünktlichkeit will ich zeigen, wie solche Modelle funktionieren. Erfolgreiche zeitliche Koordinierung ist eine Grundvoraussetzung des modernen Lebens.[4] Jorgen Weibull und ich (Basu und Weibull 2003) mussten allerdings feststellen, dass dieses von Soziologen und Sozialpsychologen umfassend beforschte Thema bislang von der Ökonomik weitgehend ignoriert worden war. Unter Berufung auf einige Daten und anthropologische Studien stellte die vorhandene sozialwissenschaftliche Literatur erwartungsgemäß fest, dass es zwischen Gesellschaften, Ländern und sogar den Geschlechtern große und systematische Unterschiede bezüglich der Pünktlichkeitsnorm gibt. Beispielsweise sind Brasilianer weniger pünktlich als US-Amerikaner (Levine et al. 1980). In Rushville, Indiana, kamen Schüler in den 1920ern öfter zu spät zum Unterricht als Schülerinnen, aber wenn Mädchen zu spät kamen, dann um mehr Minuten als Jungen (Lockwood 1930). Und so weiter. Mehrfach wurde in solchen Studien auch festgestellt, dass in unpünktlicheren Gesellschaften die Uhren weniger gut synchronisiert sind.[5] Levine/West/Reis (1980) haben zum Beispiel tatsächlich den Gang von Armbanduhren in Brasilien und in den USA verglichen und die These aufgestellt, dass die größere Unpünktlichkeit der Brasilianer darin begründet liege, dass „öffentliche Uhren und Armbanduhren in Brasilien weniger genau gehen als in den USA". Über die Kausalität zwischen diesen beiden korrelierten Phänomenen mag sich jeder seine eigenen Gedanken machen.

Im Rahmen meiner diesbezüglichen Forschung wollte ich herausfinden, ob auch in Indien die Armbanduhren schlecht synchronisiert sind. Enttäuscht stellte ich fest, dass dazu keine Daten vorlagen. Doch just in dieser Zeit reiste ich nach Indien und wurde auf der Straße von einem Mann angesprochen. Er fragte mich nach der Uhrzeit, und zwar mit einer Phrase, die – wie ich inzwischen vollkommen vergessen hatte – in Indien durchaus üblich ist: „Würden Sie mir sagen, welche Zeit Ihre Uhr anzeigt?" In dem Moment wurde mir klar, dass ich gar keine Daten brauchte. Der Mann hatte mir gerade einen wichtigen anthropologischen Hinweis geliefert: Dass die Frage nach dem Stand der Uhr des Gefragten Eingang in den allgemeinen Sprachgebrauch gefunden hatte, sagte mir schon, dass in Indien – ebenso wie in Brasilien – Zeit ein individuelles Phänomen ist.

Während die jeweilige Geschichte, das Klima und wahrscheinlich noch viele weitere Faktoren einen Einfluss auf die Pünktlichkeitsgepflogenheiten verschiedener Gesellschaften haben, kamen Jorgen Weibull und ich zu dem interessanten Schluss, dass auch eine Koordinierungsnorm eine wichtige Rolle

---

[4] Barrett (2007, Kap. 6) erzählt auf fesselnde Weise die Geschichte der Entstehung globaler Zeitstandards.
[5] Wir sprechen natürlich von der Zeit *vor* Funkuhren, Handys usw.

spielt. Weniger pünktliche Gesellschaften sind einfach in einem weniger pünktlichen Gleichgewicht gefangen. Ansonsten muss es zwischen zwei Gesellschaften, die sich in punkto Pünktlichkeit ganz anders verhalten, keine grundlegenden Unterschiede geben. Unsere Argumentation ist im Kern leicht nachzuvollziehen, auch ohne dass ich das Modell detailliert vorstelle. Mit diesem Beispiel will ich zeigen, wie Koordinierungsnormen funktionieren, indem sie fokale Punkte schaffen.

Pünktlichkeit ist eine jener Verhaltensweisen, die wenig bringen, wenn nur einer sich daran hält. Wenn ein Meeting erst beginnen kann, sobald alle da sind, dann werde ich mir überlegen, wie sehr ich mich bemühe, rechtzeitig zu erscheinen – und das hängt vor allem davon ab, wie ich die Pünktlichkeit der anderen Teilnehmenden einschätze. In einer tendenziell unpünktlichen Gesellschaft werde ich mich nicht allzu sehr anstrengen, auf die Minute pünktlich zu sein, denn für den Beginn des Meetings macht meine Anstrengung wahrscheinlich keinerlei Unterschied, solange die anderen noch nicht da sind. Die gleiche Logik gilt, wenn sich zwei Freundinnen zum Tennis oder zwei Schüler zum gemeinsamen Erledigen der Hausaufgaben verabreden. (Un)Pünktlichkeit ist also letztlich eine soziale Norm, und zwei ansonsten identische Gesellschaften können diesbezüglich ganz unterschiedliche Verhaltensweisen an den Tag legen.

Wir können das leicht mit einem einfachen Modell formalisieren. Nehmen wir an, meine Bekannte (die vom Flughafen) und ich verabreden uns für 8 Uhr morgens. Pünktlichkeit bedeutet, um oder vor 8 Uhr zu erscheinen. Unpünktlichkeit sei folgendes Verhalten: Mit einer Wahrscheinlichkeit von w (< 1) erscheint man um oder vor 8, und mit der Gegenwahrscheinlichkeit von $1-w$ kommt man zu spät, sagen wir erst um halb 9. Sind wir beide pünktlich, hat jeder von uns einen Nutzen von N Einheiten. Pünktlichkeit bereitet jedoch Mühe. Man muss den früheren Zug nehmen, oder man muss das Buch mitten im Kapitel beiseitelegen, obwohl es doch gerade so spannend wird. Sagen wir, diese Mühe kostet die pünktliche Person K Einheiten.

Wir erhalten somit das unten beschriebene Spiel, in dem ich eine Zeile wähle und meine Bekannte eine Spalte. Jeder von uns wählt zwischen Pünktlichkeit (P) und Unpünktlichkeit (U). Da das Spiel symmetrisch ist, zeigt die Matrix nur meine Auszahlungen (Abb. 5.1).

Wenn wir beide pünktlich sind, bekomme ich N, muss aber die Mühe in Höhe von K aufwenden. In der oberen linken Zelle bekomme ich also die Auszahlung N-K. Wenn genau einer von uns beiden pünktlich ist, treffen wir uns mit Wahrscheinlichkeit w um 8 und ich habe den Nutzen N. Bin ich die pünktliche Partei, kostet mich das K. So entstehen di0065 Auszahlungen wN

5 Soziale Normen und das Recht

meine Bekannte

		P	U
ich	P	N-K	wN-K
	U	wN	w²N

Abb. 5.1 Pünktlichkeitsspiel

und *wN-K*. Wenn wir schließlich beide U spielen, bekommen wir den Nutzen *N* nur mit der quadrierten Wahrscheinlichkeit w^2.

Da *w* kleiner als 1 ist, kann folgendes gelten:

$$N(1-w) > K > wN(1-w) \qquad (1)$$
$$\text{daraus folgt} \quad N-K > wN \qquad (2)$$
$$\text{und} \quad w^2N > wN-K \qquad (3)$$

(2) bedeutet, dass wenn meine Bekannte pünktlich ist, ich gut daran tue, auch pünktlich zu sein. (3) sagt, dass die entsprechende Symmetrie auch für Unpünktlichkeit gilt. In anderen Worten: Dieses Spiel hat zwei Nash-Gleichgewichte – beide sind pünktlich und beide sind unpünktlich.

An dieser Stelle wird die Norm wichtig. Ist in meiner Gesellschaft Pünktlichkeit die Norm, dann habe ich Grund zu der Annahme, dass meine Bekannte pünktlich sein wird. Also wähle ich P. Entsprechendes gilt in unpünktlichen Gesellschaften. Die soziale Norm ist eine Konvention, die mir zu erraten hilft, was mein Gegenüber wahrscheinlich tun wird. Pünktlichkeit ist keine angeborene menschliche Eigenschaft; sie ist eine erlernte Antwort auf das soziale Umfeld.[6]

---

[6] In den späten 1980ern hatte ich in Princeton einmal eine Verabredung mit dem Nobelpreisträger Arthur Lewis. Natürlich wollte ich ihn nicht warten lassen, und so kam ich überpünktlich an seinem Büro an. Seinen ersten Satz werde ich nie vergessen: „Ihr Inder seid immer so pünktlich." Ich war erstaunt, denn mein Heimatland war eher für das Gegenteil von Pünktlichkeit bekannt. Hatte er in seinem gehobenen Alter vielleicht Inder mit Japanern verwechselt? Bald wurde mir aber klar, dass sein Bezugspunkt nicht Inder in Indien waren, sondern jene, die in den USA lebten und arbeiteten. Und viele von denen hatten in der Tat die Gewohnheiten ihrer Heimat hinter sich gelassen, hatten sich ihrer neuen Umgebung angepasst und waren pünktlich geworden – genau wie das obige Spiel vorhersagt. Doch selbst in Indien haben sich die Zeiten geändert. Als ich ab 2009 für knapp drei Jahre für die indische Regierung arbeitete, hatte ich das Gefühl, dass sich zumindest in Neu-Delhi die Pünktlichkeitsnormen rapide verbesserten. Es ist schwer zu sagen, was genau der Auslöser war, aber die Pünktlichkeit in der öffentlichen Verwaltung war ganz eindeutig besser als nur ein oder zwei Jahrzehnte zuvor. „Normierungsentrepreneure" im Sinne von Sunstein (1996) werden dabei eine gewisse Rolle gespielt haben: Einige wenige Führungspersonen können solche Veränderungen oftmals durch das Beispiel ihres eigenen Verhaltens initiieren.

Eines der eingängigsten Beispiele für die Relevanz des obigen Modells kommt aus der jüngeren Geschichte. Im Jahre 1857 reiste der niederländische Ingenieur Kattendyke in ein fernes Land und war entsetzt über die dort herrschende Unpünktlichkeit. Folgendes wird über seine Erfahrungen berichtet:

> In seinen Memoiren nannte Kattendyke ... eine Reihe von Erlebnissen, um seine Frustration über die in diesem Land herrschende Langsamkeit zu erklären. Zum Beispiel kam das von ihm für Reparaturen benötigte Material nicht zur bestellten Zeit an; ein Arbeiter tauchte nur einmal auf und kam dann nie wieder ... Kattendykes Frustration wurde von den meisten Ausländern geteilt, die in diesem Land arbeiteten ... Sie ärgerten sich oft über die Arbeitsgewohnheiten der Einheimischen, und der häufigste Anlass für Ärger war, dass die dortigen Arbeiter anscheinend überhaupt kein Zeitgefühl hatten. Den Fremden kam es vor, als würde die Uhr für die Einheimischen bei der Arbeit keinerlei Rolle spielen. (Hashimoto 2002, S. 124)

Bei dem unpünktlichen Land handelt es sich um Japan – heutzutage wohl eine der pünktlichsten Gesellschaften der Welt. Im modernen Japan gilt Unpünktlichkeit gemeinhin als Schande, und so nehmen die Japaner extreme persönliche Kosten auf sich, um auf keinen Fall zu spät zu kommen. Es überrascht also, dass das nicht der Fall war, als Kattendyke vor gut 150 Jahren in Nagasaki war. Das Japan des 19. Jahrhunderts scheint insofern den unpünktlichsten Ländern der heutigen Zeit zu gleichen. Die Beschreibung macht wiederum auch klar, dass Pünktlichkeit nicht etwa einen Teil der japanischen DNA darstellt, sondern eine sozial erlernte Norm, deren Befolgung rational ist.[7]

5.3 Diskriminierung als fokaler Punkt

Das Phänomen der Diskriminierung gegen einzelne Gruppen einer Gesellschaft ist wahrscheinlich fast so alt wie die Menschheit selbst. Auch die ökonomische Forschung hierzu blickt schon auf eine lange Geschichte zurück. Eine besondere Rolle kommt dabei der Arbeit von Becker (1957) zu, der annimmt, dass die Menschen eine inhärente, angeborene Neigung haben, ge-

---

[7] In seinem Aufsatz „Punctuality Pays" berichtet James Surowiecki (New Yorker, 5. April 2004) von dem Versuch Ecuadors, quasi über Nacht, nämlich am 1. Oktober 2003, zu einer pünktlichen Nation zu werden, wobei das Land bis dahin eher für sein laxes Zeitgefühl bekannt war. Die Idee hinter dieser nationalen „Kampagne gegen die Unpünktlichkeit" entsprach genau der unseres Modells, nämlich dass der Übergang vom unpünktlichen zum pünktlichen Gleichgewicht große Gewinne bringen kann, aber nur funktioniert, wenn alle mitziehen. Eine so tiefgreifende kulturelle Veränderung ist entsprechend schwierig zu erzielen. In Ecuador hat sich diesbezüglich auch wenig geändert.

wisse Gruppen zu präferieren. Mit dem Aufkommen der Informationsökonomik erschienen dann neue Erklärungsansätze, die stattdessen auf Signaleffekte und statistische Diskriminierung abzielten.[8] Statistische Diskriminierung ist ein sehr erklärungsmächtiges Konzept, das sich auf viele Situationen des Lebens anwenden lässt. Zugleich wirft es aber auch moralische Fragen auf: Es geht um die Bildung von (Vor)Urteilen über Menschen auf Grundlage der statistischen Eigenschaften der Gruppe, zu der die beurteilte Person gehört. Auch Rechtswissenschaftler haben sich mit einigem Interesse dieses Themas angenommen.[9]

Die Konzepte von fokalen Punkten und Normen ermöglichen einen neuen, faszinierenden Zugang zum Verständnis von kollektiver Diskriminierung – einem Thema, das enorm wichtig für die Betrachtung unserer heutigen Welt und vieler ihrer Konflikte und Probleme ist.[10] Im Folgenden möchte ich ein in Basu (2017) entwickeltes Modell skizzieren, das einige Ausprägungen von Koordinierungsnormen illustriert. Solche Normen wirken oftmals auf so subtile Weise (wie auch in diesem Modell), dass wir uns dessen zumeist gar nicht bewusst sind.

Diskriminierung gegen gewisse Gruppen durchzieht viele Gesellschaften und zumindest die komplette neuere Menschheitsgeschichte.[11] Besonders üble Beispiele sind das auf Intoleranz und der Ausgrenzung großer Bevölkerungsgruppen basierende Kastensystem in Indien, sowie die Apartheid in Südafrika und die Rassendiskriminierung und Sklaverei in den USA – von 12 düsteren Jahren deutscher Geschichte ganz zu schweigen.[12] Auch aus

---

[8] Becker (1957), Phelps (1972), Arrow (1973, 1998), Stiglitz (1973, 1974).

[9] Cooter (1994), McAdams (1995). Posner (2000, Kap. 8) liefert eine ausgezeichnete Zusammenfassung der rechtswissenschaftlichen Forschung zur Diskriminierung gegen Teile der Gesellschaft.

[10] Zur Diskriminierung gegen gesellschaftliche Gruppen ist in den letzten 20 Jahren einige ökonomische Literatur entstanden (Kuran 1998; Varshney 2002; Genicot und Ray 2003; Basu 2005; Sen 2006; Esteban und Ray 2008; Akerlof und Kranton 2010; Morita und Servatka 2013; Mukherjee 2015; Landa 2016; Ray und Esteban 2017). Das Gefühl der Zugehörigkeit zu einer Gruppe ist bemerkenswert zäh, sodass auch längst verstorbene Generationen noch heute die Identität neuer Gruppenmitglieder beeinflussen können (Tirole 1996).

[11] Das in einer Gesellschaft vorhandene Maß an Diskriminierung hängt davon ab, wie wir messen. Dabei treten schwierige Fragen der Statistik und der Ethik auf, wie Subramanian (2011) umfassend diskutiert. Interessanterweise wird in diesem Artikel anerkannt, dass Diskriminierung im Zusammenhang mit externen Effekten durchaus auch eine positive Wirkung haben kann. Das bedeutet nicht, dass wir Diskriminierung tolerieren sollten, sondern nur, dass wir uns einiger schwieriger Abwägungen bewusst sein müssen.

[12] Es ist wichtig, zu verstehen, dass die Sozialgeschichte einer Gesellschaft das Identitätsgefühl seiner Mitglieder prägt. Durlauf (2001) weist beispielsweise darauf hin, dass die Erfahrung der Pest in Athen im Jahr 430 v. Chr. am „Charakter" nachfolgender Generationen von Athenerinnen und Athenern abzulesen war. In der traditionellen Ökonomik werden individuelle Entscheidungen durch Interaktionen auf dem Markt geprägt. Ein umfassenderes Verständnis menschlichen Verhaltens, inklusive des Entstehens von Gruppenidentität, erfordert jedoch die Berücksichtigung des Einflusses sozialer Interaktion auf individuelle Entscheidungen. Modelle, die auf sozialer Interaktion beruhen, können zudem im Prinzip nicht nur individuelles Verhalten abbilden, sondern auch jenes von Gruppen (Blume/Durlauf 2003).

analytischer Perspektive sind diese Beispiele problematisch, weil wir bezüglich der Ursachen nicht klar zwischen Normen und Gesetzen unterscheiden können. In drei der vier genannten Fälle waren die verwerflichen diskriminierenden Praktiken (weitgehend) explizit durch das Recht gedeckt. In anderen Fällen, wie auch beim indischen Kastensystem, gibt es zwar keine rechtliche Grundlage, aber der entsprechende soziale Kodex ist so gut strukturiert und wird so strikt durchgesetzt, dass fraglich ist, ob hier sinnvoll zwischen Recht und Gewohnheit unterschieden werden kann.

Wo bestimmte gesellschaftliche Gruppen unter Diskriminierung leiden, gibt es fast automatisch andere, die von denselben Praktiken profitieren. Wäre ich in Indien in der Kolonialzeit oder noch heute in den USA gefragt worden, welche Hautfarbe ich am liebsten hätte, dann müsste ich nicht lange überlegen. Woher kommen die diskriminierenden Tendenzen vieler Menschen? In Wahrheit sind die Ursachen vielfältig, aber ich möchte hier einen Erklärungsansatz vorstellen, demzufolge der Wunsch nach Diskriminierung nicht angeboren ist,[13] sondern ein Produkt des freien Marktes und ökonomischer Zwänge. Diese Perspektive macht auch klar, dass selbst wenn Diskriminierung nicht durch das Recht hervorgerufen wird, wir möglicherweise dennoch Gesetze und Markteingriffe benötigen, um sie zu verhindern.

Um das nachzuvollziehen, betrachten wir den wichtigen Forschungsbeitrag von Bertrand/Mullianathan (2004) zu ethnischer Diskriminierung auf dem Arbeitsmarkt.[14] Wenn wir Diskriminierung beobachten, stellt sich immer die Frage, ob es sich dabei um die Manifestation einer inhärenten (Ab)Neigung handelt oder ob eine andere Ursache vorliegt, die lediglich mit dem Merkmal der Diskriminierung (Hautfarbe, Kaste, usw.) korreliert und so den bösen Anschein persönlicher Voreingenommenheit erweckt. Wenn also ein Arbeitgeber mehr Weiße als Schwarze einstellt, ist das dann Ausdruck seiner ethnischen Präferenzen oder liegt es vielleicht eher daran, dass die weißen Bewerber durchschnittlich besser qualifiziert sind? Bertrand und Mullainathan haben

---

[13] Dass die Neigung zu Diskriminierung wahrscheinlich nicht nur angeboren ist, stellt auch Tom Stoppard (1982, S. 57 f.) in seinem Theaterstück „The Real Thing" sehr schön dar:

BILLY: You approve of the class system?
ANNIE: You mean on trains or in general?
BILLY: In general [...]
ANNIE: There's no system. People group together when they've got something in common. Sometimes its religion, and sometimes it's [...] being at Eton. [...] There's nothing really *there* – it's just the way you see it. Your perception.
BILLY: Bloody brilliant. There's people who've spent their lives trying to get rid of the class system, and you've done it without leaving your seat.

[14] Siehe auch Thorat/Newman (2007), Reuben/Sapienza/Zingales (2014) und Thorat/Banerjee/Mishra/Rizvi (2015).

versucht, diesen möglichen zweiten Effekt zu kontrollieren, indem sie auf Stellenausschreibungen von US-amerikanischen Unternehmen mit erfundenen Lebensläufen antworteten. Auf diese Weise schufen sie die „ceteris paribus"-Bedingung, von der traditionelle Ökonomen so oft reden, die sie aber selten einhalten können. Das Ergebnis war beklemmend. Wenn die fiktiven Bewerber Namen hatten, die sich „weiß" anhörten, hatten sie eine wesentlich höhere Chance, zum Vorstellungsgespräch eingeladen zu werden, als bei „schwarzen" Namen – bei ansonsten identischen Lebensläufen. Um die gleiche Chance auf eine Einladung zu haben, musste ein Bewerber mit „schwarzem" Namen acht Jahre mehr Berufserfahrung aufweisen als einer mit einem „weißen" Namen.

In Basu (2017) bezweifle ich, dass diese Ergebnisse notwendigerweise Ausdruck ethnischer Diskriminierung sind. Vielleicht sind sie es, vielleicht aber auch nicht. Im letzteren Fall ist das Phänomen ebenso beunruhigend, aber aus einem anderen Grund, denn dann würde Diskriminierung ganz natürlich, aus dem freien Markt heraus entstehen und sich dann in unseren Erwartungen und Überzeugungen festsetzen: Sie würde zu einem fokalen Punkt. Das will ich nachfolgend genauer erklären.

Bei den meisten Aufgaben im Leben hängt der Erfolg auch davon ab, wie erfolgreich man bei anderen Aufgaben ist. Um in der Vertriebsabteilung eines Unternehmens erfolgreich zu sein, muss ich gut mit der Einkaufs- und Logistikabteilung des Kundenunternehmens zurechtkommen. Wer von der Logistikabteilung gemieden wird, hat es schwer, Absatz zu erzielen. Entsprechend sieht es aus der Perspektive der Einkaufsabteilung aus – sie kann nur dann gute Geschäfte mit mir machen, wenn sie weiß, dass mir auch die Logistikabteilung und meine eigene Vertriebsabteilung vertrauen. Alle beteiligten Parteien müssen abschätzen, wie erfolgreich ich wohl gegenüber den jeweils anderen Parteien bin. An dieser Stelle bekommen Namen eine Bedeutung, die über reine ethnische Präferenzen hinausgehen. Wenn der Leiter einer der drei Abteilungen erwartet, dass eine Elisabeth bessere Arbeit abliefern wird als eine Elif, wird er Elisabeth bei ansonsten gleicher Qualifikation eher einstellen. Wenn das für alle drei beteiligten Abteilungen gilt, wird die Erwartung selbsterfüllend. Der „deutsche" Name dient auf dem Arbeitsmarkt als fokaler Punkt bei Aufgaben, die durch „strategische Komplementarität" gekennzeichnet sind – das sagen Ökonomen dann, wenn meine Beschäftigung mit einer Aufgabe meine Produktivität bei einer anderen Aufgabe steigert.

Ich will die grundlegende Idee der Beziehung zwischen Diskriminierung und fokalem Punkt mit einem einfachen Beispiel verdeutlichen. Nehmen wir an, Unternehmer 1 und Unternehmer 2 suchen jeweils Vertragspartner, von denen auf dem Markt n (> 2) zur Verfügung stehen. Unternehmer 1 braucht jemanden, der sich um seinen Rasen kümmert: Dünger kaufen und streuen, säen, mähen, usw. Unternehmer 2 hat Geld übrig, das er verleihen möchte. Wer das Geld von ihm leiht, kommt leichter an Dünger und Saatgut und hat somit einen Vorteil bei der Rasenarbeit. Wenn es Unternehmer 2 gelingt, das Geld an die Person zu verleihen, die auch den Rasenjob bekommt, stehen die Chancen gut, das Geld mit Zinsen wiederzubekommen. Die beiden Unternehmer kennen aber möglicherweise diese Kausalität der Produktivität nicht, nämlich dass sie beide profitieren, wenn sie die gleiche Person engagieren. Im echten Leben, wo sich tausende Unternehmer um hunderttausende Vertragspartner bemühen, ist eine solche Situation durchaus realistisch. Die Unternehmer wissen, dass einige potenzielle Partner produktiver sind als andere, und sie suchen nach Indikatoren der Produktivität, ohne die zugrunde liegenden Zusammenhänge genau zu verstehen.

Den letzten Absatz kann ich wie folgt zusammenfassen: Jeder Unternehmer sucht sich für seinen Zweck eine Person aus. Wählt ein Unternehmer eine Person, die der andere Unternehmer nicht gewählt hat, beträgt sein Nutzen x. Wählt er aber eine Person, die auch für den anderen Unternehmer arbeitet, ist der Nutzen y. Gemäß der strategischen Komplementarität gilt

$$y > x. \qquad (4)$$

Den Unternehmern ist die strategische Komplementarität nicht bewusst. Sie wissen nur, dass sie entweder x oder y bekommen, aber nicht, wodurch der Unterschied zustande kommt. Die einzige kritische Annahme hier ist (4). Alle anderen Elemente des Modells können variiert werden, ohne dass sich das Ergebnis wesentlich ändert. Ich sollte klarstellen, dass ich nicht davon ausgehe, dass strategische Komplementarität immer vorliegt. Sie ist lediglich in vielen Situationen plausibel, und wenn sie besteht, steigt das Risiko einer Art von Diskriminierung, die keinerlei angeborene Abneigungen oder Unterschiede bezüglich der Fähigkeiten oder Qualifikationen verschiedener Gruppen voraussetzt, sondern allein durch natürliche Marktprozesse entsteht.

Um hieraus ein Spiel zu machen, das unser Verständnis von Diskriminierung fördert, müssen wir dem Modell noch etwas mehr Struktur geben. Angenommen, es gibt n potenzielle Vertragspartner, nämlich w Weiße und s Schwarze, also w + s = n. Die Unternehmer können bei ihrer Wahl eines Vertragspartners eine von drei Strategien verfolgen: keine Diskriminierung (K), Diskriminierung zugunsten der Weißen (W) und Diskriminierung zugunsten der Schwarzen (S). Unter Strategie N wählen sie zufällig eine der n Personen aus, also hat jede Person eine Auswahlwahrscheinlichkeit von 1/n. Ent-

5 Soziale Normen und das Recht

	K	W	S
K	$\frac{y}{n}+\frac{x(n-1)}{n}$	$\frac{y}{n}+\frac{x(n-1)}{n}$	$\frac{y}{n}+\frac{x(n-1)}{n}$
W	$\frac{y}{n}+\frac{x(n-1)}{n}$	$\frac{y}{y}+\frac{x(w-1)}{w}$	x
S	$\frac{y}{n}+\frac{x(n-1)}{n}$	x	$\frac{y}{s}+\frac{x(s-1)}{s}$

Abb. 5.2 Allgemeines Diskriminierungsspiel

sprechend sind die Wahrscheinlichkeiten bei den beiden diskriminierenden Strategien 1/w bzw. 1/s. Das Diskriminierungsspiel unten zeigt die daraus resultierenden Auszahlungen für jede der neun möglichen Strategiekombinationen. Da die Auszahlungen der beiden Unternehmer symmetrisch sind, gebe ich aus Platzgründen jeweils nur einen Wert an (Abb. 5.2).

Um die Auszahlungen nachzuvollziehen, betrachten wir die linke obere Zelle, in der beide Unternehmer K spielen, also keiner diskriminiert. Wenn ein Unternehmer jemanden ausgewählt hat, ist die Wahrscheinlichkeit, dass der andere Unternehmer die gleiche Person nimmt, 1/n. In dem Fall beträgt die Auszahlung y. Mit der Gegenwahrscheinlichkeit von (n-1)/n wählen sie hingegen nicht die gleiche Person. Dann bekommen beide y. Die erwartete Auszahlung ist also y/n + x(n-1)/n. Auf ähnliche Weise lassen sich leicht die anderen Auszahlungen bestimmen.

Das Spiel hat drei Gleichgewichte: (K ; K), (W ; W) und (S ; S) – also keiner diskriminiert, beide bevorzugen Weiße, und beide bevorzugen Schwarze. Wenn einer der Unternehmer K wählt, kann sich der andere durch eine Abweichung von dieser Strategie nicht besserstellen, denn er bekommt bei den beiden anderen Strategien die gleiche Auszahlung. Weiterhin folgt aus $y > x$ und $n > w$:

$$y/w + x(w-1)/w > y/n + x(n-1)/n$$
$$\text{und}$$
$$y/w + x(w-1)/w > x.$$

Wenn also der eine Unternehmer Weiße bevorzugt, werden Weiße durchschnittlich produktiver, und somit wird auch der andere Unternehmer einen Weißen einstellen wollen. Dadurch wird (W ; W) zu einem Gleichgewicht. Entsprechendes gilt für (S ; S).

	K	W	S
K	1,25 ; 1,25	1,25 ; 1,25	1,25 ; 1,25
W	1,25 ; 1,25	1,5 ; 1,5	1 ; 1
S	1,25 ; 1,25	1 ; 1	1,5 ; 1,5

Abb. 5.3 Spezielles Diskriminierungsspiel

Für diejenigen Leserinnen und Leser, denen Symbole nicht so geheuer sind, will ich einen konkreten Fall dieses Spiels annehmen. In dieser Gesellschaft gebe es je zwei weiße und zwei schwarze Arbeitnehmer. Weiterhin sei $y = 2$ und $x = 1$. Dann stellt sich die Auszahlungsmatrix wie folgt dar, wobei diesmal jeweils beide Auszahlungen gezeigt werden (Abb. 5.3):

Die drei Gleichgewichte sind jetzt noch offensichtlicher: Wenn der eine Unternehmer diskriminiert, wird der andere es ihm gleichtun. Wie in allen Spielen mit mehreren Gleichgewichten braucht es auch hier einen fokalen Punkt, um das Verhalten der Spieler zu koordinieren. Meine These ist, dass in Märkten mit strategischer Komplementarität die Hautfarbe, das Geschlecht oder in Indien eben auch die Kaste den fokalen Punkt liefern kann.[15] Solche persönlichen Merkmale werden dann nur deshalb wichtig, weil andere sie für wichtig halten. Die Unternehmer präferieren Elisabeth gegenüber Elif nicht aus rassistischen Gründen, sondern weil sie besser dran sind, wenn sich alle aus der gleichen Gruppe bedienen.

Eine wichtige Lehre aus dieser Perspektive ist, dass der Markt es eben *nicht* richten wird, wie so oft und gern angenommen wird. Diskriminierung kann aus dem freien Markt heraus erwachsen, und mitunter helfen dagegen nur Regulierung und positive Diskriminierung („affirmative action' – die bewusste Bevorteilung ansonsten benachteiligter Gruppen). Wenn sich ein Arbeitgeber für positive Diskriminierung entscheidet, sollte er nicht dem oft gehörten, politisch korrekten Mantra glauben, dass seine Gewinne darunter nicht leiden werden. Das werden sie möglicherweise. Doch manchmal muss man in Leben einfach tun, was unabhängig von Gewinninteressen moralisch richtig ist. Und das kann positive Diskriminierung sein.

Aus dem Modell erwachsen einige spannende Fragen der Politikgestaltung. Offensichtlich ist die Gesamtauszahlung der beiden Unternehmer – bedingt stellvertretend für die Gesamtwohlfahrt der Gesellschaft – mit Dis-

---

[15] Ich spreche hier vom fokalen Punkt, obwohl eine förmliche Ausarbeitung dieser Idee möglicherweise ein mengenbasiertes Konzept des fokalen Ergebnisses erfordert (siehe Kap. 4).

kriminierung höher als ohne (1,5 > 1,25).[16] Da ein gewisses Maß an Multitasking die Produktivität steigert, ist es besser, die vorhandenen Aufgaben auf einen Teil der Bevölkerung zu konzentrieren, als die Arbeit gleichmäßig auf alle zu verteilen. Ein gleichverteiltes Einkommen der arbeitenden Bevölkerung lässt sich in solch einer Situation wohlgemerkt auf zwei verschiedene Weisen erzielen. Einerseits kann der Staat positive Diskriminierung vorschreiben, also die Arbeitgeber zwingen, Jobs genau im Verhältnis der verschiedenen Bevölkerungsgruppen zu vergeben. Dann ist die Arbeit gerecht – oder zumindest gleichmäßig – verteilt. Die zweite Möglichkeit ist, den Diskriminierungstendenzen freien Lauf zu lassen, dann aber den arbeitenden Teil der Bevölkerung so hoch zu besteuern, dass per Umverteilung diejenigen, die keine Arbeit bekommen, das gleiche Nettoeinkommen haben. In diesem Szenario ist das Gesamteinkommen höher, da die kleinere, spezialisierte Arbeitnehmerschaft produktiver ist. Dieser Lösung könnte man allerdings entgegenhalten, dass Arbeit wichtig für das Selbstwertgefühl der Menschen ist, sodass die rein finanzielle Gleichstellung der Bevölkerungsteile nicht ausreicht.

Dieses Argument hat mich jedoch nie überzeugt. In vielen Ländern hat es zu verschiedenen Zeiten gesellschaftliche Klassen gegeben, deren Mitglieder herzlich wenig gearbeitet und sich stattdessen auf ihr Luxusleben konzentriert haben, so wie der britische Landadel oder die indischen *Zamindare*. Dass diese Form von Arbeitslosigkeit systematisch zu psychischen Problemen geführt hätte, ist mir nicht bekannt. Wichtig ist ein Gefühl der Legitimität dessen, was man tut und verdient. In einer Welt, in der (zufällig) entweder die eine Gruppe oder die andere Arbeit bekommt, sich die Gruppen ansonsten aber nicht unterscheiden, sollte die Gruppe, die nicht arbeitet, sondern Transferleistungen bezieht, eigentlich kein Legitimitätsproblem haben.

Während wir dieses gesellschaftspolitische Dilemma hier nicht auflösen müssen, will ich darauf hinweisen, dass der weltweite Bedarf an geringqualifizierter Arbeit stetig abnimmt. In allen Ländern mit mittlerem und höherem Wohlstand sinkt der Anteil des nationalen Gesamteinkommens, der auf Arbeiter entfällt, seit 1975 stetig (Karabarbounis und Neiman 2014; Basu 2016). Wir müssen uns also sehr gut überlegen, ob wir die schwindende Menge an geringqualifizierter Arbeit per Gesetz gleichmäßig, aber dünn auf alle verfügbaren Arbeitskräfte verteilen wollen und Produktivitätseinbußen in Kauf neh-

---

[16] Dies ist zugegebenermaßen nur eine statische Analyse der Effizienzwirkung von Diskriminierung. Neuere Forschung zu dynamischen Zusammenhängen hat unerwartete Verbindungen zwischen der Größe des zu verteilenden Kuchens und seiner tatsächlichen Verteilung zutage gefördert. Giraud/Grasselli (2017) entwickeln ein makrodynamisches Modell, in dem größere Ungleichverteilung zunächst zu einem größeren Kuchen führen kann, woraus aber eine Dynamik entsteht, die dann unweigerlich zu einem Zusammenbruch und somit zu einer drastischen Verkleinerung des Kuchens führt.

men, oder ob wir nur einen Teil der Bevölkerung produktiv arbeiten lassen und das Einkommen dann per Besteuerung auf die Arbeitslosen umverteilen.

Dieses auf dem fokalen Punkt basierende Modell der Diskriminierung kann vielseitig angewendet werden. Nehmen wir das Beispiel einer Gruppe, die im eigenen Interesse behauptet, in irgendeiner Weise besser oder produktiver zu sein als andere Gruppen – eine beliebte Strategie. Im täglichen Leben sind wir ständig auf der Suche nach Signalen, dass eine Gruppe besser ist als eine andere. Studierende aus Berkeley sind die besten, Absolventen von Cornell sind produktiver als andere Gruppen (das stimmt sogar), und so weiter. Die Menschen sind empfänglich für solche Ideen, und sobald so eine Idee zur Norm wird, kann sie selbstverstärkend sein, weil die damit verbundene Erwartung zum fokalen Punkt wird.

Wir alle besitzen mehre Merkmale, anhand derer wir uns identifizieren können – Hautfarbe, Nationalität, Muttersprache, Geschlecht, regionale Herkunft, usw. (zur Diskussion siehe Sen 2006). Wenn man nun bewusst den Eindruck stärken möchte, dass eines dieser Identitätsmerkmale ein Zeichen höherer Produktivität ist, legt das Modell nahe, dass man sich dazu am besten ein Merkmal aussucht, das nur auf eine kleine Bevölkerungsgruppe zutrifft. Das ergibt sich aus den oben genannten Gleichgewichtsauszahlungen, die die Unternehmer bekommen, wenn sie zugunsten von Weißen – $(y+(w-1)x)/w$ – bzw. Schwarzen – $(y+(s-1)x)/s$] – diskriminieren. Da immer noch $s = n-w$ gilt, kann man leicht herleiten, dass bei fallendem w der Nutzen der Diskriminierung zugunsten von Weißen steigt, während die Diskriminierung zugunsten von Schwarzen immer unattraktiver wird. (W ; W) und (S ; S) sind beide weiterhin Nash-Gleichgewichte, aber ersteres wird immer dominanter, je kleiner der Anteil der weißen Bevölkerung ist. Wenn ich also propagieren möchte, dass eine Bevölkerungsgruppe, der ich zugehöre, produktiver ist, dann suche ich mir am besten eine kleine Gruppe aus.[17] Unter anderem erklärt dieses Ergebnis auch, warum es so eine große Herausforderung ist, Frauen auf dem Arbeitsmarkt besserzustellen – sie sind keine kleine Gruppe.

Im Falle von Nationalitäten legt das Modell nahe, dass die Behauptung, die Briten seien produktiver, mehr Wirkung hat als die Behauptung, die Chinesen seien produktiver. Und wenn der Behauptung geglaubt wird, steigt die Produktivität der Briten auch tatsächlich. Man mag sich darüber wundern, dass Großbritannien als relativ kleines Land einmal die halbe Welt beherrscht hat. Ich würde argumentieren, dass das gar nicht so überraschend ist.

---

[17] Streng genommen legt die Analyse also nahe, dass sich jeder als Teil einer Ein-Personen-Gruppe vermarkten sollte. Ein umfänglicheres Modell würde aber die kognitiven Einschränkungen des Beobachters berücksichtigen, der mit so kleinteiligen Informationen kaum umgehen kann. Dann würde klar, dass es keinen Sinn macht, eine beliebig kleine Gruppe zu definieren.

Zum Abschluss dieses Abschnitts möchte ich daran erinnern, dass dieses auf dem fokalen Punkt basierende Modell von Diskriminierung zwar wichtig ist, es vor seiner Anwendung auf das echte Leben aber – wie alle Theorie – der Anreicherung mit gesundem Menschenverstand und überlegter Intuition bedarf.[18] Zum Beispiel sollte uns klar sein, dass die Produktivität und die geistige Leistungsfähigkeit eines Menschen davon abhängen, wie er behandelt wird und wie die Gesellschaft auf die Gruppe schaut, der dieser Mensch zugehört. Selbst wenn die Diskriminierung nur die Auswirkung eines fokalen Punktes sein sollte und somit aus keiner tieferen Absicht entsteht, kann sie verletzen, und sie kann dazu führen, dass Menschen, die zunächst nur für weniger produktiv gehalten werden,[19] dann leider auch tatsächlich an Produktivität verlieren. Auch der Wechsel von einem Gleichgewicht zu einem anderen, den wir uns in der strategischen Form eines Spiels innerhalb eines Augenblicks vorstellen können, wird in der Realität nicht ganz so funktionieren. Solche Veränderungen brauchen Zeit und können darüber hinaus wirtschaftliche oder sozialpsychologische Interventionen erfordern.

Unsere obige Übung wirft auch einige Fragen bezüglich der Bedeutung statistischer Informationen und der moralischen Dimension ihrer Nutzung zur Beurteilung von Menschen auf. Obwohl dies interessante und wichtige Themen sind, berühren sie das Hauptanliegen dieses Buches nicht. Ich werde im letzten Kapitel kurz darauf zurückkommen.

5.4 Kinderarbeit und das Recht

Auch in vielen weiteren Bereichen der Ökonomik tauchen multiple Gleichgewichte auf natürliche Weise auf (Hoff und Stiglitz 2001; Bowles et al. 2006; Barrett et al. 2016). In allen diesen Fällen haben die Überzeugungen und Erwartungen der Menschen einen wichtigen Einfluss darauf, welches Ergebnis sich in der Gesellschaft einstellen wird. Daraus entsteht eine Vielzahl an wichtigen Fragen über die möglicherweise ungewöhnliche Rolle des Rechts.

Ein Thema, zu dem Anthropologen und Soziologen umfassend geschrieben haben, sind die uralten Normen des indischen Kastensystems und der eiserne Griff, mit dem sie die Gesellschaft lenken. Ökonomen haben darüber bislang

---

[18] Ich habe andernorts (Basu 2014) ausführlich argumentiert, dass die reine Wissenschaft allein uns nicht hilft, der Welt zu helfen. Nur in Kombination mit eben jenem gesunden Menschenverstand und überlegter Intuition können aus Datenanalyse und Theoriebildung wertvolle Einsichten über das echte Leben erwachsen.

[19] Zu den wichtigsten Forschungsergebnissen hierzu gehören Shih/Pittinsky/Ambady (1999) und Hoff/Pande (2006). Siehe auch Hoff/Stiglitz (2015) und World Bank (2015).

zwar weniger geschrieben,[20] können mit ihrem Instrument der Gleichgewichtsanalyse jedoch eine wichtige Frage adressieren: Ist das Kastensystem – aus welchem Grund auch immer – im indischen Bewusstsein veranlagt, oder ist es nur das Ergebnis vieler individueller rationaler Reaktionen, die in Summe ein scheinbar felsenfestes System ergeben, aber tatsächlich nur auf Überzeugungen und Erwartungen beruhen – genauso wie das Recht? Akerlof (1976) hat darauf hingewiesen, dass die Praktiken des Kastensystems ein sich selbst bestärkendes Gleichgewicht sein könnten. Nehmen wir zum Beispiel die schreckliche Praxis der „Unberührbarkeit", also der Ausgrenzung der Mitglieder der untersten Kaste aus der Gesellschaft. Warum grenzt die obere Kaste die Unberührbaren aus? Möglicherweise handelt sie aus der Angst heraus, dass sie, wenn sie es nicht täte, selbst von anderen in der Gesellschaft ausgegrenzt würde.

Doch warum sollten andere ein Mitglied der oberen Kaste ausgrenzen, wenn dieses nicht die Unberührbaren ausgrenzt? Die Antwort ist, dass diese anderen Personen ihrerseits Angst vor Ausgrenzung haben, wenn sie jemanden nicht ausgrenzen, der die Unberührbaren nicht ausgrenzt. Mit ein wenig Modellierung lässt sich zeigen, dass solches Verhalten in einer Gesellschaft mit multiplen Gleichgewichten eines dieser Gleichgewichte ist.[21] In anderen Worten: Für solche sozialen Praktiken bedarf es keiner Veranlagung in unseren Genen oder unserer Psyche. Natürlich kann jede Praxis, die schon sehr lange besteht, Denkgewohnheiten beeinflussen und mechanisches Verhalten eher denn rationales Handeln hervorrufen. Aber die Ursprünge solcher Praktiken liegen in menschlichen Erwartungen und Gleichgewichtsentscheidungen. Solche Erklärungen zweifelhafter sozialer Praktiken sind einerseits harmloser, zugleich aber auch noch erschreckender, denn sie machen klar, dass solche Praktiken in jeder Gesellschaft entstehen können, und sobald sie sich einmal festgesetzt haben, können sie Menschen ebenso sehr einschränken wie Mauern aus Stein und Beton. Diese Sichtweise ist deshalb so mächtig, weil sie sich auf ein sehr breites Spektrum an sozialen Situationen anwenden lässt, von Schulhofhänseleien aufgrund von Gruppenzwang über politische Unterdrückung, z. B. in totalitären Systemen oder während der McCarthy-Ära in den USA der 1950er-Jahre, bis hin zu einer Analyse der Meinungsfreiheit in einer Gesellschaft – alles Gegenstände des nächsten Kapitels.

---

[20] Siehe Deshpande (2011) für einen umfassenden Überblick über die Ökonomik des Kastensystems im modernen Indien.

[21] Diese Modellierung nehme ich im Kontext der politischen Ökonomie vor (Basu 2000) und gehe noch einen Schritt weiter, indem ich zeige, dass es sich sogar um ein teilspielperfektes Gleichgewicht handeln kann. Im nächsten Abschnitt werde ich ein Modell politischer Macht skizzieren, das auf der gleichen Logik basiert. Solche Modelle sind Teil einer weiterreichenden Literatur zu triadischen Interaktionen. Siehe auch Hatlebakk (2002), Villanger (2005) und Han (2016).

Die Plausibilität multipler Gleichgewichte möchte ich mit einem Beispiel illustrieren, das analytisch einfacher ist, aber enorme praktische Auswirkungen hat: Kinderarbeit. Dass sich Kinderarbeit in vielen Ländern – nicht zuletzt Indien – so hartnäckig hält, sorgt seit Jahrzehnten für internationale Empörung und Forderungen nach staatlichen Eingriffen. Im Zuge der Arbeit an einem Artikel, den ich zu diesem Thema vor einigen Jahren in der New York Times veröffentlicht habe (29. Oktober 1994), wurde mir klar, dass Kinderarbeit in einigen Gesellschaften eine Folge multipler Gleichgewichte sein kann.[22] Die Argumentation dazu ist erstaunlich simpel. Sie basiert auf einer entscheidenden Annahme, die wir in Basu/Van (1998) das „Luxusaxiom" genannt haben. Es besagt, dass Eltern ihre Kinder nur dann zur Arbeit schicken, wenn sie die Armut dazu zwingt. Anders ausgedrückt: Den Kindern Freizeit und Bildung zu ermöglichen, ist ein Luxus, den sich Eltern erst ab einem gewissen Einkommensniveau leisten können. Diese Annahme stellt eine Antwort auf die weitverbreiteten Ansichten dar, dass Kinderarbeit entweder auf die Gier der Arbeitgeber zurückzuführen sei, die für ihre einfachen Aufgaben möglichst billige Arbeitskräfte suchen, oder auf mangelnde Fürsorge der Eltern, die ohne mit der Wimper zu zucken ihre Kinder zur Arbeit schicken, wenn sich damit ein paar zusätzliche Rupien verdienen lassen. In dem Zeitungsartikel habe ich der ersten Ansicht zugestimmt und die zweite zurückgewiesen. In der formalanalytischen Arbeit mit Pham Hoang Van habe ich diese Zurückweisung dann in Form des Luxusaxioms kodifiziert.

Wenn das Einkommen der Eltern sehr niedrig ist, wie es leider in vielen Entwicklungsländern oft vorkommt, dann besagt das Luxusaxiom, dass die Eltern ihre Kinder zur Arbeit schicken müssen, damit die Familie genug zum Überleben hat. Nun kann aber das zusätzliche Arbeitsangebot der Kinder nicht nur eine Folge, sondern gleichzeitig auch eine *Ursache* des geringen Einkommens der Erwachsenen sein: Im Niedriglohnsektor des Arbeitsmarktes kann Kinderarbeit Erwachsenenarbeit ersetzen, und wenn viele Kinder ihre Arbeitskraft zu geringen Löhnen anbieten (müssen), werden die Erwachsenen verdrängt oder müssen sich mit ähnlich niedrigen Löhne begnügen. Das lässt eine interessante Folgerung zu: Wenn Kinderarbeit wirksam verboten wird, dann könnte aufgrund des geringeren Arbeitsangebotes der Lohn für die Erwachsenen so weit steigen, dass jene es auch gar nicht mehr nötig haben, ihre Kinder zur Arbeit zu schicken. Diese Argumentation zeigt, dass die Arbeitsmärkte in einigen Ländern mindestens zwei Gleichgewichte aufweisen können: Im ersten sind die Löhne gering, weshalb die Eltern ihre Kinder zur Arbeit schicken müssen, wodurch die Löhne niedrig bleiben. Im anderen,

---

[22] Für eine förmlichere Darstellung, siehe Basu/Van (1998) sowie Basu (1999, 2000).

besseren Gleichgewicht sind die Löhne höher, weshalb die Kinder nicht zu arbeiten brauchen und die Löhne deshalb auch höher bleiben.[23]

Somit besteht eine ähnliche Situation wie bei Pünktlichkeit und Diskriminierung. Innerhalb einer Gruppe von ansonsten ähnlichen Entwicklungsländern können zwei ganz unterschiedliche Zustände herrschen: Wenn die sozialen Normen eines Landes Kinderarbeit begünstigen, bleiben die Löhne der Eltern niedrig, was deren Entscheidung zugunsten von Kinderarbeit zementiert. Wenn hingegen in einem ähnlich armen Land die sozialen Normen Kinderarbeit ächten, sind die Löhne höher, sodass sich die Eltern den Luxus leisten können, ihre Kinder nicht zur Arbeit zu schicken und ihnen stattdessen Freizeit und Bildung zu ermöglichen.

Ich möchte diese Argumentation[24] mithilfe eines Modells formalisieren, das bei Bedarf an verschiedenste Sachverhalte angepasst werden kann. Nehmen wir vereinfachend an, dass die Erwachsenen immer arbeiten, unabhängig vom Lohnniveau. Daraus ergibt sich ein Arbeitsangebot der erwachsenen Haushaltsmitglieder entsprechend der vertikalen Linie im linken Teil von Abb. 5.4. Ungeachtet des Lohnniveaus L bieten die Erwachsenen die Arbeitsleistung A' auf dem Markt an. Das Einkommensniveau E_E steht für das Existenzminimum eines Haushalts. Das Lohnniveau L_E wird durch $E_E = A' * L_E$ definiert und in der Abbildung dargestellt. Es ist dasjenige Lohnniveau für die Erwachsenen, unterhalb dessen der Haushalt unter das Existenzminium fällt und die Eltern gemäß dem Luxusaxiom gezwungen sind, ihre Kinder zur Arbeit zu schicken. Unterhalb von L_E kommt also das Arbeitsangebot der Kinder hinzu, sodass sich das gesamte Arbeitsangebot des Haushaltes (A'') in etwa wie in der rechten Hälfte der Abbildung darstellt.

Die genaue Form der Kurve, die das Arbeitsangebot aller Haushalte aggregiert, unterscheidet sich natürlich von Land zu Land. Interessanterweise hat aber eine Fülle von empirischen Studien die Validität des Luxusaxioms und somit die generelle Form einer Arbeitsangebotskurve mit einem zum Ursprung hin gewölbten Abschnitt bei sehr geringen Löhnen bestätigt.[25] Eine solche aggregierte Angebotskurve ist wiederum in Abb. 5.5 dargestellt, dies-

---

[23] Die parametrischen Bedingungen, unter denen multiple Gleichgewichte auftreten können, lassen sich aus formalen theoretischen Modellen ableiten (siehe z. B. Basu/Van 1998; Swinnerton/Rogers 1999; Basu 2005; Doepke/Zilibotti 2005). Obgleich sich die ursprüngliche Theorie nicht auf ein Spiel, sondern auf ein wettbewerbliches Gleichgewichtsmodell bezog, sollte es möglich sein, ein entsprechendes spieltheoretisches Modell aufzustellen, das multiple Gleichgewichte erzeugt.

[24] Im Gegensatz zu unseren bisherigen Modellen ist diese Argumentation nicht rein spieltheoretischer Natur; sie nutzt auch ein Merkmal wettbewerblicher Gleichgewichtsanalyse, nämlich dass Arbeitgeber und Arbeitnehmer das Lohnniveau als gegeben annehmen.

[25] Die empirische Literatur zu Kinderarbeit ist sehr umfangreich. Siehe z. B. Ray (2000), Emerson/Souza (2003), Bhalotra/Heady (2003), Cigno/Rosati (2005), Edmonds/Schady (2012), Bhardwaj/Lakdawala/Li (2013), Humphries (2013), Carpio/Loayza/Wada (2016), sowie Menon/Rogers (2018).

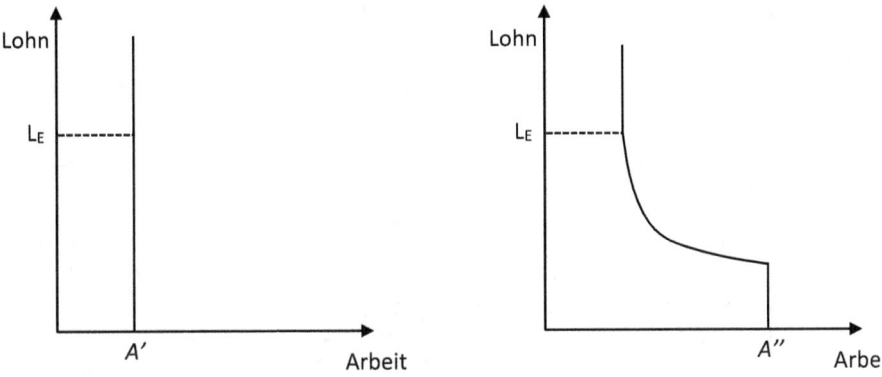

rechten Hälfte der Abbildung darstellt.

Abb. 5.4 Arbeitsangebot an der Armutsgrenze

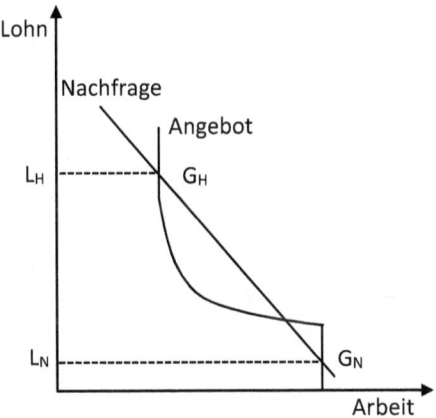

Abb. 5.5 Gleichgewichte auf dem Arbeitsmarkt an der Armutsgrenze

mal in Verbindung mit einer linear fallenden Standard-Nachfragekurve. Je nach Positionierung der beiden Kurven können nun offenbar multiple Gleichgewichte entstehen, also Lohnniveaus, bei denen das Angebot an Arbeit der Nachfrage entspricht. In Abb. 5.5 gibt es zwei stabile Gleichgewichte: G_H mit dem höheren Lohn L_H, sowie G_N mit dem niedrigen Lohn L_N.

Zwar bedeutet die Validität des Luxusaxioms nicht automatisch, dass multiple Gleichgewichte bestehen, doch können merkwürdige und paradoxe Ergebnisse auch ohne sie auftreten.[26] Mein Fokus bleibt jedoch auf dem Fall mit

---

[26] Bestimmte Arten von Verboten können das Problem der Kinderarbeit sogar noch verschlimmern; siehe hierzu Basu/Zarghamee (2009), sowie den Artikel von Tim Worstall in Forbes vom 15. März 2016 („India's Mistake in Trying to Ban Child Labor"). Siehe auch Baradaran/Barclay (2011) und Bagenstos (2013).

multiplen Gleichgewichten, denn dadurch entsteht die analytisch interessante Möglichkeit zweier ansonsten sehr ähnlicher Gesellschaften mit ganz unterschiedlichen Ausmaßen von Kinderarbeit. Die Gesellschaften sind jeweils in verschiedenen Gleichgewichten gefangen, aus denen keiner der betroffenen Haushalte durch sein eigenes Handeln ausbrechen kann.

Wenn sich eine Gesellschaft im ungünstigeren von zwei oder mehr Gleichgewichten befindet, kann eine ungewöhnliche Art von staatlicher Intervention notwendig sein. Um die Gesellschaft aus einer Situation mit Kinderarbeit bei geringem Lohnniveau wie im Gleichgewicht G_N in der obigen Abbildung herauszubringen, genügt mitunter ein *einmaliger* staatlicher Eingriff. Ein Gesetz zur Unterbindung von Kinderarbeit kann ein kollektives Umschwenken zum anderen stabilen Gleichgewicht G_H bewirken. Interessant ist daran, dass dieses Gesetz oder jede andere diesbezügliche staatliche Maßnahme überflüssig wird, sobald das neue Gleichgewicht erreicht ist, da die Gesellschaft von selbst an diesem Punkt bleibt. Es braucht nur einen einmaligen staatlichen *nudge* (Anstoß), um die Gesellschaft vom schlechten zum guten Gleichgewicht zu schubsen, wo sie dann auch ohne dauerhaften Markteingriff bleibt.[27]

Ganz anders verhält es sich, wenn die Gesellschaft zu einem Zustand bewegt werden soll, der nicht aus sich selbst heraus stabil ist. Geschwindigkeitsbegrenzungen sind ein gutes Beispiel. Dass die anderen Fahrer sich daran halten, macht es für mich nicht attraktiver, mich auch daran zu halten. Insofern unterscheiden sich Geschwindigkeitsbegrenzungen ganz grundlegend vom Gebot des Rechts- bzw. Linksverkehrs. Nur im ersteren Fall ist ein dauerhafter staatlicher Eingriff wie eine permanente Durchsetzung durch die Polizei nötig.[28]

Ich möchte an dieser Stelle auf meine Bemerkung zurückkommen, dass Koordinierungsnormen nicht die einzige Form von Normen sind, denen wir in unserem täglichen Leben begegnen. Um diese anderen Formen zu model-

---

[27] Dieses Modell kann als Teil einer größeren Frage gelten, nämlich wie das formale Recht angewendet werden kann, um das Gewohnheitsrecht zu verändern. Aldashev/Chaara/Platteau/Wahhaj (2011, 2012) modellieren, wie der Staat mit Instrumenten des formalen Rechts eine Gesellschaft aus einem gewohnheitsrechtlichen Gleichgewicht herauslösen kann, in dem große Gruppen systematisch zugunsten der Eliten benachteiligt werden. Zu bedenken bleibt natürlich, dass formalrechtliche Regeln nicht fair sein müssen. Solche Instrumente haben all zu oft ausschließlich den Interessen der Kolonialherren gedient, z. B. um die unterdrückte Bevölkerung um ihre Rechte an Land und anderen Ressourcen zu bringen.

[28] Der Unterschied zwischen einmaligen ‚nudge'-Interventionen und permanenten Eingriffen wird bei langfristigen Modellen und generationsübergreifenden Systemen sehr wichtig. Der gesellschaftliche Nutzen einmaliger Eingriffe, die heute hohe gesellschaftliche Kosten aufwerfen, aber ohne weiteres staatliches Zutun sehr lange positiv wirken – wie z. B. eine Umstellung von Links- auf Rechtsverkehr im Einklang mit den Nachbarländern – wird oftmals unterschätzt. Deshalb kann man argumentieren, dass die Politik ‚nudge'-Interventionen zu selten nutzt.

lieren, müssen wir allerdings unsere ökonomische Komfortzone verlassen und uns von einigen unserer neoklassischen Prinzipien verabschieden. Zwei dieser weiterführenden Ansätze möchte ich insbesondere erwähnen. Der erste betrifft Stigmata, zu denen es außerhalb der Ökonomik eine lange Literaturtradition gibt, vor allem in der Soziologie, von Émile Durkheim und Erving Goffman bis zu neueren Arbeiten. Ein Stigma äußert sich in einer negativen Haltung eines Menschen bezüglich der Eigenschaften oder Handlungen eines anderen. Diese Haltung schadet der stigmatisierten Person, zum Beispiel indem sie ihr Selbstwertgefühl herabsetzt. Stigmatisierung ist schmerzhaft, und die Menschen nehmen einige Mühen in Kauf, um sie zu vermeiden. Lange nach den Soziologen haben sich inzwischen auch einige Ökonomen des Themas der Stigmatisierung angenommen, um damit verschiedene ökonomische Phänomene wie Arbeitslosigkeit, Kinderarbeit und Arbeitsmoral zu modellieren und zu erklären.[29]

Zweitens können wir noch einen Schritt weiter gehen und soziale Normen als interne Prozesse in unseren Köpfen verstehen, die uns von bestimmten Verhaltensweisen abhalten. Ich glaube, dass die meisten Menschen auf eine Betätigung als Taschendiebe weder deshalb verzichten, weil sie nach einer gründlichen Kosten-Nutzen-Analyse zu dem Schluss kommen, dass der Erwartungswert der Strafe den erwarteten Erlös übersteigt, noch weil solchem Verhalten ein Stigma anhaftet. Vielmehr entspräche der Diebstahl nicht unseren internalisierten Normen. Er ist für uns eine nicht verfügbare Handlungsoption oder eine, die uns hohe psychologische Kosten auferlegen würde (Basu 1995).[30] Ich werde auf einige dieser Punkte in Kap. 7 zurückkommen, wenn ich die menschliche Rationalität und die Verhaltensökonomik bespreche.

5.5 Bürger, Funktionäre und das Regierungsspiel

Wie wir gesehen haben, können soziale Normen eine Gesellschaft an die gleichen Punkte bringen, auf die auch das Recht abzielt, nämlich zu stabilen, sich selbst bestärkenden Ergebnissen. In allen Gesellschaften zeigen uns Beispiele sozialer Normen, die bestimmte Verhaltensweisen vorschreiben oder verbieten, und andere Normen, die die Bestrafung bei Verstößen gegen die erst-

---

[29] Siehe Lindbeck/Nyberg/Weibull (1989), Besley/Coate (1992), Fehr/Falk (2002), Lopez-Calva (2003), sowie Young (2008).

[30] Es gibt viele andere solcher Normen, die wir mehr oder weniger internalisiert haben, darunter die Normen bezüglich Gerechtigkeit, Rache, Güte und Altruismus (Fehr/Gächter 2000; Platteau 2000). Zur Diskussion einige dieser Normen in Kontext der verhaltensökonomischen Analyse des Rechts, siehe Jolls/Sunstein/Thaler (1998) und Cameron/Chaudhuri/Erkal/Gangadharan (2009).

genannten Normen regeln, wie wirkungsvoll so das Verhalten des Einzelnen gelenkt werden kann. Das gilt gleichermaßen für Pünktlichkeitsnormen wie für gewisse Arten der Gruppendiskriminierung und sogar für Phänomene wie Kinderarbeit. Daraus entsteht aber die Frage, inwiefern sich das Recht überhaupt von sozialen Normen unterscheidet.

Die in den drei vorangegangenen Abschnitten besprochenen Beispiele haben jeweils schon die Antwort angedeutet. Für eine explizite Antwort müssen wir das Spiel des Lebens aber noch detaillierter als bisher konzipieren. Insbesondere müssen wir die Spielermenge in eine Menge an ‚Bürgern' und eine Menge an ‚Funktionären' unterteilen. Letztere, die wir auch ‚Bürokraten', ‚Beamte' oder ‚Staatsdiener' nennen könnten, sind jene Akteure im Dienste des Staates, die zwar auch ihre eigenen Überzeugungen haben, deren vornehmliche Aufgabe aber die Durchsetzung des Rechts ist. Dazu gehören die Polizei, die Behörden, die Justiz, die Regierung, usw. Die Funktionäre werden üblicherweise aus Steuergeldern bezahlt und können andere bestrafen. Als ‚Bürger' verstehe ich dann unabhängig von der Staatsbürgerschaft ganz einfach jene Individuen in der Gesellschaft, die keine Funktionäre sind, von denen also nicht erwartet wird, dass sie den staatlichen Willen durchsetzen, und die ihr Einkommen typischerweise nicht vom Staat beziehen.

Bei der Aufstellung eines Spiels müssen wir festlegen, welche Spieler Funktionäre und welche Bürger sind. Den Funktionären stehen gewisse Handlungen zur Verfügung, die erhebliche Auswirkungen auf die Auszahlungen anderer Spieler haben, da sie Steuern und Bußgelder erheben, aber auch Belohnungen zusprechen können. In dem oben besprochenen Dreipersonen-Gefangenendilemma ist es naheliegend, Spieler 1 und 2 als Bürger zu betrachten. Spieler 3, der zwischen L und R wählt und somit Spieler 1 und 2 bestrafen kann, wäre also der Funktionär.

Sobald wir diese Einteilung in Bürger und Funktionäre vorgenommen haben, können wir zwischen sozialen Normen und dem Recht unterscheiden. Soziale Normen sind Verhaltensmuster, die sich selbst durchsetzen können, *ohne dass die Funktionäre das Recht durchsetzen müssen*. Im Gegensatz dazu bedürfen rechtlich durchgesetzte Handlungsmuster bestimmter Handlungen durch die Funktionäre.[31]

Zur Verdeutlichung ziehe ich noch einmal die beiden Straßenverkehrsregeln heran. Das einheitliche Fahren auf einer Straßenseite funktioniert gut

---

[31] Dies kommt der Idee der Rechtsdurchsetzung durch Dritte nahe, die von vielen Ökonomen diskutiert wird. Die Tücken solcher Strategien bespricht z. B. Ferguson (2013, Kap. 10). Meine Analyse unterscheidet sich jedoch dadurch, dass auch eine solche dritte Partei als Teil des Spiels betrachtet werden muss. Sie mag zwar aus Sicht der ersten und der zweiten Partei exogen erscheinen, ist aber dennoch ein endogener und integraler Bestandteil des Spiel des Lebens in seiner Gesamtheit.

als soziale Norm. Sobald sie sich etabliert hat, muss sie von der Polizei (den ‚Funktionären') normalerweise nicht gegenüber den Fahrern (den ‚Bürgern') durchgesetzt werden. Einseitig gegen diese Norm zu verstoßen, läge im Interesse von niemandem, der sei Leben mag. Die Geschwindigkeitsbegrenzung stellt hingegen wahrscheinlich keine Koordinierungsnorm für die Fahrer dar, also wird sie nur aufgrund der Strafandrohung durch die Funktionäre eingehalten.

Damit die Geschwindigkeitsbegrenzung greift, muss das korrekte Fahren ein stabiles, sich selbst durchsetzendes Ergebnis eines Spiels sein, das sowohl die Bürger als auch die Funktionäre umfasst. Gemäß der in diesem Buch entwickelten Methode des fokalen Punktes ist jedes rechtskonforme Verhalten selbstbestärkend. Aber nur wenn solch selbstbestärkendes Verhalten auch ohne das Wirken der Funktionäre funktioniert, weil es im Interesse der Bürger ist, das Recht zu befolgen, wenn auch die anderen es befolgen, nur dann kann solches Verhalten als soziale Norm begriffen werden. Natürlich kann eine solche Norm dann auch dem Gesetz entsprechen (wie im Falle des Rechts- bzw. Linksverkehrs). Aber über die durch soziale Normen gestützten Verhaltensweisen hinaus gibt es solche, die mithilfe des Rechts erzielt werden können und bei denen die staatlichen Funktionäre also eine wichtige Rolle spielen.

Mit ein wenig formaler Modellierung möchte ich diesen Gedanken illustrieren und auch zeigen, wie er sich von den in den vorherigen Abschnitten diskutierten Fällen unterscheidet. Die Modellierung soll auch einige Hinweise dazu liefern, warum manche Länder bei der Umsetzung ihrer Gesetze erfolgreicher sind als andere und wo die Grenzen der Rechtsdurchsetzung liegen. So wird klar, wie wir mithilfe dieser neuen Methode der ökonomischen Analyse des Rechts Gehorsam und Rechtstreue auf der einen Seite und Widerspruch und Insubordination auf der anderen modellieren und verstehen können. Dies steht im Zusammenhang mit einer breiten Literatur über die Fähigkeit des Staates und seiner Institutionen, den Menschen ein geregeltes Leben, funktionierende Märkte und reibungslose Transaktionen zu ermöglichen.[32]

Eine Möglichkeit, einer solchen Analyse eine formale Struktur zu verleihen, ist, dass wir uns eine Konstellation vorstellen, in der der Unterschied zwischen den Bürgern und den Funktionären besonders deutlich ist. Dafür ist es nützlich, eine spezielle Art von Spiel zu definieren, die ich als „partitioniertes Spiel" bezeichne. $M = \{1, ..., m\}$ sei die Menge aller Spieler. Ein partitioniertes Spiel liegt dann vor, wenn M in zwei Untermengen – nennen wir sie B (die Bürger) und F (die Funktionäre) – partitioniert werden kann, sodass die von

---

[32] Siehe Besley/Persson (2009) und Acemoglu/Wolitzky (2015).

den Spielern in Untermenge B gewählten Handlungen die Auszahlungen der Spieler in Untermenge F nicht beeinflussen können. In anderen Worten: Externe Effekte können, wenn überhaupt, nur von F auf B wirken.

Die Funktionäre spielen untereinander ein Teilspiel des partitionierten Spiels. Die Menge der ihnen verfügbaren Strategien bilde den Vektor f, b ist der Vektor der Strategien der Bürger. Ich nenne das Spiel unter den Funktionären das *Regierungsspiel*. Jedes partitionierte Spiel beinhaltet ein wohldefiniertes Regierungsspiel. Wenn der Vektor (b,f) ein Nash-Gleichgewicht des partitionierten Spiels ist, dann muss f ein Gleichgewicht des Regierungsspiels sein. Das Regierungsspiel und seine Gleichgewichte verleihen den Funktionären ihre Macht. Sie haben gegenüber den Bürgern gewissermaßen den Vorteil des ersten Zuges (*first-mover advantage*). Indem sie festlegen, wie sie das Regierungsspiel spielen, können die Funktionäre die Bürger zu bestimmten Verhaltensweisen zwingen. Diese Betrachtung gibt uns einen genaueren Einblick in die Macht des Staates und der Regierung. Diese Macht ist nicht extern gegeben, sondern sie entsteht aus der Natur des Spiels heraus. Insofern zeigt dieses Modell, dass sich die Vorstellung des Staates von Hume und Hobbes auf einen Nenner bringen lassen – nämlich den von Hume. Die Regierung kann zwar Macht ausüben, aber diese Macht erwächst aus der Interaktion zwischen den Funktionären, die einen sich selbst bestärkenden Mechanismus zur Lenkung der Bürger schafft. Diese Fähigkeit zur Lenkung hat aber Grenzen, die sich aus den Nash-Gleichgewichten des Regierungsspiels ergeben.

Um diese abstrakte Beschreibung etwas zu konkretisieren, möchte ich nun ein Beispiel eines Modells bringen, in dem die Macht des Staates aus einem sich selbst verstärkenden Mechanismus erwächst, aber auf natürliche Weise begrenzt ist. Gegeben sei eine Gesellschaft mit n Bürgern und m Funktionären.[33] Nehmen wir an, jeder Bürger verfolgt seine eigenen, für die Gesellschaft harmlosen Aktivitäten, aber auch eine Aktivität, die anderen Bürgern negative Externalitäten verursacht. Konkret gehe es darum, im Zuge eines kleinen Nebengeschäfts Kohle zu verbrennen. Die Kohleverbrennung ist individuell rational, verursacht aber so viel Umweltverschmutzung, dass sie die Gesamtwohlfahrt der Gesellschaft reduziert. Die Einführung einer Kohlesteuer würde die Verbrennung verringern. Sagen wir, der Steuersatz s kann zwischen 0 und 100 Prozent betragen. Bei $s = 100$ wird keine Kohle mehr verbrannt. Weiterhin nehmen wir an, dass die Gesamtwohlfahrt der Gesellschaft mit s steigt und bei $s = 100$ ihr Maximum erreicht.

---

[33] Auch Davis (2016) stellt ein spieltheoretisches Modell des Rechts auf, das explizit zwischen Bürgern und staatlichen Funktionären unterscheidet. Er geht insofern noch weiter, als dass bei ihm die rechtsdurchsetzende Instanz keine homogene Akteursgruppe ist, sondern eine Behörde, die mehrere Jurisdiktionen umfasst.

Wie aber könnte eine solche Steuer umgesetzt werden? Die bloße Ankündigung eines neuen Gesetzes, das die Menschen zur Zahlung einer Kohlesteuer anhält, dürfte wohl kaum genügen. Das Gesetz wird der Durchsetzung bedürfen. Gesellschaften, die ihre Gesetze erfolgreich umsetzen, haben Bürokraten und Funktionäre, in deren Interesse die Durchsetzung des Rechts liegt – unabhängig von dessen Inhalt, *zumindest innerhalb gewisser Grenzen.* Ein solches Interesse kann zum Beispiel darin bestehen, dass diese Funktionäre von anderen Funktionären bestraft werden, wenn sie das Recht nicht durchsetzen. Gesellschaften, die eine solche Struktur etablieren, haben gute Aussichten auf einen handlungsfähigen Staat und eine konsequente Umsetzung ihres Rechts. Dabei ist jedoch die obige, kursiv gesetzte Einschränkung wichtig, denn wir können uns leicht Gesetze vorstellen, deren Umsetzung die Bürokraten verweigern werden. Auf diese Weise lässt sich „Nichtkooperation" erklären – jene Taktik, die Mahatma Gandhi so erfolgreich im Kampf für Indiens Unabhängigkeit verfolgt hat. Gleiches gilt für Meuterei.

Um all dies in einem Modell abbilden zu können, müssen wir uns eine informelle Spielstruktur überlegen, in der zunächst die Bürger entscheiden, wie sie sich verhalten wollen, und die Funktionäre sich festlegen, ob sie die Bürger bestrafen werden. In einer zweiten Phase des Spiels müssen die Funktionäre dann entscheiden, wie sie sich untereinander verhalten. Die Richterin kann den Polizisten bestrafen, der seinen Job nicht richtig macht, aber der Polizist kann seinerseits der Richterin den persönlichen Schutz verweigern, und so weiter. Gesucht wird eine Spielstruktur, die diesen Ideen gerecht wird, dabei aber so einfach wie möglich ist. Nehmen wir also an, die Struktur der Interaktion zwischen den Funktionären in der zweiten Phase werde durch das „Funktionärsspiel" beschrieben: Die Funktionäre können entweder kooperieren (K) oder bestrafen (B). Spielen alle Funktionäre K, dann bekommen sie alle eine Auszahlung von 8 Einheiten. Wenn alle B spielen, beträgt die Auszahlung für alle 2. Jegliche Situation, in der einige K und andere B spielen, bringt jedem nur eine Einheit. Hieraus ergibt sich, dass wenn alle Funktionäre bis auf einen B wählen, dieser eine dann auch B vorzieht, und entsprechend verhält es sich für K. Also hat das Funktionärsspiel zwei Gleichgewichte: Alle spielen K und alle spielen B.

Das vollständige Modell über beide Phasen nenne ich das „Spiel der Regelkonformitätszone", wobei ich zugegebener Weise recht liberal mit dem Begriff „Spiel" umgehe. Es funktioniert wie folgt: In Phase 1 entscheidet jeder Bürger, wieviel Kohle er verbrennen will, und jeder Funktionär entscheidet, ob er die Steuer eintreiben wird. Jeder Funktionär hat die Aufsicht über n/m Bürger. Das Eintreiben der Steuer verursacht den Funktionären Kosten, denn einige der Bürger reagieren ungehalten auf die Forderungen. Sagen wir, die

Kosten der Forderungsdurchsetzung gegenüber allen Steuerschuldnern eines jeden Funktionärs beträgt s/10. Die Kosten steigen also mit dem Steuersatz. In Phase 2 spielen die m Funktionäre das Funktionärsspiel.

Da das Eintreiben der Steuern den Funktionären Kosten verursacht, ihnen aber keinen unmittelbaren Nutzen bringt, stellt sich die Frage, warum sie dieser Pflicht nachkommen sollten. Tatsächlich besteht ihr einziger Anreiz dazu in der Sorge, dass sie ansonsten in dem in Phase 2 gespielten Funktionärsspiel von anderen Funktionären bestraft werden könnten.

Jetzt können wir sehen, wie sich das Spiel der Regelkonformitätszone entwickeln wird. Es wird nun die Kohlesteuer in Höhe von s erhoben, die von den Funktionären einzutreiben ist. Nehmen wir an, in der Gesellschaft herrscht die allgemeine Erwartung, dass jeder Funktionär, der das Steuergesetz nicht durchsetzt, im Funktionärsspiel von seinen Kollegen bestraft wird, indem sie B spielen. Wenn aber alle Funktionäre das Gesetz durchsetzen, spielen sie untereinander K. Sobald diese Erwartungen zum fokalen Punkt werden, können wir den Ausgang des Spiels absehen.

In Phase 1 muss jeder Funktionär entscheiden, ob er das Gesetz durchsetzt. Wenn ein Funktionär davon ausgeht, dass alle anderen es tun, wird er es auch tun und kann dann gemäß den oben getroffenen Annahmen mit einer Auszahlung von 8 – s/10 rechnen. Setzt er das Gesetz nicht durch, wird er im Funktionärsspiel bestraft und bekommt so nur 2 Einheiten.

Aus dem Verhältnis dieser beiden Auszahlungen ergibt sich, dass das Gesetz solange durchgesetzt wird, wie der Steuersatz 60 % nicht übersteigt.[34] Oberhalb von 60 % bricht die Durchsetzung zusammen, denn in jener Zone wären die Durchsetzungskosten so hoch, dass die Funktionäre lieber nichts tun und sich dafür im Funktionärsspiel bestrafen lassen. Die Gesellschaft entscheidet sich dann also gegen die Befolgung und gegen die Durchsetzung des Gesetzes.[35] Kurz gesagt fällt jedes Gesetz, das einen Steuersatz im Bereich [0;60] vorschreibt, in die Regelkonformitätszone. Nur ein solches Gesetz wird umgesetzt, weil seine Durchsetzung ein fokales Gleichgewicht darstellt. Ein Steuersatz über 60 % würde hingegen zu einer Meuterei der Funktionäre führen; sie würden sich schlicht weigern, ihren Job zu machen.

Das Spiel der Regelkonformitätszone ist eine Art partitioniertes Spiel, und das Funktionärsspiel kann in meiner abstrakten Beschreibung als Regierungsspiel gelten. Dieses Beispiel zeigt, wie Gesellschaften Gesetzestreue erreichen:

---

[34] Ich mache an dieser Stelle die harmlose Annahme, dass die Funktionäre im Moment der Indifferenz, also bei s = 60, die Durchsetzung wählen.

[35] Zu den verschiedenen Formen solcher Verweigerung gibt es eine umfangreiche empirische und theoretische Literatur, siehe z. B. Bernstein (1992) und Acemoglu/Jackson (2015).

Sie haben vernünftige Gesetze, also solche, die innerhalb der *durchsetzbaren* *Zone* liegen, und sie haben eine Kultur, in der die mit der Rechtsdurchsetzung betrauten staatlichen Akteure einander bestrafen, wenn sie ihren Job nicht machen. Dann wird die Rechtsdurchsetzung in einer solchen Gesellschaft zum fokalen Punkt. Wenn er einmal etabliert ist, stehen die Chancen auf Durchsetzung für verschiedenste neue Gesetze sehr gut. Alles hängt daran, diese entscheidende Kultur innerhalb des Staatsapparates aufzubauen und zu pflegen. Das erfordert im echten Leben natürlich ein vertieftes Verständnis der individuellen Anreize und Motivation der beteiligten Menschen, aber das Prinzip ist das gleiche wie im gerade beschriebenen Spiel des Lebens.

Die Gesellschaft in unserem Beispiel wird den wohlfahrtsmaximierenden Zustand, in dem bei einem Steuersatz von 100 % keine Kohle verbrannt wird, nicht erreichen. Im Bereich des Möglichen ist jeder Steuersatz bis 60 %, und dieser wird dann auch durchgesetzt. Da in diesem Modell die Kohleverbrennung der Gesellschaft uneingeschränkt schadet, ist mit einem Gleichgewicht zu rechnen, in dem der Steuersatz 60 % beträgt und das Gesetz vollständig umgesetzt wird. Anders als in den Modellen zu Pünktlichkeit, Gruppendiskriminierung und Kinderarbeit lässt sich dieses Gleichgewicht jedoch nicht durch die Bürger allein, also ohne permanente staatliche Lenkung, aufrechterhalten. Das Gleichgewicht kann nur durch das Zutun der Funktionäre erreicht und gehalten werden; wichtig ist aber, dass dieses Zutun auch Teil des Gleichgewichtsverhaltens ist. Das ist der kleine, aber wichtige Unterschied, und darin unterscheidet sich meine Herangehensweise auch von jener der meisten Rechtswissenschaftler, obgleich beide auf den Überzeugungen und Erwartungen der Menschen und auf der Schaffung guter fokaler Punkte fußen: Ich sage nicht, dass erfolgreich umgesetzte Gesetze oftmals einen fokalen Punkt darstellen, sondern dass sie das *immer* tun. Manche Gesetze – nämlich solche, die von sozialen Normen gestützt werden – sind auch ohne das Zutun der Polizei und der Gerichte fokal, andere Gesetze bedürfen der Durchsetzung durch staatliche Stellen, wie wir im gerade beschriebenen Modell gesehen haben. In jedem Fall aber sind alle erfolgreich umgesetzten Gesetze fokale Punkte innerhalb des Spiels des Lebens, also eines vollständig beschriebenen Spiels, das nicht nur die Bürgerinnen und Bürger, sondern auch die staatlichen Funktionäre umfasst.

In seinem Buch zur Wirkungsweise des Rechts, das oft die ökonomische Analyse des Rechts berührt, liefert McAdams (2015) zahlreiche Illustrationen der Macht von Erwartungen und wie sie Koordination ermöglichen. Es gibt aber einen Unterschied zwischen seiner Herangehensweise und meiner, die ich schon mehrfach angedeutet habe, jetzt aber noch expliziter darstellen kann. McAdams schreibt zum Beispiel (S. 7): „Unter Zuhilfenahme von Annahmen aus der Theorie der rationalen Entscheidung hoffe ich, die ökonomischen Denker davon zu überzeugen, dass die gängige Meinung über den Charakter des Rechts einer Revision bedarf. Das Recht hält die Menschen von illegalen Handlungen ab, aber es *koordiniert und informiert* sie auch." Und weiter (S. 9): „... die Rolle des Rechts bei der Bereitstellung von Informationen und koordinierenden fokalen Punkten – *eine Rolle, die ich [den herkömmlichen Rollen] der Abschreckung, Verhinderung und Legitimität zur Seite stellen möchte*" (Kursivschreibung hinzugefügt).

Es sind die Ausdrücke „auch" und „zur Seite stellen", in denen die Unterschiede in der Herangehensweise deutlich werden. Ich behaupte, dass das Recht unter der Annahme rationaler Entscheidung funktioniert, indem es *nichts anderes* tut, als zu koordinieren und zu informieren. Es tut das nicht *auch*, sondern *immer*. Das Recht schreckt ab und verhindert, weil es letztlich im Eigeninteresse der Polizei, der Gerichte, der Behörden und anderer staatlicher Funktionäre liegt, zu verhindern und abzuschrecken, weil sie selbst ansonsten auf die falsche Seite eben jeder Verhinderung und Abschreckung geraten könnten.[36]

Rechtswissenschaftler und Philosophen stellen in ihrer rechtsökonomischen Herangehensweise oft eine *existenzialistische* Behauptung auf, indem sie auf Situationen verweisen, in denen das Recht auch ohne Durchsetzung funktioniert: Wenn alle anderen das Recht befolgen, hat jeder Einzelne ein Interesse, das auch zu tun. Das ist richtig und wichtig, wie die Beispiele der Pünktlichkeit, Diskriminierung und Kinderarbeit gezeigt haben. Ich vertrete jedoch eine grundlegendere methodologische Wende, indem mein Anspruch nicht existenzialistisch ist, sondern universell: Die obige Analyse hat gezeigt, dass die Schaffung und Veränderung fokaler Punkte die *einzige* Weise ist, auf die das Recht funktionieren kann. Mal ist es dafür notwendig, dass die staatlichen Funktionäre das Recht durchsetzen, mal funktioniert es auch ohne sie. Aber immer funktioniert das Recht dadurch, dass es die Erwartungen der Menschen steuert und neue fokale Punkte schafft. Kurz gesagt: Wir sind gefangen im erwartungsbasierten Staat.

---

[36] Hier ist noch einmal W. H. Audens zugleich lyrischere und unausgereiftere Beschreibung des Rechts (aus seinem Gedicht „Law Like Love"):
 Law is neither wrong nor right,
 Law is only crimes
 Punished by places and by times,
 Law is the clothes men wear
 Anytime, anywhere,
 Law is Good-morning and Good-night.

6

Recht, Politik, Korruption

6.1 Recht, Staatsführung und wirtschaftliche Entwicklung

Der 9. Januar war ein wichtiger Tag im Leben Adam Smiths. An diesem Tag im Jahr 1751 wurde er zum Professor für Logik an der Universität Glasgow gewählt, und so nahm seine Karriere in der Lehre Fahrt auf. Während er eigentlich Logik unterrichten sollte und seine Vorlesungen auch so tituliert waren, dozierte er wohl mehr darüber, was er gerade am interessantesten fand, und lieferte so ein Anschauungsbeispiel individueller Rationalität. John Millar, einer seiner Studenten, notierte dazu respektvoll: „Mr. Smith ... hielt es für angebracht, großzügig von dem Lehrplan seiner Vorgänger abzuweichen und die Aufmerksamkeit seiner Studenten auf interessantere und nützlichere Inhalte als Logik und Metaphysik ... zu lenken." (Smith 1762, S. 1). Stattdessen unterrichtete er Moralphilosophie und Jura. Diese Vorlesungen beeindruckten Millar, der sich im Alter von 11 Jahren an der Universität Glasgow eingeschrieben hatte und mit 16 erstmals Smiths Ausführungen lauschte, so sehr, dass er bald Smiths Anhänger und später Professor für Zivilrecht an eben jener Universität wurde.

Im November 1751 starb Thomas Craigie, Professor für Moralphilosophie in Glasgow, und ein halbes Jahr später übernahm Adam Smith seinen Lehrstuhl. Jetzt konnte Smith unterrichten, wozu er Lust hatte, ohne dabei dem Titel der Vorlesung Unrecht zu tun. Wiederum gemäß John Millar durchstreifte er dabei die Natürliche Theologie und Entwicklungen der Rechtswissenschaft. Insbesondere aber „untersuchte er jene politischen Regulierungen, die nicht auf dem Prinzip der *Gerechtigkeit* fußen, sondern auf dem der *Zweckmäßigkeit*, und die dazu dienen, den Reichtum, die Macht und den Wohlstand eines Staates zu erhöhen. ... Er untersuchte auch die politischen Institutionen, die dem Handel und dem Finanzwesen dienen ..." (Smith 1762, S. 3). Viele dieser Inhalte fanden sich später in seinem 1776 veröffentlichten Klassiker *An Inquiry into the Nature and Causes of the Wealth of Nations* wieder.

Ich betone dieses frühe Interesse Adam Smiths an der Schnittstelle zwischen dem Recht und der wirtschaftlichen Entwicklung, weil dieser Aspekt in dem üblichen Bild von Smith oft übersehen wird. Gleichzeitig ist das jedoch keine Überraschung, denn, wie Heilbroner (1986, S. 1) anmerkt: „Adam Smith ist der Ökonom, dessen Name am häufigsten genannt, aber dessen Werk am wenigsten gelesen wird."

Die „unsichtbare Hand" („invisible hand") gilt gemeinhin als Adam Smiths wichtigster Beitrag. Diese Hand koordiniert und lenkt die egoistischen Triebe unzähliger Individuen auf solche Weise, dass dieses eigennützige Streben letztlich dem Allgemeinwohl dient. Wie ich früher schon einmal angemerkt habe (Basu 2011), hat Smith selbst die unsichtbare Hand offenbar nicht als seine zentrale Botschaft betrachtet, denn in der ersten Ausgabe seines Buches schaffte es dieser Begriff nicht einmal in das Stichwortverzeichnis. Erst in späteren, posthum erschienenen Ausgaben wurde der heute so berühmten Hand diese Ehre zuteil.

Smith hat vielmehr betont, dass das Wohlergehen einer Nation insbesondere davon abhängt, wie gut es ihr gelingt, das Verhalten ihrer Bürgerinnen und Bürger durch geeignete Gesetze zu steuern. Weiterhin betonte er die Pflicht des Staates, die Mitglieder der Gesellschaft vor Unterdrückung vor Unrecht durch andere Menschen zu schützen, sowie die Bedeutung der Schaffung einer „Rechtsverwaltung". Er war sich sehr bewusst, wie wichtig Recht und Gerechtigkeit für den wirtschaftlichen Erfolg einer Gesellschaft sind.[1]

Wie können wir dies mit der individuellen Gier nach Konsum und Reichtum, von der wir wissen, dass auch sie Voraussetzung für Effizienz und Wachstum einer Volkswirtschaft ist, auf einen Nenner bringen? Man kann argumentieren, dass es insgesamt drei Voraussetzungen für wirtschaftlichen Fortschritt und das Wohl der Gesellschaft gibt: (1) das individuelle Streben nach einem

---

[1] Besley/Persson (2009, S. 1239) modellieren diesen Zusammenhang und merken dazu an: „Die historische Erfahrung der heute reichen Länder zeigt, dass die Schaffung einer staatlichen Macht zur Erhebung von Steuern und Durchsetzung von Verträgen einer der Schlüssel zu erfolgreicher wirtschaftlicher Entwicklung ist." Acemoglu/Wolitzky (2015) unterschieden zwischen Rechtsdurchsetzung aus der Gemeinschaft selbst heraus, die oftmals allein über Furcht vor Ausgrenzung funktioniert, und Durchsetzung durch eine speziell dafür geschaffene Macht. Ich würde allerdings argumentieren, dass solche Mächte ihre Macht aus den Überzeugungen und Handlungen der Gemeinschaften beziehen, die sie disziplinieren sollen.

höheren Lebensstandard; (2) Anstand und Altruismus; (3) gutes staatliches Handeln, gestützt auf gute Gesetze. Da sich das Wohl der Gesellschaft so sehr vom individuellen Eigennutz zu unterscheiden scheint, umfasst (1) die menschliche Schaffenskraft und Neugierde, was (2) und (3) nicht tun. Smiths unsichtbare Hand, die sich auf (1) bezieht, war in der Tat eine große Entdeckung mit erheblichem Überraschungswert. Das ist aber kein Grund, (2) und (3) als unwichtig abzutun, wie es viele Ideologen getan haben. Nicht jede Transaktion, jedes Geschäft und jeder Handel kann über Verträge und die Staatsgewalt durchgesetzt werden. Deshalb sind persönlicher Anstand und Altruismus wichtige Zutaten für das reibungslose Funktionieren der Märkte und anderer Formen des Austauschs. Wenn (1) der Treibstoff des Wirtschaftsmotors ist, dann stellt (2) die Schrauben und Muttern bereit, die diese komplexe Maschine zusammenhalten.

Jedoch sind dem Anstand und der Selbstlosigkeit des Einzelnen Grenzen gesetzt. Auch gibt es einige kollektive Handlungsprobleme, die ein Mensch allein nicht lösen kann, egal wie sehr er das Wohl der Gemeinschaft im Sinn hat. Das ist die Stelle, an der wir Recht und Regierung brauchen. Und es gibt gute Gründe, warum (3) der wichtigste Erklärungsfaktor für Gedeih und Verderb von Nationen sein könnte. (1) und (2) bestehen zu einem gewissen Grad in jedem Land, oder zumindest variieren diese Faktoren weniger stark von Land zu Land als die Qualität der Gesetzgebung und -umsetzung. Deshalb macht es Sinn, dass sich die Entwicklungsforschung auf die kritische Rolle von Recht und Institutionen konzentriert – entsprechend der Untersuchung eines Gebäudeeinsturzes, die die Schwerkraft als Ursache getrost ignorieren kann. Zwar ist die Schwerkraft in der Tat für den Einsturz verantwortlich, aber da diese Ursache bei absolut jedem Einsturz vorliegt, ist sie analytisch nicht sehr interessant.

In diesem Sinne will ich nachfolgend einige der in den vorangegangenen Kapiteln entwickelten Analysemethoden auf Staatsführung, Politik, Unterdrückung und Korruption anwenden.

6.2 Macht und Unterdrückung: Diktaturen, McCarthyismus, Hexenjagden

Eine der wichtigsten Ideen, die die rechtsökonomische Perspektive des fokalen Punktes zutage fördert, ist die dünne Trennlinie zwischen solchen gesellschaftlichen Zuständen, die auf das Recht zurückgehen, und jenen, die durch scheinbar endogenere Prozesses wie soziale und politische Normen und die kulturellen Gebräuche und Gewohnheiten der Menschen entstehen. Dies zu erkennen, ermöglicht ein besseres Verständnis verschiedenster politischer Phänomene, von Toleranz bis zu Totalitarismus und Hexenjagden.

Macht ist einer der Begriffe, der den Sozialwissenschaften die größten Schwierigkeiten bereitet. Wir erfahren sie ständig und überall, und dennoch ist sie kaum zu greifen. Ein großer Fehler ist der Glaube, Macht sei etwas Sichtbares und Großes. Es ist schwer zu verstehen, dass sie sich vielleicht nur darin äußert, dass Tausende und Millionen von Menschen einfach ihren täglichen Aufgaben nachgehen und dabei eine Vorstellung davon haben, was die anderen Menschen tun können und was die anderen von ihnen erwarten. Aber tatsächlich wurzeln viele gigantische Kräfte in scheinbar winzigen und trivialen Phänomenen. Dieses Bild der Macht hat etwas Irritierendes, denn es bedeutet, dass groteske politische Situationen aus den ganz harmlosen Handlungen und Überzeugungen gewöhnlicher Bürgerinnen und Bürger entstehen können. Wie ich in Basu (2011) dargelegt habe, verstand Franz Kafka dies sehr gut, ebenso wie sein Landsmann Vaclav Havel, der als Dissident in den 1980ern mehr Zeit in tschechoslowakischen Gefängnissen verbracht hat als in Freiheit.

Ich will den Grundgedanken hinter diesem Bild der Macht nur kurz darlegen, weil ich früher schon ausführlich darüber geschrieben habe (Basu 1986, 2000). Mein Interesse an dem Thema der politischen Macht hatte zwei Auslöser: ein elegantes kleines Buch von Steven Lukes (1974) mit dem Titel *Power: A Radical View* und ein zufälliges Treffen mit dem Autor in den frühen Achtzigerjahren in Oxford. Dort schrieb Lukes gerade eine Einleitung zu Vaclav Havels bahnbrechendem Essay *Versuch, in der Wahrheit zu leben* („The Power of the Powerless"), dessen fertiges Manuskript Havel 1978 aus dem Gefängnis herausgeschmuggelt hatte. Lukes gab mir eine frisch getippte englische Übersetzung des Essays, der in der Tschechoslowakei zunächst verboten war und nur unter der Hand verbreitet werden konnte. Die Schrift wurde schließlich zu einem Manifest der tschechoslowakischen Dissidenten in den frühen 1980ern und bildete die intellektuelle Grundlage für revolutionäre Gruppen und Bürgerrechtsbewegungen wie die Charta 77. Weniger bekannt ist hingegen, dass der Essay auch eine spieltheoretische Grundlegung der Macht und politischen Unterdrückung liefert.[2]

Ich glaube auch, dass dieser Essay oftmals missverstanden wird. Er wird üblicherweise ausgelegt als eine Argumentation gegen die kommunistische Diktatur; bei gründlichem Studium ist aber viel mehr darin zu entdecken. Es geht allgemein um das Leben unter staatlichem Zwang, und somit ist der Aufsatz nicht nur auf die Sowjetherrschaft anzuwenden, sondern beispielsweise

---

[2] Neuere Arbeiten, die ähnliche Ideen entwickeln, sind z. B. Villanger (2005), Hatlebakk (2011), Acemoglu/Wolitzky (2020), Oleinik (2015), Ledyaev (2016), Joshi/Mahmud (2016) und Han (2016).

ebenso sehr auf rechtsradikalen Totalitarismus und Kommunistenverfolgung wie z. B. in den USA in der McCarthy-Ära. Havel zeigt, wie jeder Mensch, indem er einfach nur seinen täglichen Aufgaben nachgeht, unabsichtlich und unwissentlich dunkle Kräfte entfesseln, gesellschaftliche Gruppen verfolgen und tyrannischen Herrschern zur Macht verhelfen kann. Kurz gesagt: Er hat die Risiken aufgezeigt und erklärt, die in den 1970ern und 80ern im Ostblock bestanden und noch heute in den USA und vielen anderen Teilen der Welt bestehen. Ich weiß nicht, ob Havel Nash – den Mann oder das Gleichgewicht – kannte, aber seine Argumentationsweise, die auf den Erwartungen des Einzelnen bezüglich des Verhaltens der anderen fußt, kommt der Idee des Nash-Gleichgewichtes bemerkenswert nahe.[3]

Das von ihm beschriebene gesellschaftliche System nannte Havel „Post-Totalitarismus". Es funktioniert dank „gesellschaftlicher Autototalität" – einem Zustand der Unterdrückung, der nicht nur durch die Herrscher, sondern auch durch die normalen Bürgerinnen und Bürger selbst aufrechterhalten wird: vom Gemüsehändler, der seine „Loyalität" zum System zeigt, indem er in seinem Schaufenster kommunistische Spruchbänder aufhängt, bis zum Parteifunktionär, der alle Gemüsehändler drangsaliert, die nicht auf diese Weise ihre Loyalität kundtun. Ich will hierzu ausführlich Havel (1978, S. 24 f.) selbst zitieren, dessen literarischem Fingerspitzengefühl keine Paraphrasierung gerecht würde:

> Wird eine ganze Kreisstadt mit Spruchbändern behängt, die niemand liest, ist das in erster Linie eine Art persönlicher Mitteilung des Kreissekretärs an den Landessekretär. Es ist aber zugleich noch etwas mehr – ein Beispiel für das Prinzip der gesellschaftlichen „Autototalität". Es gehört zum Wesen des posttotalitären Systems, dass es jeden Menschen in seine Machtstruktur einbezieht. Freilich nicht darum, dass er in ihr seine menschliche Identität realisiert, sondern darum, dass er sie zugunsten der „Identität des Systems" aufgibt, dass er zum Mitträger der allgemeinen „Eigenbewegung", zum Diener ihres Selbstzwecks wird, damit er sich an der Verantwortung für diese „Eigenbewegung" beteiligt, damit er in sie hineingeschleppt und mit ihr verflochten wird, wie Faust mit Mephisto. Nicht nur das – damit er durch diese Verflochtenheit die allgemeine Norm mitformt und auf seine Mitbürger Druck ausübt. Noch mehr – damit er sich in dieser seiner Verflochtenheit einnistet, damit er sich mit ihr identifiziert, als sei sie etwas Selbstverständliches und Notwendiges, damit er schließlich von allein seine eventuelle Nichtverflochtenheit als Abnormalität, als Frechheit, als einen Angriff gegen ihn selbst, als jene „Isolierung von der Gesellschaft" betrachtet. Indem das posttotalitäre System auf diese Art alle in seine

---

[3] In Basu (1986) habe ich argumentiert, dass dem so war, konnte aber nicht formal zeigen, dass Havels Argumentation ein Nash-Gleichgewicht oder ein teilspielperfektes Gleichgewicht darstellt.

Machtstruktur einbezieht, macht es aus ihnen Instrumente der gegenseitigen Totalität – jener „Autototalität" der Gesellschaft. Verwickelt und versklavt sind aber wirklich alle – *nicht nur Gemüsehändler, sondern auch Ministerpräsidenten.* Der Unterschied der Stellung in der Machthierarchie setzt nur einen Unterschied im Maß dieser Verwicklung voraus. Der Gemüsehändler ist wenig verwickelt, kann aber auch wenig tun, der Ministerpräsident kann natürlich viel mehr tun, ist dafür aber viel stärker verwickelt. Unfrei sind freilich beide, nur jeder ein wenig anders. *Der eigentliche Partner dieser Verwicklung eines Menschen ist nicht ein anderer Mensch, sondern das System als Selbstzweckstruktur.* (Kursive Schreibweise hinzugefügt.)

Havel schrieb an diesem berühmten Essay in seinem nordböhmischen Landhaus in Hradecek in einer skurrilen Situation. Gegenüber dem Haus hatte die Polizei einen Wachturm errichtet, den Havel aufgrund dessen ähnlicher Gestalt so nannte wie den ersten sowjetischen Mond-Rover, den Lunokhod. Von dort aus wurde der Autor rund um die Uhr beobachtet. Dennoch empfand Havel Mitleid mit den Polizisten, da er überzeugt war, dass im post-totalitären System die Täter gleichzeitig auch Opfer eben jenes Systems sind. Sein Biograf Zantovsky (2014, S. 208) hat hierzu geschrieben: „Havel hegte keinen Groll gegen seine Bewacher. Die meisten von ihnen waren Dorfpolizisten aus der Gegend ... Aus Mitgefühl angesichts ihrer misslichen Lage bemühte er sich, ihren Dienst erträglicher zu machen, indem er sich mit ihnen unterhielt ... Manchmal bot er ihnen auch Tee oder Kaffee an." Es war diese erstaunliche Fähigkeit und Bereitschaft, die Welt aus der Perspektive anderer zu sehen, die es Havel ermöglichte, ein derart tiefes, an David Hume angelehntes Verständnis der Entstehung politischer Macht zu entwickeln.

Das überraschende an dem Essay ist auch, dass er einer spieltheoretischen Untersuchung standhält. Das will ich nun zeigen, indem ich Havels Ideen die Struktur eines Spiels gebe, um so die Gleichgewichte untersuchen zu können. Dazu stellen wir uns eine Gesellschaft mit einer großen Bevölkerung vor. Ihre Mitglieder heißen 1, 2, 3 und so weiter. Die Bevölkerung könnte man also etwa so darstellen:[4]

$$1 \quad 2 \quad 3 \quad 4 \quad 5 \quad 6 \quad 7 \quad ...$$

---

[4] Streng genommen gehe ich davon aus, dass die Bevölkerungsanzahl abzählbar unendlich ist – ähnlich dem, was ich auch in einem anderen Zusammenhang in Basu (1994a) angenommen habe und was auch Voorneveld (2010) annimmt. Voorneveld bespricht zudem ausführlich die Angemessenheit einer solchen Annahme (siehe auch Rubinstein 1991, S. 918). Hier mache ich diese Annahme nur, um in einem relativ simplen Szenario Teilspielperfektion zu erreichen. Eine ähnliche Argumentation lässt sich auch mit einer finiten Anzahl von Individuen aufbauen, aber die Spiele werden dann meist komplexer (siehe Basu 2000).

Wenn die Menschen mit dem Gesicht zum oberen Seitenrand in einer Reihe stehen, kann ich mich leichter auf sie und ihre jeweiligen Nachbarn beziehen. Mit Person $n-1$ meine ich jene, die links von Person n steht, und $n+1$ ist entsprechend der rechte Nachbar von n. In dieser Gesellschaft können nur unmittelbare Nachbarn miteinander handeln. Ob tatsächlich gehandelt wird, liegt allerdings allein an der Bereitschaft der rechten der zwei jeweils beteiligten Personen (die linke Person will immer handeln). Wenn Handel stattfindet, bekommt jeweils die linke Person (n) eine Auszahlung von 3 und die rechte Person ($n+1$) eine Auszahlung von 1. Nehmen wir an, alle Personen in der Gesellschaft handeln mit allen Nachbarn. Dann bekommt Person 1 drei Einheiten und alle anderen bekommen vier.

Nun aber taucht in dieser Gesellschaft ein Diktator auf. Er verlangt von jeder Person eine Abgabe in Höhe einer Auszahlungseinheit, ohne dafür etwas zu leisten. Werden die Bürgerinnen und Bürger zahlen, insbesondere wenn der Diktator keine Macht hat, jemanden zu bestrafen – ebenso wenig, wie David Humes Tyrann die Menschen nicht körperlich züchtigen kann? Auf den ersten Blick muss die Antwort ‚nein‘ lauten. Wenn aber in dieser Gesellschaft die Nichtbefolgung der Weisungen des Diktators eine Bestrafung in Form von Ausgrenzung *durch die anderen Bürger* nach sich zieht, dann kann der Diktator möglicherweise dennoch seinen Willen durchsetzen. Die gegenseitige Angst der Bevölkerung voreinander verleiht dem Diktator seine Macht. Das will ich nun mit diesem Modell zeigen.

Zu dem Zweck definiere ich Bürgerin n als ‚illoyal‘, wenn sie entweder dem Diktator die geforderte Abgabe verweigert oder mit Bürgerin $n-1$ handelt, wenn diese ‚illoyal‘ ist. Das Spiel entwickelt sich wie folgt: Zuerst entscheidet Person 1, ob sie die Abgabe an den Diktator leistet. In Phase 2 entscheidet dann Person 2 über die Abgabe und darüber, ob sie mit Person 1 handelt. Entsprechendes gilt in Phase 3 für Person 3, und so weiter. Stellen wir uns nun vor, dass sich keine Bürgerin n illoyal verhält, und wenn $n-1$ loyal ist, dann handelt n mit ihr. Es ist leicht zu sehen, dass dies ein Gleichgewicht darstellt, wenn alle diese Strategie verfolgen. Wenn ich davon ausgehe, dass die anderen loyal sein werden, dann will ich es selbst auch sein. Dieses Verhalten ist ein teilspielperfektes Nash-Gleichgewicht: Was ich von den anderen erwarte, werden sie in der entsprechenden Situation auch tatsächlich tun.

Um das zu beweisen, betrachten wir zunächst Person 1. Wenn sie davon ausgeht, dass sich alle loyal verhalten wollen, wird sie die Abgabe an den Diktator zahlen (Strategie A). Dank des Handels mit Person 2 bleibt ihr also eine Nettoauszahlung von zwei Einheiten. Entscheidet sich Person 1 hingegen, sich der dreisten Forderung des Diktators zu widersetzen, zahlt sie zwar keine Abgabe (Strategie $\bar{A}$), gilt aber als illoyal. Also kommt sie nicht in den Ge-

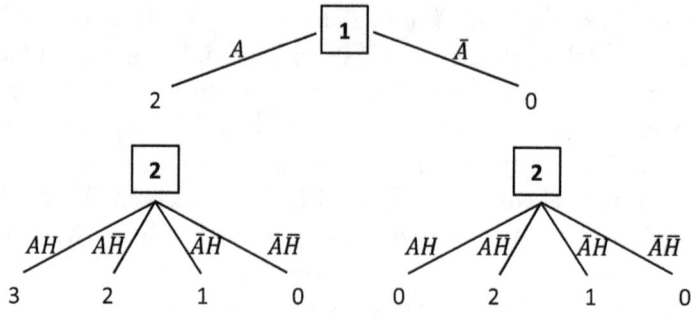

A: Abgabe zahlen $\bar{A}$: Abgabe nicht zahlen H: handeln $\bar{H}$: nicht handeln

Abb. 6.1 Loyalitätsspiel

nuss des Handels mit Person 2 und hat letztlich eine Auszahlung von null. Das ist in der oberen Hälfte von Abb. 6.1 abgebildet.

Dann betrachten wir Person 2, stellvertretend für Person $n>1$. Anders als Person 1, die nur über die Zahlung der Abgabe zu entscheiden hat, muss Person 2 zusätzlich entscheiden, ob sie mit 1 handelt (Strategie H) oder nicht (Strategie $\bar{H}$). Wenn 1 loyal ist, wir uns also in der linken Hälfte der Abbildung befinden, dann tut 2 gut daran, mit ihr zu handeln und die Abgabe an den Diktator zu zahlen (Strategie AH), denn dadurch gilt sie selbst als loyal und kann erwarten, dass Person 3 mit ihr handelt. Die Auszahlung von 2 beträgt in diesem Fall drei Einheiten. Mehr kann sie nicht erzielen.

Ist Person 1 hingegen illoyal, dann sollte 2 ihr den Handel verweigern (sie ausgrenzen) und die Abgabe zahlen, denn dadurch kann sie ihre Loyalität bewahren und auf Handel mit Person 3 hoffen. Ihre Auszahlung beträgt dann zwei Einheiten. Jede andere Wahl in der rechten Hälfte der Abbildung würde sie schlechterstellen, weil sie dann als illoyal gälte und somit auf den Handel mit Person 3 verzichten müsste. Damit ist der Beweis erbracht.

Der Diktator kann sich nur aufgrund der gegenseitigen Furcht der Bürgerinnen und Bürger vor Ausgrenzung an der Macht halten und seine Abgabe kassieren.[5] Dazu braucht er gar nicht die Möglichkeit, irgendjemandem direkt

---

[5] Im Zuge seiner Analyse der Effizienz des Rechts merkt Carothers (2003, S. 8) an, es handle sich dabei um ein System, das „in den Köpfen der Mitglieder einer Gesellschaft angesiedelt ist". Das gerade aufgestellte Modell formalisiert, in welchem Sinne das der Fall sein kann. Das Ergebnis kann als eine alternative Form von Korruption betrachtet werden. Korruption setzt normalerweise eine Fassade guten Verhaltens voraus. Moene/Søreide (2015, S. 47) bemerken hierzu: „In ihrer reinsten Form dienen Fassaden der persönlichen Bereicherung von Regierungsmitgliedern." Während das oft zutrifft, zeigt unser Modell, dass Bereicherung auch ganz unverhohlen vonstattengehen kann, wenn die Erwartungen der Menschen entsprechend ausgerichtet sind.

zu schaden. Und hier ist dazu David Humes bemerkenswert scharfsinnige Beobachtung aus seinem berühmten, 1758 veröffentlichten Aufsatz *Of the First Principles of Government*:

> Wer das menschliche Miteinander mit philosophischem Auge betrachtet, findet nichts erstaunlicher als die Leichtigkeit, mit der so viele von so wenigen regiert werden, sowie die implizite Unterwerfung, mit der die Menschen ihre eigenen Gefühle und Bedürfnisse denen des Herrschers unterordnen. Wenn wir uns fragen, wie dieses Wunder zustande kommt, dann werden wir sehen, dass das Mittel der Gewalt immer auf der Seite der Beherrschten ist; die Herrschenden werden durch nichts als deren Meinung gestützt. Herrschaft basiert also auf nichts als Meinungen – diese Maxime trifft auf die tyrannischsten und kriegerischsten Regierungen ebenso zu wie auf die liberalsten und populärsten. Der Sultan von Ägypten oder der römische Kaiser mögen ihre arglosen Untertanen wie dummes Vieh gegen ihre eigenen Empfindungen und Wünsche angetrieben haben. Ihre *Mamluken* beziehungsweise *Prätoren* zumindest aber müssen sie, wie Menschen, durch ihre Meinungen geführt haben.

Diese Argumentation zeigt, dass dieser Unterdrückungsmechanismus keine spezifische Eigenschaft kommunistischer Regime ist, obgleich das der Kontext zu Havels Gedanken war. Die gleiche Logik gilt auch im Faschismus und wirkte ebenso in den 1950ern in den USA, wo unter der Führung von Senator Joseph McCarthy regelrecht Jagd auf Kommunisten gemacht wurde.

Dieses dunkle Kapitel der neueren amerikanischen Geschichte begann mit McCarthys Hetzrede vor dem Women's Republican Club in Wheeling, West Virginia, am 9. Februar 1950: „Meiner Meinung nach ist das Außenministerium, eines der wichtigsten Ministerien unserer Regierung, komplett mit Kommunisten durchseucht. Ich weiß von 57 Individuen, die entweder ein Parteibuch zu haben scheinen oder zumindest Anhänger der Kommunistischen Partei sind." (Schrecker 1994, S. 221) Die nachfolgende Hexenjagt basierte vor allem auf folgender Logik: Sobald jemand einer kommunistischen oder „unamerikanischen" Einstellung bezichtigt wurde, galt für jeden, der diese Bezichtigung infrage stellte, dasselbe Urteil. Das erinnert natürlich an die virusartige Ausbreitung von „Illoyalität" im obigen Spiel: Wer mit einer als illoyal geltenden Person handelt, gilt selbst als illoyal. Insofern wundert es nicht, dass kein halbes Jahr nach McCarthys Rede die schwarze Liste von Personen mit vermeintlich kommunistischer oder „unamerikanischer" Einstellung ziemlich lang geworden war, einschließlich einiger bekannter Namen wie Larry Adler, Leonard Bernstein, Walter Bernstein, Aaron Copland, Pete Seeger, Margaret Webster und Orson Welles.

Der Oberste Richter William Douglas trug schließlich maßgeblich dazu bei, den Spuk des McCarthyismus zu beenden. Am 13. Januar 1952 schrieb er in der New York Times: „Wir hatten einmal Vertrauen ineinander. Jetzt haben wir Misstrauen. Harmlose Taten werden zu Indizien für Illoyalität. … Das Misstrauen wächst, bis nur noch die orthodoxe Haltung Sicherheit bedeutet. Die Unorthodoxen sind verdächtig."

Glücklicherweise wuchs über die Jahre der Widerstand gegen den McCarthyismus, angeführt von einigen einflussreichen Senatoren beider Parteien, Wirtschaftslenkern und Richtern. Anfang 1954 war aus dem Widerstand eine breite Welle geworden, die in der „Joe Must Go"-Bewegung mündete. Am 2. Dezember 1954 stimmte der Senat schließlich für eine Rüge McCarthys, womit sowohl seine politische Karriere als auch die McCarthy-Ära weitgehend beendet war. Präsident Dwight D. Eisenhower stellte mit offensichtlicher Erleichterung fest, dass aus „McCarthy*is*m" nun „McCarthy*was*m" geworden war (Fried 1990, S. 141).

Interessant ist daran aus der Perspektive dieses Buches vor allem, dass keinerlei Gesetze geändert werden mussten, um den McCarthyismus auszulösen. Was hingegen passierte, war eine Verschiebung des fokalen Punktes in der Gesellschaft, also dessen, was die Menschen voneinander erwarteten. Senator McCarthy mag diese Verschiebung mitangestoßen haben, aber sobald dieser Prozess einmal in Gang war, hätte es seiner Demagogie gar nicht mehr bedurft. Die entstehende Bewegung schöpfte ihre Kraft aus zwischenmenschlicher Angst, und kein Einzelner konnte sie aufhalten. Dennoch ist es extrem wichtig, dass möglichst viele in der Bevölkerung diese Logik verstehen, denn sie macht klar, dass man einer Zwangsherrschaft nur gemeinsam entgegentreten kann und dass man einer aufkommenden Kultur des Misstrauens und Hasses frühzeitig Einhalt gebieten muss, bevor sie sich verselbstständigt.

Eine faszinierende neuere Forschungsarbeit im Bereich der Semiotik illustriert dieselbe Idee (Yang 2014). Es geht um den chinesischen Brauch *Pai ma pi*. Wörtlich bedeutet das „den Hintern des Pferdes streicheln". Der Ausdruck kommt wahrscheinlich aus der Mongolei, wo Pferde ein wichtiges Statussymbol sind. Im modernen China ist damit Unterwürfigkeit und Kriecherei gegenüber Vorgesetzten bei der Arbeit und in hierarchischen Organisationen gemeint. Die Analyse des Artikels entspricht ganz der Herangehensweise des fokalen Punktes: Das Modell umfasst alle Handelnden; niemand erlebt eine Auferstehung durch ein neues Gesetz oder eine Verkündung. Yang (2014, S. 2) argumentiert, dass die weitverbreiteten Unterwürfigkeitsbekundungen gegenüber Vorgesetzten im Rahmen des *Pai ma pi* in China „sowohl als Überlebensstrategie als auch als Methode der semiotischen Kontrolle dienen".

Diese Wirkung wird verstärkt durch die Praxis des *Dang'an*, dem Führen einer Art Personalakte über den beruflichen und privaten Lebensweg der Mitarbeiter und Bürger. Da diese Akte auch Informationen über jegliches „Fehlverhalten" enthalten kann und diese Informationen auf unbestimmte Zeit gespeichert werden und für viele Entscheider einsehbar sind (nicht aber für den Betroffenen), hat dieses System eine starke Lenkungswirkung auf das Verhalten der Bevölkerung. Der grundlegende Prozess ist ähnlich dem des von Havel skizzierten totalitären Staates und dem oben und in Basu (1986) beschriebenen Modell. In Yangs (2014, S. 9) Worten: „Wird *Pai ma pi* einmal zur koordinierenden Norm im bürokratischen System, müssen alle mitzumachen."

6.3 Redefreiheit – mit und ohne Recht

Die Redefreiheit (Meinungsfreiheit) ist ein ausgezeichnetes Beispiel dafür, wie das Recht einerseits und nicht-rechtliche soziale Zwänge und Sanktionen andererseits als Substitute füreinander wirken können. Der Grad der Redefreiheit verschiedener Länder wird üblicherweise anhand der Gesetze und Verfassungen dieser Länder verglichen, sowie ggfs. anhand tatsächlicher staatlicher Handlungen. Diese Methode ermöglicht einige interessante Ergebnisse und Einblicke, und in unserer von Rankings besessenen Welt gibt es natürlich auch Listen der Länder nach dem Grad der Redefreiheit. Gemäß einer viel besuchten Webseite[6] war 2014 die Freiheit der Meinungsäußerung in Neuseeland am größten, gefolgt von Australien, Großbritannien, Japan und den USA. Das untere Ende der Liste ist ebenso interessant: Es stellt sich heraus, dass Eritrea das Land mit der geringsten Redefreiheit ist. Man ist geneigt zu fragen, ob Nordkorea bei dieser Untersuchung vergessen worden sei. Doch das ist nicht der Fall – Nordkorea belegt den vorletzten Platz auf der Liste. Eine ähnliche Liste, die die Länder nach einem Index der Pressefreiheit ordnet, wird von Finnland angeführt, Neuseeland steht auf Platz fünf. Am unteren Ende dann das bekannte Bild: Nordkorea behauptet sich wieder knapp gegen Eritrea.[7]

Solche Studien der Freiheit der mündlichen oder schriftlichen Meinungsäußerung durch die Bevölkerung oder die Presse zielen immer darauf ab, was

---

[6] www.therichest.com/rich-list/10-countries-with-the-most-freedom-of-speech.
[7] World Press Freedom Index von 2016, Reporters without Borders.

die staatlichen Regeln und Gesetze der Länder erlauben.⁸ Natürlich ist der Staat ein wichtiger Akteur, dessen Rolle Aufmerksamkeit verdient. Wer sich an die vorangegangenen Kapitel erinnert, wird aber nicht überrascht sein, dass ich vor allem auf folgenden Umstand hinweisen will: Der vom Recht gewährte Grad der Freiheit der Meinungsäußerung kann auch ohne das Recht repliziert werden, nämlich durch sozialen Druck, Normen, Ausgrenzung und andere Arten der gegenseitigen Bestrafung der Bürgerinnen und Bürger untereinander. Wir erinnern uns an die Kernthese der rechtsökonomischen Herangehensweise des fokalen Punktes: Jedes Ergebnis innerhalb der Gesellschaft (die neben den Bürgerinnen und Bürgern eben auch alle staatlichen Institutionen umfasst), das durch Gesetzgebung erzielt werden kann, kann sich auch ohne sie einstellen. Das liegt daran, dass die durch Gesetzgebung erzielbaren Ergebnisse ohnehin immer Gleichgewichte im Spiel des Lebens sind. Das Recht hebt lediglich ein Ergebnis hervor, das die Gesellschaft allerdings vielleicht auch ohne diesen Anstoß ausgewählt hätte.

Deutlich wird dies, wenn wir eine Situation konstruieren, in der die Redefreiheit tatsächlich allein durch soziale Kontrolle eingeschränkt wird. Im Lichte des vorangegangenen Unterabschnitts sollte das ein Leichtes sein. Angenommen, ein Atheist möchte öffentlich die Existenz Gottes bezweifeln. Wenn er das kann, bringt ihm das eine Genugtuung in Höhe von einer Einheit. Kann er das nicht, fühlt es sich für ihn an, als verlöre er eine Einheit.

Die Gesellschaft sei genau wie die zuletzt modellierte strukturiert: Person 1 kann mit Person 2 handeln, und jede Person $n > 1$ kann mit ihren beiden Nachbarn handeln. Genau wie oben lässt sich auch hier ein System der Ausgrenzung oder Bestrafung gegen jeden installieren, der die Existenz Gottes öffentlich anzweifelt, oder jeden, der mit einem Zweifler handelt, oder jeden, der mit einer Person handelt, die mit einem Zweifler handelt, usw. Im Gleichgewicht werden auf diese Weise alle Atheisten zum Schweigen gebracht – ganz ohne staatliches Zutun. Solange die Menschen frei entscheiden können, mit wem sie handeln wollen, kann die Verweigerung des Handels als Strafe dienen, um die freie Rede einzuschränken. Allerdings muss das Druckmittel nicht in (Nicht-)Handeln bestehen. Die Weigerung, mit bestimmten Menschen zu sprechen, kann für jene sehr verletzend sein.

---

⁸ Ein wichtiger Aspekt der Redefreiheit ist auch das Recht, sich *nicht* zu äußern. Darauf haben sich interessanterweise die amerikanischen Zigarettenhersteller zu berufen versucht, weil sie nicht gezwungen werden wollten, die Gesundheitsrisiken des Tabakkonsums offenzulegen. Sie argumentierten, sich äußern zu müssen widerspräche der amerikanischen Verfassung (Jolls 2013).

Person 2 könnte sich entsprechend weigern, mit 1 zu sprechen, 3 spricht nicht mit 2, und so weiter.⁹

Dieses Konstrukt lässt sich offenbar auf eine Vielzahl von Kontexten anwenden. Nehmen wir beispielsweise einmal an, in Nordkorea herrsche vollständige Redefreiheit, und als Bürger des Landes wollte ich öffentlich sagen: „Ich denke nicht, dass Kim Jong-un der am besten gekleidete Mann in der Volksrepublik Nordkorea ist." Zum Hintergrund: Im Jahr 2016 soll eine nordkoreanische Institution, für deren Unabhängigkeit ich nicht garantieren kann, Kim Jong-un zum siebten Mal in Folge als bestgekleideten Mann des Landes gekürt haben. Wie wir gerade gesehen haben, kann es die Gesellschaft durch die Androhung von Ausgrenzung so unangenehm für mich machen, meine Zweifel öffentlich zu äußern, dass ich davon lieber Abstand nehme – und das ohne jegliches Zutun der staatlichen Funktionäre. In jedem Land und unabhängig von der jeweils geltenden gesetzlichen Regelung bezüglich der Redefreiheit kann die tatsächliche Möglichkeit der Meinungsäußerung allein durch gesellschaftliche Normen und implizite Strafandrohungen stark eingeschränkt sein. Die soziale Mechanik ist dieselbe wie im Falle des *Pai ma pi*. Wollte ich in einem fast beliebigen Land dieser Welt und insbesondere (aber nicht nur) in Kriegszeiten die Meinung äußern (die tatsächlich auch meine persönliche Meinung ist), dass jedes verlorene Leben eine Tragödie ist, unabhängig davon, ob der Getötete zum eigenen Land oder zum „Feind" gehörte, dann würde mich nicht erst der Staatsapparat davon abhalten. Der soziale Druck bis hin zur Gewaltandrohung würde schon dafür sorgen, dass ich meinen Mund halte. In ähnlicher Weise ist es in vielen Ländern nicht möglich, die Politik der Regierung zu kritisieren oder sich öffentlich einen anderen Präsidenten als den aktuellen zu wünschen.

Bevor wir das Thema der Redefreiheit abschließen, möchte ich noch auf einen weiteren Punkt hinweisen, obwohl er nicht den Kern unserer Diskussion betrifft: Es ist alles andere als klar, dass die Redefreiheit vollkommen uneingeschränkt sein sollte. Wie ich in Basu (2000, Kap. 5) argumentiert habe, muss man Salman Rushdies Veröffentlichung der *Satanischen Verse* verteidigen, wenn man dafür ist, dass jede(r) sagen und schreiben darf, was er oder sie möchte. Nach der gleichen Logik muss man dann allerdings auch dem Ajatollah Chomeini das Recht einräumen, per *Fatwa* zur Tötung Salman

---

⁹ Über den gleichen Mechanismus können große Unternehmen und organisierte Gesellschaftsgruppen die Redefreiheit missbrauchen, um Informationen und Meinungen bewusst zu verzerren. Wie wir wissen, genügt es nicht, die Medien vor Zensur zu schützen, um sicherzustellen, dass die Öffentlichkeit fair, ausgewogen und umfassend informiert wird. Wenn sich große Teile der Medienlandschaft in der Hand einiger weniger Magnaten und Konzerne befinden, nützt die Garantie der Pressefreiheit wenig (Lebovic 2016).

Rushdies aufzurufen, solange er das Vorhaben nicht selbst in die Tat umsetzt. Dieses Dilemma ist nicht so abstrakt, wie es vielleicht zunächst scheinen mag. Anfang des 20. Jahrhunderts wurde in den USA hitzig debattiert, ob das Recht der Gewerkschaften auf Kritik an den Arbeitgebern bedeutet, dass die sich Arbeitgeber ihrerseits gegen die Gewerkschaften aussprechen dürfen, oder ob Letzteres als unzulässige Zwangsmaßnahme einzustufen sei (Weinrib 2016). Dementsprechend herrschte im Jahr 1937 große Uneinigkeit unter den Vorstandsmitgliedern der Bürgerrechtsorganisation American Civil Liberties Union zu der Frage, ob Henry Ford im Zuge eines Arbeitskampfes in seinen Fabriken Schriften gegen die Gewerkschaften verbreiten durfte (Cole 2017).

Zudem gibt es Aussagen, die mindestens so schmerzhaft sein können wie physische Gewalt. Wenn man gegen Gewalt ist, müssten aus rein konsequentialistischer Perspektive derart verletzende Aussagen also auch verboten sein.[10] Um das zu verdeutlichen, nehmen wir Folgendes an: Jedes Mal, wenn ich einen bestimmten Satz ausspreche, fühlt sich eine andere Person aufgrund meiner Aussage schlecht. In einer anderen, parallelen Welt hat die Person diese Empfindung nicht, dafür bekommt sie aber jedes Mal, wenn ich den Satz ausspreche, einen elektrischen Schock. Der seelische Schmerz in der ersten Welt sei genauso groß wie der physische Schmerz in der zweiten Welt. Wenn es verboten ist, anderen Menschen Elektroschocks zu versetzen, dann muss es aus konsequentialistischer und insbesondere utilitaristischer Sicht ebenso verboten sein, verletzende Aussagen zu machen. Dies wäre also ein Argument *gegen* absolute Redefreiheit.

Allerdings sind an dieser Stelle zwei wichtige Unterschiede zu beachten. Erstens ist ein körperlicher Angriff eine relativ klar zu umreißende Tat, eine verletzende Äußerung hingegen nicht. Die Vermeidung definitorischer Probleme und endloser Rechtsstreitigkeiten wäre also ein Argument, die Rede-

---

[10] Die USA mit dem ersten Zusatzartikel zur Verfassung (*First Amendment*) werden oft als eines der Länder genannt, in denen die Redefreiheit rechtlich am tiefsten verankert ist. Dennoch gibt es auch hier Ausnahmen. Ein Meilenstein in dieser Hinsicht war der Fall *Chaplinsky v. New Hampshire* aus dem Jahr 1942, aus dem die *fighting words doctrine* als Einschränkung des ersten Zusatzartikels hervorging: die Möglichkeit des Verbots von Äußerungen, die darauf abzielen, Hass oder Gewalt zu schüren. Es folgten weitere Einschränkungen, so wie das Recht des Staates, Äußerungen zu verbieten, die „verbalen Angriffen gleichkommen und dem Empfänger seelischen Schmerz zufügen" (Gard 1980, S. 524). Das Problem ist natürlich: Sobald man Ausnahmen der Redefreiheit zulässt, besteht die Gefahr ihres Missbrauchs – üblicherweise durch den Staat, der die Interessen seiner Beamten und seiner politischen Führung zu schützen sucht, indem abweichende Meinungen unterdrückt werden. Keinerlei Ausnahmen zuzulassen, ist aber auch keine Option. Das zeigt, dass die Effektivität und die Gerechtigkeit des Rechts von seiner Interpretation durch die Gesellschaft abhängen. Da Gesetze niemals vollkommen eindeutig sind, kann eine faire und rechtstreue Gesellschaft nicht ohne den Gerechtigkeitssinn und Anstand der Bürgerinnen und Bürger entstehen.

freiheit *nicht* einzuschränken. Zweitens haben die potenziellen Opfer verletzender Äußerungen ein gewisses Maß an Kontrolle über ihren Schaden. Wie sehr wir darunter leiden, ist gesellschaftlich konditioniert, was aber nicht heißt, dass wir vollkommen machtlos wären. Ein Stück weit können wir lernen, böswillige Bemerkungen zu ignorieren, und wir können entscheiden, ob wir einen erwartbar verletzenden Text wirklich lesen wollen. Aus diesen Gründen bin ich der Meinung, dass die Redefreiheit im Großen und Ganzen großzügig ausgelegt, geschützt und wertgeschätzt werden sollte. Dass die freie Meinungsäußerung andere verletzen kann, sollte nur in seltenen und extremen Fällen ihre Einschränkung rechtfertigen (siehe auch die ausgezeichnete Diskussion in Fish 1994).

Die Diskussion in diesem Abschnitt hat sowohl die Gefahren als auch die Vorteile informeller gesellschaftlicher Kontrollmechanismen aufgezeigt. Solche Mechanismen können instrumentalisiert werden, um unschöne Verhaltensweisen zu entfesseln und zu begünstigen, wie zum Beispiel drastische Einschränkungen der mündlichen und schriftlichen Meinungsäußerung, der Religionsausübung, oder eben auch der Freiheit, gar keine Religion auszuüben. Auf diese Weise lassen sich einzelne Personen ebenso wie ganze gesellschaftliche Gruppen sehr effektiv drangsalieren und in ihren Möglichkeiten einschränken. Mailath/Morris/Postlewaite (2017, S. 33 f.) schreiben hierzu: „In den Vereinigten Staaten sagt das Recht ganz klar, dass jeder jedem sagen darf, was er von ihm hält, und dass Mord keine legitime Antwort auf eine solche Ansage ist. Dennoch lief in der ersten Hälfte des vergangenen Jahrhunderts in weiten Teilen des Landes ein Schwarzer Gefahr, vom Mob gehängt zu werden, wenn er einem Weißen die Meinung sagte. Obwohl Hängen offensichtlich den Tatbestand des Mordes erfüllt, werden es sich viele Polizisten zweimal überlegt haben, ob sie die Mörder festnehmen, denn es würde sich schwerlich ein Staatsanwalt finden lassen, der bereit ist, Anklage zu erheben. Und käme der Fall schließlich doch vor Gericht, würde die Jury in den meisten Fällen auf Freispruch entscheiden."

Auf der anderen Seite kann sozialer Druck aber auch dazu dienen, die Durchsetzung ungerechter Vorschriften zu verhindern oder politische Führungspersonen zu boykottieren, die grob unfair handeln. Der Schlüssel zum „Erfolg" liegt fast immer in einem sich viral ausbreitenden System der Ausgrenzung. Wenn A mit dem unbeliebten Politiker verkehrt, brechen andere ihren Kontakt mit A ab. Wenn B dennoch weiterhin mit A verkehrt, wird B wiederum ausgeschlossen. Und so weiter. Dieselbe Methode, die im indischen Kastensystem zur Stigmatisierung der „Unberührbaren" genutzt wurde, kann also auch guten Zwecken dienen.

Ich habe schon davon gesprochen, dass einige Gesetze von allen Seiten vollkommen ignoriert werden und somit effektiv nutzlos sind.[11] Nach der in diesem Abschnitt vorgestellten Logik können als ungerecht oder unmoralisch empfundene Gesetze aber auch *bewusst* ausgehebelt werden. Mahatma Gandhi hat diese Taktik umfassend in Indiens Kampf für die Unabhängigkeit von Großbritannien angewendet. Immer wieder rief er zu Rechtsbrüchen auf, und damit wandte er sich nicht nur an die Bürgerinnen und Bürger, sondern auch an diejenigen, die das Recht eigentlich durchsetzen sollten. Schließlich kann die Staatsführung allein wenig tun, um der Gesellschaft ihren Willen aufzuzwingen. Wie wir oben gesehen haben, rührt Macht immer daher, dass sich die normalen Menschen auf bestimmte Weisen verhalten und bestimmte Erwartungen haben. Also können diese Menschen durch bestimmte andere Verhaltensweisen der politischen Führung die Macht auch wieder entziehen. Aus dem koordinierten Handeln Einzelner kann so eine Bewegung entstehen, der sich niemand zu entziehen vermag.

6.4 Die Geißel der Korruption

Es ist nun an der Zeit, dorthin zurückzukehren, wo wir in Kap. 2 angefangen haben, nämlich bei Verbrechen und Bestrafung, wie von den frühen Denkern der ökonomischen Analyse des Rechts analysiert. Verbrechen und Bestrafung sind eng mit Korruption verbunden. Korruption bezeichnet zumeist einen Rechtsbruch mit Duldung der Rechtsdurchsetzer, also der Polizei, der Behörden oder der Politik. Wenn ein Bürger etwas stiehlt, ist das zwar eine Straftat, aber noch keine Korruption, denn es fehlt die Komplizenschaft eines staatlichen Akteurs. Shleifer/Vishny (1993, S. 599) definieren Korruption explizit als den „Verkauf von Staatseigentum durch Staatsdiener zum Zwecke der persönlichen Bereicherung." Staatseigentum bedeutet hier alles, was einen Wert hat, wie zum Beispiel eine Baugenehmigung. Ein Staatsdiener, der eine Baugenehmigung gegen ein Bestechungsgeld verkauft, macht sich also eindeutig der Korruption schuldig.

Die Existenz von Korruption zeigt nur allzu deutlich die Mängel der traditionellen ökonomischen Analyse des Rechts auf. Die meisten Standardmodelle von Korruption tendieren sehr in Richtung einer Sichtweise des partiellen Gleichgewichts, insofern als dass sie die Rechtsdurchsetzer als irgendwie

---

[11] Der schon mehrfach zitierte Artikel von Mailath/Morris/Postlewaite (2017) nennt zahlreiche Beispiele von Gesetzen, auch in reichen Industrienationen, die lediglich Staub ansetzen, ohne irgendeine Verhaltenswirkung zu entfalten.

außerhalb des Analyserahmens stehend betrachten. Diese Akteure werden nur auf die Bühne gerufen, wenn es gerade nötig ist. Diese Vorgehensweise hat unser Verständnis von Korruption sehr behindert, und sie kann nicht erklären, warum das Phänomen in einigen Ländern so viel präsenter ist als in anderen. Für eine solche Erklärung müssen wir das Problem auf gesellschaftlicher Ebene betrachten – in gleicher Weise, wie wir oben Politik und Macht untersucht haben. Die Staatsdiener müssen wir als Menschen mit ihren eigenen Motiven und Interessen begreifen, so wie ich es schon in meinem ersten Modell in Kap. 2 getan habe. Diesen Faden will ich jetzt wieder aufgreifen, unter Ausnutzung der zusätzlichen analytischen Möglichkeiten, die wir uns seitdem erarbeitet haben.

Ich will zeigen, dass nach der Entwicklung des ursprünglichen neoklassischen Modells von Verbrechen und Bestrafung in den 1960ern einige Schritte unternommen wurden, um dem Umstand Rechnung zu tragen, dass die Staatsdiener auch Menschen sind. Das von dem Modell des fokalen Punktes adressierte Problem hatte sich also schon vor einiger Zeit ins Unterbewusstsein eingeschlichen, und es hat einige interessante Ansätze gegeben, auch den Staat und seine Akteure zu modellieren, doch die Agenda blieb unvollständig.

Schon früh wurde Beckers (1968) unabsichtliche Fehlannahme erkannt, dass die Rechtsdurchsetzer roboterartig und ohne eigenes Interesse den Willen des Gesetzgebers umsetzen. Wollte man Korruption verstehen, musste diese Annahme fallengelassen werden. Die sehr umfangreiche Literatur zu Korruption,[12] die diese zentrale Annahme auf verschiedenste Weise zu verfeinern versucht, kann als Vorarbeit zur Methode des fokalen Punktes gelten.

Was passiert mit der Analyse von Verbrechen und Bestrafung, wenn wir den Polizistinnen und Polizisten, die gegen die Verbrecher ermitteln und sie schließlich verhaften sollen, menschliche Züge zugestehen? Um das zu sehen, kommen wir auf das in Kap. 2 vorgestellte Modell von Becker (1968) zurück. Zur Erinnerung: Es ging dort um eine Person, die überlegt, unerlaubten Bergbau zu betreiben, was einen Gewinn von G abwerfen würde. Jedoch wird das Vorhaben mit einer Wahrscheinlichkeit von w durch die Polizei entdeckt, und in dem Fall wird eine Strafe in Höhe von S fällig. In diesem Modell unterbleibt die verbotene Handlung, wenn

$$G \leq wS.$$

---

[12] Siehe z. B. Rose-Ackerman (1975), Klitgaard (1988), Mauro (1995), Mookherjee/Png (1995), Bardhan (1997), Mishra (2002), Kugler/Verdier/Zenou (2005), Bose/Echazu (2007), Treisman (2007), Wihardja (2009), Yoo (2008), Gautier/Goyette (2014), Suthankar/Vaishnav (2014), Dixit (2014), Banuri/Eckel (2015), Popov (2015), Rose-Ackerman/Palifka (2015), Sanyal (2015), Gamba/Immordino/Piccolo (2016).

Das Modell muss jedoch angepasst werden, wenn wir die Polizisten als Nutzenmaximierer begreifen, die wie alle Menschen auf ihren eigenen Vorteil schauen und dementsprechend nicht abgeneigt sind, ein Bestechungsgeld anzunehmen. Wenn dann der Täter gefasst wird, entsteht eine Verhandlungssituation zwischen ihm und der Polizei. Kommt keine Einigung zustande, dann wird die Strafe fällig und die Polizei geht leer aus. Einigt man sich hingegen auf ein Bestechungsgeld, dann geht dieser Betrag zulasten des Täters und wandert in die Taschen der Polizei. Offensichtlich kann das Bestechungsgeld niemals höher als die Strafe sein, denn ansonsten wäre der Täter besser beraten, einfach die Strafe zu zahlen. Es geht also darum, den Betrag S zwischen dem Täter und der Polizei aufzuteilen. In solch einer symmetrischen Situation ist es naheliegend, dass die beiden Parteien sich in der Mitte treffen, also beträgt das Bestechungsgeld $S/2$.[13]

Diese kleine Modifikation des Modells ermöglicht bereits einige interessante Einblicke. Nachdem sich die Polizei einmal als bestechlich erwiesen hat, wir die Strafe natürlich nie wieder erhoben und gezahlt. Jedes Mal, wenn sich jemand bei etwas Illegalem erwischen lässt, wird ein Bestechungsgeld verhandelt und der Täter kommt ohne Anklage davon. Doch obwohl die Strafe niemals gezahlt wird, spielt sie dennoch eine Rolle bei der Verbrechensbekämpfung, denn ihre Höhe bestimmt die Höhe des Bestechungsgeldes. Da das Kalkül des potenziellen Täters nun

$$G \leq wS/2$$

lautet, sorgt die Korruption dafür, dass entweder die Strafe oder die Entdeckungswahrscheinlichkeit jetzt doppelt so hoch sein muss, um die Tat wirksam abzuschrecken. Die Berücksichtigung der Rationalität der Polizisten hat somit offensichtlich sowohl die Analyse der Situation als auch die resultierenden Politikempfehlungen verändert.

Hieraus entsteht allerdings eine wichtige und bislang unbeantwortete Frage. In den meisten Ländern ist Bestechlichkeit ebenso strafbar wie z. B. Diebstahl. In einigen Ländern ist darüber hinaus auch Bestechung, also die Zahlung eines Bestechungsgeldes, strafbar. In unserem Modell wollen wir aber zunächst annehmen, dass nur der bestochene Staatsdiener eine Straftat begeht. In dem Fall muss sich der bestechliche Polizist Sorgen machen, dass ihm die interne Ermittlerin auf die Schliche kommt und ihm für seine Bestechlichkeit eine Strafe auferlegen will. Natürlich kann der Polizist dann wiederum versuchen, mit der

---

[13] Genau diese Lösung bekämen wir auch, wenn wir die vorliegende Konstellation als Nash-Verhandlungsproblem formulierten und lösten. Der Leser kann sich also darauf verlassen, dass die Lösung allen Axiomen der Nash-Verhandlungslösung (Nash 1950a) genügt.

internen Ermittlerin ein Bestechungsgeld zu verhandeln, um seiner Strafe zu entgehen. Und so setzt sich die Korruption als eine Kette von Bestechungen weiter durch die staatlichen Hierarchieebenen fort.

Dieses Problem ist aus zwei Gründen faszinierend. Erstens beschreibt es ziemlich gut, was leider in vielen Ländern an der Tagesordnung ist. Und zweitens ist die Lösung solch einer Kette von Verhandlungsproblemen eine interessante analytische Herausforderung, wie ich in Basu/Bhattacharya/Mishra (1992) gezeigt habe. Später hat sich eine umfangreiche Literatur solchen Problemen und ihren Auswirkungen gewidmet.[14] Indem sie Beckers implizite Annahme von Roboterpolizisten auseinandernehmen, können diese Studien als Vorgänger der Methode des fokalen Punktes gelten. Allerdings wird in dieser Literatur immer nur eine Hierarchieebene zur Zeit betrachtet und das Korruptionsproblem so stückweise zusammengesetzt. Die Methode des fokalen Punktes geht diesen ganzen Weg auf einmal.

Auf diese Weise eröffnet sich eine ganz neue Perspektive auf das Recht. Wenn wir die Rechtsdurchsetzer als Spieler modellieren, ergeben sich auch neue Handlungsoptionen für den Staat. In der Korruptionsbekämpfung wird oft allen Beteiligten Strafe angedroht, ohne zu überlegen, wie die Adressaten wohl strategisch auf diese Androhung reagieren werden. Das trifft insbesondere auf den indischen Prevention of Corruption Act von 1988 zu. Mit etwas Überlegung wird hingegen klar, dass die universelle Strafandrohung das Korruptionsproblem eher verschärfen als mildern kann.

Wenn sich, wie in Artikel 12 des indischen Antikorruptionsgesetzes[15] vorgesehen, der Zahler und der Empfänger von Bestechungsgeld gleichermaßen strafbar machen, dann haben die beiden Seiten nach dem Bestechungsakt ein gemeinsames Interesse an der Geheimhaltung ihrer Tat. Solcherlei Kollusion erschwert das Aufdecken von Korruption erheblich, und sie gibt den Bestochenen eine gewisse Sicherheit, sodass ihre Bereitschaft zur Annahme von Bestechungsgeld – und somit das Ausmaß des Problems – wächst. In diesem Zusammenhang hat Gambetta (2009) in seiner umfangreichen Korruptionsstudie bestätigt, dass das Vertrauen unter den an der Bestechung Beteiligten der Schlüssel zum Verständnis von Korruption ist.[16]

---

[14] Siehe z. B. Bac/Bag (2001), Polinsky/Shavel (2001), Rahman (2012), Acconcia/Immordino/Piccolo/Rey (2014), Makowsky/Wang (2015), Sanyal (2015), Rose-Ackerman/Palifka (2015), Burlando/Motta (2016).

[15] Dort heißt es: „Wer Beihilfe zu einer Straftat [im Zusammenhang mit Bestechung] leistet, ... wird mit einer Geldstrafe sowie mit einer Freiheitsstrafe zwischen sechs Monaten und fünf Jahren belegt."

[16] In einer späteren Untersuchung, die Treismans (2000) umfangreichen Ländervergleich zu Korruption als Kontext nutzt, erklärt Gambetta (2017) die hohe Korruptionsrate in Italien mit der gleichen Idee, nämlich einer Art Ehrenkodex unter den Beteiligten. Wie der Autor bemerkt, hindert grassierende Korruption viele Länder daran, einen hohen sozioökonomischen Entwicklungsstand zu erreichen. Italien scheint insofern eine Ausnahme zu sein.

Wenn wir die Interaktion zwischen dem bestechungswilligen Bürger und dem bestechlichen Staatsdiener spieltheoretisch durchdenken, dann wird klar, dass eine asymmetrische Strafandrohung ein besseres Mittel zur Korruptionsbekämpfung ist – die eigentliche Bestechung sollte straffrei sein, während die Annahme von Bestechungsgeld weiterhin strafbar bleibt. Im Gegenzug sollte das Strafmaß für Bestechlichkeit heraufgesetzt werden (Basu 2011). Bei solcher asymmetrischen Bestrafung weiß der Bestechliche, dass der Bestecher nach der Tat keinerlei Hemmungen haben wird, über seine Tat zu sprechen, sodass diese viel leichter aufzudecken ist. Da er dies antizipiert, wird der Bestechliche sehr zögerlich sein, überhaupt Schmiergeld anzunehmen, sodass die Korruption insgesamt zurückgeht. Die gerade nachvollzogene Argumentation ist eine Rückwärtsinduktion über zwei Spielperioden – dieselbe Analysemethode, mit der wir in Kap. 4 teilspielperfekte Gleichgewichte identifiziert und die wir seitdem einige Male angewendet haben.

Die Realität ist natürlich immer wesentlich komplizierter als jedes Modell, und die gerade ausgeführte Argumentation steht unter einigen Vorbehalten, derer wir uns bewusst sein müssen. Dennoch bergen vollständigere Modelle, die die Wirklichkeit besser abbilden, immer die Chance auf bessere Politikempfehlungen und somit effektivere Gesetzgebung. Es gibt tatsächlich historische Beispiele eines Wechsels hin zu asymmetrischen Antikorruptionsgesetzen. Berlin/Qin/Spagnolo (2018) haben mithilfe eines bemerkenswerten Datensatzes die Auswirkungen einiger 1997 vorgenommener Änderungen des chinesischen Strafrechts auf die Verbreitung von Korruption im Land untersucht. Im Ergebnis stellen sie einen Rückgang sowohl in der Aufdeckung von Korruption als auch in der Abschreckung fest, was auf Designfehler im Gesetz zurückzuführen sein mag. Angesichts der komplexen kausalen Zusammenhänge kann diese Untersuchung weder als Bestätigung noch als Zurückweisung der obigen Theorie interpretiert werden; dennoch zeigt sie deutlich den signifikanten Einfluss auf das Verhalten der beteiligten Akteure, den solche Art von Gesetzgebung haben kann. Versuche in Verhaltenslaboren und andere, eher deskriptive empirische Studien haben gemischte Ergebnisse hervorgebracht.[17] Mein Interesse gilt hier jedoch nicht dieser speziellen legislativen Strategie, sondern einer rechtsökonomischen Methodik, die zumindest versucht, das Verhalten der Staatsdiener zu endogenisieren, also aus dem Modell selbst heraus zu erklären, anstatt es als von außen gegeben anzunehmen.

---

[17] Siehe Wu/Abbink (2013), Abbink/Dasgupta/Gangadharan/Jain (2014), Dufwenberg/Spagnolo (2015), Oak (2015), Popov (2015), Sukhthankar/Vaishnav (2014), Angelucci/Russo (2016) und Basu/Basu/Cordella (2016), sowie den Blog von Xingxing Li in der Financial Times: „Bribery and the Limits of Game Theory: The Lessons from China", http://blogs.ft.com/beyond-brics/2012/05/01/guest-post-bribery-and-the-limits-of-game-theory-the-lessons-from-china.

Diese analytischen Schritte gehen zwar in die richtige Richtung, aber sie reichen noch nicht ganz an die Methode des fokalen Punktes heran. Denn wenn man in jenen Modellen eine Strafe verändert, indem man einige Menschen von ihr ausnimmt und die Strafandrohung für andere verdoppelt, dann werden alle diejenigen, die diese Regeln ausführen sollen, immer noch nicht explizit modelliert. Natürlich wird es nicht immer leicht, die Methode des fokalen Punktes im vollen Umfang und in letzter Konsequenz auf das echte Leben anzuwenden und davon Politikempfehlungen abzuleiten. Die dazu nötigen analytischen Mittel zu entwickeln, wird einige Zeit und Mühe in Anspruch nehmen. In der Zwischenzeit sollte das Ziel aber sein, die involvierten Akteure mit ihren strategischen Neigungen umfassender und somit realitätsgetreuer zu beschreiben, denn nur aus einem vollständigen Modell lassen sich effektive legislative Maßnahmen zur Korruptionsbekämpfung ableiten.[18] Wichtig ist das Bewusstsein, dass Korruption eine systemische Komponente hat. Wird sie vernachlässigt, sind auch die besten Detailpläne gegen Korruption zum Scheitern verurteilt. Weiterhin müssten wir uns darüber im Klaren sein, wie verbreitet multiple Gleichgewichte sind. Ein und dieselbe Gesellschaft kann sich entweder in einem Gleichgewicht befinden, in dem es praktisch keine Korruption gibt, oder sie ist in einem anderen Gleichgewicht gefangen, in dem fast jeder korrupt ist. Das wird besonders deutlich, wenn wir die Analyse mit verhaltensökonomischen Aspekten anreichern, was wir im nächsten Kapitel tun wollen.

Anders als im neoklassischen Modell sind sich die Menschen im echten Leben sehr wohl der moralischen Dimensionen der Korruption bewusst – einschließlich jener Menschen, die aktiv daran beteiligt sind. Ist Korruption jedoch weit verbreitet, dann kann sie als eine im Großen und Ganzen akzeptable Verhaltensform erscheinen (Kavaliersdelikt) und wie eine Koordinierungsnorm wirken (siehe Kap. 5). Wie der *World Development Report: Mind, Society, and Behaviour* (World Bank 2015, S. 60) zu Korruption feststellt, herrschte über weite Strecken der neueren Geschichte die „allgemeine Überzeugung, dass der Missbrauch eines öffentlichen Amtes zum eigenen Vorteil oder dem von Verwandten und Freunden verbreitet ist und toleriert, ja geradezu erwartet wird. In anderen Worten: Korruption kann zur sozialen Norm werden." Und in vielen Gesellschaften gilt das noch heute.

---

[18] In Basu/Dixit (2016) versuchen wir zu zeigen, wie einige Regulierungsaufgaben vom Staat auf private Unternehmen übertragen werden können. Dixit (2014) hat darüber hinaus skizziert, wie sich Privatunternehmen ohne staatliche Intervention zur gemeinsamen Korruptionsbekämpfung zusammentun könnten. Solcherlei Flexibilisierung der Grenzen zwischen privaten und staatlichen Akteuren und Aufgaben ist ein Schritt in die richtige Richtung.

Abbink/Freidin/Gangadharan/Moro (2016) testen das auf interessante Weise, indem sie diese soziale Norm im Labor künstlich erzeugen und dann die Reaktion der Probandinnen und Probanden untersuchen.[19] Die Teilnehmenden werden in Paaren gruppiert, wobei die Partner jeweils wissen, ob der oder die andere der Korruption eher zu- oder abgeneigt ist. Im Ergebnis ist die Wahrscheinlichkeit, dass im Zuge der simulierten Situation ein Bestechungsgeld angeboten wird, mehr als doppelt so hoch, wenn der potenzielle Empfänger als korrupt gilt, verglichen mit einem ehrlichen Partner. Das soziale Umfeld beeinflusst also auch hier das Verhalten des Einzelnen, was ein Stück weit erklärt, warum Gesellschaften tendenziell zwei Gleichgewichte haben – eines mit hoher und eines mit niedriger Korruption.[20]

Aus diesem Argument erwachsen wichtige Lehren für die Korruptionsbekämpfung, und es legt auch nahe, warum so viele gut gemeinte Antikorruptionsmaßnahmen wirkungslos sind. Solche Misserfolge sind immer wieder in verschiedenen Ländern zu beobachten gewesen – China, Indien, Brasilien. In jedem Fall meinte es die politische Führung wirklich ernst mit der Korruptionsbekämpfung, erreichte jedoch wenig, und hat am Ende möglicherweise sogar zur Verschlimmerung des Problems beigetragen. Die Abläufe solcher Initiativen sind sich oft auf unheimliche Weise ähnlich: Am Anfang werden drakonische Strafen für Korruption angekündigt. Doch bald wird klar, dass das Problem so allgegenwärtig ist, dass man einen beliebigen Fisch aus dem Teich greifen könnte, und er ist mit Sicherheit korrupt.

Nehmen wir einmal an, der Staat habe genug Kapazitäten, um gegen eine gewisse Anzahl von Personen zu ermitteln und sie schließlich zu überführen und zu verhaften. Welche Personen sollte er auswählen? In der umkämpften Welt der Politik wäre es höchst unklug, die Polizei zu Ermittlungen gegen die eigenen Freunde und Parteikollegen anzuhalten, denn dann wäre man sehr bald politisch isoliert. Nicht einmal die Opposition würde der Regierung so ein Vorgehen danken – so funktioniert die Politik einfach nicht. Es liegt also nahe, mit der Korruptionsbekämpfung stattdessen in den Reihen der der Opposition anzufangen. Und so wird aus einer eigentlich aufrichtigen Anti-

---

[19] Siehe auch Bicchieri/Xiao (2009) und Banerjee (2016).
[20] Auch die Geschichte lehrt uns viel, denn zahlreiche Länder sind vom einen Gleichgewicht zum anderen übergegangen. Sundell (2014) und Rothstein (2011) liefern interessante Einblicke in die Wandlung Schwedens von einer patrimonialen und korrupten öffentlichen Verwaltung im 19. Jahrhundert zu einem der Länder mit der weltweit geringsten Korruptionsrate. Damals hatten die Verwaltungsangestellten neben ihren offiziellen Pflichten, denen sie nur unregelmäßig nachkamen, üblicherweise mehrere andere Jobs, und sie verlangten regelmäßig informelle Zahlungen für ihre Dienste. Es ist unklar, ob die Wandlung zum heutigen, nahezu korruptionsfreien Schweden plötzlich oder eher durch graduelle Reformen passierte, aber in jedem Fall war das Ergebnis spektakulär. Der Übergang von einem Extrem zum anderen (von einem Gleichgewicht zum anderen) ist also möglich. Diese Möglichkeit gibt korruptionsverseuchten Ländern Hoffnung, bedarf aber noch weiterer Forschung.

korruptionsinitiative schnell eine Hexenjagd gegen alle, die die politische Führung kritisiert haben.

Gleichzeitig ist die Welt aber auch voller politischer Führungspersonen, die deshalb wenig gegen Korruption tun, weil sie selbst so stark davon profitieren. Und es gibt auch genügend Fälle von aufrichtigen Initiativen, die scheitern, weil die Führung einsehen muss, dass der Versuch der Korruptionsbekämpfung in einer durch und durch korrupten Gesellschaft politischem Selbstmord gleichkommt. Es ist ein weitverbreiteter Irrglaube, dass zur erfolgreichen Korruptionsbekämpfung nur Entschlossenheit und Mut nötig wären. In Wirklichkeit ist Korruption ein komplexes Phänomen, ein Gewebe aus wirtschaftlichen Anreizen, sozialen Normen, Bräuchen und strategischen Überlegungen – ein Netz, in dem schon viele gut gemeinte Initiativen hängengeblieben sind.[21]

Anders als die meisten politischen Führungspersonen erkennen Wirtschafts- und Rechtswissenschaftler die intellektuelle und wissenschaftliche Komponente der Korruption – und haben dennoch bislang kaum wirksame Politikempfehlungen und Pläne vorlegen können. Ein Grund dafür sind die bisherigen Fehler in der Konzeptualisierung der ökonomischen Analyse des Rechts. Das soll nicht heißen, dass eine auf Verwerfungslinien aufgebaute wissenschaftliche Disziplin nicht dennoch wertvolle Einblicke für die Gesellschaft liefern kann. Aber die Verwerfungslinien beeinträchtigen hier und da eben doch die Analyse, und bei Law and Economics ist das insbesondere im Bereich der Korruptionsbekämpfung der Fall. Das überrascht nicht, denn gerade hier ist eine realistische Modellierung der staatlichen Akteure besonders wichtig, und genau darin besteht die vielleicht größte Schwäche der traditionellen ökonomischen Analyse des Rechts. Somit besteht die Hoffnung, dass die Anwendung der Methode des fokalen Punktes bald zu sichtbaren Erfolgen in der Korruptionsbekämpfung führen wird.

---

[21] Siehe dazu den Bericht der World Bank (2017), der ausführlich die Rolle des Rechts und der Rechtsstaatlichkeit in Bezug auf diese Herausforderungen bespricht. Pistor/Haldar/Amirapu (2010) untersuchen empirisch die Verbindung zwischen Rechtsstaatlichkeit, Normen und gesellschaftlichen Erfolgsindikatoren.

7

Rationalität, Recht, Legitimität

7.1 Jenseits von Rationalität

Abgesehen von gelegentlichen Streifzügen in weitergehende menschliche Beweggründe bin ich bislang innerhalb der Annahme rationaler Individuen mit exogen gegebenen Nutzen- oder Auszahlungsfunktionen geblieben. Diese Annahme ist der Standard im Economics-Mainstream und auch die Grundlage der modernen ökonomischen Analyse des Rechts. Die zwei vorangegangen Kapitel haben mit Stigmata und gesellschaftlichen Sanktionen jedoch auch Themen behandelt, die in Lehrbüchern der Mainstream-Volkswirtschaftslehre eher selten zu finden sind. Gestützt auf einige neuere Literatur haben wir den Analyserahmen erweitert, indem wir berücksichtigt haben, dass die Menschen ihren Nutzen nicht nur aus ihrem Konsum beziehen, sondern auch daraus, wie andere sie behandeln und was sie von ihnen halten. Gesellschaftliche Anerkennung macht Freude, soziale Stigmatisierung tut weh.

Ansonsten sind wir bislang aber überwiegend innerhalb der Grenzen der Standardanalyse geblieben. Dafür gibt es drei Gründe. Erstens wollte ich auf die wichtige Verwerfungslinie hinweisen, die durch den Mainstream der ökonomischen Analyse des Rechts verläuft, und ich wollte zeigen, dass sich diese Verwerfung korrigieren lässt, ohne die zentrale Annahme der Disziplin, nämlich individuelle Rationalität, über Bord werfen zu müssen.

Zweitens wollte ich betonen, dass wir zwar keine Mühen scheuen sollten, die Mängel unserer wissenschaftlichen Disziplin zu beheben, wir uns aber gleichzeitig damit abfinden müssen, dass eine vollständige Korrektur und eine vollkommen stimmige Wissenschaft vielleicht nicht zu erreichen sind. Doch das kann natürlich kein Grund sein, die Wissenschaft ganz aufzugeben. Die wissenschaftliche Beschreibung eines Phänomens blendet immer Teile der Realität aus (Sen 1980). Wäre dem nicht so, dann wäre wissenschaftliche Beschreibung eine bloße wörtliche Wiederholung des Geschehens und würde nichts zu unserem Verständnis beitragen. Um zu neuem Verständnis zu gelangen, ist das Auslassen von Details unausweichlich.

Während ich die traditionelle neoklassische Ökonomik oft kritisiere, ist es vielleicht an der Zeit, auch einmal ihre Verdienste zu würdigen. Jegliche wissenschaftliche Arbeit beruht auf vereinfachenden Annahmen, und in der Ökonomik ist die exogen gegebene Rationalität eine solche Annahme. Dass sie nicht immer zutrifft, ist an sich kein Grund, sie aufzugeben. Vielleicht haben wir keine bessere Alternative, und ohne sie könnten wir der Politik dann vielleicht gar keine Empfehlungen mehr geben. Dabei gibt es zwei Arten von neoklassischen Ökonomen. Auf der einen Seite stehen jene, die sich ganz dem Irrglauben hingeben, dass alle Menschen immer vollkommen rational und egoistisch seien.[1] Und dann gibt es jene, die sich der Unzulänglichkeit der Annahme bewusst sind, sie aber dennoch für nützlich halten, um in vielen Situationen weitgehend stimmige Vorhersagen zu erzielen. Ich könnte einige fortschrittliche Denker aus dieser zweiten Kategorie nennen, will das aber nicht tun, um nicht alle vor den Kopf zu stoßen, die ich nicht nenne.

Der dritte Grund, warum ich mich bislang weitgehend innerhalb des Rahmens der neoklassischen Ökonomik bewegt habe, hängt eng mit dem gerade genannten Punkt zusammen: Wir haben ganz einfach für die Rationalitätsannahme bislang keine zufriedenstellende Alternative, auf deren Grundlage wir umfassende und brauchbare Modelle bauen könnten. Die Kritik an der Rationalität und die Bausteine, die an ihre Stelle treten könnten, sind bislang eben nur Bausteine. Deshalb soll dieses Kapitel kein Abschluss sein, sondern eher ein Auftakt zu einer ökonomischen Analyse des Rechts, die auf der Methode des fokalen Punktes basiert und die zudem die Vielseitigkeit der menschlichen Motivation anerkennt, sowie den Umstand, dass sich diese Beweggründe im Laufe eines Lebens ändern, sei es aufgrund von Erfahrungen, des sozialen Umfelds oder gut geschriebenen Büchern, die die Perspektive der Leserinnen und Leser erweitern.

---

[1] Rodrik (2015, S. 29) diskutiert die Rolle von Axiomen und Annahmen in der Ökonomik und merkt dazu an: „Letztlich ist ein Mangel an Realismus in unseren Annahmen unvermeidbar." Fehler passieren dann, wenn wir vergessen, dass unsere Annahmen eben nur Annahmen sind. Und solche Fehler passieren häufiger, als wir gern glauben würden.

Wenn Ökonomen auf Forschungsergebnisse hinweisen, denen zufolge nicht alle Menschen immer rational sind, dann mutet das fast schon peinlich an – die Ökonomik ist wohl die einzige Disziplin, die erst forschen muss, um zu so einer Aussage zu gelangen. Anderen sagt das ihre Lebenserfahrung. Wie ich später noch argumentieren werde, sind Lebenserfahrung und Intuition als Wissensquellen nicht zu belächeln. Auf der anderen Seite hat die Verbohrtheit der Ökonomik auch etwas sehr Nützliches hervorgebracht: die Entdeckung der „systematischen Irrationalität" und ihrer Rolle in den Märkten und in der Gesellschaft. Das Ausloten systematischer Irrationalität geschah auf Grundlage bestehender Forschungsergebnisse aus der Psychologie, die die Ökonomik dann mit ihren eigenen Laboruntersuchungen und Feldstudien ergänzt hat. Das Ergebnis ist die Verhaltensökonomik, die ihre volle Reichweite und intellektuelle Tiefe aber erst in Kombination mit der in der Ökonomik und der Spieltheorie so zentralen Idee des Gleichgewichts erfährt.[2]

Dieses Kapitel und das folgende sollen eine zugegebenermaßen idiosynkratische Kritik der Rationalitätsannahme präsentieren – ‚idiosynkratisch' deshalb, weil ich keinerlei Anspruch auf Vollständigkeit erhebe. Stattdessen werde ich mir hier und dort Ideen und Ergebnisse aus der Verhaltensökonomik heraussuchen und mithilfe der reinen Vernunft zeigen, dass einige unserer systematischen Abweichungen von der Rationalität wichtige Auswirkungen auf die politische Flankierung des Gesellschaftslebens, auf das Recht und auf Markteingriffe haben.

Zu Anfang sollen zwei Beispiele zeigen, wie wichtig es ist, systematische Irrationalität zu verstehen. Das erste Beispiel stammt aus meiner eigenen Erfahrung und aus informellen (und nicht zur Veröffentlichung geeigneten) Versuchen. Angenommen, ich plane ein Treffen mit Freunden zu einer bestimmten Zeit, sagen wir 17 Uhr. Eine interessante Strategie zur Förderung der Pünktlichkeit ist, dass ich meinen Freunden nicht 17 Uhr als Zeitpunkt nenne, sondern z. B. 17:05 Uhr. Wahrscheinlich kommen sie im zweiten Fall sogar früher als im ersten, obwohl das Treffen erst fünf Minuten später beginnen soll. Meine private anekdotische Evidenz zeigt, dass diese Strategie tatsächlich ausgezeichnet funktioniert. Zu einem um 17:05 Uhr terminierten Treffen erscheinen die Menschen oft fast auf die Minute genau, wohingegen sie zu einem Treffen um 17 Uhr tendenziell um fünf, zehn oder sogar fünfzehn Minuten zu spät kommen – in Abhängigkeit vom Land, von der

---

[2] Akerlof/Shiller (2010) betonen das zurecht. Meine einzige Kritik an der Verhaltensökonomik ist, dass sie diese Verbindung zur etablierten ökonomischen Theorie noch nicht genügend ausgenutzt hat, um unser Verständnis wirtschaftlicher und sozialer Phänomene zu fördern. Ohne diese Verbindung läuft die Verhaltensökonomik Gefahr, nicht mehr als ein Sammelbecken von Versuchsergebnissen zu sein (Basu 2018).

Region und vom kulturellen Hintergrund der Menschen. Noch größere Pünktlichkeit könnte ich vielleicht erzielen, wenn ich das Treffen für 17:02 Uhr ansetzte, würde damit aber Spekulationen über meine Zurechnungsfähigkeit provozieren.

Diese Beobachtungen zeigen, dass die wahre Beschreibung des Lebens zwischen den Zeilen steht. Aus dem geschriebenen oder gesprochenen Wort lesen die Menschen wichtige Hinweise heraus. 17:05 Uhr klingt nach einer präzisen Angabe, und das löst eine psychologische Reaktion bei meinen Freunden aus: Präzise Angaben erfordern wohl präzises Verhalten, also in diesem Fall Pünktlichkeit. Wenn jemand eine derart spezifische Uhrzeit vorgibt, hat er sich offenbar Gedanken über das Zeitmanagement gemacht, also sollte man ihn besser nicht enttäuschen und durch Unpünktlichkeit seine Pläne durcheinanderbringen. Denn entgegen der Meinung vieler ökonomischer Lehrbücher sind Altruismus und die Internalisierung der Präferenzen anderer ebenso integrale Bestandteile des menschlichen Antriebs wie Egoismus und Selbstsucht.

Das zweite Beispiel ist in der Tat eine Geschäftsidee. Achterbahnfahren macht Spaß, deshalb geben einige Menschen nicht wenig Geld dafür aus. Doch die Achterbahnbetreiber könnten noch mehr verdienen. Denn die meisten Menschen unterschätzen das Unwohlsein, das sie empfinden, sobald die Fahrt beginnt. Hier ist also mein Vorschlag für eine neue Preisstrategie: Der Eintrittspreis ist relativ gering. In der Mitte der Fahrt halten die Wagen dann aber an und die Fahrgäste bekommen die Option, gegen Zahlung einer saftigen Zusatzgebühr vorzeitig auszusteigen, also auf den zweiten Teil der Reise zu verzichten.

Die Verhaltensökonomik entsteht aus dem Zusammenfluss von Psychologie und Verhaltensforschung. Zum Glück müssen wir uns dabei nicht mehr auf informelle Experimente wie dem obigen verlassen. Das Zusammenwirken von Ökonomik und Psychologie und die systematische Erhebung und Auswertung von Daten aus Labor- und Feldstudien haben geholfen, unser Verständnis des menschlichen Verhaltens signifikant zu erweitern. Darin besteht der große Verdienst der Verhaltensökonomik.

Um uns jedoch wieder mehr dem Kernthema dieses Buches zuzuwenden, betrachten wir noch einmal das bereits in Kap. 2 angesprochene Gefangenendilemma. Zunächst handelt es sich dabei um nichts mehr als eine abstrakte spieltheoretische Übung mit zwei Spielern und je zwei Strategien oder Handlungen. Das Gefangenendilemma wurde deshalb ein so enorm einflussreiches Modell, weil es unsere Psyche anspricht und uns beunruhigt. Interessanterweise rührt seine Popularität wohl vor allem daher, dass seine bekannteste

Formulierung – die mit den beiden Gefangenen – auf den Versuch eines Mathematikers zurückgeht, die Aufmerksamkeit von Psychologen zu wecken.[3]

Das Gefangenendilemma beunruhigt Ökonomen, weil es uns davor warnt, dass reiner Egoismus erhebliche Gefahren birgt und die unsichtbare Hand auf spektakuläre Weise scheitern kann, wie im Kontext zahlreicher aktueller Probleme zu beobachten ist, inklusive des wohl dringlichsten Problems unserer Zeit – dem Klimawandel. Das Gefangenendilemma wirft auch die Frage auf, ob die Menschen tatsächlich vollkommen egoistisch sind. In empirischen Tests des Spiels weicht das beobachtete Verhalten der Spieler immer wieder von der theoretischen Vorhersage ab, und diese Diskrepanz sagt einiges darüber, wie wir über uns selbst denken, über unsere Haltung zu anderen, über unsere Zugehörigkeit zu einer Gruppe und über Altruismus.[4] Man kann zum Beispiel davon ausgehen, dass viele Spielerinnen und Spieler ein schlechtes Gewissen empfinden, wenn sie in Abb. 2.1 aus Kap. 2 die ‚böse' (nicht kooperative) Strategie B wählen. Dieses schlechte Gewissen kann man auch als von außen auferlegte Strafe verstehen. Unter Berücksichtigung des schlechten Gewissens landen wir also bei Abb. 2.2, dem Gefangenendilemma mit Strafe. Somit kann die menschliche Psyche das gleiche Ergebnis bewirken, das wir oft durch das Recht, durch Strafe oder durch rationale Berechnung zu erzielen versuchen.

Neuere Forschung hat gezeigt, dass altruistische Neigungen analytisch stärker fundiert sind als wir bislang geglaubt haben. Alger/Weibull (2013) zufolge bevorzugt die Evolution möglicherweise Menschen, die nicht vollkommen egoistisch sind. Individuen mit der Neigung „das Richtige" zu tun können größere Überlebenschancen haben. Das würde die aus traditioneller ökonomischer Sicht überraschend starke Verbreitung sozialen Verhaltens in allen Gesellschaften erklären und evolutionstheoretische Wurzeln von Immanuel

---

[3] A.W. Tucker, Mathematiker an der Princeton University, dachte sich 1950 die Geschichte des Gefangenendilemmas aus, um seine Arbeit an dem so betitelten Modell, das im selben Jahr von M.M. Flood und M. Dresher in abstrakter Form aufgestellt worden war, den Studierenden und Lehrenden der Psychologischen Fakultät in Stanford zu erklären. Tucker war zwar eigentlich Gastprofessor an der Mathematischen Fakultät in Stanford, aber da dort Büromangel herrschte, wurde er bei den Psychologen untergebracht. Seine dortigen Büronachbarn wunderten sich über sein endloses mathematisches Gekritzel und baten ihn also, ihnen zu erklären, was er da eigentlich tue. Und so erfand er die Geschichte mit den Gefangenen zur Illustration seiner ansonsten nur Wenigen verständlichen Mathematik. Wie schon in Basu (1993) erwähnt, habe ich diese Geschichte von Harold Kuhn, der damals Mathematikprofessor in Princeton war und mit Tucker die berühmten Karush-Kuhn-Tucker-Bedingungen formuliert hatte. Ich bin mir sicher, dass das Gefangenendilemma ohne Tuckers kleine Fabel, also als rein mathematisches Modell, nicht annähernd die gleiche Bedeutung in der Ökonomik erlangt hätte. Erst die bewegende Geschichte der beiden Gefangenen hat den unwahrscheinlich vielfältigen Anwendungen des ursprünglich sehr abstrakten Modells den Weg bereitet.

[4] Siehe dazu das posthum veröffentliche Buch von Michael Bacharach (2006).

Kants kategorischem Imperativ nahelegen (Alger/Weibull, 2018).[5] Bowles (2015) zeigt, wie das polare Menschenbild – der Egoist auf der einen Seite und das soziale Wesen auf der anderen – die Geistesgeschichte durchzieht, von Aristoteles bis Machiavelli. Aus juristischer Sicht hebt auch Calabresi (2016) die Bedeutung sozialer Präferenzen hervor und nennt deren Missachtung durch die traditionelle Ökonomik als Hauptgrund für seine Unzufriedenheit mit dem Mainstream (siehe auch Sunstein 2016).

Anders als der Begriff „Dilemma" vielleicht nahelegt, liefert das Gefangenendilemma allerdings keinen Anlass, die *Bedeutung* von Rationalität und Egoismus infrage zu stellen. Das in Kap. 2 vorgestellte *Urlauberdilemma* übernimmt einige Aspekte des Gefangenendilemmas und wirft darüber hinaus aber auch neue Fragen zur Bedeutung rationalen Verhaltens auf und steht somit in einer engen Beziehung zur modernen Verhaltensökonomik. Das Spiel zeigt, wie uns die Logik in komplexen Situationen dazu zwingen kann, das neoklassische Rationalitätskonzept hinter uns zu lassen. Bemerkenswerterweise hat der *logische Zwang*, ein Kernanliegen der analytischen Philosophie, bislang von Ökonomen und Rechtswissenschaftlern wenig Beachtung erfahren.

7.2 Das Urlauberdilemma und die Bedeutung von Rationalität

Im Urlauberdilemma hätten die beiden Spieler jeweils 100 € bekommen können. Doch der Egoismus der Spieler und die Gier nach kleinen Gewinnen sorgen dafür, dass jeder das Spiel mit nur zwei Euro in der Tasche abschließt. Passiert so etwas auch im echten Leben? Und lässt sich ein solches Ergebnis überhaupt mit der reinen Vernunft vereinbaren? Dies sind wichtige Fragen, denn von ihren Antworten hängt die Natur und die Intensität der möglicherweise benötigten Rechtsintervention ab.

Die traditionelle ökonomische Analyse des Rechts würde schnell zu dem Schluss kommen, dass es einer Intervention von dritter Seite bedarf, um die Anreize und somit das Verhalten der beiden Spieler zu ändern. Sind wir hingegen der Meinung, dass die Menschen durchaus in der Lage sind, einige ihrer Probleme selbst zu lösen, ergeben sich ganz andere Schlussfolgerungen bezüglich rechtlicher Interventionen und Strafen. Eine breite sowohl empirische als auch theoretische Literatur stellt die Vorhersagen der formalen Spiel-

---

[5] Roemer (2015) modelliert ebenfalls eine theoretisch fundierte Begründung Kant'schen Verhaltens.

theorie infrage.⁶ Zum Beispiel beruhen die Rückwärtsinduktion oder die iterative Eliminierung dominierter Strategien auf der Annahme, dass beide Spieler von allgemeiner Rationalität ausgehen: A weiß, dass B rational ist; B weiß, dass A rational ist; A weiß, dass B weiß, dass A rational ist; B weiß, dass A weiß, dass B rational ist, und so weiter. Dieser Annahme wollen wir ein wenig auf den Zahn fühlen.

Aus der empirischen und experimentellen Literatur kommt diesbezüglich ziemlich eindeutige Kritik. Wenn Probanden in Laborsimulationen das Urlauberdilemma spielen oder auf Fragebögen ihre Strategie angeben sollen, wählen sie äußerst selten das theoretisch „richtige" Ergebnis (2). Die meisten Antworten liegen am oberen Ende der in Kap. 2 genannten Skala, zwischen 95 und 100.⁷

Ohne auf diese große empirische und theoretische Debatte näher einzugehen, möchte ich hier den Fokus auf einige wichtige Punkte legen, die über das Spiel hinaus die Wirtschaft und die Gesellschaft insgesamt betreffen. Erstens erinnert uns das Urlauberdilemma ebenso wie das Gefangenendilemma auf akute Weise daran, dass die unsichtbare Hand eben *nicht* immer gewährleisten kann, dass sich egoistisches Verhalten stets zum Wohle der Gemeinschaft auswirkt. Wenn sich das Spiel des Lebens vom vollkommenen Wettbewerb ohne externe Effekte (wie von Adam Smith implizit angenommen) zu einer anderen Marktstruktur wandelt, dann kann individuelle Rationalität zu katastrophalen Ergebnissen führen – wie in diesem Spiel. Es liegt nahe, dass sich aufgrund des immer schnelleren technologischen Wandels die Marktstrukturen auf Weisen ändern, die intelligente und gemeinschaftliche Interventionen erfordern, damit wir mit unserem Egoismus nicht das Boot versenken, auf dem wir sitzen. Der technologische Fortschritt verändert unsere Welt und die Märkte, und wir werden uns neue rechtliche und andere staatliche Maßnahmen ausdenken müssen, um weiterhin effektives Wirtschaften zu ermöglichen.

---

⁶ Siehe z. B. Goeree/Holt (2001), Wolpert (2008), Gintis (2009), Velu/Iyer/Gair (2010), Goeree/Holt/Palfrey (2008), Arad/Rubinstein (2017), Manapath et al. (2012), Capraro (2013) und Morone/Morone/Germani (2014).
⁷ Siehe Capra/Goeree/Gomez/Holt (1999), Becker/Carter/Naeve (2005) und Rubinstein (2006). In mehreren Darstellungen des Spiels ist der Wert des Gegenstandes auf einer Skala von 180 bis 300 Dollar anzugeben, wobei die Belohnung und die Strafe jeweils 5 Dollar betragen. Ariel Rubinstein hat das Spiel bei seinen Vorträgen an einer Reihe von Universitäten spielen lassen – Ben-Gurion, Tel Aviv, Technion, Tilburg, LSE, British Columbia, York (Kanada), Georgetown und Sabanci. Die durchschnittliche gewählte Zahl betrug knapp 280; der Durchschnitt war an der LSE am höchsten (281) und an der Sabanci University am niedrigsten (263). Ein paar der Teilnehmenden, die Rubinstein (2006, S. 875) „Opfer der Spieltheorie" nennt, wählten das Nash-Gleichgewicht von 180.

Der zweite Punkt betrifft das oben zitierte Ergebnis umfangreicher empirischer Literatur, der zufolge sich die Menschen anders verhalten als das Lehrbuch vorhersagt. Diese Erkenntnis zwingt uns zum Glück anzuerkennen, dass die menschliche Motivation über das Eigeninteresse hinausgeht. Es gibt zwei mögliche analytische Wege. Der erste, den ich die „auszahlungsfokussierte Kritik" nennen möchte, nimmt weiterhin an, dass die Spieler nur an ihren eigenen Auszahlungen interessiert sind, diese Auszahlungen aber nicht notwendigerweise maximieren wollen. Der zweite Weg besteht in dem Bewusstsein, dass sich die Spieler für mehr als ihre eigenen Auszahlungen interessieren. Es macht für sie auch einen Unterschied, was die anderen Spieler bekommen, wer die anderen Spieler sind und wie das Spiel und die Strategien formuliert sind. Ich nenne dies die „allgemeine Kritik". Beide Kritiken legen nahe, dass ein Spiel anders ausgehen kann als das Standardmodell suggeriert, und dass deshalb auch andere Formen der Intervention angebracht sein können.

Zur auszahlungsfokussierten Kritik gibt es einige interessante neuere Forschung. Zum Beispiel besteht inzwischen weitgehende Einigkeit darüber, dass selbst wenn die Menschen nur an ihren eigenen Auszahlungen interessiert sind, sie diese nicht nur maximieren wollen, sondern auch versuchen, das *Bedauern* (engl. *regret*) zu begrenzen, das sie empfinden, wenn das Spiel nicht in ihrem Sinne ausgeht (Savage 1951; Grosskopf et al. 2016). Halpern/Pass (2012) haben die „iterative Bedauernsminimierung" (*interative regret minimization*) auf elegante Weise formalisiert und unter anderem auf das Urlauberdilemma angewendet. Um die Idee des Papers nachzuvollziehen, schauen wir uns die Optionen der Urlauber der Reihe nach an. Angenommen, der erste Urlauber gibt zunächst einen Wert von 2 € für den Gegenstand an. Dann betrachten wir alle Wahlmöglichkeiten des zweiten Urlaubers und notieren jeweils das größtmögliche Bedauern, das Urlauber 1 empfindet, weil er durch seine Festlegung auf 2 € nicht so viel bekommt, wie er hätte bekommen können. Wenn Urlauber 2 den Betrag von 90 € wählt, bekommt der erste Urlauber zwar 4 € (sein Gebot plus die Ehrlichkeitsprämie); hätte er bei der gleichen Festlegung des zweiten Urlaubers jedoch 89 € gewählt, hätte er 91 € bekommen. Bei der Wahl von (2 ; 90) bedauert der erste Urlauber also, 87 € nicht bekommen zu haben. Wählte der zweite Urlauber hingegen 2, hätte der erste nichts zu bedauern, denn er hätte keine bessere Wahl als 2 € treffen können (Nash-Gleichgewicht). Für jede mögliche Wahl des ersten Urlaubers gibt es also einen Vektor an Beträgen, die er in Abhängigkeit der Wahl des zweiten Urlaubers bedauert, nicht bekommen zu haben. In jedem dieser Vektoren gibt es ein „maximales Bedauern". Die „Bedauernsminimierung" besteht in der Wahl derjenigen Strategie, zu der das kleinste dieser Maxima gehört.

Interessanterweise gibt es ein klares Ergebnis, wenn beide Spieler im Urlauberdilemma ihr Bedauern minimieren: Jeder Spieler wählt entweder 96, 97, 98, 99 oder 100. Das Gleichgewicht unter bedauernsminimierenden Spielern ist also ein Handlungspaar aus der Menge {96, 97, 98, 99, 100}. Noch interessanter wird dieses Ergebnis im Lichte eines Papers von Becker/Carter/Naeve (2005). Die Autoren baten zahlreiche Mitglieder der Game Theory Society, das Urlauberdilemma zu spielen. Die am häufigsten gewählten Strategien waren 2, 96, 97, 98, 99 und 100. Wenn wir einmal von der 2 absehen – wahrscheinlich eine beliebte Antwort bei Mitgliedern, die zeigen wollten, dass sie vollwertige Spieltheoretiker sind und ein Nash-Gleichgewicht identifizieren können –, dann ist die vollkommene Überschneidung zwischen diesem empirischen Ergebnis und der theoretischen Vorhersage der Bedauernsminimierung recht bemerkenswert.

Bedauernsminimierung ist gewiss nicht das letzte Wort in dieser Angelegenheit, denn sie kann, wie Halpern/Pass (2012) feststellen, in gewissen anderen Spielen zu einigen unrealistischen Antworten führen.[8] Weitere theoretische Ansätze zur Erklärung des beobachteten Spielverhaltens basieren auf Evolutionsdynamiken oder auf evolutionären Algorithmen, die das Spiel immer wieder spielen, ohne seine Struktur zu kennen, dabei aber die jeweils eigene Auszahlung der Spieler zu maximieren suchen.[9] Dank solcher Ansätze verstehen wir heute besser, warum rationale Spieler auf Ergebnisse kommen, die vom Nash-Gleichgewicht abweichen.

Einen vielversprechenden, aber bislang noch nicht verfolgten Forschungsansatz möchte ich kurz vorstellen. Er lässt sich vielleicht am besten anhand eines wichtigen konzeptionellen Unterschiedes zwischen dem Gefangenendilemma und dem Urlauberdilemma erklären: Man versetze sich in die Lage eines der Spieler und gehe davon aus, dass der andere Spieler vollkommen rational ist. Weiterhin seien beide uneingeschränkt egoistisch und wissen das auch übereinander. Wie würden die Spiele jeweils gespielt?

Im Gefangenendilemma führt wohl kein Weg an der dominanten Strategie (B) und damit am Nash-Gleichgewicht vorbei. Ich vermute, dass im Urlauberdilemma hingegen nicht das Nash-Gleichgewicht (2) gespielt würde, sondern eine wesentlich höhere Zahl – wahrscheinlich sogar oberhalb von 90. Im Urlauberdilemma wird sich also das Nash-Gleichgewicht höchstwahrschein-

---

[8] Neuere Forschung der Verhaltensökonomik und der Psychologie zeigt zudem, dass die Menschen noch andere Strategien haben, um mit Bedauern umzugehen. Eine solche Strategie ist „gewolltes Nichtwissen". Wie Gigerenzer/Garcia-Retamero (2017) zeigen, entscheiden sich 85 bis 90 % der Menschen für gewolltes Nichtwissen, wenn ihnen ein negatives Ereignis bevorsteht.

[9] Siehe Land/Neerbos/Havinga (2008), Pace (2009), Manapath et al. (2012).

lich selbst dann nicht einstellen, wenn wir Altruismus, Fairness und alle anderen menschlichen Regungen als rücksichtslosen Egoismus per Annahme ausschließen. Der Grund ist, dass es in diesem Spiel als rationales Verhalten gelten kann, von der Rationalität Abstand zu nehmen. Das wird beiden Spielern klar, und da sie davon profitieren können, werden sie das auch tun. Die wissenschaftliche Herausforderung besteht allerdings darin, dass eine „rationale Abkehr von der Rationalität" ein philosophisch recht problematisches Konstrukt ist, wie wir schon in Kap. 4 im Kontext der Vorwärtsinduktion gesehen haben.

Dennoch ist an dieser Idee offensichtlich etwas dran. Der Schlüssel liegt für mich darin, die Wahl einer „großen Zahl" als eine Art Nash-Gleichgewicht zu verstehen. Niemand wird ein gutes Ergebnis zerstören wollen, indem er davon abweicht und stattdessen eine „kleine Zahl" wählt. Entscheidend ist an dieser Stelle, dass „kleine Zahlen" und „große Zahlen" keine wohldefinierten Mengen sind. Wären sie wohldefiniert, dann würden sich die Spieler gegenseitig unterbieten und bekämen am Ende beide nur zwei Euro. Doch schwammig definierte Mengen und die rationale Abkehr von der Rationalität bleiben schwierige Konzepte. Ich weiß nicht, wie sie zu formalisieren wären, vermute aber, dass sie die Wurzel vieler Paradoxien der Rationalität sind.[10]

Das Urlauberdilemma zeigt, dass es im Interesse der Spieler liegen kann, schon vor Beginn des Spiels dem Gegenüber ihre Irrationalität zu signalisieren, denn es ist die Rationalität, die zum mageren Ergebnis von nur zwei Euro führt. Das Signalisieren von Irrationalität folgt der gleichen Logik wie die in Kap. 4 diskutierte Geldverbrennung: Verbrenne ich vor dem Spiel Geld, dann weiß mein Gegenüber, dass bei mir nicht von Rationalität auszugehen ist, und so wird ein besseres Ergebnis für uns beide möglich. Im Kontext des Spiels zwischen dem Gesetzgeber und den Bürgern haben wir zwar die Ver-

---

[10] In der Literatur kommt der Beitrag von Arad/Rubinstein (2017) dieser Idee wohl am nächsten. Die Autoren beginnen mit der empirischen Beobachtung, dass die Menschen, wenn sie aus einer großen und komplexen Mengen an verfügbaren Strategien auswählen sollen, normalerweise nicht alle Strategien gegeneinander abwägen, sondern die Menge zunächst in sinnvolle Partitionen unterteilen und dann den Verbund der Partitionen untersuchen. Formal erwächst aus dieser Analyse ein mengenbasiertes Gleichgewichtskonzept, das multidimensionale (MD-)Gleichgewicht. Im Urlauberdilemma könnten die Spieler zum Beispiel zwischen einer einstelligen, einer zweistelligen und einer dreistelligen Strategie abwägen. Dem entsprechen die drei Mengen von Einzelstrategien $E = \{2, 3, \ldots, 9\}$, $Z = \{10, 11, \ldots 99\}$ und $D = \{100\}$. Diese Version des Spiels hat zwei MD-Gleichgewichte, E und Z. Ein Problem entsteht allerdings, wenn sich die Spieler in einer zweiten Runde des Spiels auf eine einzelne Strategie innerhalb einer der beiden MD-Gleichgewichte festlegen wollen. Dann nämlich kann es wieder zu einem gegenseitigen Unterbieten bis zur kleinsten Zahl innerhalb der Gleichgewichtsmenge kommen. Die Lösung könnte in schwammig definierten Mengen und deren Eigenschaften bestehen. Die Spieler könnten sich dann z. B. für eine „ziemlich große Zahl" entscheiden. Da „ziemlich groß" nicht genau definiert ist, gibt es innerhalb dieser Menge keine größte Zahl, von der ein Unterbieten per Rückwärtsinduktion seinen Ausgang nehmen könnte. Wie diese Idee zu formalisieren wäre, bleibt allerdings eine offene Frage.

abschiedung von Gesetzen mit dem Verteilen von Tinte auf Papier verglichen, aber da die Gesetzgebung ein kostspieliger Prozess ist, hat auch sie den Charakter von Geldverbrennung. Das erlaubt es dem Gesetzgeber, glaubhaft zu signalisieren, wie er sich verhalten wird, wenn das Gesetz in Kraft getreten ist. Deshalb ist die Gesetzgebung mehr als bloß billige Tinte auf Papier.

Derlei Gedanken geben einen Ausblick auf umfangreiche Forschung, mit der sich die rechtsökonomische Methode des fokalen Punktes ausweiten ließe. Die Bedeutung von Rationalität ist in solchen Kontexten eine philosophisch beunruhigende Frage, die weiterer Analyse bedarf – einerseits um ihrer selbst willen, aber andererseits auch mit dem Ziel eines besseren Verständnisses der Wirkung des Rechts auf die Gesellschaft.

7.3 Verhaltensökonomische Erweiterungen

Wenn wir den Blick von der auszahlungsfokussierten Kritik auf allgemeinere Punkte lenken, werden zahlreiche weitere Herausforderungen sichtbar. Die Menschen werden nicht nur von ihren eigenen Auszahlungen geleitet, sondern auch von Gewohnheit, Gerechtigkeitsüberlegungen, Altruismus, Empathie, Neid und vielen anderen emotionalen und psychologischen Regungen. Viele Spieler, die im Urlauberdilemma gedanklich bei 100 € beginnen, werden es für moralisch falsch halten, auf 99 zu gehen, nur um zulasten des anderen Spielers einen zusätzlichen Euro einzunehmen.[11] Man darf annehmen, dass der Erfolg einer Gesellschaft ebenso sehr von ihrem Sinn für Gerechtigkeit und Altruismus abhängt wie vom Drang des Einzelnen, sich besserzustellen. Das Urlauberdilemma macht dies sehr deutlich. Konservative Ökonomen, die Egoismus billigen, weil sie daran glauben, dass Adam Smiths unsichtbare Hand immer zum Wohle der Gemeinschaft wirkt, tragen zum Scheitern von Gesellschaften bei. Zudem verzerren sie Adam Smiths eigene Vorstellung einer erfolgreichen Gesellschaft.[12]

Der Aufstieg der Verhaltensökonomik hat dazu beigetragen, dass einige dieser Kritikpunkte inzwischen im Mainstream angekommen sind. Umfangreiche Forschungsergebnisse aus Feld- und Laborstudien belegen die Viel-

---

[11] Ein empirisches Ergebnis von Capra/Goeree/Gomez/Holt (1999) bestätigt das: Der Ausgang des Urlauberdilemmas bewegt sich erst dann in Richtung des Nash-Gleichgewichts, wenn die Belohnung und die Strafe hinreichend hoch sind. Die Menschen werden also nur dann dem anderen schaden, wenn dabei genug für sie selbst herausspringt.

[12] Siehe Gintis/Bowles/Boyd/Fehr (2005), insbesondere Kap. 1.

fältigkeit der menschlichen Motivationsfaktoren.[13] Doch um das zu wissen, genügen eigentlich schon unsere Lebenserfahrung und etwas Selbstbeobachtung. In diesem Zusammenhang lohnt sich die Frage, wie man selbst das Urlauberdilemma spielen würde. Da wir aus empirischen Studien wissen, dass die allermeisten Menschen eine Zahl oberhalb von 90 wählen würden, würden die allermeisten Menschen zu dem Schluss kommen, dass auch sie selbst eine Zahl oberhalb von 90 wählen sollten.

Experimente haben auch gezeigt, wie und wieviel Menschen nachdenken, wenn sie Entscheidungen treffen. Rubinstein (2016) hat beispielsweise bei Spielern des Urlauberdilemmas sowie des Diktator- und des Ultimatumspiels gemessen, wieviel Zeit für eine Entscheidung benötigt wird und was für Antworten dabei herauskommen. Offenbar sind einige Entscheidungen eher instinktiv, während andere kognitiv und wohldurchdacht getroffen werden. Diese Unterscheidung geht auf psychologische Forschung zurück, insbesondere auf die Arbeit von Kahneman/Tversky (1979), die damit das Paradigma des *Homo oeconomicus* infragestellten und eine wichtige Grundlage für die Verhaltensökonomik schufen (s. a. Kahneman 2011). Kahneman/Tversky zufolge geht zwar einigen Entscheidungen tatsächlich eine gründliche Abwägung voraus, die meisten menschlichen Reaktionen verlaufen jedoch automatisch und fast wie vorprogrammiert. Welcher Modus dominiert, hängt vom Kontext der Entscheidung ab. Wie der *World Development Report: Mind, Society and Behavior* der World Bank (2015) ausführt, hat diese differenzierte Sicht auf das menschliche Entscheidungsverhalten enorme Bedeutung für die Politikgestaltung und insbesondere für Entwicklungsstrategien.[14]

Die gleiche Schlussfolgerung lässt sich auch auf rein logischen Wegen erreichen. Für den ersten Weg müssen wir uns darüber im Klaren sein, dass das Denken und das bewusste Entscheiden dem Menschen Kosten verursacht. Informationen müssen gesammelt und verarbeitet werden, und das kostet Zeit und strengt an. Wer zwischen Option A und Option B entscheiden muss, steht also eigentlich vor einer vorgelagerten Wahl: Soll ich A und B dezidiert vergleichen, was mir einige Mühe bereitet, und dann diejenige Option auswählen, die die höhere Auszahlung verspricht (nennen wir dies Strategie C) – oder soll ich die Entscheidungskosten besser einsparen

---

[13] Gintis (2003) legt überzeugend dar, dass soziales Verhalten von einer Generation zu nächsten weitergegeben wird und sich über Sozialisierungsinstitutionen auch seitwärts in einer Gesellschaft ausbreitet. So werden Verhaltensweisen übernommen, die zwar für den Handelnden kostspielig sind, aber der Gemeinschaft dienen.

[14] Blattman/Jamison/Sheridan (2017) haben gezeigt, dass die Menschen nicht nur von anderen Faktoren geleitet werden als von einem exogen gegebenen Eigeninteresse, sondern dass darüber hinaus ihr Identitätsgefühl mithilfe kognitiver Verhaltenstherapie verändert werden kann. Wird zum Beispiel der gesetzestreue Teil ihrer Identität gestärkt, sinkt die Neigung zu verbrecherischem Handeln.

und entweder A oder B ohne Nachdenken wählen, z. B. per Münzwurf (Strategie D)? Dummerweise tut sich nun aber zwischen Strategie C und Strategie D das gleiche Entscheidungsproblem auf: mühevoll abwägen oder zufällig entscheiden? Es liegt auf der Hand, dass sich dieses Dilemma endlos fortsetzt, und damit ist eine konventionelle rationale Entscheidung logisch unmöglich.

Der zweite Weg geht über die Erkenntnis, dass wir im Leben derart viele Entscheidungen zu treffen haben, dass wir allein aus Zeitgründen gar nicht immer sorgfältig abwägen *können*. Schließlich reicht die Bandbreite der Entscheidungen zwischen Haare nach links oder Haare nach rechts beim morgendlichen Kämmen bis zum Studium der Mathematik oder der Literaturwissenschaften nach dem Schulabschluss. Es geht also gar nicht anders, als die meisten Entscheidungen automatisch und ohne Nachdenken zu treffen. Solche Entscheidungen werden nicht immer nutzenmaximierend sein, und es ist zudem nicht einmal klar, dass die Meta-Entscheidung darüber, welche Entscheidungen bewusst zu treffen sind, bewusst passiert.[15] Die Annahme des ewigen Nutzenmaximierers ist somit nicht nur ein Mythos, sondern eine logische Unmöglichkeit – sie ist nicht nur empirisch, sondern auch logisch unhaltbar.

Wir müssen also das Modell des rationalen Entscheiders hinter uns lassen, wenn wir unser Menschenbild um die Erkenntnisse der Verhaltensökonomik erweitern wollen. Im Kontext dieses Buches bedeutet das, dass die Analyse offen für alle möglichen Arten von Menschen sein sollte, darunter auch jene, die das Recht befolgen bzw. durchsetzen, weil das jeweils von ihnen erwartet wird, und jene, die das Recht zwar brechen, sich dabei aber nicht nur über die zu erwartende Strafe Sorgen machen, sondern auch über die Schuldgefühle, die sie empfinden werden.[16]

Bei allen diesen Erwägungen spielen die gesellschaftlichen Rahmenbedingungen eine wichtige Rolle. In manchen Gesellschaften wird die Befolgung des Rechts erwartet, und wer sich daran nicht hält, riskiert die soziale Stigmatisierung. In anderen Gesellschaften gilt die Missachtung zumindest einiger Gesetze als Norm, und rechtstreues Verhalten kann als Zeichen von Schwäche gelten. Um Letzteres zu erfahren, stelle man sich einmal an eine

---

[15] Ein gewisser Grad an automatischer oder zufälliger Entscheidungsfindung ist in der Evolution von Vorteil. Wer aber alle wichtigen Entscheidungen auf diese Weise trifft, dessen Gene werden es wahrscheinlich nicht in die nächste Generation schaffen. Solcherart evolutionäre Argumentation ist inzwischen im Mainstream der Spieltheorie angekommen (Weibull 1995).

[16] Schuldgefühle werden oft als Internalisierung von Normen beschrieben. Die Menschen fühlen, dass das Verletzen einer Norm ungehörig ist (siehe Young 2008). Das kann ein Grund dafür sein, dass informelle Institutionen oft so gut funktionieren. Ferguson (2013, Kap. 8) bietet eine exzellente Diskussion informeller Institutionen und ihrer Typologie.

verkehrsreiche Kreuzung in Indien und warte, bis die Fußgängerampel auf Grün springt, bevor man über die Straße geht. Die amüsierten Blicke der „mutigeren" Zeitgenossen lehren einen dann schnell, was die soziale Norm ist. Kurz gesagt: Wenn wir das Menschenbild der neoklassischen Ökonomik hinter uns lassen, eröffnet sich für die ökonomische Analyse des Rechts eine Forschungsagenda, die sich auf die Methode des fokalen Punktes stützt, aber ein breiteres Spektrum an Verhaltensweisen zulässt, indem sie auch Moralvorstellungen und psychologischen Hemmungen Platz bietet.[17] Der verbleibende Teil dieses Kapitels und das nächste Kapitel sind diesen erweiterten Möglichkeiten gewidmet.

Die Verhaltensökonomik legt uns nicht nur nahe, die Annahme von exogener individueller Rationalität infrage zu stellen. Sie hat darüber hinaus auch *Muster* der Irrationalität entdeckt, mit deren Hilfe wir die Entscheidungen der Menschen vorhersagen und somit letztlich bessere Politikempfehlungen entwickeln können. Ein weites Feld von Forschungsergebnissen hat gezeigt, dass der Ausgang einer Entscheidungssituation von verschiedensten Kontextfaktoren abhängt, darunter das Framing der Auswahl, die Festlegung dessen, was die Person bekommt, wenn sie keine Auswahl trifft, wann sich die Auswahl auswirkt, was als „normales Verhalten" angesehen wird, und so weiter.[18] Zum Beispiel kann sich der Ausgang des Gefangenendilemmas ändern, wenn wir dem Spiel einen freundlicheren Namen geben, wie etwa „Kooperation mit einem Mithäftling".[19] Wie man zu einer Person spricht, bevor sie eine Aufgabe übernimmt, beeinflusst die Qualität der Aufgabenerledigung (Hoff/Pande 2006). Sen (1973, 1997) hat zudem gezeigt, dass sich eine Präferenz zwischen zwei Optionen durch die bloße Verfügbarkeit einer dritten Option umkehren kann, obwohl die Person diese dritte Option vielleicht nie wählen würde. Die folgende hypothetische Situation soll das illustrieren: Ich komme auf einer Zugfahrt mit einer Dame ins Gespräch und frage sie beim gemeinsamen Aussteigen schließlich, ob sie (A) bei mir zu Hause noch einen Tee trinken möchte oder (B) lieber ihrer Wege geht. Ohne eingebildet wirken zu wollen, halte ich es für gut möglich, dass sie (A) wählen würde. Hätte ich aber zusätzlich eine dritte Option (C) angeboten – „Oder wollen wir bei mir zu Hause noch etwas Koks nehmen?" –, dann würde sie wahrscheinlich eher Option B vorziehen. Die Möglichkeit des Kokainkonsums ist für ihre Entscheidung an

---

[17] Tyler (2006) zeigt in einer empirischen Studie die Bedeutung dieser Perspektivenerweiterung im rechtlichen Kontext.
[18] Siehe O'Donoghue/Rabin (2001), Thaler/Sunstein (2008), Kahneman (2011), World Bank (2015).
[19] Zu den Auswirkungen der Benennung von Spielen und Strategien, siehe Dreber/Ellingsen/Johanesson/Rand (2013) sowie Georg/Rand/Walkowitz (2017).

sich irrelevant, aber sie wirft (wahrscheinlich) ein negatives Licht auf mich als Gastgeber und macht somit Option (A) weniger attraktiv für sie.[20]

Die Verhaltensökonomik hat uns gelehrt, dass die Grundannahme der egoistischen Rationalität regelmäßig – also vorhersagbar – durch andere menschliche Regungen eingeschränkt wird, darunter Altruismus, die Sorge um das Wohlergehen anderer, Neid, Ungeduld, usw.[21] Im Lichte dieser eindeutigen Forschungsergebnisse liegt es nahe, noch einmal zu fragen, ob in einem Parlament geäußerte oder in einem Gesetzbuch niedergeschriebene Worte (bloße „Tinte auf Papier") unter gewissen Umständen die Präferenzen der Menschen und damit ihr Verhalten ändern können. Und wenn dem so ist, sind wir dann nicht wieder bei der gerade erst zurückgewiesenen traditionellen ökonomischen Analyse des Rechts? Die erste Frage ist zu bejahen, die zweite zu verneinen. Die Worte und Äußerungen in Gesetzbüchern können sehr wohl Präferenzen und Verhaltensweisen beeinflussen. Darauf weist auch die Literatur zur expressiven Funktion des Rechts hin (Lessig 1996; Sunstein 1996a; Cooter 1998). Allerdings gibt es keinen Grund zu der Annahme, dass das Recht seine Anwender und Durchsetzer just in der Weise beeinflusst, wie es das Gesetz vorsieht. Zu sagen, dass das Recht Verhaltensweisen beeinflussen kann, heißt noch lange nicht, dass wir davon ausgehen müssten, dass alle Menschen dem Wortlaut aller Gesetze folgen. Es folgt daraus also nicht, dass wenn das Gesetz von der Polizei verlangt, Raser zu überführen, die Polizei das auch tatsächlich immer tun wird.

Ich will dazu ein Beispiel geben, und zwar kommen wir auf die in Kap. 2 schon besprochenen Lebensmittelsubventionen zurück. Stellen wir uns vor, in einem Land verlangt ein neues Gesetz, dass die Regierung den Armen Lebensmittelgutscheine ausstellt. Warum wird das in vielen Gesellschaften funktionieren? Man könnte wie folgt argumentieren: Wenn die Staatsdiener die Gutscheine nicht ausgeben, wird die Bevölkerung sich über sie ärgern und sie stigmatisieren. Die Angst vor Stigmatisierung und Ausgrenzung sorgt dafür, dass die Staatsdiener ihre Aufgabe erfüllen und das Gesetz somit greift.[22]

Diese Argumentation ist insofern korrekt, als dass solcherlei Kontrolle und sozialer Druck durch die Bürger tatsächlich in vielen Fällen funktionieren,

---

[20] Sen (1993) hat auf diese Weise argumentiert, dass vernünftige Spieler inkonsistentes Verhalten an den Tag legen und so z. B. gegen das schwache Axiom der offenbarten Präferenzen verstoßen können.

[21] Hierzu besteht inzwischen eine enorme Literatur. Siehe z. B. Loewenstein (1987), Frank (1988), Akerlof (1991), Sunstein (1996), O'Donoghue/Rabin (2001), Ariely (2008), K. Basu (2011), Ifcher/Zarghamee (2011), Mullainathan/Shafir (2013), Rabin (2013). Die World Bank (2015) fasst viele dieser Arbeiten zusammen, insbesondere jene mit Bezug zur wirtschaftlichen Entwicklung. Nicht zu vergessen sind aber auch einige ältere Beiträge wie Veblen (1899) und Leibenstein (1950).

[22] Diese Argumentation geht auf meine D. Gale Johnson Lecture an der Chicago University zurück.

um Regierungen und Behörden zu disziplinieren. Wichtig ist dabei aber die Einsicht, dass diese Argumentation über das Standardmodell der ökonomischen Analyse des Rechts hinausgeht. Jenes Modell war in seiner Formulierung durch Becker und Coase gerade wegen seiner spärlichen Charakterisierung der menschlichen Präferenzen so wirkungsvoll. Der Mensch hat darin keine tiefer gehende Haltung gegenüber dem Recht. Demnach funktioniert eine Strafe für zu schnelles Fahren genauso wie höhere Preise für Orangen: Sie wirkt Raserei auf die gleiche Weise entgegen, wie höhere Preise für Orangen deren Konsum reduzieren. Die moralische Haltung gegenüber dem Recht spielt dabei keine Rolle. Und genau darin besteht tatsächlich der Unterschied zwischen der traditionellen ökonomischen Analyse des Rechts und dem, was die Rechtsphilosophen schon lange über die Gesetzestreue vorgebracht hatten.[23] Ich will hier nicht entscheiden, ob die traditionelle ökonomische Analyse des Rechts mit ihrer Annahme über die menschlichen Präferenzen richtig liegt oder nicht, sondern nur darauf hinweisen, dass die obige Argumentation zur Sanktionierung der Regierung durch die Bevölkerung über jenes einfache Modell hinausgeht.

Sobald wir aber diese informelle Sanktionierungswirkung betrachten, ist nicht klar, warum die Polizei und die Behörden überhaupt vonnöten sein sollten. Denn dann könnten die Bürgerinnen und Bürger auch einander sanktionieren, wenn sie das Recht nicht achten, und damit würde sich jede formelle Rechtsdurchsetzung erübrigen. Letztlich könnte man sogar annehmen, dass es auch keiner Sanktionierung mehr bedarf, da die Menschen einfach tun, was das Recht von ihnen verlangt.

Im Lichte der neueren verhaltensökonomischen Forschung müssen wir also davon ausgehen, dass das Recht das Spiel des Lebens verändern kann – allerdings nicht so, wie die Standardliteratur der ökonomischen Analyse des Rechts annehmen würde. Die Ergebnisse der Verhaltensökonomik stacheln uns zu weiteren Forschungsanstrengungen an, aber nicht in Richtung der traditionellen Rechtsökonomik, sondern in eine neue Richtung, die ich die „verhaltensökonomisch erweiterte Methode des fokalen Punktes" nennen will. Diese Herangehensweise erkennt an, dass ein neues Gesetz die Präferenzen und Werte der Menschen verändern kann. Manchmal, wie bei den gerade diskutierten Lebensmittelgutscheinen, erzeugt ein solches Gesetz rechtstreues Verhalten, manchmal ist seine Wirkung aber auch vollkommen willkürlich und unvorhersehbar, und manchmal erreicht es sogar genau das Gegenteil seines Ziels. Ein Beispiel für den letzteren Fall ist das Gesetz über das Salz-

---

[23] Calabresi (2016) hat dies rückblickend auf sehr interessante Weise reflektiert.

monopol, das die britischen Kolonialherren in Indien durchzusetzen versuchten und das Mahatma Gandhi und seine Unterstützer 1930 dazu anspornte, im Rahmen des Unabhängigkeitskampfes zum Meer zu marschieren, um dort eigenhändig Salz zu gewinnen. Ohne dieses Kolonialgesetz hätte es den „Salzmarsch" und die nachfolgende massenweise Gewinnung von Salz aus dem Meer wohl nie gegeben.

Bis hierher bin ich weitgehend innerhalb des Rahmens der neoklassischen Annahme rationaler Akteure mit exogen gegebenen Präferenzen geblieben – das ist gewissermaßen die Methode des fokalen Punktes auf neoklassischer Basis. Auf den verbleibenden Seiten will ich nun verstärkt auf den verhaltensökonomischen Aspekt eingehen und dem Umstand Rechnung tragen, dass die menschlichen Präferenzen form- und veränderbar sind. Die Veränderlichkeit von Präferenzen im Laufe der Zeit und infolge von Erfahrungen ist ein nicht-neoklassischer Aspekt, der sich mithilfe der in Kap. 4 behandelten Extensivform eines Spiels gut modellieren lässt. Es steht natürlich außer Frage, dass sich die Präferenzen im Laufe eines Menschenlebens ändern. Diese Art von Endogenität von Präferenzen lässt sich recht einfach darstellen, indem wir annehmen, dass ein Menschenleben mehrere Identitäten umfasst: Person i zum Zeitpunkt t ist somit nicht nur jemand anderes als Person j zum Zeitpunkt t oder k ($t \neq k$), sondern auch jemand anderes als Person i zum Zeitpunkt k. Dadurch lassen sich Präferenzänderungen im Zeitverlauf modellieren, wodurch sich Sucht, das Aufschieben unangenehmer Aufgaben und viele andere menschliche Probleme abbilden lassen (Akerlof 1991).

Wenn wir anerkennen, dass das Recht die Präferenzen der Menschen beeinflussen kann, eröffnen sich neue Forschungsperspektiven und neue Möglichkeiten, menschliches Verhalten und gesellschaftliche Ergebnisse zu steuern. Es gilt oft als gesellschaftliches Ideal, dass alle Teilnehmenden am Spiel des Lebens so programmiert sind, dass sie genau das tun, was das Recht von ihnen verlangt, und zwar einfach deshalb, weil das Recht es eben verlangt.[24] Letztlich kann man eine solche Bevölkerung aber keiner Gesellschaft wünschen, denn sie wäre behäbig und unkreativ; es würde das wichtige Quäntchen Anarchie fehlen. Ungeachtet solcher Einwände ist eine derart vollständige und „blinde" Rechtstreue vielleicht gar nicht so unmöglich, wie es Mainstream-Ökonomen erscheinen mag. Schließlich verhalten wir uns ein Stück weit bereits so. Das Rauchverbot in öffentlichen Gebäuden zum Beispiel wird bis auf ganz wenige Ausnahmen beachtet – nicht aus Furcht vor Bestrafung durch die Polizei, sondern aus Respekt gegenüber den Mitmenschen

---

[24] Das setzt allerdings voraus, dass alle Vorgaben des Rechts miteinander vereinbar sind und auch sonst die Befolgung des Rechts in jeder Hinsicht möglich ist.

und gegenüber einem Gesetz, das wir im Großen und Ganzen für legitim halten. Würden wir diese Haltung gegenüber allen Gesetzen zeigen, dann könnten wir auf die staatliche Durchsetzungsmaschinerie vollkommen verzichten.

Das wird so bald allerdings nicht passieren. Als Zwischenschritt wäre es wichtig, wenigstens die Staatsdiener dazu zu überreden, ihr Eigeninteresse hintenanzustellen und die Gesetze zu befolgen – und zwar einfach deshalb, weil sie Gesetz sind. Einige Gesellschaften haben das zumindest teilweise erreicht. Ein Grund, warum das Recht in reicheren Ländern tendenziell besser umgesetzt wird, ist, dass es diese Länder geschafft haben, Rechtstreue als Selbstzweck in den Köpfen der Polizei und der Richter zu verankern. Diese Staatsdiener maximieren wohl ihren Nutzen ebenso wie jeder andere Bürger, wenn sie Lebensmittel einkaufen, ein neues Auto aussuchen oder Aktien handeln. Zumindest in einigen Gesellschaften legen sie dieses Maximierungsverhalten aber nicht an den Tag, wenn sie ihren hoheitlichen Pflichten nachkommen, also den Verkehr leiten oder Urteile sprechen.[25] Viele Entwicklungsländer leiden unter anderem daran, dass ihre Bürgerinnen und Bürger inklusive der Staatsdiener dem neoklassischen Menschenbild des egoistischen Nutzenmaximierers besser entsprechen als jene in reichen Ländern. Allerdings ist die Richtung des Kausalzusammenhangs hier unklar. Es ist gut möglich, dass Gesellschaften, denen es gelingt, solche Werte in den Köpfen der Staatsdiener (und bestenfalls auch der anderen Bürgerinnen und Bürger) zu verankern, diejenigen mit dem größeren Entwicklungserfolg sind. Der Versuch, selbstlose Rechtstreue unter den Beamtinnen, der Polizei und den Gerichten zu erzielen, lohnt sich in jedem Fall. Zumindest wird dadurch eine gerechtere Gesellschaft gefördert. In Kap. 6 haben wir gesehen, dass die Staatsdiener zur gewissenhaften Rechtsdurchsetzung bewegt werden können, wenn sie sich in einem Spiel wiederfinden, das sie zwingt, sich gegenseitig hinsichtlich ihrer Kontrolle der Bürgerinnen und Bürger zu kontrollieren. Im Lichte der inzwischen angenommenen Formbarkeit der menschlichen Präferenzen möchte ich nun zeigen, dass es auch noch eine andere Möglichkeit gibt.

Ich will die beiden Weisen, auf die das Recht das Verhalten der Menschen beeinflussen kann, mithilfe eines Beispiels darlegen. Dazu will ich das aus Kap. 3 bereits bekannte „Gefangenendilemma Spiel des Lebens" wie unten dargestellt modifizieren. Wie zuvor handelt es sich um ein Dreipersonenspiel. Spieler 1 wählt zwischen den Zeilen, Spieler 2 wählt zwischen den Zeilen, und Spielerin 3 wählt zwischen der linken (L) und der rechten (R) Matrix (Abb. 7.1).

---

[25] Zu abweichenden Meinungen siehe Meade (1974) und Posner (1993).

	A	B
A	7;7;2	1;8;2
B	8;1;2	2;2;2

L

	A	B
A	7;7;1	1;6;1
B	6;1;1	0;0;1

R

Abb. 7.1 Gefangenendilemma Spiel des Lebens II

Die Strategie L bedeutet für Spielerin 3, die Polizei, dass sie nichts für die Verbrechensbekämpfung tut (die *laxe* Haltung, wie wir es in Kap. 3 genannt haben). In dem Fall bekommt sie eine Auszahlung von zwei Einheiten, unabhängig davon, was die anderen beiden Spieler tun. R ist hingegen ihre *rigide* Strategie – sie verfolgt und bestraft jeden, der die „böse" Strategie B wählt. Aber diese Wachsamkeit kostet sie Mühe, und so bringt ihr R in jedem Fall nur eine Einheit.

Jetzt können wir sehen, wie die zwei verschiedenen Mechanismen moralisch motivierter Rechtstreue funktionieren. Gehen wir zunächst davon aus, dass nur die Staatsdiener, hier vertreten durch Spielerin 3, das Gesetz aus Überzeugung befolgen. Wenn dann das Gesetz sagt, dass Spieler 1 und 2 nicht B spielen dürfen und dass Spielerin 3 sie bestrafen (also R spielen) muss, wenn sie es doch tun, dann würde sich Spielerin 3 schlecht fühlen, wenn sie nicht R spielt, obwohl das Gesetz es von ihr verlangt. In den Auszahlungsmatrizen könnten wir das so darstellen, dass die Wahl von L ihr ein schlechtes Gewissen bereiten würde und sie links dann 0 statt 2 Einheiten bekäme. Sobald das Gesetz in Kraft ist, präferiert sie als Summe aller Überlegungen und Empfindungen also R. Spieler 1 und 2 wissen das und wählen deshalb beide A, was ihnen jeweils 7 Einheiten einbringt.

In diesem Fall haben wir angenommen, dass sich die Bevölkerung aus verschiedenen Spielertypen zusammensetzt. Spieler 1 und 2 sind neoklassisch gestrickt, mit exogen gegebenen Auszahlungsfunktionen, wohingegen Spielerin 3 von Moralvorstellungen gelenkt wird, die vom Recht abhängen. Weiterhin wäre natürlich auch eine Gesellschaft denkbar (und wünschenswert!), in der auch die Bürgerinnen und Bürger moralische Regungen haben. Dann würden auch Spieler 1 und 2 ein schlechtes Gewissen haben, wenn sie nach Inkrafttreten des Gesetzes B spielen. Sagen wir, das schlechte Gewissen würde ihre Auszahlungen um zwei Einheiten reduzieren. In Folge wäre (A; A) auch ohne (externe) Rechtsdurchsetzung das Nash-Gleichgewicht.

Für beide diese Betrachtungsweisen müssen wir mit dem neoklassischen Menschenbild brechen. Daraus entsteht ein Szenario, in dem das Recht auch ohne eine Durchsetzungsinstitution geachtet wird, und dieses Szenario ist vielleicht gar nicht so utopisch, wie es aus der Sicht unserer heutigen Welt scheinen mag. Die Verhaltensökonomik weist darauf hin, dass solche Konstrukte nicht so unmöglich sind, wie die neoklassische Ökonomik uns hat weismachen wollen.

7.4 Eigeninteresse, Missgunst, Legitimität

Die Legitimität des Rechts ist ein Thema, das Rechtswissenschaftler und Philosophen seit Jahrhunderten beschäftigt. Da die Wirksamkeit des Rechts von seiner empfundenen Legitimität abhängen kann, ist das Thema sowohl von moralischer als auch von praktischer Bedeutung.[26] Dank der vorangegangenen Diskussion kann ich nun zeigen, wie die um verhaltensökonomische Elemente erweiterte Methode des fokalen Punktes die Legitimitätsdebatte bereichern kann.

Es wird oft gesagt, das Recht brauche Legitimität, damit die Menschen es befolgen. Aber das stimmt nicht. Wie wir gesehen haben, folgen die Menschen letztlich dem Recht, weil es in ihrem Eigeninteresse liegt. Die Bürgerinnen und Bürger befolgen es, weil sie ansonsten bestraft würden, und die Staatsdiener bestrafen rechtsbrechende Bürgerinnen und Bürger, weil sie ansonsten ihrerseits auf der nächsthöheren Ebene bestraft würden. Das war der Grundgedanke hinter der Methode des fokalen Punktes. Unter Zuhilfenahme der Verhaltensökonomik können wir nun formal trennen zwischen den Konzepten des Eigeninteresses (positives Interesse am eigenen Wohlergehen) und der Missgunst (negatives Interesse am Wohlergehen Anderer). Damit wird es analytisch möglich, dass sich jemand an das Recht hält, weil es in seinem Interesse ist, obwohl er gleichzeitig das Recht ablehnt.

Das will ich wiederum mit einem Beispiel erklären. Nehmen wir das unten dargestellte Interesse-Missgunst-Spiel, ein Dreipersonenspiel (Abb. 7.2). Spieler 1 wählt zwischen den Zeilen X und Y, Spieler 2 wählt zwischen den Spalten X und Y, und Spielerin 3 entscheidet sich zwischen der linken (L) und der rechten (R) Auszahlungsmatrix. Die Strategiekombination (X ; Y ; R) ergibt beispielsweise den Auszahlungsvektor (0 ; 1 ; 4).

---

[26] Diese Diskussion geht auf Max Weber und H. L. A. Hart zurück und hält sich beständig (siehe Cotterell 1997). Aktuellere Debattenbeiträge kommen z. B. von Singer (2006), Huq/Tyler/Schulhofer (2011) und Tyler/Jackson (2014). Kornhauser (1984) und R. Akerlof (2017) bieten eine Formalisierung des Legitimitätskonzepts im Unternehmenskontext, wo ähnliche Fragestellungen wie auf der hier betrachteten staatlichen Ebene auftreten. Tyler (2006) präsentiert die interessanten Ergebnisse einer großen Umfrage zu den Beweggründen für Gesetzestreue.

7 Rationalität, Recht, Legitimität 157

	X	Y
X	5;5;5	0;1;5
Y	1;0;5	1;1;5

L

	X	Y
X	0;0;4	0;1;4
Y	1;0;4	1;1;6

R

Abb. 7.2 Interesse-Missgunst-Spiel

Das Spiel hat zwei Gleichgewichte, (X ; X ; L) und (Y ; Y ; R). Nehmen wir an, es handelt sich um eine gesetzlose Gesellschaft, die sich anfangs zufällig am Punkt (X ; X ; L) befindet. Die Auszahlungen sind gleichmäßig verteilt; jeder bekommt fünf Einheiten. Jetzt tritt aber ein neues Gesetz in Kraft, das X zu einer illegalen Handlung macht. (Die Leserinnen und Leser können gern spekulieren, wer dieses Gesetz gestaltet haben mag.) Jetzt gibt es nur noch zwei gesetzeskonforme Zustände: (Y ; Y ; L) und (Y ; Y ; R). Wenn alle erwarten, dass sich alle an das Gesetz halten, wird (Y ; Y ; R) zum fokalen Ergebnis, weil es ein Gleichgewicht ist, das hervorsticht. Natürlich geht es den Spielern 1 und 2 jetzt miserabel – sie verdienen jeweils nur eine Einheit. Warum halten sie sich dennoch an das Gesetz? Die Antwort ist simpel: Weil es in ihrem Interesse liegt. Wichen sie (einseitig) vom fokalen Punkt ab, ginge es ihnen noch schlechter.

Die herkömmliche neoklassische Ökonomik würde es dabei belassen, aber wir haben es nun mit Akteuren zu tun, die facettenreichere Präferenzen haben. Eine bestimmte Handlung mag in ihrem Eigeninteresse liegen, aber sie können dennoch Missgunst angesichts der Auszahlungen der anderen Spieler empfinden. Der gerade beschriebene, vom Recht vorgegebene Ausgang des Spiels könnte leicht solche Empfindungen hervorrufen. Es wäre gut nachvollziehbar, wenn die Spieler 1 und 2 dem Gesetz mit Missgunst begegneten, denn dass sie jeweils nur eine Einheit bekommen (und Spielerin 3 sechs Einheiten), während das Spiel im Prinzip auch das Ergebnis (5 ; 5 ; 5) bereithält, kann moralisch falsch wirken. Es ist wichtig, zwischen den Regungen der Missgunst und der Rechtstreue zu unterscheiden. Man kann ein Gesetz befolgen, weil das im eigenen Interesse liegt, aber gleichzeitig das Gesetz verachten. Und wenn viele Menschen das Recht verachten, ist es mit dessen Legitimität nicht weit her.

Dieses Beispiel zeigt, dass es auch für eine als illegitim empfundene Staatsführung möglich ist, ihren Willen durchzusetzen. Auf die reale Welt übertragen, könnte das formale Modell folgendes Szenario beschreiben: Eine

Regierung manipuliert die Interessen der Spieler so, dass eine kleine Minderheit (hier Spielerin 3) gewinnt, aber die Mehrheit (Spieler 1 und 2) große Verluste erleidet. Aus einer Auszahlungssumme von ursprünglich 15 Einheiten werden nur noch 8 Einheiten – und die Differenz könnte in den Taschen der Regierung landen. Der Schlüssel zum „Erfolg" liegt dabei darin, die Auszahlungen so zu gestalten, dass alle Spieler nach der Regierungspfeife tanzen.

In einer vollständig erzählten Geschichte kann die Regierung natürlich nicht außerhalb des Spiels stehen. Um das zu vermeiden, könnte man sich vorstellen, dass Spielerin 3 die Regierungsrolle übernimmt. Sie gestaltet ein Gesetz, das die Gesellschaft zum Ergebnis (Y ; Y ; R) drängt, wobei die Spielerin selbst sehr gut wegkommt – auf Kosten der anderen beiden Parteien, die dennoch mitspielen, weil die Auszahlungen so gut (oder eher so diabolisch) gestaltet sind.

Ein passendes Beispiel solch einer Konstellation ist der Kolonialismus. Früher musste ein König, der ein anderes Land unterwerfen und ausbeuten wollte, dafür ein großes Heer aus seinem eigenen Land aufbringen. Der Kolonialismus brachte dann für den König aber eine wesentliche Verbesserung dank einer Innovation im Management: Es genügte, eine kleine Gruppe aus der zu unterwerfenden Gesellschaft zu kontrollieren, sodass diese dann den Rest jener Gesellschaft kontrolliert und unterwirft. Das Bemerkenswerte an der europäischen Kolonialisierung weiter Teile Afrikas, Asiens und Lateinamerikas war, mit wie wenig Personal es die Kolonialherren schafften, die Kolonien zu kontrollieren und auszubeuten. Die Beherrschten waren mit dem Ausgang selten einverstanden, aber die Armeen bzw. die Kolonialverwalter des Königs sorgten dafür, dass es nicht im Interesse der einzelnen ausgebeuteten Bevölkerungsmitglieder lag, gegen die Herrschaft aufzubegehren. Dieses Beispiel zeigt, dass der Grad der Gesetzestreue einer Gesellschaft wenig darüber sagt, für wie legitim diese Gesellschaft das Regime oder das Recht hält, dem sie unterliegt.

Ich möchte diese Analyse jetzt noch ein wenig weiterführen, in bislang unkartierte Gewässer, in denen (mir) noch keine formale Darstellung möglich ist. Ich tue dies, um einige wichtige Themen auf die Agenda zu bringen, auf dass sich zukünftige (oder fähigere) Forschende um die Formalisierung kümmern können.

Zuerst betrachten wir die Komplikationen, die daraus entstehen können, dass die Menschen in manchen Situationen bereit sind, entgegen ihrem eigenen Interesse zu handeln. Wenn sich der Mensch schlecht behandelt fühlt, sucht er nach Wegen, um damit psychisch fertigzuwerden. Das bringt uns zum Thema der multiplen Präferenzen und der Metapräferenzen.

Verschiedene Menschen gehen mit dem Gefühl der Missgunst auf verschiedene Weisen um. Eine solche Weise ist, dass man – oftmals gegenüber sich selbst – seine eigene missliche Lage als natürliche und unausweichliche Strafe für begangene Fehltritte und Sünden versteht. Zumindest aber neigen Menschen, die über lange Zeit hinweg ausgebeutet werden, zur Gewöhnung an die Situation; man findet sich mit dem ab, was man anscheinend nicht ändern kann. Gewissermaßen ist das eine reine Überlebensstrategie der Seele – niemand kann auf Dauer gut mit Wut und Indignation leben. Nur so konnten Kolonialismus, rassistische Ausbeutung, die Unterdrückung von Frauen und Diskriminierung gegen verschiedene Gruppen so lange Bestand haben – weil sich die jeweiligen Opfer im Laufe der Zeit ein Stück weit mit ihrem Schicksal abgefunden oder es sogar als in irgendeiner Weise gerechtfertigt akzeptiert haben. Nicht selten haben sich die Täter zur Rechtfertigung der Ausbeutung auch auf den vermeintlichen Willen Gottes berufen.[27]

Die andere Weise, mit Missgunst umzugehen, ist das genaue Gegenteil, nämlich die Bereitschaft, gegen das eigene Interesse zu handeln, nur um seinen Standpunkt zu verdeutlichen. Darum geht es bei Revolten, Freiheitsbewegungen und Meutereien. In dem obigen Spiel könnten wir uns vorstellen, dass Spieler 1, Spieler 2 oder gar beide Spieler Strategie X wählen, obwohl das Gesetz diese Wahl verbietet und sie sich damit selbst schaden. Ihre einzige Motivation wäre der daraus resultierende Schaden für Spielerin 3 – die Unterdrückerin oder die Regierung, deren Legitimität sie nicht anerkennen.

In diesem Beispiel bewirkt ein Gesetz, das als unfair gegenüber der Bevölkerung wahrgenommen wird, Missgunst und ein Gefühl von Illegitimität. Aber die Verhaltensökonomik legt nahe, dass sich auch die gegenteilige Wirkung einstellen könnte: Die Menschen können geradezu *wollen*, dass das Gesetz gegen ihre unmittelbaren Interessen läuft. Konservative Ökonomen haben es durch die Laborstudien der Verhaltensforschung gelernt; alle anderen wissen es aus ihrer Lebenserfahrung: Der Mensch zeigt oftmals multiple Präferenzen. Das kann sich auf viele verschiedene Weisen äußern, zum Beispiel:

(1) Zu Beginn ihrer Schwangerschaft mag eine Frau sich vornehmen, ohne Schmerzmittel zu entbinden. Rückt der Geburtstermin dann aber näher, ist es nicht unwahrscheinlich, dass sie ihre Meinung ändert.

---

[27] Das Arthashastra ist ein indisches Staatsrechtslehrbuch aus dem dritten Jahrhundert v. Chr., dessen Titel mit „Wohlstandsregeln" übersetzt werden kann und das für seine Machiavelli vorwegnehmenden Lehren berühmt ist. Darin erinnert der Berater den König unmissverständlich daran, wie einfach es ist, die Bevölkerung auszubeuten, indem man ihr weismacht, ihre Misere entspreche dem Willen Gottes.

(2) Ernie wird vor die Wahl gestellt, in 100 Tagen einen kleinen Schokoladekuchen zu bekommen oder in 101 Tagen einen großen. Er zieht die zweite Option vor. 100 Tage später ist er dann aber vielleicht nicht mehr so geduldig. Er verschlingt den kleinen Kuchen – und bedauert augenblicklich, sich um die Chance auf den größeren Kuchen gebracht zu haben.
(3) Bert raucht, obwohl er sich wünschte, er täte es nicht.

Zumindest die ersten beiden Fälle sind Ausdruck sogenannter hyperbolischer Diskontierung zukünftiger Ereignisse. Sie führt dazu, dass jemand zu einer unterschiedlichen relativen Bewertung zweier zukünftiger Auszahlungen kommen kann, je nachdem, wie weit diese Ereignisse in der Zukunft liegen – was im Standardmodell der neoklassischen Ökonomik nicht möglich wäre.[28] Aus diesem Grund können wir es mitunter für legitim halten und uns sogar wünschen, dass eine dritte Partei uns zu einer Verhaltensweise zwingt (z. B. durch Androhung einer Strafe), die nicht in unserem unmittelbaren, momentanen Interesse ist. Eine hohe Strafe für den Konsum von Schokoladekuchen am 100. Tag ist zwar eine Art von Zwang, aber dieser Zwang kann Ernie helfen, eine bessere Entscheidung zu treffen – die Entscheidung, die der weitsichtigere, geduldigere Teil seines Ichs treffen würde. Die Spieltheorie geht mit solchen Situationen wie der von Ernie, in der eine Person zu unterschiedlichen Zeitpunkten unterschiedliche Präferenzen hat, so um, als handele es sich um (mindestens) zwei unterschiedliche Personen. Dadurch lässt sich besser vorhersagen, wie sich jemand entscheiden wird und wie sich die Entscheidung auf das Wohlergehen seiner einzelnen Ichs auswirkt. Allerdings werden auch schwierige neue Fragen aufgeworfen, wie etwa: Welcher der einzelnen Persönlichkeitsbestandteile sollte Priorität haben und zu wessen Gunsten sollte das Recht intervenieren?

In den obigen Fällen können rechtliche Interventionen insofern als legitim gelten, als dass sie lediglich einen Konflikt zwischen den multiplen Ichs innerhalb eines Menschen lösen. In anderen Fällen jedoch schreitet der Gesetzgeber ein, weil er meint, er wisse besser als die Menschen selbst, was für sie gut ist – ganz unabhängig von etwaigen multiplen Präferenzen innerhalb einer Person. Darunter fallen z. B. die Tabaksteuer und die Anschnallpflicht im Auto – Zwangsmaßnahmen für jene, die lieber billig rauchen oder sich nicht anschnallen würden, deren Wohlfahrt durch diese rechtlichen Inventionen

---

[28] Die hyperbolische Diskontierung war in der Tat einer der Ausgangspunkte der Verhaltensökonomik und ist dementsprechend Gegenstand umfangreicher Literatur. Siehe Akerlof (1991), Laibson (1997), O'Donoghue/Rabin (2001), K. Basu (2011).

aber dennoch steigen kann. Mitunter kommt es in solchen Fällen zu schwierigen Abwägungen zwischen individueller Freiheit und Paternalismus. Ich selbst bin gegenüber der Anschnallpflicht ambivalent, solange niemand anderes im Auto sitzt. Mir ist nicht klar, warum fast alle Länder auf das Anschnallen bestehen, das Bergsteigen aber erlauben. Was, wenn ich Lust auf Risiko habe und es mir Freude macht, ohne Gurt Auto zu fahren? Das ist nicht annähernd so gefährlich wie der Versuch, den Mount Everest zu besteigen. Wenn die Anschnallpflicht besteht, sollte zumindest der Verhältnismäßigkeit halber doch das Bergsteigen verboten werden.

Ich will mich hier aber auf die Fälle konzentrieren, in denen Menschen multiple Ichs mit unterschiedlichen Präferenzen haben. Es kann in der Tat legitim sein, rechtlichen Zwang anzuwenden, um ein Ich gegenüber den anderen hervorzuheben. Unvermeidbar ist dabei die Frage, welches Ich derart begünstigt werden soll. Manchmal wird das Problem dadurch erleichtert, dass die Menschen oft Metapräferenzen haben, also Präfenzen bezüglich ihrer unterschiedlichen Präferenzen. Dadurch entsteht eine Hierarchie der Entscheidungen, wenn kein Paternalismus im Spiel ist. Das übergeordnete Ich wird benutzt, um die untergeordneten Ichs in Schach zu halten. Beim dritten der obigen Beispiele geht es eigentlich gar nicht so sehr um einen Konflikt zwischen multiplen Präferenzen innerhalb einer Person, sondern mehr um Metapräferenzen. Es ist nicht so, dass Bert zwei Präferenzen hätte – er raucht gern und er raucht nicht gern. Seine Präferenz ist ganz klar: Er raucht gern. Aber er hätte es lieber, dass er nicht gern rauchte.

Zum Glück haben die Menschen nicht nur multiple und kollidierende Präferenzen, sondern auch Metapräferenzen. Insbesondere in solchen Fällen kann staatliche Intervention, selbst mit einem gewissen Zwang, legitim sein. In der Verhaltensökonomik wird allgemein angenommen, dass das im Speziellen auf Menschen zutrifft, die zur hyperbolischen Diskontierung neigen, denn wenn man sie ließe, würden sie viel aufgeben, um ihre unmittelbaren Bedürfnisse zu befriedigen. Oftmals sind sie sich dessen bewusst und wünschen sich, dass ihre Präferenzen anders wären. Somit kann der Einsatz des Rechts gerechtfertigt sein, um ihre Anreize entsprechend zu ändern.

Sobald wir die neoklassische Ökonomik hinter uns lassen und uns im Bereich der verhaltensökonomisch erweiterten Methode des fokalen Punktes bewegen, müssen wir nicht nur der Möglichkeit Rechnung tragen, dass ein und dieselbe Person multiple Präferenzen haben kann, sondern wir müssen auch zwischen der „egoistischen" und der moralischen Präferenz der Menschen unterscheiden. Dadurch entstehen interessante Zirkularitäten. Zum Beispiel sind die Menschen eher bereit, das Recht allein deshalb zu befolgen, weil es das Recht ist, und zwar selbst dann, wenn es ihrem Eigeninteresse im engeren

Sinn zuwiderläuft, wenn sie das Recht und den Staat als legitim betrachten (Feldman und Teichman 2009; Bilz und Nadler 2009; McAdams 2015). Dabei kann zwischen zwei Legitimitätsbegriffen unterschieden werden. Ich will sie Legitimität erster bzw. zweiter Ordnung nennen. Legitimität erster Ordnung meint, dass sich die Staatsdiener, also jene, die das Recht hüten sollen, an das Recht halten. Sie setzen also das Recht durch, wie es von ihnen erwartet wird, während die Bürgerinnen und Bürger von Eigeninteresse und konventioneller Nutzenmaximierung gesteuert werden. Legitimität zweiter Ordnung ist hingegen allumfassend: Sie liegt vor, wenn alle Spielerinnen und Spieler – Bürger ebenso wie Rechtshüter – die Norm der Rechtsbefolgung um ihrer selbst willen internalisiert haben.

Wenn das Recht nur Legitimität erster Ordnung hat, sind wir zurück in der Welt der traditionellen ökonomischen Analyse des Rechts: Ein neues Gesetz ändert das Spiel des Lebens, da die Funktionäre des Staates das Recht roboterhaft durchsetzen. Genießen der Staat und sein Recht hingegen Legitimität zweiter Ordnung, dann ist das Recht, wie wir oben bereits gesehen haben, nicht nur wirkungsvoll, sondern es wirkt sogar, ohne dass irgendjemand es durchsetzen müsste.

So etwas wie Legitimität erster Ordnung wird von einigen reicheren Ländern wohl annähernd erreicht, und das ist der Grund, warum das Recht in diesen Ländern weitgehend wie beabsichtigt wirkt. Wie solche Legitimität erzielt wird, ist nicht immer klar, aber in jedem Fall sollten alle Länder danach streben, denn die auf diesem Wege erreichte Wirksamkeit des Rechts ist eine wichtige Voraussetzung für Wachstum und wirtschaftliche Entwicklung. Zusammengefasst stützt staatliche Legitimität nicht nur die Demokratie, sondern fördert auch wirtschaftliche Effizienz und Entwicklung.

Ich möchte dieses Kapitel mit zwei abschweifenden Bemerkungen abschließen, die aus der obigen Diskussion zur Psychologie und zur Verhaltensökonomik entstehen. Während sie meine Argumentation nicht unmittelbar betreffen, ergeben sich daraus doch wichtige Folgegedanken, die sich in zukünftiger Arbeit und Forschung als nützlich erweisen können.

Der erste Punkt betrifft „konstruierte Ziele". Sobald wir uns der Hinfälligkeit der neoklassischen Annahme exogener menschlicher Präferenzen bewusst werden, tun sich andere Chancen und Herausforderungen auf. Was in der Ökonomik bislang wenig berücksichtigt wurde, im „echten Leben" aber eine große Rolle spielt, ist das Phänomen, das vielleicht am treffendsten mit „konstruierten Zielen" bezeichnet werden kann. Am deutlichsten wird das Phänomen im Bereich des Sports. Nehmen wir zum Beispiel Fußball. Man stellt an den gegenüberliegenden Enden eines Spielfeldes je ein Tor auf, wirft einen Ball auf das Feld und sagt elf Menschen, dass sie den Ball in das eine Tor schießen sollen, und weitere elf Menschen setzt man auf das andere Tor an. Dann zählt man, welches Team das Ziel häufiger erreicht. Alsbald kann man beobachten, dass die Spieler ganz ungewöhnliche Anstrengungen auf sich nehmen und sogar Verletzungen riskieren, um den Ball in das eine Tor zu bekommen bzw. zu verhindern, dass er in das andere gerät. Dazu muss man den Spielern noch nicht einmal Geld oder irgendeine andere Form der Vergütung bieten. Die Freude, ein Tor zu schießen und vielleicht zu gewinnen ist für sie Motivation genug. Mehr noch: Einige solcher Spiele haben sogar eine derartige Anziehungskraft, dass sich im Prinzip unbeteiligte Menschen mit dem einen oder anderen Team identifizieren, die Spiele sehen wollen, und dafür ihre Freizeit opfern oder gar ihre Arbeit vernachlässigen. Die Unterstützung „ihres" Teams ist den Fans also einige Mühe und sogar Geld wert, und manche von ihnen intensivieren das Erlebnis noch dadurch, dass sie dazu Bier trinken und die „gegnerischen" Fans vermöbeln.

So viel also zur Exogenität der menschlichen Präferenzen. Das Leben ist voll von solchen konstruierten Zielen, und das hat wichtige Folgen für das Funktionieren der Gesellschaft und der Wirtschaft. Leider trifft das insbesondere auch auf die Politik zu. Wenn sich die Menschen einmal einer politischen Partei oder Richtung verschrieben haben, unterscheidet sich ihre Unterstützung oftmals nicht wesentlich von der für einen Fußballverein. Die politische Zielsetzung der Partei gerät immer weiter in den Hintergrund – wenn sie denn überhaupt jemals Auslöser der Unterstützung war. Eine bestimmte Partei zu unterstützen, wird zum Selbstzweck, ebenso wie die Unterstützung eines Fußballvereins.

Politikern, Unternehmen und mächtigen Organisationen kann solche Orientierung nach künstlichen Zielen in die Hände spielen. Ist ein Ziel einmal in den Köpfen verankert, kann es zum Selbstzweck werden, und eine Anpassung dieses Ziels kann gewaltige gesellschaftliche Veränderungen nach sich ziehen. Als ich bei der Weltbank arbeitete, gehörte zu meinem Verantwortungsbereich auch die Abteilung, die die 2021 eingestellten Länder-Rankings gemäß der Geschäftsfreundlichkeit („Ease of Doing Business") erstellte. Bald wurde klar, dass für viele Länder eine gute Platzierung in diesem Ranking zum Selbstzweck geworden war – sie wollten ihre Stellung in erster Linie nicht etwa deshalb verbessern, weil sie nach stärkerem Wachstum, höheren Lebensstandards, weniger Armut, mehr Arbeitsplätzen usw. strebten, sondern eben einfach um ihre Stellung im Ranking zu verbessern. Darin bestand das Spiel, wie die Jagd nach Toren im Fußball. Das machte mir sehr deutlich, dass solcherlei Rankings zum Missbrauch einladen.

In einem weiteren Beispiel geht es um Patriotismus. Für einige orthodoxe, neoklassische Ökonomen ist Patriotismus ein angeborener Aspekt der Nutzenmaximierung.²⁹ Im Lichte der Verhaltensökonomik und konstruierter Ziele wissen wir aber, dass Patriotismus durch Eliten und die politische Führung geschürt werden kann. Das passiert mitunter unabsichtlich, meist aber ganz bewusst. Denn Patriotismus schont die Staatskasse. Patriotisch eingestellte Soldaten begnügen sich mit einem geringeren Sold als jene, für die ihr Dienst „nur" ein lebensgefährlicher Job ist. Es kann also politisch höchst opportun sein, das Gefühl zu stärken, dass das eigene Land wichtiger ist als andere und dass das Leben der eigenen Bevölkerung mehr zählt als das der anderen.

Inzwischen sollte klar geworden sein, dass konstruierte Ziele, die es gemäß der Mainstream-Ökonomik gar nicht geben dürfte, überall zu finden sind und dem Guten ebenso wie dem Bösen dienen können. Gesellschaften lassen sich auf verschiedenste Weisen lenken, und diesen Weisen korrespondieren unterschiedliche Arten und Grade von Legitimität. Die Frage ist, ob solche Lenkung im Sinne der Menschen geschieht, d. h., im Sinne ihrer *übergeordneten Präferenzen*. Dieser Maßstab der Legitimität ist sicherlich diskussionswürdig. Aber wenn wir einen gewissen Konsens bezüglich seiner Grundidee erreichen können, dann werden zumindest die ungeheuerlichsten Verletzungen des Legitimitätsprinzips für alle sichtbar, was hoffentlich Kräfte freisetzt, um sie zu verhindern.

Die zweite Abschweifung betrifft die allgemeine Annahme, dass das Recht durch die Androhung von Zwang und Strafe gestützt wird. Was das im Kontext der Spieltheorie bedeutet, haben wir oben in zahlreichen Beispielen gesehen. Jenseits dieser Modelle wird die Bedeutung von Gewalt und Zwang jedoch von vielen Ökonomen und anderen Sozialwissenschaftlern missverstanden.

Dieses Missverständnis wirkt sich auf den Begriff der Legitimität aus. Legitimität wird traditionell als Gegenpol zur Gewaltherrschaft verstanden. Singer (2006, S. 229) schreibt dazu: „Legitime Herrschaft unterscheidet sich von reiner Kontrolle durch Gewalt und wird als ihr konzeptionelles Gegenteil verstanden. Da die Notwendigkeit dieser Unterscheidung allgemein anerkannt zu sein scheint, ist auch der Begriff der Legitimität allgemein anerkannt, und mit ihm die verwandten Begriffe der Autorität und des Herrschaftsrechts." Bei genauerem Hinsehen bereitet jedoch selbst dieser scheinbar klare Gegensatz zwischen „Kontrolle durch Gewalt" und „legitimer Herr-

---

²⁹ Einige Forschende beherrschen diese Kunst, alles, was sie beobachten, mit dem Lehrbuchmodell in Einklang zu bringen. Dabei fallen sie jedoch in eine tautologische Falle. Ich kenne Mainstream-Ökonomen, die, wenn sie jemanden rund um die Uhr arbeiten sehen, das als Manifestation egoistischer Nutzenmaximierung bewerten. Dann sehen sie, wie eine uneigennützige Person ihr gesamtes Hab und Gut an die Armen verschenkt – und werten auch das als Manifestation egoistischer Nutzenmaximierung. Sie merken nicht, dass sie ihre Vorstellungen von Egoismus und Nutzenmaximierung zu einer Tautologie verzerren müssen, um an ihren Überzeugungen festhalten zu können.

schaft" Probleme, weil Gewalt und Zwang – und somit auch ihr Gegenstück: Freiwilligkeit – eben keine eindeutigen Begriffe sind.

Gemäß Milton Friedman (1962) gilt eine Person, die freiwillig eine Auswahl unter mehreren Alternativen trifft, gemeinhin als frei von Zwang. Dieses „neoklassische Kriterium" der Freiwilligkeit ist aber zumindest irreführend, denn so leicht lässt sich Freiwilligkeit nicht definieren. Und wenn sich dementsprechend Zwang – der Mangel an Freiwilligkeit – nicht leicht definieren lässt, dann können wir auch nicht feststellen, ob in einer bestimmten Situation Zwang ausgeübt wird. Zum Glück gibt es aber noch eine weitere Herangehensweise. Selbst wenn es keine allgemein akzeptierte Definition von Zwang gibt, so können wir uns doch Situationen vorstellen, in denen jeder zustimmen würde, dass Zwang vorliegt (in der gleichen Weise wie Kinder Elefanten identifizieren können, ohne sie definieren zu können[30]). Auf dieser Grundlage können wir dann schließlich beurteilen, wie sich das neoklassische Kriterium bewährt.

In diesem Sinne können wir uns vorstellen, dass eine Person in einer dunklen Gasse ihre teure Uhr an einen Räuber abgibt, der mit gezogener Pistole danach verlangt. In dieser Situation würden wohl alle, einschließlich Milton Friedman, zustimmen, dass die Person ihre Uhr nicht freiwillig abgegeben hat und dass also Gewalt oder Zwang geherrscht haben muss. Doch was sagt das neoklassische Kriterium? Der Räuber hat der Person eine Wahl gelassen: „Uhr oder Leben!" (Die Pistole verkörpert das Ausrufezeichen.) Die Person wählt daraufhin die Option, die ihr (erheblich) mehr zusagt. Die Person hatte eine Wahl, also kann nach dem neoklassischen Kriterium kein Zwang vorgelegen haben – was den Fehler des Kriteriums zeigt.

Ich habe andernorts (Basu 2000, 2003) argumentiert, dass gerade dieser Fehler für die ausufernde Auslegung der Freiwilligkeit in der neoklassischen Ökonomik verantwortlich ist. Ausgebeutete Bergleute mit Zwölfstundenschichten und Frauen, die ohne Hilfe klaglos Großfamilien versorgen – all das gilt als freiwillige und zwanglose Entscheidung. Auf der anderen Seite habe ich aber auch darauf hingewiesen, dass es analytisch ebenso wenig weiterhilft, wenn andere Denkschulen Zwänge und Gewalt in so ziemlich jeder Beziehung zu sehen meinen. In beiden Fällen liegen die Ursachen in fehlerhaften Definitionen.

Wir müssen erkennen, dass Zwang letztlich ein normativer Begriff ist (Steiner 1994; Vallentyne 2000; Basu 2000). Zunächst muss klar sein, welche Rechte die Menschen haben. Wenn jemandem dann ein Recht genommen wird, kann man von Gewalt oder Zwang sprechen, selbst wenn diese Person

---

[30] Ich bin nicht sicher, ob die Einschränkung auf Kinder an dieser Stelle notwendig ist.

eine Wahl hat. Wenn ich abends einen Spaziergang mache, habe ich das Recht, mit meiner Uhr und mit meinem Leben nach Hause zu kommen. Wenn ich jedoch unterwegs in der dunklen Gasse gezwungen werde, mich zwischen diesen beiden Gütern zu entscheiden, werde ich offensichtlich mit Gewalt eines Rechts beraubt. Um diese Logik auch in weniger eindeutigen Fällen anwenden zu können, muss immer klar definiert sein, welche Rechte ich eigentlich habe.

Um diese Idee weiterzuentwickeln und zu formalisieren, müssen wir ein umfangreicheres Spiel des Lebens definieren. Dabei reicht es nicht, einfach nur die Handlungsoptionen der Spielerinnen und Spieler aufzulisten. Vielmehr müssen wir spezifizieren, welche dieser Optionen den Akteuren im Rahmen ihrer Rechte jeweils zustehen und ihnen also nicht verwehrt werden dürfen, selbst wenn dieses Verwehren mitunter schwer zu erkennen ist, weil die Personen scheinbar freiwillige Entscheidungen treffen, die aber eigentlich niemand von ihnen verlangen dürfte. Ein derart umfassendes Spiel kann uns erhellende neue Perspektiven auf die Legitimität des Rechts eröffnen.

8

Lose Enden

8.1 Was noch zu tun ist

Der Aufstieg der ökonomischen Analyse des Rechts in der zweiten Hälfte des zwanzigsten Jahrhunderts ist eine der großen Erfolgsgeschichten der Vermischung zweier wissenschaftlicher Disziplinen. Unser Verständnis des menschlichen Verhaltens und der effektiven Gestaltung politischer Instrumente hat davon enorm profitiert. Wie viele bahnbrechende intellektuelle Entwicklungen hatte aber auch dieser Aufstieg seine Schwächen, und zwar ziemlich tief liegende. Ich habe in diesem Buch zu zeigen versucht, dass die Grundlagen der traditionellen ökonomischen Analyse des Rechts einige interne Widersprüche aufweisen. Diese Widersprüche sind so schwerwiegend, dass wir sie nicht ignorieren können, sobald wir uns ihrer einmal bewusst werden. Auch habe ich zeigen wollen, dass einige weitverbreitete Defizite der Rechtsgestaltung und -umsetzung wie die mangelhafte Rechtsdurchsetzung in vielen Entwicklungsländern und die hartnäckige Verbreitung von Korruption zumindest teilweise auf eben jene konzeptionellen Schwächen in den Grundlagen der Disziplin zurückzuführen sind.

Die flächendeckende Nicht-Umsetzung des Rechts ist vielleicht die größte Herausforderung. Auf der ganzen Welt gibt es Beispiele von Gesetzen, die in bester Absicht formuliert und pflichtbewusst in die Gesetzbücher und Verfassungen aufgenommen wurden, dann aber der Missachtung oder der mangelhaften Umsetzung anheimfielen. Nicht nur die Bürgerinnen und Bürger ignorieren das Recht; die Polizei, die Behörden und andere Staatsorgane versagen bei der Durchsetzung, sei es aufgrund von Unwissenheit, Gleichgültigkeit oder gar Bestechlichkeit. Wichtige Grundrechte wie jene auf Nahrung, Gesundheitsfürsorge und Bildung werden gewissenhaft ganz tief im Rechtsrahmen verankert – und dann in vielen Ländern weitgehend ignoriert. Die traditionelle ökonomische Analyse des Rechts kann dafür keine Erklärung und somit auch keine Lösung anbieten.

Doch auch davon abgesehen bleibt festzuhalten, dass die Möglichkeiten der ökonomischen Analyse des Rechts, bei der Ergründung wirtschaftlicher Entwicklungsprozesse und bei der Gestaltung politischer Maßnahmen für ein besseres Leben zu helfen, bislang auf geradezu sträfliche Weise ungenutzt geblieben sind. Ein Hauptgrund dafür sind die wiederholt angesprochenen Verwerfungslinien innerhalb der Disziplin. Dieses Buch hatte das Ziel, diese Schwächen hervorzuheben und Lösungsansätze zu entwickeln. Law and Economics ist eine wichtige Disziplin, aber sie ist bislang weit unter ihren Möglichkeiten geblieben. Ich bin überzeugt, dass sie mit verbesserten methodologischen Grundlagen noch viel mehr zu einer gerechteren Gesellschaft, zu wirtschaftlichem Wachstum, zu klügerer Politik und insgesamt zu einer stabileren und nachhaltigeren Welt beitragen kann.

Zum Glück lassen sich die Verwerfungslinien korrigieren, wenn wir sie einmal richtig verstanden haben. Es ist möglich, eine robustere rechtsökonomische Methodik zu spezifizieren, die diesen Problemen wirkungsvoll begegnet. Das ist das Ziel der Methode des fokalen Punktes. Wie bereits angemerkt, entspricht der Übergang von der traditionellen oder neoklassischen Rechtsökonomik zur Methode des fokalen Punktes im gewissen Sinne dem Perspektivenwechsel vom partiellen zum allgemeinen Gleichgewichtsmodell in der Ökonomik. Ähnlich wie beim Gleichgewichtsmodell funktioniert die hier vorgestellte Herangehensweise als schlüssiges und handhabbares Modell, ist aber zugleich ungleich komplexer als die althergebrachte Methode. Zwar lässt sich ein Prototyp der Methode des fokalen Punktes recht einfach skizzieren – gerade so, wie die Edgeworth-Box eine intuitive, aber stark vereinfachte Interpretation des allgemeinen Gleichgewichts liefert. Die Arbeiten von Léon Walras aus dem neunzehnten Jahrhundert sowie von Kenneth Arrow, Gérard Debreu und Lionel Mackenzie aus der Mitte des zwanzigsten Jahrhunderts lehren uns aber, dass die Spezifizierung eines vollständigen Modells eine nicht nur wesentlich komplexere, sondern sogar niemals endende Aufgabe ist, da wir das Modell mit immer weiteren Aspekte der realen Welt anreichern können.

Mit der Analogie des partiellen und allgemeinen Gleichgewichts möchte ich auch darauf hinweisen, dass die Methode des fokalen Punktes nicht unbedingt dazu gedacht ist, die traditionelle oder neoklassische Herangehensweise zu ersetzen oder zu verdrängen. Schließlich findet auch die partielle

Gleichgewichtsanalyse noch immer fruchtbare Verwendung, obgleich wir um ihre Schwächen wissen. Dafür gibt es zwei Gründe. In vielen Situationen wäre eine volle Betrachtung des allgemeinen Gleichgewichts derart komplex, dass sie unsere analytischen Kapazitäten übersteigen würde. In solchen Fällen begnügen wir uns mit einer partiellen Gleichgewichtsanalyse und hoffen, dass die Ergebnisse dennoch halbwegs valide sind. Der zweite Grund ist, dass wir inzwischen recht gut wissen, wo und unter welchen Umständen die Wirtschaft hinreichend partitioniert ist, der betrachtete Sektor oder Markt also hinreichend isoliert ist, sodass wir uns mit einer partiellen Analyse unter Ausblendung vielfältiger kleinerer Effekte der Realität einigermaßen annähern können. Die gleiche Logik gilt in Bezug auf die neoklassische Rechtsökonomik. Der Einfachheit halber werden wir uns ihrer zur Analyse einiger Fragestellungen weiterhin bedienen müssen. Wenn wir das aber im Bewusstsein der verallgemeinerten Methode des fokalen Punktes tun, können wir grobe Fehler vermeiden. Wie wir in Abschn. 5.5 gesehen haben, ist es mitunter legitim, bei einer Betrachtung der Interaktion zwischen den Bürgerinnen und Bürgern das Verhalten der Staatsdiener als exogen anzunehmen, wenn die Rechtsdurchsetzung im Eigeninteresse der Letzteren liegt. Das ist ein Beispiel einer Situation, in der die neoklassische Rechtsökonomik einwandfrei funktioniert.

Wiederum wie das allgemeine Gleichgewichtsmodell kann auch die Methode des fokalen Punktes in der Rechtsökonomik beliebig verfeinert werden, um ein realistischeres Bild der Wirtschaft und der Gesellschaft abzugeben. Während die vorangegangenen Kapitel bereits einige Pfade der Weiterentwicklung aufgezeigt haben, bin ich mir der Unvollständigkeit des bislang Erreichten doch sehr bewusst. Wer viele Gedanken auf eine Herangehensweise verwendet, wie ich es in Bezug auf die Methode des fokalen Punktes getan habe, findet unweigerlich lose Enden, Raum für weitere Ausarbeitung, sowie neue Probleme, die es zu beheben gilt. Darin unterscheidet sich die Methode des fokalen Punktes nicht von allen anderen Forschungsprojekten und intellektuellen Vorhaben.

Der Fokus dieses Buches lag auf Theorie und Methodik. Das Ziel war es, einen Analyserahmen zu schaffen, innerhalb dessen praktischen Fragen beantwortet und gesellschaftlich-politische Probleme gelöst werden können. Die konkreten Antworten und Lösungen bereitzustellen, war hingegen nicht meine unmittelbare Absicht. Infolgedessen sind auf dem Weg durch das Buch einige lose Enden liegengeblieben, deren detaillierte Diskussion zu sehr vom Ziel abgelenkt hätte. Dieses abschließende Kapitel soll die Aufmerksamkeit noch einmal auf ein paar dieser bislang nur angedeuteten intellektuellen Pfade lenken. Wenn dabei die erwähnte unausweichliche Unvollständigkeit dieses

Projektes umso sichtbarer wird, dann hoffe ich, damit vor allem zukünftige Forschung in diese Richtung anregen zu können.

Drei solcher losen Enden sollen jeweils in einem der nachfolgenden Unterkapitel behandelt werden. Zwei davon sind abstrakter Natur, das dritte Thema ist praktischer Art. Die ersten beiden Punkte betreffen statistische Informationen, oder Wahrscheinlichkeiten auf Grundlage von Erfahrungswerten, von deren Rolle bei der Formulierung von Regeln und Gesetzen wir schon gehört haben. Wie sollen wir solche statistischen Informationen und harte Daten mit unserer Intuition und unserem gesunden Menschenverstand in Einklang bringen? Mehrfach habe ich schon die Bedeutung von überlegter Intuition und Lebenserfahrung angesprochen, und jetzt ist es an der Zeit, darauf zurückzukommen. Zunächst soll es um eine normative Frage gehen: Wie sollten wir statistische Informationen – beispielsweise bezüglich der Eigenschaften bestimmter Bevölkerungsgruppen – benutzen, z. B. als Beweismittel in einem Gerichtsverfahren? Ihre unüberlegte Nutzung kann zu übelster Diskriminierung oder Marginalisierung einiger Menschen oder zur Be- bzw. Übervorteilung anderer führen, wie wir in Kap. 5 gesehen haben. Wie sollen wir uns ethisch dazu positionieren? Und zweitens: Was ist der methodologische Status statistischer Informationen? Sind sie unsere einzige Wissensquelle? Wie gehen wir damit um, wenn z. B. eine randomisierte kontrollierte Studie anderes Wissen hervorbringt als andere, weniger formelle Methoden? Die Abschn. 8.2 und 8.3 widmen sich diesen beiden Fragenkomplexen und zeigen dabei auch neue Richtungen für zukünftige Forschungsarbeiten auf.

Abschn. 8.4 unternimmt schließlich einen Vorstoß in Richtung eines der dringlichsten Probleme unserer Zeit, das ich bislang in diesem Buch bestenfalls gestreift habe: Wenn wir vom Spiel des Lebens sprechen, warum sollten dann die Grenzen des Spiels mit den Grenzen eines Staates übereinstimmen? In der modernen Welt betrifft das, was ein Staat tut, oft auch die Einwohner anderer Staaten, worauf die Regierungen dieser Staaten reagieren werden, was wiederum Auswirkungen auf andere Staaten hat, und so weiter. Dies ist ein enormes analytisches sowie praktisches Problem, von dem ich mich – obwohl die Zukunft unserer Welt von seiner Lösung abhängt – bis auf eine kurze Erwähnung im ersten Kapitel wohlweislich ferngehalten habe, um das Hauptziel des Buches nicht aus den Augen zu verlieren. Doch selbst innerhalb der relativ kurzen Zeitspanne, die das Schreiben dieses Buches in Anspruch genommen hat, ist ein Anstieg globaler politischer Spannungen zu verzeichnen. Jahrzehntealte Konflikte brechen wieder auf, der nationale Egoismus nimmt zu, vormals stabile Beziehungen drohen zu zerfallen. Ein Grund dafür ist meiner Meinung nach, dass unsere Gesetze und internationalen Konventionen mit der wirtschaftlichen Globalisierung nicht Schritt halten können. Während ich dafür keine umfassende Lösung anbieten kann, soll der letzte Abschnitt des Buches doch zumindest etwas Licht auf diese Entwicklung werfen.

8.2 Statistische Informationen und Ethik

Statistische Informationen und Wahrscheinlichkeiten spielen sowohl bei der Gestaltung als auch bei der Umsetzung des Rechts eine wichtige Rolle. Datenmassen lehren uns, dass das Anschnallen im Auto Leben rettet und der Konsum von Tabak Leben kostet. Zudem wissen wir aus Feld- und Laborstudien von Verhaltensökonomen, dass die Menschen dazu neigen, kleine Wahrscheinlichkeiten – wie die eines Autounfalls oder von Lungenkrebs – als noch geringer einzuschätzen, als sie tatsächlich sind. Aus diesen Gründen haben wir Gesetze, die das Anschnallen im Straßenverkehr verlangen, das Rauchen durch zusätzliche Steuern künstlich verteuern und Tabakwerbung im Fernsehen verbieten.[1]

Obwohl das selten offen gesagt wird, werden statistische Informationen nicht nur in der Gesetzgebung, sondern auch in der Rechtsprechung verwendet. Im Strafrecht gilt die Unschuldsvermutung, bis jemandes Schuld bewiesen wurde. Nun lässt sich tatsächlich aber – bis auf einige logisch-mathematische Zusammenhänge wie der Satz des Pythagoras oder das Arrow-Theorem – nichts auf dieser Welt *beweisen*. Mithilfe von Erfahrungswerten und zunehmend auch Massen von statistischen Daten wird anhand der Beschreibung einer Situation entschieden, ob jemand „ohne begründeten Zweifel" (*engl.* „beyond reasonable doubt") schuldig ist. Der „begründete Zweifel" ist dabei nichts anderes als eine Aussage über eine Wahrscheinlichkeit. Und da sich nicht allzu viele Strafrechtsfälle per logischer Deduktion entscheiden lassen, muss sich die Justiz zumeist mit Indizienurteilen begnügen. In der echten Welt sind Indizien auf die sogenannte und den meisten Beteiligten unbekannte „Wahrheit" alles, was wir haben.

Die Nutzung statistischer oder probabilistischer Informationen wirft nicht nur praktische, sondern auch ethische Fragen auf, wie wir schon in Kap. 5 gesehen haben. Wir leben in einer merkwürdigen Welt, in der wir einerseits den Menschenrechten gern zu globaler Geltung verhelfen würden, anderer-

---

[1] Ironischerweise legen einige Daten nahe, dass die Einführung des Werbeverbots für Zigaretten die Gewinne der Tabakkonzerne eher beflügelt denn geschmälert hat. Das ist so zu erklären: Durch Werbung machen sich die Anbieter vor allem die Marktanteile untereinander streitig, sie vergrößern aber kaum den Kuchen, den sie zwischen sich aufteilen. Fällt die Möglichkeit der Werbung weg, entfällt ein großer Kostenblock, der Umsatzrückgang hält sich aber in Grenzen. Somit hat das Werbespiel Aspekte eines Gefangenendilemmas.

seits aber mitansehen müssen, wie die Diskriminierung zunimmt und gewissen Bevölkerungsgruppen wichtige Grundrechte verwehrt werden.[2] Ich möchte untersuchen, wie wir dieser Herausforderung mit Vernunft begegnen können.

Wie bereits diskutiert, kann die Nutzung bestimmter Informationen selbst dann zur Diskriminierung gegen gewisse Bevölkerungsgruppen führen, wenn der Nutzer keinerlei böse Absichten hat. Wenn die menschliche Produktivität mit anderen persönlichen Merkmalen korreliert, können Hautfarbe oder Geschlecht die Rolle eines fokalen Punktes übernehmen. Angenommen, wir glauben, dass eine bestimmte Person unproduktiv ist, weil sie einer Gruppe angehört, deren *durchschnittliche* Produktivität wir als gering einschätzen. Dieser Glaube kann selbsterfüllend werden.

Da sich dieses Ergebnis selbst dann einstellen kann, wenn niemand mit rassistischer oder sexistischer Absicht handelt, ist nicht leicht zu sehen, wie es sich abwenden lässt. Eine Möglichkeit ist staatliche verordnete positive Diskriminierung. In Indien beispielsweise gibt es mehrere solcher Initiativen. 1993 wurde die Verfassung dahingehend verändert, dass ein zufällig ausgewähltes Drittel aller Vorsitzposten in den Gemeinderäten für Frauen reserviert sind. 2008 wurde per Gesetzentwurf eine weitere Verfassungsänderung vorgeschlagen, der zu Folge die Drittelquote für Frauen auch auf die Parlamente der Bundesstaaten und auf das Bundesparlament selbst ausgeweitet werden sollte („Women's Reservation Bill"). Das Gesetz ist bislang allerdings nicht in Kraft getreten.[3] Weiterhin müssen in Indien alle Hochschulen sowie staatseigenen Unternehmen und Institutionen einen gewissen Anteil von Studierenden bzw. Arbeitnehmerinnen und Arbeitnehmern aus den unteren Kasten aufnehmen.

Letztlich ist der Wirkungsbereich des Staates aber doch begrenzt. Gesellschaften lassen sich auf verschiedenste Weisen in Gruppen unterteilen – nach Geschlecht, Hautfarbe, Religion, Einkommen, Bildungsniveau, Körpergewicht, Nasenläge, etc. Würde der Staat darauf abzielen, dass die Gesellschaftsmitglieder gemäß all dieser Merkmale gleiche Chancen in politischen Prozessen, bei Einstellungsentscheidungen, in Bildungsinstitutionen und so weiter haben, dann würden die ständigen Interventionen die Wirtschaft und das öffentliche Leben zum Erliegen bringen. Wenn aus dem Markt ein Bedürfnis nach Diskriminierung erwächst, dann steht eine beliebige Anzahl an

---

[2] Barkan (2011) diskutiert einige dieser Themen im Kontext der schlimmsten Menschenrechtsverletzungen wie ethnischen Säuberungen und Völkermord.

[3] Der Entwurf fand 2010 die Zustimmung des Oberhauses (Rajya Sabha) des indischen Parlaments, kam im Unterhaus (Lok Sabha) vor den Neuwahlen in den Jahren 2014 und 2019 aber nie zur Abstimmung.

persönlichen Merkmalen zur Verfügung, anhand derer diskriminiert werden kann. Keine zentrale Macht kann all diese Möglichkeiten kontrollieren und unterbinden.

Auch im täglichen Leben nutzen wir ständig statistische Informationen. Manche Menschen wechseln die Straßenseite, wenn ihnen jemand mit einer bestimmten äußeren Erscheinung entgegenkommt – aus Sorge vor einer unangenehmen Begegnung. Die Grenze zwischen Vorurteil und statistisch fundierter Risikoeinschätzung ist dabei fließend. Während der Staat dem nicht beliebig entgegenwirken kann, ist auch überhaupt nicht klar, inwieweit wir uns eine staatliche „Korrektur" unserer alltäglichen Entscheidungen überhaupt wünschen würden. An dieser Stelle kommt die Ethik ins Spiel.

Wenn sie mit Diskriminierung konfrontiert werden, reagieren anständige Menschen oft, indem sie leugnen, dass die unmoralische Praxis – wie das Wechseln der Straßenseite oder die Weigerung, Menschen aus einer Bevölkerungsgruppe einzustellen, die als weniger produktiv gilt – irgendeinen statistischen Hintergrund hat, also aus rein empirischen Gründen gerechtfertigt werden könnte. Das aber ist keine gute Reaktion, denn sie verschließt die Augen vor den vorliegenden Indizien. Zwar können einige dieser Indizien irreführend sein, oder sie wurden sogar künstlich fabriziert, um dahinter rassistische oder ähnliche niedere Neigungen zu verschleiern. Wie ich im nächsten Abschnitt diskutieren werde, neigen wir auch dazu, die Bedeutung statistischer Informationen oder die Ergebnisse randomisierter kontrollierter Studien falsch zu interpretieren. Doch trotz all dieser Einschränkungen ist es keine gute Idee, statistische Information zurückzuweisen, nur weil uns die Folgerungen, die sich daraus ergeben, nicht gefallen – wie nobel auch immer die Beweggründe hinter solcher Ignoranz sein mögen. Denn daraus erwachsen unwissenschaftliches Denken, Aberglaube und falsche Wahrheiten.

Wie also sollten wir mit dieser Herausforderung umgehen? Zum Glück können wir uns wieder einmal auf David Humes Hilfe verlassen. Speziell beziehe ich mich auf das *humesche Gesetz*, demzufolge eine normative oder präskriptive Aussage (wie die Welt *sein sollte*) niemals logisch von einem System rein positiver oder deskriptiver Aussagen (wie die Welt *ist*) abgeleitet werden kann. Hume (1739) hatte festgestellt, dass viele Moralphilosophen, nachdem sie ausführlich beschrieben hatten, was ist oder nicht ist, beiläufig und fast unmerklich abdrifteten in das Reich der Moralvorstellungen, also was sein soll und was nicht sein soll, und so taten, also wären sie durch logische Schlüsse vom einen Bereich zum anderen gelangt. Dieses Vorgehen fand Hume inakzeptabel, und die Unmöglichkeit des logischen Übergangs von deskriptiven zu normativen Aussagen wurde nach Black (1964) auch als „Humes Guillotine" bekannt.

Humes Gesetz bedeutet in unserem Zusammenhang Folgendes: Wann immer wir eine präskriptive Position – ich sollte keine Frauen einstellen oder ich sollte die Straßenseite wechseln, wenn mir nachts ein großer Mann entgegenkommt – von scheinbar deskriptiven Informationen ableiten – in diesem Fall statistische Informationen über die Produktivität von Frauen oder das Aggressionspotenzial von Männern –, dann müssen in unseren Köpfen weitere, versteckte Überzeugungen vorliegen, auf deren Grundlage wir die Verbindung zwischen der deskriptiven Information und der präskriptiven Position hergestellt haben. Diese normativen Überzeugungen könnten zum Beispiel sein: Ich sollte meinen Gewinn maximieren oder ich sollte vermeiden, auf der Straße belästigt zu werden.

Wenn wir uns dieser versteckten normativen Überzeugungen bewusst werden, ihre Berechtigung hinterfragen und ihre Gewichtigkeit in Bezug auf ein vorliegendes Problem bewerten, kann uns das helfen, bessere und anständigere Entscheidungen zu treffen. So könnten wir uns zum Beispiel entscheiden – und dafür möchte ich entschieden plädieren –, die Zugehörigkeit einer Person zu einer Bevölkerungsgruppe bei der Begutachtung ihrer Bewerbung zu ignorieren, *selbst wenn diese Zugehörigkeit in der Tat Informationen über die Produktivität der Person enthalten mag.* Arbeitserfahrung, Ausbildung und so weiter – all das können wir uns ansehen, aber die Gruppenzugehörigkeit sollte keine Rolle spielen. Diese Information nicht zu berücksichtigen, könnte unseren Gewinn minimal drücken, aber das sollte uns die gute Sache wert sein. Denn wir wissen aus der Analyse in Kap. 5: Wenn jeder die Gruppenzugehörigkeit als Indiz für vermeintlich geringere Produktivität wertet, dann wird diese Gruppe bei Einstellungsentscheidungen systematisch benachteiligt und somit am Ende tatsächlich weniger produktiv – ein selbstbestätigendes (Vor-)Urteil. In anderen Worten: Die Gewinnmaximierung sollte hinter dem höheren Ziel der Nichtdiskriminierung im Sinne der Chancengleichheit in der Gesellschaft zurücktreten.

Um das besser zu verstehen, nehmen wir einmal an, es sei – so gut es eben geht – auf Grundlage statistischer Informationen erwiesen, dass Anhänger der Religion X weniger produktiv sind (1).[4] Außerdem sei Gewinnmaximierung das Ziel (2). Wie oben begründet, sollten wir aus sozialer Verantwortung heraus nicht gegen Anhänger der Religion X diskriminieren. Die Frage ist nur, wie wir das rechtfertigen, denn die Verweigerung der Diskriminierung wird nicht (1) und (2) gleichzeitig gerecht. An dieser Stelle ist es wichtig, eher den präskriptiven Grundsatz (die Gewinnmaximierung) zurückzuweisen als den

---

[4] Ich nutze das Symbol an dieser Stelle nicht aus Liebe zur Mathematik, sondern um Kontroversen zu vermeiden.

deskriptiven (den Produktivitätsunterschied), denn letzteres würden bedeuten, die Augen vor der Realität zu verschließen.

Mir ist klar, dass meine Forderung gegen das Eigeninteresse der Menschen geht. Aber genau darum geht es ja bei moralischem Verhalten. Hier taucht allerdings noch ein weiteres Problem auf: Das geforderte moralische Verhalten hat kaum einen unmittelbaren gesellschaftlichen Nutzen. Denn wenn ein einzelner Unternehmer auf Diskriminierung und somit auf Gewinn verzichtet, hat das nur einen verschwindend geringen Effekt auf die Produktivität der benachteiligten Bevölkerungsgruppe. Wir müssen also an die deontologische Ethik der Unternehmer appellieren – sie sollen das Gute um seiner selbst willen tun.[5]

Ich möchte noch ein weiteres Beispiel anbringen. Nehmen wir die Aussage „Sklaverei ist gut für das Wirtschaftswachstum." Da sie rein deskriptiver Natur ist, sollten wir ihren Wahrheitsgehalt allein anhand von Logik und Empirie beurteilen. Unsere Moralvorstellungen haben dabei keine Rolle zu spielen. Wollten wir hingegen zur normativen Behauptung „Sklaverei ist gut." übergehen, bräuchten wir dazu z. B. einen weiteren Satz wie „Wirtschaftswachstum ist gut."[6] Will ich die Behauptung, dass Sklaverei gut sei, zurückweisen, kann ich das tun, indem ich den normativen Satz „Wirtschaftswachstum ist gut" ablehne. Und genau das ist meine Herangehensweise. Sollte meine Forschung zeigen, dass Sklaverei gut für das Wirtschaftswachstum

---

[5] Meine Verwendung des Begriffs der deontologischen Ethik in diesem Zusammenhang mag hinterfragt werden, da es hier nicht um eine ausschließlich regelbasierte Moral geht, sondern die Folgen der moralischen Handlung durchaus eine Rolle spielen. Der von mir geforderte Verzicht auf Diskriminierung wirkt sich positiv für die Gesellschaft aus, wenn sich alle daran halten, obgleich das moralische Verhalten eines Einzelnen kaum Wirkung zeigen wird. Meine Forderung entspringt also dem, was man „individuelle Deontologie" nennen könnte, obgleich ihre Rechtfertigung letztlich in einem kollektiven Konsequentialismus liegt. Individuelle Deontologie stellt den Kern von Derek Parfits (1984) moralischer Mathematik dar. In einem anderen Kontext habe ich mit Hilfe dieser Argumentation gezeigt, dass „freiwillige sexuelle Belästigung" am Arbeitsplatz auch dann zu verbieten sein kann, wenn man den Maßstab der Pareto-Verbesserung anlegt. „Freiwillig" meint hier, dass die Arbeitnehmerin einen Vertrag unterschreibt, der dem Arbeitgeber das Recht einräumt, sie sexuell zu belästigen (Basu 2003). Die potenzielle Mitarbeiterin hat also die Möglichkeit, die Annehmlichkeiten eines vermutlich höheren Gehalts und anderer Vergünstigungen gegen die Unannehmlichkeiten der Belästigung abzuwägen und eine Entscheidung in ihrem besten Interesse zu treffen. Solche Verträge führen zu individuellen Pareto-Verbesserungen, da sie beiden Vertragsparteien die Option geben, sich besserzustellen, ohne offensichtlich Dritte zu benachteiligen. An dieser Stelle schreitet jedoch die moralische Mathematik ein und legt nahe, dass selbst derlei „freiwillige" Belästigung verboten werden sollte. Übrigens besteht eine interessante Verbindung zwischen sexueller Belästigung am Arbeitsplatz und der in Kap. 5 diskutierten Diskriminierung auf dem Arbeitsmarkt: Bevor sexuelle Belästigung am Arbeitsplatz flächendeckend verboten wurde, haben Länder wie die USA auf ihre bestehenden Antidiskriminierungsgesetze zurückgegriffen, um solche Praktiken zu bestrafen. Zudem legen einige Daten nahe, dass Gesetze, die sexuelle Belästigung unter Strafe stellen und somit reduzieren, auch der Ungleichheit zwischen den Geschlechtern in Bezug auf Arbeitsangebot und Lohnhöhe entgegenwirken (Chen und Sethi 2017).

[6] Darin impliziert ist natürlich der Zusatz „unter allen Umständen".

ist, dann kann ich daran nichts ändern; ich kann nur überdenken, ob ich Wirtschaftswachstum wirklich (unter allen Umständen) gut finde.

Eine letzte Anmerkung zu diesem Thema: Wenn ich die akademischen Leserinnen und Leser, die Kläger, die Anwälte und die Richterinnen dazu anhalte, statistische Informationen nicht deshalb zu verzerren oder unter den Tisch fallen zu lassen, weil diese Informationen vielleicht unmoralisches Handeln bestärken könnten, dann muss ich auf einen wichtigen Unterschied hinweisen. Potenziell Unfrieden stiftende Informationen in die eigenen Überlegungen einfließen zu lassen, heißt noch nicht, öffentlich darüber zu sprechen. Denn auch die Äußerung ist eine Handlung, die Folgen hat, und diese Folgen gilt es bei der Entscheidung über die Äußerung zu berücksichtigen. Wenn ich nach der Datenauswertung zu dem Schluss komme, dass Person X einen geringen IQ hat, dann wäre es falsch, diese „Tatsache" zu leugnen, aber das macht es noch lange nicht richtig, dieses Wissen auch zu veröffentlichen, denn damit würde ich X wahrscheinlich schaden. Simpler wohlfahrtsbasierter Konsequentialismus kann sogar nahelegen, dass es moralisch richtig wäre, in der Öffentlichkeit bezüglich des IQs von X zu lügen.[7]

Das gleiche Problem entsteht in dem Sklaverei-Beispiel. Angenommen, meine statistische Analyse hat ergeben, dass Sklaverei das Wirtschaftswachstum fördert. Dann lädt mich der Ku-Klux-Klan ein, meine Forschungsergebnisse auf seiner Jahrestagung vorzutragen. Was sollte ich tun? Naheliegend ist, die Einladung auszuschlagen. Sollte ich aber aus irgendeinem Grund vortragen müssen, wäre es wohl moralisch richtig, mein zentrales Ergebnis zu verschweigen, um das Publikum nicht in seinen rassistischen Tendenzen zu bestärken. Es könnte aus moralischen Gründen sogar angebracht sein, die Sklaverei als schädlich für das Wirtschaftswachstum darzustellen, also zu lügen.

So wertvoll statistische Aussagen auch sein können – bei ihrer Verwendung ist doch immer auch eine gesunde Dosis Skepsis angebracht. Wie gerade argumentiert, kann allein die Angst vor ihren möglichen präskriptiven Konsequenzen kein Grund sein, solche Erkenntnisse zu leugnen. Es kann aber auch andere, *deskriptive* Gründe für Skepsis geben, wie der nächste Abschnitt ausführen soll.

---

[7] Eine Einschränkung ist jedoch angebracht. Mit Bezug auf M.C. Eschers berühmten Wasserfall habe ich Höflichkeitslügen spieltheoretisch genauer analysiert (Basu 1994a; siehe auch Voorneveld 2010). Zwar können solche Lügen anderen Menschen Unannehmlichkeiten ersparen, nutzt man sie aber zu oft, dann verliert das gesprochene Wort so stark an Wirksamkeit, dass die Wohlfahrt sinkt.

8.3 Die Arche-Noah-Kritik

In Kap. 5 haben wir gesehen, dass die Nutzung statistischer Informationen, insbesondere über gesellschaftliche Gruppen, individuell rational aber sozial schädlich sein kann. Nachdem die normative Herausforderung im vorangegangenen Unterabschnitt behandelt wurde, will ich mich nun dem positiven, deskriptiven Problem widmen: Wann ist es angebracht, statistische Informationen zu verwenden, auf denen ein so großer Teil der Wissenschaft fußt? Ich will versuchen zu zeigen, dass die Nutzung solcher Informationen – selbst wenn sie aus perfekt kontrollierten randomisierten Studien stammen – einige Stolperfallen bereithält, die bislang weitgehend übersehen wurden. Eine kleine Vorschau: Ohne Zuhilfenahme unserer Intuition können wir aus induktiven und statistischen Informationen allein niemals Wissen generieren.

Die Menschheit hat lange unter ihrer Zögerlichkeit gelitten, neues Wissen aus Daten und Statistiken abzuleiten. Ein recht amüsantes Beispiel betrifft niemand Geringeres als Aristoteles, einen der einflussreichsten Denker aller Zeiten. Aristoteles hatte allerhand Meinungen bezüglich der Unterschiede zwischen Männern und Frauen. So war er felsenfest davon überzeugt, dass Frauen dunkleres Blut und weniger Zähne haben als Männer. Ich kann zwar verstehen, wie man geteilter Meinung darüber sein kann, ob jemand eine Seele hat, denn es ist nicht ganz klar, was eine Seele ist und wie man ihre Existenz beweisen sollte. Des alten Meisters Meinung zu Blut und insbesondere zu den leicht zählbaren Zähnen erscheint mir hingegen schlicht verblüffend. Nicht wenigstens eine überschaubare Anzahl von Frauen und Männern zu bitten, ihren Mund zwecks Zahnzählung zu öffnen, wirkt wie reine Sturheit gegenüber jeglicher Form von Empirie. Allerdings mag ein solcher Vorwurf an Aristoteles unberechtigt sein, dann an anderer Stelle betont er durchaus die Bedeutung beobachtungsbasierter Tatsachen. In seiner *Historia animalum* („Tierkunde", ca. 350 v. Chr.) schreibt er: „Bei den Menschen, Schafen, Ziegen und Schweinen haben die männlichen Exemplare mehr Zähne als die weiblichen; *bei anderen Tieren liegen noch keine Beobachtungen vor…*"[8] Somit dürfte wohl jeder Zweifel über Aristoteles' Gewissenhaftigkeit im Umgang mit Fakten ausgeräumt sein.

Zum Glück wird der Wert empirischer Daten heute nicht mehr infrage gestellt. Wir leben im Zeitalter der Evidenz und der Daten. In den Sozialwissenschaften hat die Nutzung statistischer Informationen – insbesondere jener, die auf den Gesetzen der Zufallszahlen beruhen – eine lange, obgleich

---

[8] http://classics.mit.edu/Aristotle/history_anim.2.ii.html. Danke an Michael Singer für den Hinweis auf diese Textstelle.

etwas unheilvolle Geschichte. Zu den ersten Nutzerinnen gehörte die Parapsychologie. Im Jahre 1884 wollte der angesehene französische Mediziner Charles Richet untersuchen, ob Kartenspieler untereinander Informationen austauschen können, ohne direkt miteinander zu kommunizieren. In seiner Studie sollte eine Person eine Karte aus einem Stapel ziehen, und eine andere Person sollte raten, um welche Karte es sich handelt. Bei den insgesamt 2927 Ratevorgängen wären bei zufälliger Verteilung 732 Treffer zu erwarten gewesen. Dass sein kontrolliertes Experiment jedoch 789 Treffer hervorbrachte, verleitete Richet zu dem Schluss, dass eine Art von Gedankenübertragung zwischen den Personen stattfinden muss (Hacking 1988). Dieses Ergebnis wirft natürlich einige Fragen zu Richets logischen und/oder statistischen Fähigkeiten auf. Da er auch überzeugter Rassist und Eugeniker war, sind solche Zweifel an seiner Urteilskraft aber eher beruhigend.

Randomisierte kontrollierte Studien (*engl.* randomized control trials) stammen aus der Medizin und der Epidemiologie, sind inzwischen aber auch in der Ökonomik allgemein anerkannt. So sollte es auch sein. In der Entwicklungsökonomik sind diese Untersuchungsmethoden aber mitunter auf die Spitze getrieben worden, indem sie von einigen als einzig zulässige Quelle neuer Erkenntnisse erachtet werden. Das ist ein Fehler. In diesem Buch habe ich schon mehrfach die Bedeutung von Lebenserfahrung und überlegter Intuition hervorgehoben.[9] Wie kann man sie in Einklang bringen mit Daten, statistischen Informationen und Regelmäßigkeiten, die mittels randomisierter kontrollierter Studien erkannt wurden?

Zunächst dürfen wir nicht vergessen, dass Theorie und reine Vernunft unabdingbare Wissensquellen sind. Wer das leugnet, weiß entweder nicht viel oder erlangt sein Wissen auf unnötig umständliche Weise. Um Letzteres zu verdeutlichen, nehmen wir einmal an, Pythagoras hätten ausschließlich empirische Methoden zu Verfügung gestanden. Auf seinen berühmten Satz wäre er wahrscheinlich dennoch gekommen. Hätte er die Seitenlängen vieler verschiedener rechtwinkliger Dreiecke gemessen und verglichen, hätte er auch auf diese Weise feststellen können, dass die Summe der Quadrate über den beiden kürzeren Seiten dem Quadrat über der längeren Seite entspricht. Aber dies wäre doch eine sehr ineffiziente Methode der Wissensgewinnung. Zudem wäre er wahrscheinlich Diskussionen ausgesetzt gewesen, ob seine Erkenntnis denn auch wirklich auf einer zufälligen Auswahl von Dreiecken beruhte. Seine Kritiker hätten gewiss behauptet, seine Entdeckung gelte bestenfalls für die Mittelmeerregion.

---

[9] Andernorts (Basu 2014) habe ich die Bedeutung und Funktionsweise von überlegter Intuition noch ausführlicher diskutiert.

Was sich durch reine Vernunft entdecken lässt, hat natürlich zwangsläufig etwas Tautologisches. Dennoch sind einige dieser Tautologien, wie zum Beispiel das Arrow-Theorem, derart komplex und wenig offensichtlich, dass ihre Entdeckung unser Wissen entscheidend erweitert. Aber selbst jenseits von zirkulären oder tautologischen Wahrheiten müssen wir uns bewusst sein, dass statistische Informationen ihre Grenzen haben und es andere Wege gibt, neues Wissen zu erlangen.

Bezüglich der Grenzen ist festzuhalten, dass selbst die am sorgfältigsten konzipierten randomisierten kontrollierten Studien eben nur Daten über die *Vergangenheit* auswerten können, daraus aber zumeist Aussagen über die *Zukunft* abgeleitet werden sollen. Nehmen wir zum Beispiel die Ergebnisse einer der vortrefflichsten randomisierten kontrollierten Studien in der Entwicklungsökonomik, Chattopadhyay/Duflo (2004). Es wird darin gezeigt, dass sich das Angebot öffentlicher Güter in einem Dorf verbessert, wenn eine Frau zur Vorsitzenden des Gemeinderates gewählt wird. Dieses Ergebnis erlaubt uns jedoch keine Aussage darüber, welche Auswirkungen die Wahl einer Frau *in der Zukunft* haben wird. Schließlich können wir, wenn überhaupt, nur dann Aussagen über eine Grundgesamtheit treffen, wenn unsere Erkenntnisse auf der Analyse einer zufälligen Stichprobe aus dieser Grundgesamtheit beruhen. Aus der zukünftigen Grundgesamtheit können wir aber beim besten Willen keine Stichprobe ziehen. Wer eine generelle Aussage über die *zukünftige* Wirkung weiblicher Führungskräfte in der Politik treffen will, muss zusätzlich auf Intuition und gesunden Menschenverstand zurückgreifen. Abgesehen von der Aufdeckung tautologischer Wahrheiten führt zur Schaffung neuen Wissens kein Weg an der auf Lebenserfahrung gestützten Intuition vorbei.

Wie ich andernorts ausgeführt habe (Basu 2014),[10] kann der Mensch auf vielfältige Weisen Wissen erlangen. Die weniger formalen Kanäle des Wissenserwerbs zu verleugnen heißt, die Augen vor dem Leben zu verschließen. Der Mensch lernt ab dem Moment seiner Geburt – dass auf ein freundliches Lächeln meistens gute Dinge folgen, dass man einem grimmig dreinblickenden und mit einem Messer bewaffneten Mann am besten aus dem Weg geht, dass eine Ohrfeige wehtut, und so weiter. Würde man einem Kind nur solche Erkenntnisse zugestehen, die randomisierten, wissenschaftlichen Standards genügenden Studien entstammen, dann würde man dem Kind wohl jegliche Entwicklungschancen nehmen. Wir erlangen wesentlich mehr Wissen aus

---

[10] Zu diesem Thema gibt es umfangreiche Literatur, die die Mächtigkeit dieser Methode und ihre Fähigkeit zur Aufdeckung von Kausalität erforscht. Eine kleine Auswahl: Banerjee (2005), Mookherjee (2005), Rodrik (2008), Cartwright (2010), Deaton (2010), Rust (2016).

solchen nicht wissenschaftlichen Quellen als aus Zeitschriftenartikeln und Lehrbüchern. Zwar kann auch Aberglaube durch dieses nichtwissenschaftliche Fenster in unsere Köpfe gelangen, aber das sollte uns nicht dazu veranlassen, dieses Fenster zuzumauern.

Abschließend möchte ich zeigen, dass es Situationen im Leben gibt, in denen wir selbst tadellos erhobene statistische Informationen aufgrund unserer Lebenserfahrung und überlegter Intuition zurückweisen sollten. Angenommen, eine Forscherin besucht mein Dorf und führt dort eine randomisierte kontrollierte Studie durch, die darin besteht, einer zufälligen Stichprobe der Bewohner ein neues Haarwuchsmittel zu verabreichen. Ich hätte gern volleres Haar, und die Studie zeigt, dass das Mittel wirkt und keine Nebenwirkungen hat. Sollte ich das Mittel nehmen?

Hier ist ein Szenario, in dem ich das nicht tun sollte: Bei meinem Dorf handelt es sich um die Arche Noah. Neben mir wohnen darauf noch ein weiterer Mensch, zwei Schlangen, zwei Frösche, zwei Kröten, und so weiter – eine große Bevölkerung oder Grundgesamtheit. Aus ihr wurde die Stichprobe für die Haarwuchsmittelstudie nach allen Regeln der Statistik zufällig ausgewählt. Das Nachbardorf wird hingegen ausschließlich von Menschen bewohnt, die mir in Bezug auf Aussehen und Verhalten ähnlich sind. Es ist allgemein bekannt, dass in diesem Dorf auch einige das neue Mittel bekommen haben, davon aber mörderische Kopfschmerzen bekamen und alle Haare verloren. Bei diesen Versuchspersonen handelte es sich nicht um eine zufällige Stichprobe. Ursprünglich sollten alle Dorfbewohner das Mittel bekommen, und man wollte alphabetisch vorgehen, aber ziemlich bald wurde das Budget gestrichen, und so ging das Mittel nur an Menschen, deren Nachnamen mit A, B oder C beginnen.

Die meisten Menschen würden wohl intuitiv sagen, dass die Erfahrungen aus dem Nachbardorf trotz der nicht zufälligen Probandenauswahl verlässlichere Informationen liefert als die randomisierte Studie auf der Arche Noah. In meiner Entscheidung bezüglich der Einnahme des Haarwuchsmittels möchte ich mich dieser Mehrheitsmeinung anschließen.

Die Arche-Noah-Kritik hat einen breiten Anwendungsbereich. Nehmen wir zum Beispiel die Medizin. Bei der Entscheidung, ob und wie wir Medikamente einnehmen wollen, verlassen wir uns zunehmend – und zumeist verständlicherweise – auf Expertenmeinungen, sei von einer Ärztin oder von Google. Wichtig ist aber das Bewusstsein, dass diese Expertenmeinungen ganz überwiegend auf statistischen Informationen *über andere Menschen* beruhen, und es gute Gründe geben kann, im Einzelfall eher auf das über Jahre aufgebaute Wissen *über den eigenen Körper* zu hören. Zum Glück gibt es auch Ärzte, die diese Ansicht teilen. Groopman/Hartzband (2011) liefern umfangreiche Evidenz zur Rolle der eigenen Meinung der Patientinnen und Patienten. Zustimmend berichten sie: „Sir William Osler, ein angesehener Arzt aus dem letzten Jahrhundert … ist für seine Aussage bekannt, dass man beim Versuch, eine komplexe medizinische Diagnose zu stellen, dem Patienten genau zuhören sollte, denn er gibt einem bereits die Antwort." (S. 7)

Verständlich wird das durch das Arche-Noah-Paradigma. Die Meinungen der Ärzte und der medizinischen Lehrbücher basieren meistens auf der Beobachtung und Untersuchung Hunderter und Tausender von Patienten, die oftmals zufällig ausgewählt wurden. Diese Erkenntnisse sind nützlich, aber sie sollten nicht automatisch Vorrang vor anderen Informationsquellen haben. Was man im Laufe vieler Jahre durch mehr oder weniger wissenschaftliche Beobachtung über sich selbst gelernt hat, ist wie die Information aus dem Nachbardorf, dessen Bewohner mir im Durchschnitt doch wesentlich ähnlicher waren als jene der Arche Noah.

Ich möchte noch weiter gehen und einen medizinischen Rat aussprechen – der aber mit Vorsicht anzuwenden ist. Wer ein körperliches oder seelisches Leiden hat, sollte sich seiner eigenen Erfahrung viel bewusster sein und sie nutzen. Man versuche, herauszufinden, was die jeweiligen Beschwerden auslöst. Hat man potenzielle Auslöser identifiziert, dann kann man sie testen, indem man sich absichtlich den entsprechenden Situationen aussetzt und schaut, ob die Beschwerden auftreten (das geht natürlich nur, wenn die Beschwerden für so ein Experiment nicht zu gravierend sind). Auf diese Weise kann man Dinge über sich selbst herausfinden, auf die ein Arzt oder ein medizinisches Lehrbuch womöglich nicht kommen, wenn sie sich nur auf Statistiken über andere Menschen stützen – egal, wie wissenschaftlich diese Informationen gesammelt wurden.

Wir leben in einer Zeit, in der unser Wissen zunehmend von Statistiken abgeleitet wird. Ratingagenturen klassifizieren die Kreditwürdigkeit der Bürgerinnen und Bürger, indem sie Korrelationen zwischen Verhaltensweisen und Zahlungsausfällen suchen; die Behörden sammeln Daten über die kriminellen Neigungen der Menschen, um entsprechend präventive Maßnahmen ergreifen zu können. Angesichts der riesigen Weltbevölkerung und der wachsenden Datenflut über ihr Verhalten ist das wohl eine natürliche Entwicklung. Dennoch werden wir, wie uns das Beispiel der Arche Noah lehrt, immer wieder große Fehler machen, wenn wir das Wissen aus Lebenserfahrung und überlegter Intuition immer weiter zurückdrängen. Unsere wachsende Abhängigkeit von statistischen Informationen begünstigt eben auch Phänomene wie die als nur eines von vielen Beispielen diskutierte Diskriminierung auf dem Arbeitsmarkt, wenn Einschätzungen bezüglich der Produktivität anhand von Merkmalen getroffen werden, die die bewertete Person als Mitglieder einer gesellschaftlichen Gruppe ausweisen. Hier wäre eine gesunde Dosis Skepsis oftmals angebracht. Leider geht solche Skepsis den Algorithmen der künstlichen Intelligenz vollkommen ab, die immer öfter statistische Informationen über Menschen erheben, auswerten, und auf deren Grundlage dann teils schicksalhafte Entscheidungen treffen.

Es ist schwierig zu sagen, warum genau der gesunde Menschenverstand und die überlegte Intuition so mächtige Wissensquellen sind, aber die Evolution dürfte dabei eine wichtige Rolle spielen. Was wir als gesunden Menschenverstand begreifen, hat viele Generationen der natürlichen Auslese überlebt und ist deshalb nichts, was leichtfertig weggewischt werden sollte, obgleich es uns im Einzelfall böse Streiche spielen kann. Da sich nie mit Sicherheit sagen lässt, ob statistische Informationen, die auf der Vergangenheit beruhen, auch Aussagekraft bezüglich der Zukunft haben, macht es viel Sinn, solche Informationen vor der Meinungsbildung oder Entscheidungsfindung mit überlegter Intuition und gesundem Menschenverstand anzureichern, die schließlich schon viele Generationen überdauert haben.

8.4 Vorwort zu einer Weltverfassung

Ein „Vorwort" am Ende eines Buches ist zwar unüblich, aber in diesem Fall soll es als Erinnerung daran dienen, dass Theorie und Methodenwissen – die Hauptanliegen dieses Buches – die Grundlage für praktischere Arbeiten bilden. Ich hoffe, dass die in diesem Buch entwickelten Grundlagen einen Beitrag zu effektiveren Politikmaßnahmen, besserer Regulierung und effizienteren und gerechteren Rechtsinterventionen leisten können. Insofern dient Theorie im Allgemeinen – und mit etwas Glück die in hier skizzierte Theorie im Speziellen – als Vorwort für ein aktiveres Engagement für die Gesellschaft und für eine bessere Welt.

Wie leben in unruhigen Zeiten. Die Flut an Menschen, die ihre Heimat auf der Suche nach Frieden, Sicherheit oder menschenwürdigen Lebensbedingungen verlassen müssen, erreicht biblische Ausmaße. Während die Armut ganz langsam abnimmt, steigt die Einkommens- und Vermögensungleichheit ins Unerträgliche. Für das Jahr 2016 hat Oxfam ermittelt, dass die Vermögenssumme der acht reichsten Menschen der Welt jener der gesamten ärmeren Hälfte der Weltbevölkerung entspricht – 3,6 Mrd. Menschen (Hardoon 2017). Nach meinen eigenen Berechnungen auf Grundlage der Vermögensdatenbank von Credit Suisse haben drei der reichsten Menschen der Welt zusammen mehr Reichtum als die Bevölkerung dreier Länder – Angola, Burkina Faso und die Demokratische Republik Kongo – mit insgesamt

122 Mio. Einwohnern. Es ist daher kein Wunder, dass in und zwischen vielen Ländern die politischen und gesellschaftlichen Spannungen kaum noch Luft nach oben zu haben scheinen. Nationalismus und die Ablehnung alles Fremden haben Konjunktur wie seit dem Ende des zweiten Weltkrieges nicht mehr. Im Zuge der Globalisierung wachsen die Interaktionen und Abhängigkeiten zwischen den Menschen, und das bringt ein Maß an Konflikt mit sich, das einen um den Fortbestand der Gesellschaft, wie wir sie kennen, bangen lässt.[11]

Es ist davon auszugehen, dass das Problem der Ungleichheit weiter gären und sich in verschiedenen Formen politischer Instabilität manifestieren wird. Den Armen und den Ausgegrenzten wurde über Jahrhunderte gesagt, ihre Situation sei Teil der natürlichen Ordnung, Gottes Wille oder die gerechte Strafe für ihre Sünden, einschließlich jener, die sie in früheren Leben begangen hätten (was auch immer das bedeuten sollte). Zu dieser toxischen Sozialpropaganda gesellte sich dann irgendwann die Behauptung einiger neoklassischer Ökonomen, dass die heute in der Welt vorherrschende Ungleichheit die Folge der freien Entscheidung der Menschen zwischen Arbeit und Freizeit sei – dabei ist der größte Teil des wirtschaftlichen Schicksals eines Menschen bereits bei seiner Geburt entschieden. Und Babys treffen keine Entscheidung zwischen harter Arbeit und Freizeit. Der jahrhundertealte Mythos, dass Armut gerechtfertigt/Gottes Wille/die Schuld der Armen selbst sei, hat den herrschenden Klassen lange gute Dienste geleistet, doch er gerät zunehmend ins Wanken.

Wenn das Rechtssystem im Zuge der gesellschaftlichen Entwicklung immer komplizierter wird, eröffnet sich eine neue Form der Ausgrenzung, speziell der mangelnde Zugang zu juristischen Dienstleistungen. Wer sich keinen Rechtsbeistand leisten kann, für den sind viele seiner Rechte wertlos – also wiederum nichts als Tinte auf Papier. In einem bewegenden Aufsatz über rechtliche Ausgrenzung schreibt Rakoff (2016, S. 4): „In den letzten paar Jahrzehnten ist gewöhnlichen US-Bürgern in zunehmendem Maße der Zugang zu ihren Gerichten praktisch verwehrt worden." Nachfolgend listet Rakoff die Folgen dieser Entwicklung auf: „Menschen ohne Rechtsbeistand verlieren ihre Fälle wesentlich häufiger als ähnliche Menschen, die einen Anwalt haben. Fälle von Zwangsvollstreckung wegen nicht bedienter Hypotheken enden beispielsweise doppelt so oft mit dem Rauswurf der Hausbesitzer, wenn

---

[11] Dieses Thema behandelt der „World Development Report 2017: Governance and the Law" (World Bank 2017). Dahin heißt es (S. 257): „Heute sieht sich jedes Land einer vernetzten, globalisierten Welt gegenüber, in der sich Kapital- und Handelsflüsse, Ideen, Technologien und Menschen in immer größerem Ausmaß und immer schneller bewegen." Der Report behandelt auch die besonderen Herausforderungen, die sich aus dieser Situation ergeben.

jene nicht durch einen Anwalt vertreten werden." Diese zusätzlichen Formen der Ausgrenzung – Begleiterscheinungen extremer Ungleichheit – legen nahe, dass Vermögensungleichheit nicht nur ein Übel an sich ist, sondern auch der Demokratie schadet. Sie nimmt den Armen einige ihrer wichtigsten Grundrechte.

Dass das Informationszeitalter auch das Zeitalter der Ungleichheit ist, erweist sich als gefährliche Kombination. Dieses Phänomen hat viele Ursachen. Wie ich andernorts (Basu 2016a) ausgeführt habe, besteht ein Faktor im gleichzeitigen Voranschreiten zweier Technologien: der alten, arbeitssparenden Technik und der neuen Technik, die Arbeit verbindet und es den Menschen so erlaubt, für weit entfernte Unternehmen und Kunden zu arbeiten. Eine Folge davon ist, dass die Löhne einen immer kleineren Anteil an der Wirtschaftsleistung fast aller Länder mit mittlerem und hohem Prokopfeinkommen ausmachen. Es ist auch denkbar, obgleich reine Spekulation, dass im Zuge der weiteren Entwicklung des Menschen und der Steigerung seiner geistigen Fähigkeiten die Ungleichheit (der Gini-Koeffizient) in der Verteilung der Intelligenz zunimmt, wodurch ein Keil zwischen die Laien und die Experten getrieben wird. Die Laien sind nachvollziehbarer Weise argwöhnisch, ob die Experten ihren Wissensvorsprung nicht zu ihrem eigenen Vorteil ausnutzen, also möglicherweise zum Nachteil der Laien.

Argwohn gegenüber Experten hat eine lange Tradition. Im Jahre 1654 bekam der englische Ökonom, Arzt und Philosoph Sir William Petty den Auftrag, für Oliver Cromwells Armee Irland zu vermessen. Das gelang ihm in Rekordzeit und unter Einsatz einiger sehr innovativer Vermessungsmethoden. Als er fertig war, gehörten ihm zudem 120 km^2 des Landes, das er selbst vermessen hatte. Dieser Gewinn brachte ihm für den Rest seines Lebens Vorwürfe und Gerichtsverfahren wegen Vorteilsannahme und Untreue ein. Das „Petty-Problem" – der Verdacht, Expertise verleite leicht zur Selbstbedienung – trägt zur gegenwärtigen politischen Instabilität bei. Dabei besteht ein echtes Dilemma: In vielen Ländern ist die Bevölkerungsmehrheit zunehmend argwöhnisch gegenüber Experten (und das galt selbst vor der Corona-Pandemie). Infolgedessen führen demokratische Prozesse regelmäßig zu Entscheidungen, die wertvolle Expertise ignorieren und perverse Ergebnisse hervorbringen.

Die einzige Möglichkeit zur Korrektur dieser Situation besteht darin, Ungleichheit direkt zu bekämpfen. Wir müssen uns intelligente Politikmaßnahmen einfallen lassen, um die Lücke zwischen Arm und Reich zu begrenzen. Beispielsweise hätte eine Deckelung der Landfläche, die Petty für sich selbst beanspruchen konnte, Irland wohl gutgetan. Ich möchte hier allerdings keine konkreten rechtlichen Interventionen vorschlagen, denn mir ist klar, dass diese mit großer Vorsicht gestaltet werden müssen, um beim Versuch der Eindämmung der Ungleichheit nicht versehentlich die individuellen Anreize z. B. zum Unternehmertum zu beschädigen.

Dennoch brauchen wir dringend eine Lösung des Problems. Sie wird nicht einfach zu finden sein, denn auf jede rechtliche Intervention antwortet der Markt mit dem Versuch vieler Menschen, die Intervention zu umgehen. Beispielsweise können sich die Menschen zu Gemeinschaften zusammenfinden, um ihren individuellen Wohlstand zu reduzieren und weniger Steuern zahlen zu müssen, und dennoch unverhältnismäßig reich an gemeinschaftlichem Eigentum – Parks, Krankenhäuser, Schulen – sein. Und selbst wenn wir eine gerechtere Einkommens- und/oder Vermögensverteilung innerhalb der Länder erreichen sollten, bliebe auf internationaler Ebene das Problem horrender Ungleichheit zwischen den Ländern. Diese globale Herausforderung erfordert globale politische Maßnahmen, mit all den damit verbundenen, im vorherigen Unterkapitel angesprochenen Problemen.

Ein Buch über die Grundlagen der Sozialwissenschaften mag nicht als der richtig Ort für diese Art von Diskussion erscheinen, und ich will hier auch nicht wesentlich tiefer darin einsteigen. Dennoch hält das Thema dieses Buches wichtige Lehren für solche praktischen Herausforderungen bereit. Deshalb möchte ich einen kurzen Vorstoß in diese Richtung unternehmen, begleitet von der einschränkenden Warnung, dass es sich hierbei lediglich um eine Diskussionsanregung handeln soll und die Argumentation teils unvollständig und spekulativ bleiben muss – eben ganz im Sinne eines Vorworts für zukünftige Arbeit in Forschung und Politikgestaltung.

Die Unzulänglichkeit des internationalen Rechts – also jenes Rechts, das zum Beispiel der Ungleichheit zwischen den Ländern entgegenwirken könnte – liegt in einer zunehmend globalisierten Welt nicht zuletzt in der weitverbreiteten Annahme begründet, dass die Wirksamkeit des Rechts vom Staat abhängt. Sobald wir uns aber auf der globalen, also suprastaatlichen Ebene bewegen, wäre es gemäß dieser Standardperspektive somit um die Wirksamkeit des Rechts geschehen (siehe die Diskussionen in Dixit 2004; Hadfield und Weingast 2013). Douglas/Sarat/Umphrey (2011, S. 3) stellen diese Perspektive so dar: „Ohne den Staat ist der Gesellschaftsvertrag nichtig. Seine Wirkung setzt also eben jenen Staat voraus, den er selbst in Frage stellt." Mit Blick auf die Rechtsvorstellung von Thomas Hobbes führen die Autoren auf derselben Seite weiter aus: „Wenn das Recht allein eine Schöpfung des Staates ist, dann kann man sich das Recht als solches ohne den Staat nicht vorstellen. Ohne Staaten mag es immer noch Vorsichtsprinzipien, Handlungsmaxime und Gerechtigkeitsempfindungen geben, aber kein Recht als durchsetzbaren Verhaltenskodex zur Lösung gesellschaftlicher Konflikte."

Nachfolgend untersuchen die Autoren dann einige alternative Ideen mit gewissem Bezug zu meiner Argumentation.

Der Ansicht von Hobbes, nach der das Recht nur wirken kann, wenn eine staatliche Gewalt hinter ihm steht, habe ich in diesem Buch widersprochen. Wir haben gesehen, dass der Staat in einem wichtigen Sinne letztlich ein leeres Konstrukt ist. Er ist nicht die Autorität mit exogen gegebener Macht, für die viele ihn halten. So wichtig sie auch sein mag – die Macht des Staates ist lediglich das Produkt der Erwartungen in unseren Köpfen: Erwartungen darüber, wie sich andere verhalten werden; Erwartungen über Erwartungen; usw.

Natürlich gibt es einen Unterschied zwischen unseren Vorstellungen des nationalen Rechts und des zwischenstaatlichen Rechts. Doch die Annahme, die lange Zeit so weite Teile der ökonomischen wie auch der juristischen Literatur durchzogen hat, nämlich dass das Recht auf der supranationalen Ebene nicht wirken kann, ist schlicht falsch. Wie uns die Methode des fokalen Punktes lehrt, liegt der Grund unserer Beachtung des Rechts in unseren Erwartungen darüber, was andere tun werden, wenn wir das Recht nicht beachten, und die anderen halten sich ihrerseits an das Recht, weil sie umgekehrt unsere Reaktion auf ihre Nichtbeachtung des Rechts fürchten. Wenn es uns gelingt, auf globaler Ebene geeignete Konventionen und Erwartungen zu etablieren, dann ist Rechtsstaatlichkeit zwischen den Staaten ebenso möglich wie auf nationaler Ebene. Denn wie wir gesehen haben, hängt das Funktionieren des Rechts nicht von irgendeiner exogen gegebenen Macht und Autorität eines Staates ab. Der Übergang von der nationalen zur internationalen Ebene birgt enorme Herausforderungen, doch sie sind nicht unüberwindbar. Der Schlüssel liegt möglicherweise in kollektiven, sich selbst durchsetzenden Vereinbarungen. Ihr Anwendungsbereich ist riesig, aber bislang kaum erforscht.

Solange wir innerhalb weitgehend abgeschotteter Nationalstaaten lebten, konnte man noch bequem ausschließlich vom nationalen Recht sprechen und es dabei belassen. Das Spiel des Lebens wurde ganz überwiegend innerhalb eines Landes gespielt. Natürlich hat es schon immer grenzübergreifende Bewegungen von Menschen, Gütern und Finanzen gegeben, aber in der alten Welt war es noch halbwegs vertretbar, derlei Komplikationen an die Ränder der Analyse zu verbannen, sie dort zu ignorieren und sich dafür maximal in einer Fußnote zu entschuldigen. Mit der voranschreitenden Globalisierung entfällt dieser Luxus jedoch. Hadfield (2016, S. 129) schreibt dazu: „Drastische Kostensenkungen in der Kommunikation und Logistik haben die heutigen globalen Lieferketten ermöglicht. Aber für flache Produktionsprozesse mit globalen Lieferketten braucht man eben mehr als Technologie und Containerschiffe. Was fehlt, ist die Lösung jenes fundamentalen Problems der

Koordinierung und Unterstützung von Zusammenarbeit und Austausch. Es fehlt eine Lösung für die externen Effekte und Konflikte, die strukturelle Veränderungen im Wirtschaftsleben mit sich bringen."

Im gewissen Maße gibt es dieses Problem schon so lange, wie es überhaupt verschiedene Rechtsordnungen gibt. Eine Zeit lang wurde der Herausforderung per Statuten begegnet. Die Doktrin der Statuten stammt aus dem Italien des 14. Jahrhunderts und sollte jurisdiktionsübergreifenden Problemen der Wirtschaft und des Handels begegnen. Breyer (2015) diskutiert das anhand eines hypothetischen Szenarios aus dem Mittelalter: Wenn ein Bürger aus Rom in Florenz einen Bürger aus eben jener Stadt verklagt, weil der Florentiner das in Rom befindliche Eigentum des Römers beschädigt habe – sollten dann die römischen oder die florentinischen Gesetze gelten? Das System der Statuten bestand aus einer Sammlung einfacher Regeln für den Umgang mit solchen jurisdiktionsübergreifenden Fällen. In der geschilderten Situation hätten die Gesetze Roms gegolten, wo sich das beschädigte Eigentum befand, obgleich der Fall in Florenz verhandelt wurde.

In den folgenden Jahrhunderten, bei zunehmender Mobilität, wachsenden Kapitalflüssen (nicht zuletzt zwischen verfeindeten Kriegsparteien) und immer komplexeren Verbindungen aus Handel und Outsourcing, war ein solches System von Statuten den Herausforderungen irgendwann nicht mehr gewachsen. Um wieder Breyer (2015, S. 96) zu zitieren: „Große Konzerne gleichen oftmals Netzwerken aus Geschäftsbereichen in vielen Ländern … Dadurch werden Wirtschaftsfälle immer komplexer, unklare Grenzen zwischen verschiedenen Jurisdiktionen müssen gezogen werden, und die Entscheidung eines einzelnen Falls kann erhebliche Auswirkungen auf die internationale Wirtschaft haben." Die Verbindung zu einigen der heute zu beobachtenden Konflikte ist offensichtlich.

Ähnliche Probleme traten auch in traditionellen, feudalen Gesellschaften auf, wenngleich auf einer anderen Ebene. Im 19. Jahrhundert sammelte Henry Maine, ein britischer Rechtswissenschaftler und Experte auf dem Gebiet des alten europäischen Rechts, umfangreiche Erfahrungen in Indien, wo er die britische Kolonialregierung rechtlich beriet. Er gewann insbesondere ein tiefes Verständnis der Herausforderungen kleiner Gemeinschaften, die ihre eigenen Dorfgesetze hatten. Probleme entstanden vor allem dann, wenn aufgrund technologischen Fortschritts, wie z. B. besserer Transportmöglichkeiten, ein solches Dorf in Kontakt mit anderen Gemeinschaften mit ihren ebenfalls eigenen, selbstentwickelten Gesetzen kam (Maine 1871). Damit fiel den höheren Verwaltungsebenen eine wichtige Rolle in der Vermittlung zwischen diesen Gemeinschaften zu, ähnlich wie globale Institutionen heute zwischen den Nationalstaaten zu vermitteln versuchen.

Die dramatischen Veränderungen in der heutigen Arbeitswelt in Folge von Globalisierung und Digitalisierung und die daraus entstehenden Konfliktpotenziale übersteigen längst das, was sich durch Statuten lösen lässt. Beispiele aus der ganzen Welt gibt es wie Sand am Meer. Nehmen wir einmal Nike. Die Anfänge des Unternehmens reichen in das Jahr 1964 zurück, und schon damals bestand das Geschäftsmodell darin, die Produkte in den USA zu entwerfen und zu verkaufen, aber im Ausland produzieren zu lassen. Zunächst fand die Produktion in Japan statt, aber als die Lohnkosten dort zu steigen begannen, wurde auf Korea und später auf Indonesien, Vietnam, China und Lateinamerika ausgewichen. Heute bezieht Nike seine Waren von 600 Zulieferern aus 46 Ländern (Katz et al. 2015, S. 267). Mit der weiteren Entwick der künstlichen Intelligenz ist es vorstellbar, dass ein Teil dieser Arbeit in reichere Länder zurückkehren wird, denn früher oder später werden Roboter in Deutschland billiger produzieren als die Näherinnen in Bangladesch.

Im IT-Sektor ist diese globale Vernetzung noch sichtbarer. Der Wachstumsschub Indiens während der letzten Jahrzehnte lässt sich vor allem auf zwei Veränderungen zurückführen: die Wirtschaftsreformen der frühen Neunzigerjahre und der IT-Boom. Das indische Unternehmen Infosys Limited ist ein gutes Beispiel. Seine Geschichte begann im Jahr 1981, als sieben Ingenieure mit etwa 250 Dollar Startkapital anfingen, Datendienstleistungen für amerikanische Kunden anzubieten. Heute beschäftigt das Unternehmen fast 200.000 Menschen in 32 Ländern und hat über 1000 Kunden aus über 50 Staaten. Solcherlei Veränderungen künden von neuen Chancen und geben Hoffnung, aber sie bedeuten auch disruptiven Wandel, massive globale Verschiebungen von Arbeitsplätzen und die damit verbundenen politischen Konflikte. Diese Entwicklungen für das Ziel einer besseren Welt für (fast) alle einzuspannen, bedürfte eines wohlgestalteten und konsequent durchgesetzten globalen Regelwerkes, das bislang aber leider nicht abzusehen ist.[12]

Zur Veranschaulichung der neuen Probleme, die die Globalisierung mit sich bringen kann, konzentrieren wir uns einmal auf den sozialen und kulturellen Bereich. Das Zusammenkommen von Menschen unterschiedlicher Couleur (und das bezieht sich nicht auf die Hautfarbe!) kann zu Heraus-

---

[12] In Basu/Stiglitz (2015) diskutieren wir ein besonders markantes Beispiel der Chancen und Risiken, die entstehen können, wenn sich mehrere Volkswirtschaften zusammentun, nämlich die Schaffung und Festigung der Europäischen Union gemäß der Verträge von Maastricht und Lissabon (siehe auch Basu 2016). In dem Papier zeigen wir, dass alle Mitgliedsstaaten von einem Regime gemeinschaftlicher Haftung (Stichwort „Eurobonds") profitieren könnten. Artikel 125 des Vertrags von Lissabon steht einer solchen Lösung jedoch im Weg. Während die ursprüngliche Absicht des Artikels – der Schutz vor den Gefahren gemeinschaftlicher Haftung – verständlich ist, wurden seine vollen Konsequenzen erst mit dem Höhepunkt der europäischen Schuldenkrise im Jahr 2011 sichtbar.

forderungen führen, denen wir zuvor noch nicht ausgesetzt waren.[13] Ein nahe liegendes Beispiel ist das oftmals konfliktträchtige enge Zusammenleben der Anhänger unterschiedlicher Regionen. Wohlmeinende Menschen äußern diesbezüglich gern den Rat, man müsse einfach jeden seine eigene Religion ausüben lassen, ohne die anderen in der Ausübung ihrer Religion zu behindern. Ich sollte also z. B. das Recht haben, kein Schweinefleisch zu essen, während ein anderer das Recht hat, Rindfleisch nicht anzurühren – wir dürfen bloß unsere eigenen Ernährungsregeln niemandem aufzwingen. Ebenso sollten wir das Recht haben, einen Gott zu verehren, oder einen anderen, oder viele Götter oder aber – und das scheint mir das Vernünftigste – gar keinen.

Um des Friedens willen müssen wir lernen und akzeptieren, dass derlei Praktiken Privatsache sind. Die wohlmeinenden Menschen, die diesen Rat erteilen, sind sich auch zumeist darüber im Klaren, dass es nicht leicht wird, alle Menschen dazu zu überreden, die Privatsphären aller anderen zu respektieren. Ihnen ist aber mitunter nicht klar, dass das allein schon aus Prinzip nicht funktionieren kann. Sie gehen davon aus, dass es keine Probleme gibt, solange jeder tut, was seine Religion oder seine Kultur verlangt, und er die anderen tun lässt, was deren Religion oder Kultur verlangt. In den Beispielen der Ernährungsweise und der Gottesanbetung wird das auch meistens funktionieren. Bei anderen normativen Verhaltensregeln sind Schwierigkeiten hingegen vorprogrammiert. Hier ist ein zugegebenermaßen konstruiertes Beispiel: Angenommen, die Anhänger der Religion „L" müssen auf der linken Straßenseite fahren, die Anhänger der Religion „R" aber auf der rechten. Solange diese beiden Gruppen auf verschiedenen Inseln leben, funktioniert das Prinzip der Nichteinmischung in die Religionsausübung bestens. Es stößt aber an seine Grenzen, und Autos stoßen zusammen, wenn eine Straßenbrücke zwischen den beiden Inseln errichtet wird.

Ein weiteres soziales und politisches Problem der Globalisierung entsteht aus unserem begrenzten Empathievermögen. Wer – wie die meisten von uns – in seiner eigenen kulturellen Blase lebt, versteht kaum, wie unterschiedlich die Menschen sein können. Die meisten Leserinnen und Leser dieses Buches würden sich wohl darüber wundern, wenn sie sähen, wie sich die arme Landbevölkerung in Afghanistan oder Pakistan panisch in ihren Hütten verschanzt, wenn die freiwilligen Entwicklungshelfer aus dem Westen mit gezückten Spritzen voller Impfstoff gegen Kinderlähmung anrücken. Könnten sich die

---

[13] Es wäre schwierig genug, eine größere Gruppe von Menschen dazu zu bringen, gemeinsam in Richtung eines vorgegebenen Ziels zu arbeiten – doch die Globalisierung hält die zusätzliche Herausforderung parat, sich überhaupt erst auf ein gemeinsames Ziel zu einigen. Übereinkunft bezüglich gemeinsamer Ziele herzustellen, ist schon in kleinen Versammlungen von Menschen schwierig; in der globalen Versammlung der Nationen ist es ungleich viel schwieriger (Posner 2006).

Leserinnen und Leser mental in die Schuhe jener Landbevölkerung versetzen, würden sie wohl mehr Empathie empfinden. Das folgende Gedankenexperiment kann dabei helfen: Stellen wir uns vor, Kim Jong-un hat seine Spendierhosen an und schickt Freiwillige aus Nordkorea, um uns eine rote Flüssigkeit zu injizieren, die unsere Immunabwehr stärken soll. Bei dem Anblick würden doch die meisten von uns das Weite suchen – just so wie die Landbevölkerung in Afghanistan und Pakistan beim Anblick der Poliospritzen.

Die Globalisierung bringt teils vollkommen konträre Kulturen immer enger zusammen, und daraus entstehen einige der Konflikte um uns herum. Nationales Recht allein hilft da wenig. Grundsätzlich gibt es zwei Strategien zur Eindämmung globaler Konflikte. Die erste stützt sich auf internationale Organisationen wie die Welthandelsorganisation (WHO/WTO), die Internationale Arbeitsorganisation (IAO/ILO), die Weltbank und den Internationalen Währungsfonds (IWF/IMF), die länderübergreifend arbeiten und zwischen den Ländern zu vermitteln versuchen. Ein gutes Beispiel kommt aus dem Bereich des Arbeitsrechts. Schon vor langem wurde erkannt, dass viele Staaten die Tendenz haben, ausländische Investitionen anzulocken, indem sie ihre Mindeststandards bezüglich des Lohniveaus, der Arbeitssicherheit, der Rechte der Arbeitnehmer und Gewerkschaften usw. immer weiter senken. Das ist das berühmte „race to the bottom" – ein Unterbietungswettbewerb (und eine Version des Gefangenendilemmas). Zu seiner Unterbindung gibt es verschiedene Ansätze, darunter die Übereinkommen der IAO, die globalen Verpflichtungen zum Schutz der Arbeitnehmer gleichkommen.[14] Mit dem Fortschreiten des Outsourcings und der Aufteilung der Produktion eines Unternehmens auf verschiedene Länder wachsen jedoch die Herausforderungen.

Um die Wirkung der internationalen Abkommen und Organisationen zu steigern, müssen die Entscheidungsmechanismen innerhalb dieser Organisationen demokratischer gestaltet werden. In den Bretton-Woods-Organisationen (IWF und Weltbank) gilt beispielsweise die Regel, dass der Stimmanteil eines Landes in etwa seinem finanziellen Beitrag zum Budget der Organisation entspricht.[15] Das ist ungefähr genau so fair, als entspräche das

---

[14] Siehe Engerman (2003), sowie Katz/Kochan/Colvin (2015). In seinem Artikel „An Unstable Economic Order?" (*Project Syndicate*, 30. Januar 2017) weist Mohamed El-Erian darauf hin, dass Reformen im Eigeninteresse dieser Organisationen liegen, da sie ansonsten Gefahr laufen, ihre Vormachtstellung an die neuen, von China initiierten multilateralen Organisationen zu verlieren.

[15] Stiglitz (2002), der anerkennt, dass die Globalisierung höchstwahrscheinlich das Wachstum des globalen Pro-Kopf-Einkommens fördert, analysiert multilaterale Organisationen in der globalisierten Welt, speziell die Bretton-Woods-Organisationen, sowie ihr mutmaßliches Versagen. Insbesondere führt er aber die Schattenseiten der Globalisierung auf, die er darauf zurückführt, dass der wachsenden globalen Wirtschaftsverflechtung ein adäquater globaler Rechtsrahmen fehlt.

relative Stimmgewicht der US-amerikanischen Bürgerinnen und Bürgern bei der Präsidentschaftswahl dem Verhältnis ihren Steuerzahlungen. In solch einem System müssten Elon Musk, Jeff Bezos, Bill Gates und Warren Buffet nicht mehr viele andere reiche Leute auf ihre Seite ziehen, um die amerikanische Politik diktieren zu können. Wenn internationale Organisationen eine wachsende Rolle in der Vermeidung globaler Konflikte spielen sollen, dann müssen sie als fair und repräsentativ gelten, und das bedingt nicht zuletzt eine grundlegende Reform solcher interner Machtstrukturen.

Der zweiten Strategie zur Bekämpfung globaler Konflikte kommt eine immer größere Bedeutung zu. Es geht um die Arbeit an einer Weltverfassung, einer Sammlung an Mindeststandards, denen alle Beteiligten zustimmen.[16] Die Weltverfassung sollte auf globaler Ebene die gleiche Rolle haben wie eine nationale Verfassung innerhalb eines Staates: ein Hintergrund aus grundlegenden rechtlichen Normen, an die sich alle halten. Jede Nation kann weiterhin ihre eigenen Gesetze verabschieden und durchsetzen, sofern sie mit der Weltverfassung vereinbar sind. Die Idee eines solchen *Ius Commune Humanitatis*, eines gemeinsamen Rechts der Menschheit, ist natürlich nicht neu (Stone 2011). Sie mag idealistisch klingen, aber wir können es uns nicht erlauben, diese Idee aufzugeben. Ohne sie steuern wir früher oder später auf das Ende der uns bekannten Welt zu, sei es durch wachsende Konflikte oder durch steigende negative externe Effekte zwischen den Staaten, insbesondere der inzwischen von (fast) allen anerkannte Klimawandel, aber auch die negativen Auswirkungen national-egoistischer Geld- und Fiskalpolitik, sowie die Spannungen, die aus der massiven Abwanderung von Arbeitsplätzen entstehen können.

Das Ziel einer solchen Verfassung wäre es, einen Raum zu schaffen, innerhalb dessen einzelne Länder ihre eigenen Gesetze formulieren können, ohne Gefahr zu laufen, Konflikte mit den Gesetzen oder Interessen anderer Länder zu verursachen. Das ist gewiss nicht einfach. Was sollte die Verfassung beispielsweise im Fall der Religionen „L" und „R" regeln? Jegliche Regelung wird Widerstand provozieren, aber die globalisierte Welt kommt ohne Regelungen nicht aus. Sollte das Tragen von Burka und Bikini überall auf der Welt erlaubt sein? Einige Menschen sind der axiomatischen Meinung, dass jede und jeder tragen dürfen sollte, was er oder sie möchte, unabhängig davon, wo man lebt. Während ich dem tendenziell zustimmen würde, müssen wir uns auch bewusst sein, dass die Kleidungswahl des einen bestimmt, was ein anderer sich

---

[16] Internationale Vereinbarungen können als Zwischenschritt zur Weltverfassung gelten. Auch kann sich aus zwischenstaatlichen Bräuchen und Gewohnheiten virtuelles internationales Recht entwickeln (Choi und Gulati 2016).

ansehen muss. Wo liegt die Grenze der persönlichen Freiheit zwischen den beiden Parteien? Hat der Träger der Kleidung mehr Rechte als der Betrachter?

In seinem berühmten Artikel über den Konflikt zwischen dem Pareto-Prinzip und dem von ihm so genannten Axiom des minimalen Liberalismus hat Sen (1969) überzeugend argumentiert, dass jeder Mensch einen gewissen persönlichen Bereich hat – seine Privatsphäre –, innerhalb dessen er allein entscheidet. Als Beispiel führte Sen an, dass die Entscheidung, ob jemand den für damalige Verhältnisse äußerst expliziten Erotikroman *Lady Chatterley's Lover* liest, allein bei jener Person liegen sollte. Ob andere möchten, dass die Person das Buch liest, sollte keine Rolle spielen. Mithilfe des von ihm aufgestellten Paradoxons wollte Sen uns zwingen, darüber nachzudenken, was Vorrang haben sollte – Paretoeffizienz oder persönliche Freiheit. Die meisten von uns würden wohl dem Axiom des minimalen Liberalismus zustimmen, nämlich dass eine Privatsphäre *existiert*. Wie weit sie sich *erstreckt*, ist hingegen alles andere als klar und Gegenstand täglicher Konflikte. Viele sind der Meinung, dass man tragen dürfen sollte, was man möchte – die auffälligste Kleidung, oder die unauffälligste, oder nahezu gar keine. Doch nur wenige würden sagen, dass jeder so laut sprechen darf, wie er oder sie will. Dieser Unterschied lässt sich vielleicht biologisch begründen: Was jemand trägt (oder eben nicht trägt) muss ich mir nicht ansehen; was jemand laut spricht, kann ich aber kaum überhören – weil wir Menschen Augenlieder, aber eben keine Ohrenlider haben. (Wer auch immer dafür verantwortlich sein mag – ich bin schon lange der Meinung, dass darin ein erheblicher Fehler in der Gestaltung des Universums besteht.) Das Problem bleibt also: Selbst wenn wir uns darauf einigen können, dass jede(r) eine Privatsphäre hat, dann bleiben der Umfang und Inhalt dieses Bereiches umstritten (zur Bestätigung empfehle ich eine Umfrage unter Eltern von Teenagern). Das gilt natürlich umso mehr, wenn wir versuchen, für die ganze Menschheit geltende Prinzipien zu bestimmen, auf die man sich in allen Ländern und Kulturen verständigen kann. Aber in einer zunehmend globalisierten und dichter besiedelten Welt können wir es uns nicht leisten, die Formulierung solcher Prinzipien nicht in Angriff zu nehmen.

Es gibt noch einen weiteren Grund, warum die Einigung auf eine Weltverfassung immer dringlicher wird: Die Globalisierung nagt unweigerlich an der Demokratie. In einer Demokratie müssen die Menschen das Recht haben, ihre politische Führung zu bestimmen. Deshalb haben alle modernen Demokratien Wahlsysteme entwickelt. Wirklich gut hat das aber nur funktioniert, solange die Weltwirtschaft balkanisiert, also in mehr oder weniger isolierte Nationalstaaten unterteilt war. In Folge der Globalisierung kann davon heute keine Rede mehr sein. Was ein Land beschließt, hat oftmals Auswirkungen jenseits seiner Grenzen. Wenn z. B. die US-Notenbank die Zinsen senkt, kann es aufgrund der beinahe reibungslosen globalen Finanzströme leicht zu einer Inflation in Vietnam kommen. Und wenn Malaysia die Rechte der Gewerkschaften beschneidet, kann das Land (leider) mit mehr ausländischen Direktinvestitionen rechnen, zulasten von Indonesien. Genau hierin besteht die von der World Bank (2017) diskutierte Herausforderung der „Governance in an Interconnected World".

In einer solchen Welt bringt es möglicherweise nicht viel, lediglich die politische Führung des jeweils eigenen Landes mitbestimmen zu können. Es ist gut möglich, dass für die Bürgerinnen und Bürger Mexikos der Ausgang der Präsidentschaftswahl in den USA wichtiger ist als die Präsidentschaftswahl im eigenen Land. Da aber die Mexikaner den US-Präsidenten nicht wählen dürfen (ansonsten wäre die Wahl von 2016 wohl anders ausgegangen), ist es offenbar mit der globalen Demokratie nicht weit her. Um das nochmal zu verdeutlichen: Man stelle sich vor, nur die Bürgerinnen und Bürger des District of Columbia hätten das Recht, den US-Präsidenten zu wählen. Dann dürften die meisten Menschen in New York oder Kalifornien der Meinung sein, die USA seien keine richtige Demokratie. In dem gleichen Sinne – nämlich dass unser Wohlergehen zunehmend von Umständen abhängt, über die wir keine politische Kontrolle haben – kann man sagen, dass bei nach wie vor überwiegend nationalen Mitspracherechten und fortschreitender Globalisierung das Ideal einer globalen Demokratie in immer weitere Ferne rückt.

Es ist nicht klar, was genau in dieser Hinsicht zu tun ist, aber die Verabschiedung einiger globaler Regeln, die die Macht der politischen Führung der einzelnen Staaten begrenzen, wäre ein vernünftiger erster Schritt.[17] Die Handlungsbefugnis von Donald Trump, Xi Jinping oder Theresa May sollte also durch prioritäre globale Regeln beschnitten werden, ebenso wie das Grundgesetz der Bundesrepublik Deutschland und weitere Gesetzgebung auf Bundesebene regeln, was die Regierungen der Länder tun können und was nicht.

Sobald eine Weltverfassung entworfen, in Kraft getreten und auch mit Sanktionen für ihre Missachtung versehen ist, kann sie allmählich Wirkung erlangen. Durchgesetzt würde sie durch keinen Staat, sondern über ein Netz an selbstbestärkenden Erwartungen normaler Menschen auf der ganzen Welt. Schließlich waren es in unseren fortgeschrittensten spieltheoretischen Ana-

---

[17] Ähnlich dazu Breyer (2015, S. 92): „Da es keinen Obersten Gerichtshof der Welt gibt, können die nationalen Gerichte nur fragmentarisch und ohne direkte Abstimmung handeln und dabei versuchen, Interpretationen zu finden, die auf die Gesetze der anderen Länder abgestimmt sind, anstatt mit ihnen zu kollidieren." Und er fügt hinzu, wovor vielen in einem mächtigen Land wie den USA wohl grausen dürfte: „Also hört unser [Oberstes] Gericht auf ausländischen Stimmen und sollte das auch tun."

lysen schon innerhalb eines Nationalstaates die Bürgerinnen und Bürger selbst, die das Recht durchsetzen. In dem erwartungsbasierten Staat, in dem wir wohl oder übel alle leben, birgt das Fehlen einer zentralen, greifbaren Machtquelle einige Gefahren. Doch daraus erwächst auch die Hoffnung, dass diese Art von virtueller, gemeinschaftlicher Macht Recht und Ordnung (im besten Sinne) in Regionen bringen kann, in denen bislang an Rechtsstaatlichkeit kaum zu denken war.

Die Eindämmung von Ungleichheit und globalen Konflikten wird die gleiche Art von internationalen Anstrengungen erfordern, die heute ganz langsam in den Bereichen des Klimawandels und des Umweltschutzes sichtbar werden. Um Fortschritte zu erzielen, werden wir uns in bislang unbekannte Sphären der Gesetzgebung und des rechtlichen Engagements begeben müssen. Und alle daraus erwachsenden Interventionen bergen das Risiko unerwünschter Begleiterscheinungen. Beispielsweise können die Leistungsanreize Einzelner so sehr beschädigt werden, dass die Gesamtwohlfahrt sinkt. Rechtliche Interventionen, die den Gesetzen des Marktes zuwiderlaufen, können leicht zu höchst unglücklichen Ergebnissen führen. Genau das macht die ökonomische Analyse des Rechts so wichtig. Wird sie klug angewendet, können daraus großartige neue Chancen entstehen. Versagt sie jedoch, ergeben sich nicht selten bittere Konsequenzen für zahllose Menschen, die dieses Schicksal nicht zu verantworten haben.

Nehmen wir zum Beispiel den Kommunismus – einer der besseren „-ismen". In den vielen Ausprägungen des Faschismus war bereits die grundlegende Motivation unedel, abwertend, elitär. Ungeachtet seiner späteren Auswüchse war der Kommunismus hingegen auf echte Gleichwertigkeit der Menschen ausgerichtet, von Karl Marx' theoretischer Ausarbeitung bis hin zu den ersten gesellschaftlichen Experimenten Anfang des 20. Jahrhunderts. Doch das System wurde ohne eine Blaupause konzipiert, wie es konkret in der Praxis umzusetzen sei. Was es an Planungsansätzen gab, nahm wenig Rücksicht auf die sich vor allem aus der Natur des Menschen ergebenden Gesetze des Marktes. Ohne eine solche Blaupause der realistischen Umsetzung war der Ausgang vorprogrammiert. Die teils über Jahrhunderte gewachsenen Regeln des Eigentums und des Handels wurden außer Kraft gesetzt und das Vermögen wurde verstaatlicht. Das an einer zentralen Stelle konzentrierte Vermögen weckte natürlich Begehrlichkeiten und landete schließlich unweigerlich unter den Nägeln der politischen Eliten. So verkam die noble Idee von Marx und vielen anderen zum Gegenteil des eigentlichen Ziels – der Kommunismus mündete in der Vetternwirtschaft, der übelsten Form des Kapitalismus. Schuld daran war nicht die ursprüngliche Absicht, sondern ein intellektuelles Scheitern: ein mangelndes Verständnis der Komplexität der Regeln von Markt und Gesellschaft und, infolgedessen, das Fehlen eines realistischen Plans zur Umsetzung der Idee.

Das Zeitalter der Globalisierung und der Digitalisierung bringt der Welt neue Möglichkeiten und damit die Chance auf nie dagewesenes Wachstum. Doch im selben Zuge sind auch Herausforderungen zu erwarten, deren Gegenwind wir heute schon spüren. Wenn die Arbeitsproduktivität weiterhin so steil ansteigt wie in den letzten Jahrzehnten, dann kann das entweder exponentielles Wachstum oder fallende Löhne und verschwindende Arbeitsplätze nach sich ziehen. Während sich noch nicht absehen lässt, in welche Richtung die Entwicklung geht, ist doch schon klar, dass viel von unserer Reaktion auf diese neue Herausforderung abhängen wird. Wir werden ihr die ganze Kraft sowohl unseres Verstandes als auch unseres Herzens widmen müssen. Was wir bisher dem freien Markt überlassen konnten, mag in Zukunft rechtliche und kollektive Eingriffe erfordern; was bislang vom Staat gelenkt wurde, mag in Zukunft besser dem freien Markt und dem persönlichen Unternehmertum überlassen werden. Es wird viel abhängen von dem richtigen Mix aus rechtlicher Lenkung auf der einen Seite und ausreichendem Freiraum für Unternehmertum und persönliche Entscheidungen auf der anderen.

8.5 Schluss

Die Disziplin der ökonomischen Analyse des Rechts ist für die wirtschaftliche Entwicklung enorm wichtig, und diese Bedeutung wird in Zukunft zweifelsohne noch weiter wachsen. Wenn das wirtschaftliche Geschehen immer komplexer wird, wenn neue Technologien Menschen und Unternehmen auf der ganzen Welt verbinden und wenn Roboter uns die Arbeit abnehmen, dann verlangen die entstehenden Herausforderungen nach neuen Formen der Regulierung und neuen Gesetzen. Die unsichtbare Hand des Marktes ist zwar wichtig, aber ihre Effektivität hängt von dem regulatorischen Rahmen ab, innerhalb dessen sie wirken kann.

Es wird oft der große Fehler gemacht, die unsichtbare Hand zu einer Frage der Ideologie zu erheben. Das hat eine polarisierende Wirkung: alles dem Markt oder alles dem Staat überlassen. Dazwischen scheint es wenig Raum für differenziertere Meinungen zu geben. In Wahrheit, wie jeder mit ein wenig Nachdenken einsehen wird, brauchen wir beides – aber diese Einsicht bringt uns auch noch nicht wesentlich weiter. Wieviel und welche Regulierung wir brauchen werden, hängt vom Stand der Technologie ab, vom Fortschreiten der Globalisierung und des Klimawandels, sowie von zahlreichen anderen Faktoren. Schon als die meisten Menschen noch in kleinen, weit verstreuten

Siedlungen und in erster Linie von der Landwirtschaft lebten, war ihnen der Umgang mit ihrer Umwelt ein wichtiges Anliegen. Doch der Regelungsbedarf ließ sich fast immer innerhalb der jeweiligen Gemeinde abdecken, z. B. durch Normen bezüglich der Nutzung der Almende oder des Dorfbachs. Heute, da die Auswirkungen des menschlichen Handelns weit über die Dorfgrenzen hinaus reichen, über Länder und sogar Kontinente hinweg, genügt das nicht mehr. Entsprechend komplexer sind die Vereinbarungen, die wir heute zur Bekämpfung globaler Probleme wie den Klimawandel brauchen.[18]

Kein Markt funktioniert ohne eine regulatorische Struktur. Manchmal muss diese Struktur explizit vom Staat durch Gesetze vorgegeben werden, manchmal genügen auch die sozialen Normen und Gewohnheiten, die unser Verhalten lenken, und manchmal geht es nicht ohne multinationale Abkommen und deren Durchsetzung. Dass wir nicht nach jeder Taxifahrt ohne zu bezahlen aussteigen, liegt vor allem an unseren internalisierten Normen. Dafür bräuchte es das Recht typischerweise nicht. Nehmen wir auf der anderen Seite einen Wochenmarkt – für viele der Inbegriff eines freien Marktes, der ohne staatliche Eingriffe auskommt. Dabei wird gern übersehen, dass dieser Markt deshalb so gut funktioniert, weil er im Schatten unzähliger Vorschriften des Gesetzbuches stattfindet, auf die die Marktteilnehmer im Zweifels- oder im Streitfall zurückgreifen könnten.[19]

In der heutigen globalisierten Welt mit ihren riesigen Industriekomplexen, transkontinental operierenden Konzernen und hoch spezialisierten, in mehreren Ländern gleichzeitig beschäftigten Arbeitskräften brauchen wir rechtliche Eingriffe auf der globalen Ebene. Die Zukunft der Menschheit und in der Tat ihr Überleben hängen davon ab, ob es uns gelingt, einen geeigneten globalen Regulierungsrahmen zu konzipieren und durchzusetzen. Dass die Art der uns bevorstehenden Probleme, also das Regulierungsziel, sich ständig ändert, macht die Herausforderung um so größer.

In seinem berühmten Aufsatz „Economic Possibilities for our Grandchildren" aus dem Jahr 1930 sagte John Maynard Keynes voraus, dass die Volkswirtschaftslehre in 100 Jahren kein bedeutsames Forschungsgebiet mehr sein würde, weil bis dahin alle wichtigen Fragen gelöst wären oder kurz vor ihrer Lösung stünden. Das war für Keynes' Verhältnisse eine ungewöhnlich schlechte Vorhersage. Er ging fälschlicherweise davon aus, dass die wirtschaftlichen Probleme der Menschheit eine fixe Menge darstellten und die voranschreitende Forschung diese Menge einfach aufzehren würde. Die Restlaufzeit

---

[18] Das maßgebliche Werk hierzu ist Ostrom (1990).
[19] In Basu (2000) analysiere ich in diesem Sinne den Dane County Farmers' Market in Madison, Wisconsin. Siehe auch Ferguson (2013).

seiner Vorhersage beträgt nur noch weniger als zehn Jahre, und es sieht nicht danach aus, als ob er Recht behalten sollte. Denn: Die wirtschaftlichen Probleme wandeln sich, und neue entstehen. Der Schöpfungskraft der menschlichen Tücke und Intelligenz sind keine Grenzen gesetzt. Wir werden uns nicht nur immer neue Produkte einfallen lassen, sondern auch immer neue Maschen, um sie uns einander zu verkaufen, und dabei werden wir noch mehr als bisher psychologische Besonderheiten des Menschen ausnutzen. Wir werden uns immer neue Preisstrategien zur besseren Kundenbindung ausdenken, wie z. B. Vielfliegerprogramme, und so weiter. Die Regulierung muss ständig an all diese „Innovationen" angepasst werden. Aller Voraussicht nach wird dieser Prozess erst mit der Menschheit enden, und genau das macht die ökonomische Analyse des Rechts zu so einer spannenden und zukunftsträchtigen Disziplin.

Seit ihren Anfängen im Wettbewerbsrecht des späten 19. Jahrhunderts hat die Disziplin viel erreicht, aber nun läuft ein Wettlauf gegen die Zeit. Das Wirtschaftsleben wird immer komplexer und die Herausforderungen potenzieren sich. Vor diesem Hintergrund müssen wir uns aller Tatsachen und aller statistischer Daten bedienen, derer wir habhaft werden können, und unsere ganze Verstandeskraft auf sie anwenden. Das ist unsere gemeinsame Pflicht. Einigen mag das wie eine gemeinschaftliche Sisyphusaufgabe erscheinen, eine end- und sinnlose Plackerei. Ich kann nur hoffen, dass auf der anderen Seite auch einige Menschen diese Aufgabe als intellektuellen Ansporn verstehen werden.

Um diese Aufgabe angehen zu können, war es das Anliegen dieses Buches, einige der Unebenheiten in den Grundlagen der ökonomischen Analyse des Rechts zu glätten. Ich habe versucht, das so gewissenhaft zu tun, wie es mir möglich war. Dennoch ist mir klar, dass noch viel zu tun bleibt. Ein intellektuelles Vorhaben ist niemals abgeschlossen. Irgendwann muss man es einfach gut sein lassen und die Sache aufschreiben. So wird der Inhalt anderen zugänglich, die dann die Schwächen und losen Enden darin finden und, wenn es ihnen beliebt, die begonnene Agenda weiterführen können.

Literatur

Abbink, K., Dasgupta, U., Gangadharan, L., and Jain, T. (2014), 'Letting the Briber Go Free: An Experiment on Mitigating Harassment Bribes,' Journal of Public Economics, vol. 111.
Abbink, K., Freiden, E., Gangadharan, L. and Moro, R. (2016), 'The Effect of Social Norms on Bribe Offers,' mimeo: Monash University.
Acconcia, A. Immordino, G., Piccolo, S. and Rey, P. (2014), 'Accomplice-Witnesses and Organized Crime: Theory and Evidence from Italy,' Scandinavian Journal of Economics, vol. 116(4).
Acemoglu, D., and Jackson, M.O. (2015). 'Social Norms and the Enforcement of Law,' mimeo: Harvard University.
Acemoglu, D., Johnson, S. and Robinson, J. (2005), 'Institutions as a Fundamental Cause of Long-Run Growth,' in P. Aghion and S. Durlauf (eds.), Handbook of Economic Growth, Amsterdam: Elsevier.
Acemoglu D. and Wolitzky A. (2015), 'Sustaining Cooperation: Community enforcement vs. Specialized Enforcement,' National Bureau of Economic Research, Paper No. 21475.
Akerlof, G. (1976), 'The Economics of Caste, Rat Race and Other Woeful Tales,' Quarterly Journal of Economics, vol. 90.
Akerlof, G. (1991), 'Procrastination and Obedience,' American Economic Review, vol. 81.
Akerlof, G. and Kranton, R. (2010), Identity Economics: How Our Identity Shape our Work, Wages, and Well-Being, Princeton: Princeton University Press.
Akerlof, G. and Shiller, R. (2010), Phishing for Phools: The Economics of Manipulation and Deception, Princeton: Princeton University Press.

Akerlof, R. (2017), 'The Importance of Legitimacy,' World Bank Economic Review, vol. 30.
Aldashev, G., Chaara, I., Platteau, J.-P. and Wahhaj, Z. (2011), 'Using the Law to Change the Custom,' Journal of Development Economics, vol. 97.
Aldashev, G., Chaara, I., Platteau, J.-P. and Wahhaj, Z. (2012), 'Formal Law as a Magnet to Reform Custom,' Economic Development and Cultural Change, vol. 60.
Alger, I. and Weibull, J. (2013), 'Homo Moralis – Preference Evolution under Incomplete Information and Assortative Matching,' Econometrica, vol. 81.
Alger, I. and Weibull, J. (2018), 'Morality: Evolutionary Foundations and Policy Implications, in K. Basu, C. Sepulveda and D. Rosenblatt (eds) *The State of Economics, the State of the World*, MIT Press mimeo: Toulouse School of Economics.
Ali, S. and Liu, C. (2017), 'Laws, Norms, and Authority: Self-Enforcement Against Coalitional Deviations in Repeated Games,' mimeo: Pennsylvania State University
Angelucci, C. and Russo, A. (2016), 'Petty Corruption and Citizen Report,' Columbia Business School Research Paper, No. 25.
Arad, A. and Rubinstein, A. (2012), „Multi-dimensional iterative reasoning in action: The case of the Colonel Blotto game," Journal of Economic Behavior & Organization, vol. 84(2), 571–585.
Arad, A. and Rubinstein, A. (2017), 'Multi-dimensional Reasoning in Games: Framework, Equilibrium and Applications,' mimeo: Tel Aviv University.
Arad, A., & Rubinstein, A. (2019). Multidimensional Reasoning in Games: Framework, Equilibrium, and Applications. American Economic Journal: Microeconomics, 11(3), 285–318.
Ariely, D (2008), Predictably Irrational: The Hidden Forces that Shape Our Decisions, New York: Harper Collins.
Arrow, K. (1973), 'The Theory of Discrimination,' in O. Ashenfelter and A. Rees (eds.), Discrimination in Labor Markets, Princeton: Princeton University Press.
Arrow, K. (1998), 'What Has Economics to Say about Racial Discrimination?' Journal of Economic Perspectives, vol. 12.
Arrow, K. and Debreu, G. (1954), 'Existence of an Equilibrium for a Competitive Economy,' Econometrica, vol. 22.
Aumann, R. (1976), 'Agreeing to Disagree,' Annals of Statistics, vol. 4.
Aumann, R. (1987), 'Game Theory,' in S. N. Durlauf and L. E. Blume (eds.), The New Palgrave Dictionary of Economics, Palgrave Macmillan.
Austin, J. (1832), The Province of Jurisprudence Determined, London: Cambridge.
Ayer, A. (1980), Hume: A Very Short Introduction, Oxford: Oxford University Press.
Bac, M. and Bag, P. (2001), 'Law Enforcement and Legal Presumptions,' Journal of Comparative Economics, vol. 29.
Bacharach, M. (2006), Beyond Individual Choice: Teams and Frames in Game Theory, (edited by N. Gold and R. Sugden) Princeton: Princeton University Press.
Bagenstos, S. (2013), 'Employment Law and Social Equality,' Michigan Law Review, vol. 112.

Baird, D., Gertner, R. and Picker, R. (1995), Game Theory and the Law, Cambridge, MA: Harvard University Press.

Banerjee, A. (2005), "New Development Economics' and the Challenge to Theory,' Economic and Political Weekly, vol. 40, October 1.

Banerjee, R. (2016), 'On the Interpretation of Bribery in a Laboratory Corruption Game: Moral Frames and Social Norms,' Experimental Economics, vol. 19.

Banuri, S. and Eckel, C. (2015), 'Cracking Down on Bribery,' Social Choice and Welfare, vol. 45.

Baradaran, S. and Barclay, S. (2011), 'Fair Trade and Child Labor,' Columbia Human Rights Law Review, vol. 43.

Bardhan, P. (1997), 'Corruption and Development: A Review of Issues,' Journal of Economic Literature, vol. 35.

Barkan, E. (2011), 'Ethnic Cleansing, Genocide and Gross Violations of Human Rights: The State versus Humanitarian Law,' in A. Sarat, L. Douglas and M. Umphrey (eds.), Law without Nations, Stanford: Stanford University Press.

Barrett, C., Garg, T., and McBride, L. (2016), 'Well-Being Dynamics and Poverty Traps,' Annual Review of Resource Economics, vol. 6.

Barrett, S. (2007), Why Cooperate? The Incentive to Supply Global Public Goods, Oxford: Oxford University Press.

Basu, Karna (2011), 'Hyperbolic Discounting and the Sustainability of Rotational Savings Arrangements,' American Economic Journal: Microeconomics, vol. 3.

Basu, Karna, Basu, K., and Cordella, T. (2016), 'Asymmetric Punishment as an Instrument of Corruption Control,' Journal of Public Economic Theory.

Basu, K. (1977), 'Information and Strategy in the Iterated Prisoner's Dilemma,' Theory and Decision, vol. 8.

Basu, K. (1986), 'One Kind of Power,' Oxford Economic Papers, vol. 38.

Basu, K. (1990), 'On the Non-Existence of a Rationality Definition for Extensive-Form Games,' International Journal of Game Theory, vol. 9.

Basu, K. (1993), Lectures in Industrial Organization, Oxford: Basil Blackwell.

Basu, K. (1994), 'Traveler's Dilemma: Paradoxes of Rationality in Game Theory,' American Economic Review, Papers and Proceedings, vol. 71.

Basu, K. (1994a), 'Group Rationality, Utilitarianism and Escher's Waterfall,' Games and Economic Behavior, vol. 7.

Basu, K. (1995), 'Civil Institutions and Evolution: Concepts, Critiques and Models,' Journal of Development Economics, vol. 46.

Basu, K. (1998), Social Norms and Law, in: Peter Newman (ed) The New Palgrave Dictionary of Economics and the Law, Macmillan.

Basu, K. (1999), Child Labor: Cause, Consequence and Cure, with Remarks on International Labor Standards, Journal of Economic Literature, vol. 37.

Basu, K. (2000), Prelude to Political Economy: A Study of the Social and Political Foundations of Economics, Oxford: Oxford University Press.

Basu, K. (2001), "Compacts, Conventions and Codes: Initiatives for Higher International Labor Standards," Cornell International Law Journal, vol. 34.

Basu, K. (2003), 'The Economics and Law of Sexual Harassment in the Workplace,' Journal of Economic Perspectives, vol. 17.

Basu, K. (2005), 'Racial Conflict and the Malignancy of Identity,' Journal of Economic Inequality, vol. 3.

Basu, K. (2007), 'The Traveler's Dilemma,' Scientific American, 2.

Basu, K. (2011), Beyond the Invisible Hand: Groundwork for a New Economics, Princeton: Princeton University Press.

Basu, K. (2011a), 'Why, for a Class of Bribes, the Act of Giving a Bribe Should be Treated as Legal,' Ministry of Finance, Government of India. Available at: http://mpra.ub.uni-muenchen.de/50335.

Basu, K. (2014), 'Randomization, Causality and the Role of Reasoned Intuition,' Oxford Development Studies, vol. 42.

Basu, K. (2015), An Economist in the Real World: The Art of Policymaking in India, Cambridge, MA: MIT Press.

Basu, K. (2016), 'The Economics and Law of Sovereign Debt and Risk Sharing: Some Lessons from the Eurozone Crisis,' Review of Law and Economics, vol. 12.

Basu, K. (2016), 'Globalization of Labor Markets and the Growth Prospects of Nations,' Journal of Policy Modeling, vol. 38.

Basu, K. (2017), 'Discrimination as a coordination device: markets and the emergence of identity,' Forum for Social Economics.

Basu, K. (2018), 'Markets and Manipulation: Time for a Paradigm Shift', Journal of Economic Literature, vol. 56.

Basu, K., Bhattacharya, S. and Mishra, A. (1992), 'Notes on Bribery and the Control of Corruption,' Journal of Public Economics, vol. 48.

Basu, K. and Dixit, A. (2016), 'Too Small to Regulate,' Journal of Quantitative Economics, vol. 15.

Basu, K. and Emerson, P. (2000), 'The Economics of Tenancy Rent Control,' Economic Journal, vol. 110.

Basu, K. and Stiglitz, J. (2015), 'Sovereign Debt and Joint Liability: An Economic Theory Model for Amending the Treaty of Lisbon,' Economic Journal, vol. 125.

Basu, K. and Van, P. H. (1998), 'The Economics of Child Labor,' American Economic Review, Vol. 88.

Basu, K. and Weibull, J. (1991), 'Strategy Subsets Closed Under Rational Behavior,' Economics Letters, vol. 36.

Basu, K. and Weibull, J. (2003), 'Punctuality: A Cultural Trait as Equilibrium,' in R. Arnott, R. Kanbur, B. Greenwald, and B. Nalebuff (eds.) Economics for an Imperfect World: Essays in honor of Joseph Stiglitz, Cambridge, MA: MIT Press.

Basu, K. and Zarghamee, H. (2009), 'Is Product Boycott a Good Idea for Controlling Child Labor? A Theoretical Investigation,' Journal of Development Economics, vol. 88.

Battigalli, P. and Siniscalchi, M. (2002), 'Strong Belief and Forward Induction Reasoning,' Journal of Economic Theory, vol. 106.
Becker, G. (1957), The Economics of Discrimination, Chicago, IL: University of Chicago Press.
Becker, G. (1968), 'Crime and Punishment: An Economic Approach,' Journal of Political Economy, vol. 76.
Becker, G. and Stigler, G. (1974), 'Law Enforcement, Malfeasance, and Compensation of Enforcers,' Journal of Legal Studies, vol. 3.
Becker, T., Carter, M., Naeve, J. (2005), Experts Playing the Traveler's Dilemma. Hohenheimer Diskussionsbeiträge, Universität Hohenheim.
Benabou, R. and Tirole, J. (2006), 'Incentives and Pro-social Behavior,' American Economic Review, vol. 96.
Ben-Porath, E. and Dekel, E. (1992), 'Signaling Future Action and the Potential for Sacrifice,' Journal of Economic Theory, vol. 53.
Berlin, M., Qin, B. and Spagnolo, G. (2018), 'Leniency, Asymmetric Punishment and Corruption: Evidence from China, CEPR, Discussion Paper No. DP 12634.
Bernheim, D. (1984), 'Rationalizable Strategic Behavior,' Econometrica, vol. 52
Bernstein, L. (1992), 'Opting Out of the Legal System: Extra-legal Contractual Relations in the Diamond Industry,' Journal of Legal Studies, vol. 21.
Bertrand, Marianne, and Sendhil Mullainathan. (2004). „Are Emily and Greg More Employable Than Lakisha and Jamal? A Field Experiment on Labor Market Discrimination." American Economic Review, 94(4): 991–1013.
Besley, T. and Coate, S. (1992), 'Understanding Welfare Stigma: Tax Payer Resentment and Statistical Discrimination,' Journal of Public Economics, vol. 48.
Besley, T. and Persson, T. (2009), 'The Origins of State Capacity: Property Rights, Taxation, and Politics,' American Economic Review, vol. 99.
Bhalotra, S., & Heady, C. (2003). Child Farm Labor: The Wealth Paradox. The World Bank Economic Review, 17(2), 197–227.
Bhardwaj, P., Lakdawala, L. and Li, N. (2013), 'Perverse Consequences of Well Intentioned Regulation: Evidence from India's Child Labor Ban,' NBER Working Paper (No. 19602).
Bicchieri, C. and Xiao, E. (2009), 'Do the Right Thing: But Only If Others Do So,' Behavioral Decision Making, vol. 22.
Bilz, K. and Nadler, J. (2009), 'Law, Psychology, and Morality,' Psychology of Learning and Motivation: Moral Judgment and Decision-Making, vol. 62.
Binmore, K. (1994), Game Theory and the Social Contract: Playing Fair, Cambridge, MA: MIT Press.
Binmore, K. (1995), 'The Game of Life: Comment,' Journal of Institutional and Theoretical Economics, vol. 151.
Binmore, K. and Samuelson, L. (2006), 'The Evolution of Focal Points,' Games and Economic Behavior, vol. 55.
Black, M. (1964), 'The Gap between "Is" and "Should",' Philosophical Review, vol. 73.

Blattman, C., Jamison, J. and Sheridan, M. (2017), 'Reducing Crime and Violence: Experimental Evidence from Cognitive Behavioral Therapy in Liberia,' American Economic Review, vol. 107.

Blume, A. and Sobel, J. (1995), 'Communication-Proof Equilibria in Cheap-Talk Games,' Journal of Economic Theory, vol. 65.

Blume, L. and Durlauf, S. (2001), 'Equilibrium Concepts for Social Interaction Models,' International Game Theory Review, vol. 5.

Blume, L. and Durlauf, S. (2003), 'Equilibrium Concepts for Social Interaction Models,' International Game Theory Review, vol. 5(3), 193–209.

Bobbio, N. (1989), Thomas Hobbes and the Natural Law Tradition, English translation by D. Gobetti, Chicago: University of Chicago Press.

Boettke, P., Coyne, C. and Leeson, P. (2008), 'Institutional Stickiness and the New Development Economics,' American Journal of Economics and Sociology, vol. 67.

Borooah, V. (2016), 'Deconstructing Corruption,' Journal of South Asian Development, vol. 11.

Bose, P. and Echazu, L. (2007). "Corruption with Heterogeneous Enforcement Agents in the Shadow Economy" Journal of Institutional and Theoretical Economics, vol. 163.

Bourguignon, F., Ferreira, F. and Walton, M. (2007), 'Equity, Efficiency and Inequality Traps,' Journal of Economic Inequality, vol. 5.

Bowles, S. (2004), Microeconomics: Behavior, Institutions, and Evolution, Princeton: Princeton University Press.

Bowles, S. (2015), 'Niccolo Machiavelli and the Origins of Mechanism Design,' Journal of Economic Issues, vol. 48.

Bowles, S., Durlauf, S. and Hoff, K. (eds.) (2006), Poverty Traps, Princeton: Princeton University Press.

Breyer, S. (2015), The Court and the World: American Law and the New Global Realities, New York: Alfred Knopf.

Bull, R. and Ellig, J. (2017), 'Judicial Review of Regulatory Impact Analysis: Why not the Best?' Administrative Law Review, vol. 69.

Burguet, R., Ganuza, J. J., and Montalvo, J. G. (2016), 'The Microeconomics of Corruption: A Review of Thirty Years of Research,' mimeo: University of Pompeu Fabra.

Burlando, A. and Motta, A. (2016), 'Legalize, Tax and Deter: Enforcement Policies for Corruptible Officials,' Journal of Development Economics, vol. 118.

Cadot, O. (1987), 'Corruption as a Gamble,' Journal of Public Economics, vol. 33.

Calabresi, G. (1961), 'Some Thoughts on Risk Distribution and the Law of Torts,' Yale Law Journal, vol. 70.

Calabresi, G. (2016), The Future of Law and Economics: Essays in Reform and Recollection, New Haven: Yale University Press.

Cameron, L., Chaudhuri, A., Erkal, N. Gangadharan, L. (2009), 'Propensities to Engage in and Punish Corrupt Behavior,' Journal of Public Economics, vol. 93.

Capra, C. M., Goeree, J. K., Gomez, R., & Holt, C. A. (1999). Anomalous Behavior in a Traveler's Dilemma? The American Economic Review, 89(3), 678–690.

Capraro (2013), 'A Model of Human Cooperation in Social Dilemmas,' PLOS One, vol. 8.
Carothers, T. (2003), 'Promoting the Rule of Law Abroad: The Problem of Knowledge,' Working Paper, Carnegie Endowment for International Peace, No. 34.
Cartwright, N. (2010), 'What are randomized trials good for?' Philosophical Studies, vol. 147.
Chakravarty, S. and Macleod, W. B. (2009), 'Contracting in the Shadow of the Law,' RAND Journal of Economics, vol. 30.
Charness, G. and Dufwenberg, M. (2006), 'Promises and Partnership,' Econometrica, vol. 74.
Chattopadhyay, R. and Duflo, E. (2004), 'Women as Policymakers: Evidence from a Randomized Policy Experiment in India,' Econometrica, vol. 72.
Chen, D. and Sethi, J. (2017), 'Insiders, Outsiders, and Involuntary Unemployment: Sexual Harassment Exacerbates Gender Inequality,' mimeo: Toulouse School of Economics.
Chernushkin, A. A., Ougolnitsky, G.A. and Usov, A. B (2013), 'Dynamic Models of Corruption in Hierarchical Control Systems,' Game Theory and Management, vol. 6.
Choi, S. and Gulati, M. (2016), 'Customary International Law: How Do Courts Do It?' In C. A. Bradley (ed.), Custom's Future: International Law in a Changing World, Cambridge: Cambridge University Press.
Cigno, A. and Rosati, F. (2005), The Economics of Child Labor, Oxford: Oxford University Press.
Coase, R. (1960), 'The Problem of Social Cost,' Journal of Law and Economics, vol. 3.
Cole, D. (2017), 'Why Free Speech is Not Enough,' New York Review of Books, March 23, vol. 64.
Cole, D. (2017a), 'Trump's Travel Ban: Look Beyond the Text,' New York Review of Books, May 11, vol. 64.
Cooter, R. (1982), 'The Cost of Coase,' Journal of Legal Studies, vol. 11.
Cooter, R. (1994), 'Market Affirmative Action,' San Diego Law Review, vol. 31.
Cooter, R. (1998), 'Expressive Law and Economics,' Journal of Legal Studies, vol. 27.
Cooter, R. (2000), 'Do Good Laws Make Good Citizens? An Economic Analysis of Internalized Norms,' Virginia Law Review, vol. 86, 1577–1601.
Cooter, R. and Ullen, T. (1988), Law and Economics, London: Pearson.
Cotterell, R. (1997), Law's Community: Legal Theory in Sociological Perspective, Oxford University Press.
Crawford, V. and Sobel, J. (1982), 'Strategic Information Transmission,' Econometrica, vol. 50.
Daron Acemoglu, Alexander Wolitzky. (2020), Sustaining Cooperation: Community Enforcement versus Specialized Enforcement, Journal of the European Economic Association, Volume 18, Issue 2, Pages 1078–1122.
Davis, K. (2016), 'Multijurisdictional Enforcement Games,' New York University School of Law.

Del Carpio, X., Loayza, N. and Wada, T. (2016), 'The Impact of Conditional Cash Transfers on the Amount and Type of Child Labor,' World Development, vol. 80.

Deaton, A. (2010), 'Instruments, randomization, and learning about development', Journal of Economic Literature, vol. 48.

Debroy, B. (2000), In the Dock, New Delhi: Konark.

Deshpande, A. (2011), 'The Grammar of Caste: Economic Discrimination in Contemporary India,' New Delhi: Oxford University.

Dixit, A. (2004), Lawlessness and Economics: Alternative Modes of Governance, Princeton: Princeton University Press.

Dixit, A. (2014), 'How Business Community Institutions can Help Fight Corruption,' World Bank Policy Research Working Paper No. 6954.

Dharmapala, D., Garoupa, N. and McAdams, R. (2015), 'Punitive Police? Agency Costs, Law Enforcement, and Criminal Procedure.' Mimeo: University of Chicago Law School.

Doepke, M. and Zilibotti, F. (2005), 'The Macroeconomics of Child Labor Regulation,' American Economic Review, vol. 95.

Douglas, L., Sarat, A, & Umphrey, M. M. (eds.). (2011). Law without Nations (1st ed.). Stanford University Press.

Dreber, A., Ellingsen, T., Johanneson, M. and Rand, D. G. (2013), 'Do People Care about Social Context? Framing Effects in Dictator Games,' Experimental Economics, vol. 16.

Dufwenberg, M. and Spagnolo, G. (2015), 'Legalizing Bribe Giving,' Economic Inquiry, vol. 53.

Dufwenberg, M. and Van Essen, M. (2018), King of the Hill: Giving backward induction its best shot. Games and Economic Behavior, Volume 112, 125–138.

Durlauf, S. (2001), 'A Framework for the Study of Individual Behavior and Social Interactions,' Sociological Methodology, vol. 31.

Dworkin, R. (1986), Law's Empire, Cambridge, MA: Harvard University Press.

Edmonds, E. and Schady, N. (2007), 'Poverty Alleviation and Child Labor,' American Economic Journal: Economic Policy, vol. 4.

El-Erian, M. (2017), 'The Risk of a New Economic Non Order,' Project Syndicate, September 19.

Ellickson, R. (1991), Order without Law: How Neighbors Settle Disputes, Cambridge, MA: Harvard University Press.

Ellingsen, T. and Johannesson, M. (2008), 'Pride and Prejudice: The Human Side of Incentive Theory,' American Economic Review, vol. 98.

Ellingsen, T., Johannesson, M., Tjotta, S. and Torsvik, G. (2008), 'Testing Guilt Aversion,' Games and Economic Behavior, vol. 68.

Ellingsen, T., Johannesson, M., Tjøtta, S. and Torsvik, G. (2010), Testing guilt aversion, Games and Economic Behavior, 68(1), 95–107.

Ellingsen, T., Ostling, and Wengstrom (2013), 'How Does Communication Affect Behavior?', Mimeo: Stockholm School of Economics.

Elster, J. (1989), 'Social Norms and Economic Theory,' Journal of Economic Perspectives, vol. 3.
Emerson, P. and Souza, A. -P. (2003), 'Is There a Child Labor Trap? Intergenerational Persistence of Child Labor in Brazil,' Economic Development and Cultural Change, vol. 51.
Engerman, S. (2003), 'The History and Political Economy of International Labor Standards,' in K. Basu, H. Horn, L. Roman and J. Shapiro (2003), International Labor Standards, Oxford: Blackwell.
Esteban, J. and Ray, D. (2008), 'On the Salience of Ethnic Conflict,' American Economic Review, vol. 98.
Farrell, J. and Rabin, M. (1996), 'Cheap Talk,' Journal of Economic Perspectives, vol. 10.
Fehr, E. and Falk, A. (2002), 'Psychological Foundations of Incentives,' European Economic Review, vol. 46
Fehr, E. and Gachter, S. (2000), 'Fairness and Retaliation: The Economics of Reciprocity,' Journal of Economic Perspectives, vol. 14.
Feldman, Y. and Teichman, D. (2009), 'Are All Legal Probabilities Created Equal?' New York Law Review, vol. 84.
Ferguson, W. (2013), Collective Action and Exchange: A Game-theoretic Approach to Contemporary Political Economy, Stanford: Stanford University Press.
Fershtman, C., & Judd, K. L. (1987). Equilibrium Incentives in Oligopoly. The American Economic Review, 77(5), 927–940.
Fish, S. (1994), There is No Such Things as Free Speech, Cambridge, MA: Harvard University Press.
Fisman, R. and Miguel, T. (2007), 'Corruption, Norms and Legal Enforcement: Evidence from UN Diplomatic Parking Tickets,' Journal of Political Economy, vol. 115.
Frank, R. (1988), Passions within Reason: The Strategic Role of the Emotions, New York: Norton.
Fried, R. (1990), Nightmare in the Red: The McCarthy Era in Perspective, Oxford: Oxford University Press.
Friedman, L. (2016), Impact: How Law Affects Behavior, Cambridge, MA: Harvard University Press.
Friedman, M. (1962), Capitalism and Freedom, Chicago: University of Chicago Press.
Funcke, A. (2016), 'Instilling Norms in a Turmoil of Spillovers,' mimeo: University of Pennsylvania.
Gaertner, W., Pattanaik, P. and Suzumura, K. (1992), 'Individual Rights Revisited,' Economica, vol. 59.
Gamba, A., Immordino, G. and Piccolo, S. (2016), 'Corruption, Organized Crime and the Bright Side of the Subversion of Law,' Working Paper 446, Department of Economics, University of Naples.
Gambetta, D. (2009), Codes of the Underworld: How Criminals Communicate, Princeton: Princeton University Press.

Gambetta, D. (2017), 'Why is Italy Disproportionately Corrupt? A Conjecture,' in K. Basu and T. Cordella (eds.) Institution, Governance and the Control of Corruption, Palgrave, Macmillan.

Gard, S. (1980), 'Fighting Words as Free Speech,' Washington University Law Review, vol. 58.

Gautier, B. and Goyette, J. (2014), 'Taxation and Corruption: Theory and Firm-Level Evidence from Uganda,' Applied Economics, vol. 46.

Geisinger, A. (2002), 'A Belief Change Theory of Expressive Law,' Iowa Law Review, vol. 88.

Genicot, G. and Ray, D. (2003), 'Endogenous Group Formation in Risk-Sharing Arrangements', Review of Economic Studies, vol. 70.

Georg, S. J., Rand, D. and Walkowitz, G. (2017), 'Framing Effects,' mimeo: Yale University.

Gigerenzer, G. and Garcia-Rotamero, R. (2017), 'Cassandra's Regret: The Psychology of Not Wanting to Know,' Psychological Review, vol. 124.

Gintis, H. (2003), 'Solving the Puzzle of Prosociality,' Rationality and Society, vol. 15.

Gintis, H. (2009), The Bounds of Reason: Game Theory and the Unification of the Behavioral Sciences, Princeton: Princeton University Press.

Gintis, H. (2010), 'Rationality and Common Knowledge,' Rationality and Society, vol. 22.

Gintis, H., Bowles, S., Boyd, R. Fehr, E. (2005), Moral Sentiments and Material Interests, Cambridge, MA: The MIT Press.

Giraud, G. and Grasselli, M. (2017), 'The Macrodynamics of Household Debt, Growth, and Inequality,' mimeo: Centre d'economie de la Sorbonne, Paris.

Gluckman, M. (1955), 'The Judicial Process among the Barotse of Northern Rhodesia,' Glencore, IL: The Free Press

Gneezy, U. and Rustichini, A. (2000), 'A Fine Is a Price', Journal of Legal Studies, vol. 29.

Goeree, J. and Holt, C. (2001), 'Ten Little Treasures of Game Theory and Ten Intuitive Contradictions,' American Economic Review, vol. 91.

Goeree, J.K., Holt, C., and Palfrey, T. (2008), "Quantal Response Equilibrium" in: Durlauf, S.N. and Blume, L.E., New Palgrave Dictionary of Economics, Second Edition, Palgrave Macmillan.

Goldsmith, W. (1996), 'Hobbes on Law,' in T. Sorrell (ed.), The Cambridge Companion to Hobbes, Cambridge, U.K.: Cambridge University Press.

Govindan, S. and Wilson, R. (2009), 'On Forward Induction,' Econometrica, vol. 77.

Granovetter, M. and Soong, R. (1883), 'Threshold Models of Diffusion and Collective Behavior,' Journal of Mathematical Sociology, vol. 9.

Greif, A. (1993), 'Contract Enforcement and Economic Institutions in Early Trade: The Maghribi Traders' Coalition,' American Economic Review, vol. 85

Greif, A., Milgrom, P. and Weingast, B. (1994), 'Coordination, Commitment and Enforcement: The Case of the Merchant Guild,' Journal of Political Economy, vol. 102.

Groopman, J. and Hartzband, P. (2011), Your Medical Mind: How to Decide What is Right for You, New York: Penguin.

Grosskopf, B., Erev, I. & Yechiam, E. (2016), Foregone with the Wind: Indirect Payoff Information and its Implications for Choice. Int J Game Theory 34, 285–302.

Habyarimana, J., Humphreys, M., Posner. D., and Weinstein, J. (2007), 'Why Does Ethnic Diversity Undermine Public Goods,' American Political Science Review, vol. 101.

Hacking, I. (1988), The Emergence of Probability: A Philosophical Study of Early Ideas about Probability, Induction and Statistical Inference. Cambridge University Press.

Hadfield, G. (2016), Rules for a Flat World: Why Humans Invented Law and How to Reinvent it for a Complex Global Economy, New York: Oxford University Press.

Hadfield G. and Weingast B. (2013), 'Law without the State: Legal Attributes and the Coordination of Decentralized Collective Punishment,' Journal of Law and Courts, vol. 1.

Hadfield G. and Weingast B. (2014), 'Microfoundations of the Rule of Law', Annual Reviews.

Hahn, F. (1980), 'Unemployment from a Theoretical Viewpoint,' Economica, vol. 47.

Hall, G. (ed.) (2002), The Treatise on the Laws and Customs on the Realm of England Commonly called Glanvill, Oxford: Oxford University Press.

Han, B. (2016), 'The Role and Welfare Rationale of Secondary Sanctions,' Conflict Management and Peace Science.

Hardin, R. (1989), Liberalism, Constitutionalism and Democracy, New York: Oxford University Press.

Hardoon, D. (2017), An Economy for the 99%, Oxford: Oxfam.

Harrington, J. E. (1999), 'Rigidity of Social Systems,' Journal of Political Economy, vol. 107.

Hart, H. L. A. (1961), The Concept of Law, Oxford: Oxford University Press.

Hart, H. L. A. and Honore, T. (1959), Causation in the Law, Oxford: Oxford University Press.

Hashimoto, T. (2002). Introduction. Japan Review, 14, 5–9.

Hatlebakk, M. (2002). „A new and robust subgame perfect equilibrium in a model of triadic power relations." Journal of Development Economics. 68(1): 225–232.

Hatlebakk, M. (2011), 'Triadic Power Relations in Rural Nepal,' Journal of Development Studies, vol. 47.

Havel, V. (1978), Versuch, in der Wahrheit zu leben, Reinbek: Rowohlt.

Havel, V. (1986), 'The Power of the Powerless,' in Vladislav, J. (ed.) Living in Truth, London: Faber and Faber.

Heilbroner, R. (ed.) (1986), The Essential Adam Smith, New York: W. W. Norton.

Hindriks, J., Keen, M. and Muthoo, A. (1999), 'Corruption, Extortion and Evasion,' Journal of Public Economics, vol. 74.

Hobbes, T. (1668 [1994]), Leviathan, edited by E. Curley, Indianapolis: Hackett Publishing.

Hockett, R. (1967), 'Reflective Intensions: Two Foundational Decision Points in Mathematics, Law and Economics,' Cardozo Law Review, vol. 29.

Hockett, R. (2009), Law, Chicago: Chicago Review Press.
Hoff, K. and Pande, P. (2006), 'Persistent Effects of Discrimination and the Role of Social Identity,' American Economic Review, vol. 96.
Hoff, K. and Stiglitz, J. (2001), 'Modern Economic Theory and Development,' in G. Meier and J. Stiglitz (eds.), Frontiers of Development Economics, New York: Oxford University Press.
Hoff, K. and Stiglitz, J. (2015), 'Striving for Balance in Economics: Towards a Theory of Social Determination of Behavior, Journal of Economic Behavior and Economics, vol. 126.
Hollis, M. (1994), "The Gingerbread Game." Analysis, vol. 54, no. 4, pp. 196–200.
Hovenkamp, H. (1990), 'The First Great Law and Economics Movement,' Stanford Law Review, vol. 42.
Huq, A., Tyler, T., and Schulhofer S. (2011), 'Why Does the Public Cooperate with Law Enforcement? The Influence of the Purposes and Targets of Policing,' Psychology, Public Policy & Law, vol. 17.
Hume, D. (1739 [1969]), A Treatise on Human Nature, London: Penguin.
Hume, D. (1742 [1987]), 'Of the First Principles of Government,' in Essays: Moral, Political and Literary, Indianapolis: Liberty Fund.
Humphries, J. (2013), 'Childhood and Child Labour in the British Industrial Revolution,' Economic History Review, vol. 66.
Ifcher, J. and Zarghamee, H. (2011), 'Happiness and Time Preference: The Effect of Positive Affect in a Random-Assignment Experiment,' American Economic Review, vol. 101.
Jain, S. (1995), 'The Coherence of Rights,' in D. Andler, P. Banerjee, M. Chaudhury and O. Guillaume (eds.) Facets of Rationality, Sage, New Delhi.
Janssen, M. (2001), 'Rationalizing Focal Points,' Theory and Decision, vol. 50.
Jha, S. and Ramaswami, B. (2010), 'How can Food Subsidies Work Better? Answers from India and the Philippines,' Asian Development Bank, Working Paper No. 221.
Jie Yang. (2014), The politics of Pai Ma Pi: flattery as empty signifiers and social control in a Chinese workplace, Social Semiotics, 24:1, 1–18.
Johnson, D. (1976), 'Increased Stability of Grain Supplies in Developing Countries: Optimal Carryovers and Insurance,' World Development, vol. 4.
Jolls, C. (2013), 'Product Warnings, Debiasing, and Free Speech: The Case of Tobacco Regulation,' Journal of Institutional and Theoretical Economics, vol. 169.
Jolls, C., Sunstein, C. and Thaler, R. (1998), 'A Behavioral Approach to Law and Economics,' Stanford Law Review, vol. 50.
Joseph Y. Halpern, Rafael Pass (2012), Iterated regret minimization: A new solution concept. Games and Economic Behavior, Volume 74, Issue 1, 184–207.
Joshi, S. and Mahmud, S. (2016), 'Sanctions and Networks: "The Most Unkindest Cut of All,' Games and Economic Behavior, vol. 97.
Kahneman, D. (2011), Thinking, Fast and Slow, Farrar, Straus, and Giroux.
Kahneman, D., & Tversky, A. (1979). Prospect Theory: An Analysis of Decision under Risk. Econometrica, 47(2), 263–291.

Kaplow, L. and Shavell, S. (2003), 'Fairness versus Welfare: Notes on the Pareto Principle, Preferences, and Distributive Justice,' The Journal of Legal Studies, vol. 32.

Katz, H., Kochan, T. and Colvin, A. (2015), Labor Relations in a Globalizing World, Ithaca, Cornell University Press.

Kelsen, H. (1945), General Theory of Law and State, Cambridge, MA; Harvard University Press.

Khera, R. (2011), 'Trends in Diversion of Grain from the Public Distribution System,' Economic and Political Weekly, May 21, vol. 46.

Klitgaard, R. (1988), Controlling Corruption, Berkeley and Los Angeles, California: University of California Press.

Kohlberg, E. and Mertens, J. -F. (1986), 'On the Strategic Stability of Equilibria,' Econometrica, vol. 54.

Kornhauser, L. (1984), 'The Great Image of Authority,' Stanford Law Review, vol. 36.

Kranton, R. and Swamy, A. (1999), 'The Hazards of Piecemeal Reform: British Civil Courts and the Credit Market in Colonial India,' Journal of Development Economics, vol. 58.

Kugler, M., Verdier, T. and Zenou, Y. (2005), 'Organized Crime, Corruption and Punishment,' Journal of Public Economics, vol. 89.

Kuran, T. (1988), 'Ethnic Norms and Their Transformation through Reputational Cascades,' Journal of Legal Studies, vol.27.

Kuran, T (1998), 'Ethnic Norms and Their Transformation through Reputational Cascades,' The Journal of Legal Studies, vol. 2

La Ferrara, E. (2007), 'Descent Rules and Strategic Transfers: Evidence from matrilineal Groups in Ghana,' Journal of Development Economics, vol. 83.

Lacey, N. (2004), A Life of H. L. A. Hart: The Nightmare and the Noble Dream, Oxford: Oxford University Press.

Laibson, D. (1997), 'Golden Eggs and Hyperbolic Discounting,' Quarterly Journal of Economics, vol. 112.

Land, S., van Neerbos, J., Havinga, T. (2008), Analyzing the Traveler's Dilemma Multi-Agent Systems Project. Working paper.

Landa, J. (ed.) (2016), Economic Success of Chinese Merchants in Southeast Asia: Identity, Ethnic Cooperation and Conflict, Heidelberg: Springer.

Lebovic, S. (2016), Free Speech and Unfree News: The Paradox of Press Freedom in America, Cambridge, MA: Harvard University Press.

Ledyaev, V. (2016), 'Gatekeeping as a Form of Power,' Journal of Political Power, vol. 9.

Leibenstein, H. (1950), 'Bandwagon, Snob, and Veblen Effects in the Theory of Consumers,' Quarterly Journal of Economics, vol. 64.

Lessig, L. (1996), 'Social Meanings and Social Norms,' University of Pennsylvania Law Review, vol. 144.

Levi, E. (1949), An Introduction to Legal Reasoning, Chicago: University of Chicago Press.

Levine, R. V., West, L. J., & Reis, H. T. (1980). Perceptions of time and punctuality in the United States and Brazil. Journal of Personality and Social Psychology, 38(4), 541–550.

Lewis, D. (1969), Convention: A Philosophical Study, Cambridge, MA: Harvard University Press.

Lindbeck, A., Nyberg, S. and Weibull, J. (1989), 'Social Norms and Economic Incentives in the Welfare State,' Quarterly Journal of Economics, vol. 114.

Lockwood, L. A. (1930), 'Causes of Tardiness', The School Review, vol. 38.

Loewenstein, R. (1987), 'Anticipation and the Valuation of Delayed Consumption,' Economic Journal, vol. 97.

Lopez-Calva, L.-F. (2003), 'Social Norms, Coordination and Policy Issues in the Fight against Child Labor,' in K. Basu, H. Horn, L. Romain and J. Shapiro (eds.), International Labor Standards, Oxford: Blackwell.

Lopucki, L. and Weyrauch, W. (2000), 'A Theory of Legal Strategy,' Duke Law Journal, vol. 49.

Loukas Karabarbounis, Brent Neiman. (2014). The Global Decline of the Labor Share, The Quarterly Journal of Economics, Volume 129, Issue 1, February 2014, Pages 61–103.

Lukes, S. (1974), Power: A Radical View, London: Macmillan.

Mailath, G., Morris, S. and Postlewaite, A. (2007), 'Maintaining Authority,' mimeo: University of Pennsylvania.

Mailath, George J. and Morris, Stephen Edward and Postlewaite, Andrew, Laws and Authority (2016). PIER Working Paper No. 16–018.

Mailath, G., Morris, S. and Postlewaite, A. (2017), 'Laws and Authority,' Research in Economics, vol. 71.

Maine, H. (1871), Village Communities in the East and West, London: John Murray.

Makowsky, M. and Wang, S. (2015), 'Embezzlement, Whistle-Blowing, and Organizational Architecture: An Experimental Investigation,' GMU Working Paper in Economics.

Malinowski, B. (1921). The Primitive Economics of the Trobriand Islanders. The Economic Journal, 31(121), 1–16.

Manapath, M., Rand, D., Pawlowitsch, C. and Nowak, M. (2012), 'Stochastic Evolutionary Dynamics Resolve the Traveler's Dilemma,' Journal of Theoretical Biology, vol. 303.

Mark Granovetter & Roland Soong (1983) Threshold models of diffusion and collective behavior, The Journal of Mathematical Sociology, 9:3, 165–179.

Maskin, E. (2016), 'How Can Cooperative Game Theory be made More Relevant to Economics? An Open Problem,' J. F. Nash and Rassias, M. (eds.), Open Problems in Mathematics, Geneva: Springer Verlag

Maskin, E. and Sjostrom, T. (2002), 'Implementation Theory,' in K. Arrow, A. Sen and K. Suzumura (eds.), Handbook of Social Choice Theory and Welfare, Amsterdam: Elsevier.

Mauro, P. (1995), 'Corruption and Growth,' The Quarterly Journal of Economics, vol. 110.

McAdams, R. (1995), 'Cooperation and Conflict: The Economics of Group Status Production and Race Discrimination,' Harvard Law Review.

McAdams, R. (2000), 'A Focal Point Theory of Expressive Law,' Virginia Law Review, vol. 86.
McAdams, R. (2015), The Expressive Powers of Law: Theories and Limits, Cambridge: Harvard University Press.
Meade, J. (1974), 'Preference Ordering and Economic Policy,' in A. Mitra (ed.), Economic Theory and Planning: Essays in Honour of A. K. Dasgupta, New Delhi: Oxford University Press.
Medema, S. (1998), 'Wandering the Road from Pluralism to Posner: The Transformation of Law and Economics in the Twentieth Century,' History of Political Economy (supplement), vol. 30.
Menon, N. and Rogers, Y. (2018), 'Child Labor and the Minimum Wage: Evidence from India,' Journal of Comparative Economics, vol. 46.
Mercuro, N. and Medema, S. (1997), Economics and the Law: From Posner to Post-Modernism, Princeton: Princeton University Press.
Mishra, A. (2002), 'Hierarchies, Incentives and Collusion in a Model of Enforcement,' Journal of Economic Behavior and Organization, vol. 47.
Mishra, A. (2006), 'Corruption, Hierarchies, and Bureaucratic Structures,' in S. Rose-Ackerman (ed.), International Handbook on the Economics of Corruption, Cheltenham, U.K.: Edward Elgar.
Moene, K. and Søreide, T. (2015), 'Good Governance Facades,' in S. Rose-Ackerman and P. Lagunes (ed.), Greed, Corruption and the Modern State, Cheltenham, U.K.: Edward Elgar.
Mookherjee, D. (2005) 'Is There Too Little Theory in Development Economics Today?' Economic and Political Weekly, vol. 40, October 1.
Mookherjee, D. and Png (1995), 'Corruptible Law Enforcers: How Should They be compensated?' The Economic Journal, vol. 105.
Morone, A., Morone, P. and Germani, A. (2014), 'Individual and Group Behavior in the Traveler's Dilemma: An Experimental Study,' Journal of Behavioral and Experimental Economics, vol. 49.
Morita, H. and Servatka, M. (2013), 'Group Identity and Relation-Specific Investment: An Experimental Investigation,' European Economic Review, vol. 58.
Morris, S. and Shin, H. (1998), 'Unique Equilibrium in a Model of Self-Fulfilling Currency Attacks,' American Economic Review, vo. 88.
Morris, S. and Shin, H. (2001), 'Rethinking Multiple Equilibria in Macroeconomics,' in B. Bernanke and K. Rogoff (eds.), NBER Macroeconomic Handbook, MIT Press.'
Mukherjee, P. (2015), 'The Effects of Social Identity on Aspirations and Learning Outcomes: A Field Experiment in Rural India,' mimeo: College of William and Mary.
Mullainathan, S. and Shafir, E. (2013), Scarcity: Why Having Too Little Means So Much, New York: Times Books.
Murphy, J. and Coleman, J. (1997), The Philosophy of Law, Totowa, NJ: Rowman & Littlefield.

Myerson, R. (1983), 'Mechanism Design by an Informed Principal,' Econometrica, vol. 51.
Myerson, R. (2004), 'Justice, Institutions and Multiple Equilibria,' Chicago Journal of International Law, vol. 5.
Myerson, R. (2006), 'Fundamental Theory of Institutions: A Lecture in Honor of Leo Hurwicz,' mimeo: Department of Economics, Chicago University.
Myerson, R. (2008), 'The Autocrat's Credibility Problem,' American Political Science Review, vol. 102.
Myerson, R. (2017), 'Village Communities in Economic Development,' paper presented at the IEA World Congress, Mexico City. Mimeo: University of Chicago.
Myerson, R. and Weibull, J. (2015), 'Tenable Strategy Blocks and Settled Equilibria,' Econometrica, vol. 83.
Naipaul, V. S. (1961), 'A House for Mr. Biswas,' Andre Deutsch.
Nash, J. F. (1950), 'Equilibrium Points in n-Person Games,' Proceedings of the National Academy of Sciences, vol. 36.
Nash, J. F. (1950a), 'The Bargaining Problem', Econometrica, vol. 18.
Nussbaum, M. (1997), 'Flawed Foundations: The Philosophical Critique of (a Particular Type of) Economics,' University of Chicago Law Review, vol. 64.
Oak, M. (2015), 'Legalization of Bribe Giving When Bribe Type Is Endogenous,' Journal of Public Economic Theory, vol. 17.
O'Donoghue, T. and Rabin, M. (2001), 'Choice and Procrastination,' Quarterly Journal of Economics, vol. 116.
Oleinik, A. N. (2015), The Invisible Hand of Power, London: Pickering and Chatto.
Osborne, M. and Rubinstein, A. (1994), A Course in Game Theory, Cambridge, MA: The MIT Press.
Ostrom, E. (1990), Governing the Commons, Cambridge: Cambridge University Press.
Pace (2009), 'How a Genetic Algorithm Learns to Play Traveler's Dilemma by Choosing Dominated Strategies to Achieve Greater Payoffs,' mimeo: Institute de Mathematiques de Bordeaux.
Pani, N. (2016), 'Historical Insights into Modern Corruption: Descriptive Moralities and Cooperative Corruption in an Indian City,' Griffith Law Review, vol. 25.
Parfit, D. (1984), Reasons and Persons, Oxford: Clarendon Press.
Paternoster, R. (2010), 'How Much Do We Really Know about Criminal Deterrence?' Journal of Criminal Law and Criminology, vol. 100.
Pearce, D. (1984), 'Rationalizable Strategic Behavior and the Problem of Perfection,' Econometrica, vol. 52.
Persson, M. and Siven, C.-H. (2006), 'Incentive and Incarceration Effects in a General Equilibrium Model of Crime,' Journal of Economic Behavior and Organization, vol. 59.
Pethe, A., Tandel, V. and Gandhi, S. (2012), 'Unravelling the Anatomy of Legal Corruption in India: Focusing on the honest graft by the politicians,' Economic and Political Weekly, vol. 47.

Phelps, E. (1972), "The Statistical Theory of Racism and Sexism," American Economic Review 62, no. 4, 659–661.
Pigou, A. (1920), The Economics of Welfare, Palgrave Macmillan.
Pistor, K., Haldar, A. and Amirapu, A. (2010), 'Social Norms, Rule of Law, and Gender Reality: An Essay on the Limits of the Dominant Rule-of-Law Paradigm,' in J. J. Heckman, R. L. Nelsen, and L. Cabatingam (eds.), Global Perspectives on the Rule of Law, New York: Routledge.
Platteau, J.-P. (1994), 'Behind the Market Stage, where Real Societies Exist: The Role of Public and Private Order Institutions,' Journal of Development Studies, vol. 30.
Platteau, J.-P. (2000), Institutions, Social Norms, and Economic Development, Amsterdam: Harwood Academic Publishers.
Polinsky, A. M. and Shavell, S. (2001), 'Corruption and Optimal Law Enforcement,' Journal of Public Economics.
Popov, S. V. (2016), 'On Basu's Proposal: Fines Affect Bribes,' mimeo: Queens University Management School.
Popov, S.V. (2015), 'Decentralized Bribery and Market Participation,' Scandinavian Journal of Economics, vol. 117.
Posner, E. (2000), Law and Social Norms, Cambridge, MA: Harvard University Press.
Posner, E. (1996), 'Law, Economics and Inefficient Norms,' University of Pennsylvania Law Review, vol. 144.
Posner, E. (2006), 'International Law: A Welfarist Approach,' University of Chicago Law Review, vol. 73.
Posner, R. (1977), Economic Analysis of the Law, Boston: Little Brown and Co.
Posner, R. (1993), 'What Do Judges Maximize? (The Same Thing Everybody Else Does),' Supreme Court Economic Review, vol. 30.
Rabin, M. (2013), 'An Approach to Incorporating Psychology in to Economics,' American Economic Review, 103.
Rahman, D. (2012), 'But Who Will Monitor the Monitor?' American Economic Review, vol. 102.
Rakoff, J. (2016), "Why You Won't Get Your Day in Court," New York Review of Books 63, November 24.
Ray, D. and Esteban, J. (2017), 'Conflict and Development,' Annual Review of Economics, vol. 9.
Ray, R. (2000), 'Child Labor, Child Schooling, and their Interaction with Adult Labor: Empirical Evidence for Peru and Pakistan,' World Bank Economic Review, vol. 14.
Raz, J. (1980), The Concept of a Legal System, Oxford: Clarendon Press.
Reuben, E., Sapienza, P., and Zingales, L. (2014), 'How Stereotypes Impair Women's Careers in Science,' Proceedings of the National Academy of Sciences, vol. 111.
Robson, A. (2012), Law and Markets, Basingstoke, U. K.: Palgrave Macmillan.
Rodrik, D. (2008), 'The New Development Economics: We Shall Experiment but How Shall We Learn?' in J. Cohen and W. Easterly (eds.), What Works in Development? Washington, D. C.: Brookings Institution.

Rodrik, D. (2015), Economics Rules: The Rights and Wrongs of the Dismal Science, New York: Norton & Co.

Roemer, J. (1998), Equality of Opportunity, Cambridge, MA: Harvard University Press.

Roemer, J. (2015), 'Kantian Optimization: A Micro-foundation for Cooperation,' Journal of Public Economics, vol. 127.

Rose-Ackerman, S. (1975), 'The Economics of Corruption,' Journal of Public Economics, vol. 4.

Rose-Ackerman, S. and Palifka, B. (2015), Corruption and Government: Causes, Consequences, and Reform, Cambridge: Cambridge University Press. (Original edition 1999.)

Rothstein, B. (2011), 'Anti-Corruption: The Indirect "Big Bang" Approach,' Review of International Political Economy, vol. 18.

Rothstein, R. (2017), 'The Color of Law: A Forgotten History of How Our Government Segregated America,' Liveright.

Roy, T. and Swamy, A. (2016), 'Law and the Economy in Colonial India,' Chicago: University of Chicago Press.

Rubinstein, A. (1989), 'The Electronic Mail Game: Strategic Behavior under Complete Uncertainty,' American Economic Review, vol. 79.

Rubinstein, A. (1991), 'Comments on the Interpretation of Game Theory,' Econometrica, vol. 59.

Rubinstein, A. (2006), 'Dilemmas of an Economic Theorist,' Econometrica, vol. 74.

Rubinstein, A. (2016), 'A Typology of Players: Between Instinctive and Contemplative,' Quarterly Journal of Economics, vol. 131.

Runciman, W. and Sen, A. (1965), 'Games, Justice, and the General Will,' Mind, vol. 74.

Rust, J. (2016), 'Mostly Useless Econometrics? Assessing the Causal Effect of Econometric Theory,' Foundations and Trends in Accounting, vol. 10.

Samuelson, L. (2016), 'Game Theory in Economics and Beyond,' Journal of Economic Perspectives, 30.

Sanyal, A. (2015), 'Bribe Chains in a Police Administration,' in S. Guha, R. P. Kundu and S. Subramanian (eds.), Themes in Economic Analysis, London: Routledge.

Savage, L. J. (1951). The theory of statistical decision. Journal of the American Statistical Association, 46, 55–67.

Schäfer, H.-B. and Ott, C. (2005), The Economic Analysis of Civil Law, Northampton, MA: Edward-Elgar.

Schauer, F. (2015), The Force of Law, Cambridge, MA: Harvard University Press.

Schelling, T. (1960), The Strategy of Conflict, Cambridge, MA: Harvard University Press.

Schleifer, A. and Vishny, R. (1993), 'Corruption,' The Quarterly Journal of Economics, Vol. 108.

Schlicht, E. (1998), On Custom in the Economy, Oxford: Oxford University Press.

Schrecker, E. (1994), The Age of McCarthy: A Brief History with Documents, Boston: Bedford Books.
Sen, A. (1969), 'The Impossibility of a Paretian Liberal,' Journal of Political Economy, vol. 78.
Sen, A. (1973), 'Behaviour and the Concept of Preference,' Economica, vol. 40.
Sen, A. (1997), 'Rational Fools: A Critique of the Behavioral Foundations of Economic Theory, Philosophy and Public Affairs, vol. 6.
Sen, A. (1980), 'Description as Choice,' Oxford Economic Papers, vol. 32.
Sen, A. (1993), 'Internal Consistency of Choice,' Econometrica, vol. 61.
Sen, A. (2006), Identity and Violence, New York: Norton & Co.
Sen, Arunava (2007), 'The Theory of Mechanism Design: An Overview,' Economic and Political Weekly, vol. 42, December 8.
Shih, M., Pittinsky, T. L., & Ambady, N. (1999).Stereotype Susceptibility: Identity Salience and Shifts in Quantitative Performance. Psychological Science, 10(1), 80–83.
Singer, M. (2005), The Legacy of Positivism, Basingstoke, U.K.: Palgrave Macmillan.
Singer, M. (2006), 'Legitimacy Criteria for Legal Systems,' King's College Law Journal, vol. 17.
Smith, A. (1776 [1976]), An Inquiry into the Nature and Causes of the Wealth of Nations, edited by R. H. Campbell and A. S. Skinner, Oxford: Clarendon Press.
Smith, A. (1762 [1978]), Lectures on Jurisprudence, edited by R. L. Meek, D. D. Raphael and P. G. Stein, Clarendon Press, Oxford.
Spengler, D., 2014. 'Endogenous Detection of Collaborative Crime: The Case of Corruption,' Review of Law & Economics, vol. 10.
Starr, W. C. (1984), 'Law and Morality in H. L. A. Hart's Legal Philosophy,' Marquette Law Review, vol. 67.
Steiner, H. (1994), An Essay on Rights, Oxford: Blackwell.
Stern, N. (1978), 'On the Economic Theory of Policy towards Crime,' in Heineke, J. M. (ed.), Economic Models of Criminal Behavior, Oxford: North-Holland.
Stiglitz, J. (1973), 'Approaches to the Economics of Discrimination,' American Economic Review, vol. 63.
Stiglitz, J. (1974), 'Theories of Racial Discrimination and Economic Policy,' in G. von Furstenberg (ed.), Patterns of Racial Discrimination, Lexington, MA: D. C. Heath and Co.
Stiglitz, J. (2002), Globalization and its Discontents, New York: Norton & Co.
Stone, S. (2011), 'Law without Nation? The Ongoing Jewish Discussion,' in A. Sarat, L. Douglas and M. Umphrey (eds.), Law without Nations, Stanford: Stanford University Press.
Stoppard, T. (1982), The Real Thing, London: Faber and Faber.
Subramanian, S. (2011), 'Inter-Group Disparities in the Distributional Analysis of Human Development: Concepts, Measurement, and Illustrative Applications,' Review of Black Political Economy, vol. 38.
Sugden, R. (1989), 'Spontaneous Order,' Journal of Economic Perspectives, vol. 3.

Sugden, R. (1995), "A Theory of Focal Points," Economic Journal, vol. 105.
Sundell, A. (2014), 'Understanding Informal Payments in the Public Sector: Theory and Evidence from Nineteenth-century Sweden,' Scandinavian Political Studies, vol. 37.
Sunstein, C. (1996), 'Social Norms and Social Roles,' Columbia Law Review, vol. 96.
Sunstein, C. (1996a), 'On the Expressive Function of Law,' University of Pennsylvania Law Review, vol. 144.
Sunstein, C. (2016), 'Listen, Economists,' New York Review of Books, vol. 58(17), November 10.
Suthankar, S. and Vaishnav, M. (2014), 'Corruption in India: Bridging Academic Evidence and Policy Options,' India Policy Forum, vol. 10.
Swedberg, R. (2005), Interest, New York, NY: Open University Press.
Swedberg, R. (2014), The Art of Social Theory, Princeton, NJ: Princeton University Press.
Swinnerton, Kenneth, A., and Carol Ann Rogers. (1999). „The Economics of Child Labor: Comment." American Economic Review, 89(5): 1382–1385.
Thaler, R. and Sunstein, C. (2008), Nudge: Improving Decisions about Health, Wealth and Happiness, New Haven, CT: Yale University Press.
Thorat, S., Banerjee, A., Mishra, V.K. and Rizvi, F. (2015), 'Urban Rental Housing Market,' Economic and Political Weekly, vol. 50.
Thorat, S. and Newman, K. (2007), 'Caste and Economic Discrimination: Causes, Consequences and Remedies,' Economic and Political Weekly, vol. 42.
Tirole, J. (1996), 'A Theory of Collective Reputations (with applications to the persistence of Corruption),' Review of Economic Studies, vol. 63.
Treisman, D. (2000), 'The Causes of Corruption: A Cross-National Study,' Journal of Public Economics, vol. 76.
Treisman, D. (2007), 'What have We Learned about the Causes of Corruption from Ten-Years of Cross-National Empirical Research,' Annual Review of Political Science, vol. 10.
Tversky, A. and Kahneman, D. (1986), 'Rational Choice and the Framing of Decisions,' Journal of Business, vol. 59.
Tyler, T., (2006), Why People Obey the Law, Princeton: Princeton University Press.
Tyler, T. and Jackson, J (2014), 'Popular Legitimacy and the Exercise of Legal Authority,' Psychology, Public Policy, and Law, vol. 20.
Vallentyne, P. (2000), 'Introduction: Left-Libertarianism – A Primer,' in P. Vallentyne and H. Steiner (eds.), Left-Libertarianism and Its Critics, New York: Palgrave.
Van Damme, E. (1989), 'Stable Equilibria and Forward Induction,' Journal of Economic Theory, vol. 48.
Vanberg, C. (2008), 'Why do People Keep Their Promises?' Econometrica, vol. 76.
Varshney, A. (2002), Ethnic Conflict and Civic Life: Hindus and Muslims in India, New Haven, CT: Yale University Press.
Veblen, T. (1899), The Theory of the Leisure Class, Macmillan: London.
Velu, C., Iyer, S. and Gair, J. (2010), 'A Reason for Unreason: Returns-Based Beliefs in Game Theory,' mimeo: Cambridge University.

Vermeule, A. (2016), Law's Abnegation, Cambridge, MA: Harvard University Press.
Villanger, E. (2005), 'Company Interest and Foreign Aid Policy: Playing Donors Out against Each Other,' European Economic Review, vol. 49.
Voorneveld, M. (2002), 'Preparation,' Games and Economic Behavior, vol. 48.
Voorneveld, M. (2010), 'The Possibility of Impossible Stairways: Tail Events and Countable Player Sets,' Games and Economic Behavior, vol. 68.
Weber, R. and Camerer, C. (2003), 'Cultural Conflict and Merger Failure: An Experimental Approach,' Management Science, vol. 49.
Weibull, J. (1995), Evolutionary Game Theory, Cambridge, MA: MIT Press.
Weinrib, L. (2016), The Taming of Free Speech: America's Civil Liberties Compromise, Cambridge, MA: Harvard University Press
Wihardja, M. –M. (2009), 'Corruption in Public Procurement Auctions,' mimeo: Center for Strategic and International Studies, Washington, D.C.
Wolpert, D. (2008), Schelling Formalized: Strategic Choices of Non-Rational Personas. Working paper.
World Bank (2015), World Development Report 2015: Mind, Society, and Behavior, Washington, D.C.: World Bank.
World Bank (2016), World Development Report 2016: Internet for Development, Washington, D.C.: World Bank.
World Bank (2017), World Development Report 2017: Governance and the Law, Washington, D.C.: World Bank.
Wu, K. and Abbink, K. (2013), 'Reward Self-Reporting to Deter Corruption: An Experiment on Mitigating Collusive Bribery,' mimeo: Monash University.
Yoo, S. (2008), 'Petty Corruption,' Economic Theory, vol. 37.
Young, P. (1993), 'The Evolution of Conventions,' Econometrica, vol. 61.
Young, P. (2008), 'Social Norms,' in S. Durlauf and L. Blume (eds.), The New Palgrave Dictionary of Economics, London: Macmillan
Zambrano, E. (1999), 'Formal Models of Authority: Introduction and Political Economy Applications,' Rationality and Society, vol. 11.
Zantovsky, M. (2014), Havel: A Life, New York: Grove Press.

Stichwortverzeichnis

A

Akteur, staatlicher 54, 67, 80
Algorithmus, evolutionärer 145
Altruismus 114, 140, 141, 146, 147, 151
Ambiguität (des Rechts) 64
American Civil Liberties Union 126
Analyse des Rechts, ökonomische 53, 54, 79, 85, 111, 142, 150, 152, 168, 194, 197. *Siehe auch* Law and Economics
Angebot 103, 179
Annahme 112, 129, 131, 132, 137, 143, 149, 150, 152, 153, 185
Anschnallpflicht 160
Anstand 114
Apartheid 91
Arbeitgeber 92, 96, 101, 126
Arbeitslosigkeit 97, 105
Arbeitsmoral 105
Arbeitsrecht 2, 190
Arche-Noah-Kritik 177, 180
Aristoteles 142, 177
Armut 2, 51, 101, 163, 182, 183
Arrow, Kenneth 53, 168
Arrow-Theorem 171, 179

Athen 5
Auden, W. H. 50
Auferstehungsregel 79
Ausgrenzung 85, 91, 100, 120, 124, 127, 151
Aussage
 normative 173
 positive 173
Austin, John 4
Auszahlung (payoff) 28
Auszahlungsfunktion 33, 37, 38, 45, 155
Auszahlungsmatrix 29, 31, 70, 96, 156
Autorität 8, 39, 164, 186
Autototalität 117

B

Bauer 17, 56
Becker, Gary 6, 16, 23, 33
Bedauern 144
Bedauernsminimierung 144
Behandlungsfehler 36
Belästigung, sexuelle 175
Belohnung 30, 106, 143
Bentham, Jeremy 25

Besen (Spiel) 68
Bestecher, Bestochene 10, 11, 19, 132
Bestechlichkeit 59, 130, 132, 168
Bestechung 7, 11, 130, 131
Bestrafung, asymmetrische 132
Bildung 57, 91, 101, 102
Bobbio, Noberto 39
Bretton Woods 8
Bürger 5, 9, 17, 23, 35, 37, 39, 50, 54, 106, 108, 109, 111, 114, 116, 117, 119, 124, 126, 128, 132, 151, 152, 154, 156, 162, 167, 187, 193, 194
Bürokrat 106, 109

C

Calabresi, Guido 6, 16, 23, 142
ceteris paribus 93
Chancengleichheit 2, 174
Charta77 116
Chicago-Schule 13, 23
Chomeini, Ajatollah 125
Coase, Ronald 6, 16, 152
Corona 184
Cromwell, Oliver 184
curb (closed under rational behaviour) 51

D

Dang'an 123
Daten 87, 140, 171, 177, 179, 181, 197
Debreu, Gérard 53, 168
Deliktsrecht 23
Deontologie, deontologische Ethik 175
Digitalisierung 34, 188, 195
Diktator 119, 120, 148
Diskontierung, hyperbolische 160, 161

Diskriminierung 86, 90, 92, 94, 96, 98, 102, 112, 159, 170, 172, 175
 positive (affirmative action) 96
 statistische 91
Dreipersonenspiel 48, 154, 156

E

Ease of Doing Business 163. *Siehe auch* Geschäftsfreundlichkeit
Edgeworth-Box 168
Egoismus 20, 22, 24, 140–143, 146, 147, 170
Eigeninteresse 112, 144, 154, 156, 161, 169, 175
Eltern 24, 101, 102, 192
Empirie 175, 177
Entdeckungswahrscheinlichkeit 21, 130
Entwicklungsland 7, 15, 38, 51, 57, 60, 101, 154, 167
Entwicklungsökonomik 178, 179
Erwartung 37–40, 45, 46, 49, 54, 59, 60, 93, 186
 selbstverstärkende 98
Ethik 171, 173, 175
Eugenik 178
Eurobonds 188
Existenzminimum 102
Exogenität 163
Extensivform 12, 67, 69, 70, 153

F

Fairness 3, 146
Faschismus 121, 194
Fatwa 125
Fighting words doctrine 126
First Amendment 126
Fokale curb 61

Ford, Henry 126
Form, strategische des Spiels 28
Framing 150
Freiheit 123, 124, 161, 192
Freiwilligkeit 165
Freizeit 101, 102, 163, 183
Frieden 182
Funktion des Rechts, expressive 52
Funktionär 105–107, 109–111
Funktionärsspiel 110
Fußball 162, 163

G

Game Theory Society 145
Gandhi, Mahatma 3, 109, 128, 153
Gefangenendilemma 29, 32, 35, 48, 54, 67, 70, 74, 106, 140, 142, 145, 190
  Spiel des Lebens 154
Gefängnis 10, 38, 116
Geflecht der/an Erwartungen 39
Geld verbrennen (burning money) 74
Gemeinschaft 115, 143, 147, 187
Gemeinwohl 114
Gerechtigkeit 4, 5, 114, 147, 185
Gerede, leeres 72
Geschäftsfreundlichkeit 163. *Siehe auch* Ease of Doing Business
Geschwindigkeitsbegrenzung 34, 36, 104, 107
Gesellschaft 108, 110, 111, 114, 118, 124, 128, 135, 143, 153, 155, 158, 163, 169
Gesellschaftsvertrag/Sozialvertrag 185
Gesetz 2–4, 9, 17, 19, 25, 31–33, 35, 38, 45–47, 49, 53–55, 60, 63, 69, 71, 73–75, 84, 97, 104, 109–111, 132, 151, 152, 154, 155, 157, 162, 174
Gesetzestreue 21, 110, 152, 158

Gesetzgeber 33, 54, 72–75, 80, 85, 146, 160
Gesetzgebungsprozess 74
Gewalt 78, 125, 126, 164, 186
Gewinn 20, 129, 174, 175, 184
Gewohnheitsrecht 104
Gini-Koeffizient 184
Glasgow 113
Gleichgewicht 29, 31, 41, 43, 46, 47, 49, 51, 54, 55, 60, 63, 65, 69, 71, 117, 119, 133, 145, 157
  allgemeines 80
  partielles 53, 128, 168
Globalisierung 8, 9, 170, 183, 186, 188, 189, 192, 195
Grotius, Hugo 9
Grundgesamtheit 179
Grundlagen des Rechts 6
Grundrecht 168, 172, 184
Gruppe 4, 43, 56, 66, 72, 96–98, 102, 141, 158, 172, 182

H

Haftung 21, 25, 31, 36
Hand, unsichtbare (invisible hand) 31, 114, 115, 141, 143, 147, 195
Handel 8, 58, 114, 115, 119, 120
Handlungsmenge 78
Handlungsproblem, kollektives 115
Hart, H. L. A. 4
Hautfarbe 92, 98, 172
Havel, Vaclav 116, 118, 121, 123
Herrschaft 3, 39, 121, 158, 164
Hexenjagd 115, 135
Hobbes, Thomas 39, 108, 185
Homo oeconomicus 84, 148
Hume, David 39, 50, 118, 119, 121, 173
Humesches Gesetz, Humes Guillotine 173

Identität 98, 117, 153
Ideologie 2, 24, 195
Indien 7, 9, 10, 17, 19, 43, 47, 59, 84, 87, 91, 92, 96, 101, 109, 128, 134, 150, 153, 172, 187, 188
Indonesien 188, 193
Industrieökonomik 9
Information, statistische 170, 171, 173, 176, 177, 179, 180, 182
Informationszeitalter 184
Infosys Limited 188
Innenbehörde 70, 71
Institution 7, 8, 35, 36, 51, 77, 79, 80, 107, 115, 124, 125, 156, 172, 187
Interaktion 12, 67, 70, 71, 91, 108, 109, 132, 169, 183
Interesse-Missgunst-Spiel 156
Internationale Arbeitsorganisation (IAO/ILO) 190
Internationale Währungsfonds (IWF/IMF) 190
Intuition 99, 170, 177–179, 181
Irrationalität 52, 76, 139, 146, 150

J

Japan 3, 90, 123, 188
Jong-un, Kim 125, 190

K

Kafka, Franz 39
Kampf der Geschlechter (battle of the sexes) 74
Kant, Immanuel 142
Kartellrecht 3, 9
Kaste, Kastensystem 47, 91, 92, 96, 99, 127
Kavaliersdelikt 133
Kelsen, Hans 23

Kinderarbeit 86, 99, 101, 102, 104–106
Klimawandel 141, 191, 194, 195
Knoten 68
Kollusion 2, 10, 131
Kommunismus, Kommunist 116, 121, 194
Komplementarität, strategische 93, 94
Koordinationsnorm 83
Koordinierung 42, 56, 84, 85, 87, 187
Koordinierungsnorm 88, 91, 104, 107, 133
Korruption 113, 128, 130, 131, 133, 134, 167
Korruptionsbekämpfung 11, 13, 131, 133–135
Kosten 20, 25, 34, 74, 105, 110, 148, 158
Kosten-Nutzen-Analyse 105
Krebs 171
Kritik
  allgemeine (des Standardmodells der Spieltheorie) 144
  auszahlungsfokussierte (des Standardsmodells der Spieltheorie) 144
Kuhn, Harold 141
Ku-Klux-Klan 176
Künstliche Intelligenz (KI) 182, 188

L

Law and Economics 2, 6, 7, 11, 12, 15, 16, 20, 23, 24, 32, 33, 35, 45, 53, 55, 62, 77–80, 135, 168. *Siehe auch* Analyse des Rechts, ökonomische
Lebenserfahrung 139, 148, 159, 170, 178, 179, 181
Legitimität 16, 51, 73, 97, 112, 137, 156, 157, 159, 162, 164
Leviathan 40

Lewis, Arthur 89
Lieferkette 186
Linksverkehr 84, 104, 107
Lohn 101, 103
Lohniveau 102, 190
Loyalität 117
Loyalitätsspiel 120
Luxusaxiom 101–103

M

Macht 108, 111, 114–116, 118, 120, 128
Mackenzie, Lionel 168
Maine, Henry 187
Mainstream 6, 16, 22, 24, 53–55, 60, 137, 142, 147, 153, 164
Marx, Karl 194
McCarthy, Joseph 100, 117, 121, 122
McCarthy-Ära, McCarthyismus 115, 117, 122
MD-Gleichgewicht 146
Meinungsfreiheit 47, 100, 123
Menge aller Mengen 78
Mengenlehre 78
Menschenbild 22, 142, 149, 154, 155
Menschenrechte 171
Menschenverstand, gesunder 182
Metapräferenz 158, 161
Meuterei 109, 110, 159
Mietdeckel 9
Missgunst 156, 157, 159
Moral, moralisches Verhalten 23, 27, 84, 113, 173, 175
Moralphilosophie 113

N

Nachfrage 2, 103
Nahrung 10, 17, 28, 47, 168
Naipaul, V. S. 52

Nash-Gleichgewicht 28–31, 41–43, 47, 60, 61, 69, 77, 89, 98, 108, 117, 119, 144, 145, 155
Naturgesetz, Naturrecht 25, 39, 52
Nichtkooperation 109
Nichtwissen, gewolltes 145
Niedriglohnsektor 101
Nike 188
Nordkorea 123, 125, 190
Norm, soziale Norm 8, 53, 57, 83, 86, 105, 106
Normalform 12, 48, 67, 70
Nötigungsgeld 10
Nudge 104
Nutzenfunktion 22, 24, 60
Nutzenmaximierer, -ung 35, 130, 149, 154, 162, 164

O

Ökonomik, neoklassische 23, 138, 150, 156, 157, 161, 163
Outsourcing 190

P

Pai ma pi 122
Paradoxon 12, 78, 79, 192
  des Liberalismus 32
Pareto, Vilfredo 192
Pareto-Verbesserung 32, 175
Paternalismus 161
Patriotismus 163, 164
Petty, William 184
Politikempfehlung 130, 132, 133, 135, 150
Polizei, Polizistin*in 7, 9, 19, 22, 33, 35, 36, 38, 45, 47–50, 54, 60, 68–71, 74, 79, 106, 109, 118, 129, 151–153, 155, 167
Post-Totalitarismus 117

Präferenz 22, 24, 60, 61, 84, 92, 142, 151–153, 157, 158, 160–162, 164
   multiple 159, 161
Praktik, soziale 100
Produktivität 93, 97, 99, 172, 174, 175, 181
Pro-Kopf-Einkommen 190
Pünktlichkeit 86, 88, 89, 102, 106, 111, 112, 139
Pünktlichkeitsspiel 88
Pythagoras 171, 178

Q

Quadratspiel 43, 46, 49, 56, 63

R

race to the bottom, Unterbietungswettbewerb 190
Rassendiskriminierung 91
Rassismus, rassistisch, Rassist 96, 159, 172, 173, 176, 178
Rationalität, rational 13, 18, 20, 24, 26, 27, 29–31, 35, 54, 58, 62, 63, 76, 84, 100, 105, 108, 112, 113, 137, 139, 142, 145, 146, 149, 151, 177
Rauchen 160
Recht 3, 4, 7–9, 15, 16, 19, 23, 25, 31, 32, 35–37, 45–47, 49, 50, 53, 55, 57, 60, 63, 65, 67, 71, 77, 80, 83, 85, 92, 106, 112, 114, 123, 124, 127, 149, 151, 152, 161, 162, 164, 165, 185, 189, 192, 194, 197
   formales 86
   internationales 191
Rechtsdurchsetzung, -durchsetzer 7, 21, 23, 107, 111, 152, 154, 155, 167, 169
Rechtsgehorsam 107

Rechtsheorie, Rechtsheoretiker 39, 46
Rechtsphilosophie, Rechtsphilosoph 16
Rechtspositivismus 3, 26
Rechtssoziologie 80
Rechtsstaat 4, 39, 135, 186
Rechtsverwaltung (administration of justice) 114
Redefreiheit 123, 125, 126
Regierung 17, 18, 21, 39, 85, 108, 115, 125, 134, 151, 152, 158
Regierungsspiel 105, 108
Regulierung 2, 113, 182, 195–197
Richet, Charles 178
Richter*in 7, 9, 21, 35, 36, 59, 64, 109
Rousseau, Jean Jaques 29
Rushdie, Salman 125
Russellsche Antinomie (Russell's paradox) 78

S

Salzmarsch 153
Sanktion 8, 23, 25, 123, 137, 152, 193
Säuberung, ethnische 172
Schadensersatz 36
Schmiergeld 10, 22, 132
Schwellenland 24, 54, 58
Selbstwertgefühl 97, 105
Semiotik 122
Signal 55, 56, 60, 74, 75, 91, 146
Singapur 9
Sklaverei 91, 175, 176
Smith, Adam 113, 143, 147
Sparta 5
Spiel
   der Regelkonformitätszone 109
   des Lebens 45, 46, 48, 50, 54, 65, 70, 71, 74, 77–79, 106, 124
   kooperatives 28
   nichtkooperatives 28
   partitioniertes 107
   sequenzielles 67

Spielbaum 68
Spieler 28, 30, 31, 41, 43, 44, 46, 48, 69, 70, 72–74, 76–79, 106, 131, 142, 144–146, 155, 156, 158, 159, 166
Spieltheorie 4, 12, 15, 25–27, 40, 53, 67, 71, 74, 76, 85, 86, 142, 160, 164
Staat 8, 10, 21, 25, 31, 97, 106, 109, 124, 129, 134, 162, 170, 172, 173, 185, 195, 196
Staatsdiener 18, 19, 106, 128, 130, 132, 151, 154, 156, 169
Statistik 91, 180
Statut 187
Steuern 24, 106, 110, 114, 171, 185
Steuersatz 108, 110
Stichprobe 179
Stigma 85, 105
Strafe, Bestrafung 1, 16, 21, 23, 24, 32, 34, 38, 48, 68, 70, 85, 105, 124, 128, 129, 131, 141, 149, 152, 159, 160, 164
Strategie 21, 26–28, 30, 34, 41, 63, 64, 71, 74, 139, 145, 149, 155, 191
   dominante 31
   dominierte 30, 143
   gemischte 41
   reine 61
Studie, randomisierte kontrollierte 170, 173, 177–180
Suggestion, Suggestivkraft 52, 85
System
   totalitäres 117

T
Tabak 160, 171
Tautologie 164, 179
Teilspielperfektion, teilspielperfektes Gleichgewicht 69–71, 118, 119, 132

Tinte auf Papier 9, 11, 33, 34, 37, 74, 147, 183
Treffpunkt 43, 49, 57, 59, 73
Trump, Donald 64, 193
Tucker, A. W. 141
Tyrann 39, 119

U
Überzeugung 24, 51, 133, 155
Umwelt 196
Unberührbarkeit, die Unberührbaren 100, 127
Unschuldsvermutung 171
Unterdrückung 100, 114–116, 121, 159
Untreue 184
Urlauberdilemma 29, 32, 76, 142–147

V
Verhaltensökonomik 84, 139, 140, 147, 150, 156, 159, 162
Verhandlungslösung 28, 130
Verkehrsrecht 84
Verkehrsregel 84, 106
Vertrag
   von Lissabon 188
   von Maastricht 188
Verwerfungslinie 11, 15, 16, 24, 35, 135, 137
Völkermord 172
Völkerrecht 8, 9
Vollzug 34, 35
Vorteilsannahme 184
Vorwärtsinduktion 74, 75, 146

W
Wahrscheinlichkeit 20, 21, 41, 60, 65, 88, 129
Walras, Léon 53, 168

Weber, Max 156
Weibull, Jorgen 87
Weltbank, World Bank 5, 148, 163, 190, 193
Welthandelsorganisation (WHO/WTO) 190
Weltverfassung 182, 191–193
Werbung 171
Wettbewerb 2, 6, 143, 197
Wirkungsanalyse 36, 38
Wissen 52, 60
Wohlfahrt 96, 160

Y
Yale-Schule 13, 23

Z
Zeit 42, 53, 59, 87, 90
Ziel, künstliches 163
Zivilgericht 56
Zwang 116, 142, 160, 164, 165
Zweifel, begründeter 171
Zweipersonenspiel 35
Zweiphasenspiel 68, 74

GPSR Compliance

The European Union's (EU) General Product Safety Regulation (GPSR) is a set of rules that requires consumer products to be safe and our obligations to ensure this.

If you have any concerns about our products, you can contact us on

ProductSafety@springernature.com

In case Publisher is established outside the EU, the EU authorized representative is:

Springer Nature Customer Service Center GmbH
Europaplatz 3
69115 Heidelberg, Germany

www.ingramcontent.com/pod-product-compliance
Lightning Source LLC
LaVergne TN
LVHW011008250326
834688LV00004B/142